Traumzeit
Verlag der Neuen Klangkultur

Von Joachim-Ernst Berendt sind im Traumzeit-Verlag in Neuauflage erschienen:

Geschichten wie Edelsteine. ISBN 978-3-933825-65-0
Ich höre, also bin ich. ISBN 978-3-933825-63-6
Das Dritte Ohr – Vom Hören der Welt. ISBN 978-3-933825-67-4

Über den Autor:

Joachim-Ernst Berendt, 1922 in Berlin-Weißensee als Sohn eines Pfarrers geboren, der zu den führenden Männern des Widerstandes der evangelischen Kirche gegen Hitler gehörte und im KZ Dachau ums Leben kam, war 1945 Mitbegründer des Südwestfunks. Berendt ist Gründer des heutigen »Jazzfest Berlin«, war Leiter des ersten World Music Festivals (1967), des Olympia Jazz Festivals München 1972, des World Jazz Festivals auf der Weltausstellung Osaka 1970 und von »Jazz and World Music« im Lincoln Center New York 1984. Die heutige Weltmusikbewegung verdankt ihm wesentliche Impulse seit dem Beginn der sechziger Jahre. Seit der zweiten Hälfte der Siebziger ist Berendt durch seine Arbeiten über den Klangcharakter der Welt und das Wunder des Hörens hervorgetreten. Er ist Autor von 33 Büchern, die in 21 Sprachen übersetzt wurden, hat zahlreiche CDs produziert und ist durch Workshops und Vorträge in der ganzen Welt bekannt geworden.
Joachim-Ernst Berendt kam am 4. Februar 2000 bei einem Verkehrunfall ums Leben.

Joachim-Ernst Berendt

Das Leben – ein Klang

Wege zwischen Jazz und Nada Brahma

Traumzeit-Verlag

Die Originalausgabe erschien 1996 unter diesem Titel
bei Droemersche Verlagsanstalt, München

Bibliographische Information Der Deutschen Bibliothek:
Die Deutsche Bibliothek verzeichnet diese Publikation in der
Deutschen Nationalbibliografie; detallierte bibliografische Daten sind
im Internet über *http://dnb.ddb.de* abrufbar.

2007, Traumzeit-Verlag in Battweiler
ISBN 978-3-933825-66-3
Unveränderte Neuauflage der Taschenbuchausgabe
von 1998 (Knaur-Verlag)

Umschlaggestaltung: Ansgar-Manuel Stein, Hannover
Portraitfoto: Jadranka Marijan-Berendt
Satz: Andreas H. Buchwald, Leipzig

Besuchen Sie uns auch im Internet
www.traumzeit-verlag.de

**Meinem Vater
und meiner Mutter**

Die nicht mehr hier sind
und kaum zusammen waren,
aber dennoch zusammen in mir,
in Vergebung und Dankbarkeit.

Inhalt

Grab bei dir

In Krakau lebte vor Zeiten ein armer Schneider, der hieß Eisik. Dem träumte eines Nachts, er solle nach Prag wandern und dort, an der Brücke über der Moldau, solle er graben, er würde dann einen Schatz finden. Weil ihm das dreimal hintereinander träumte, packte er das kleine Bündel seiner Habseligkeiten und wanderte los.

In Prag, an der berühmten Brücke mit ihren Statuen links und rechts und der goldenen Burg auf der anderen Seite des Stromes, sah er sofort, daß er doch hier unmöglich graben könne. Da herrschte auch vor zwei Jahrhunderten, als diese Geschichte spielte, reger Verkehr. Kaufleute zogen mit ihren Wagen, Hausfrauen mit Krügen auf dem Kopf, Bauern mit Früchten und mit Gemüse über die Brücke, und an beiden Enden wachte ein Hauptmann mit seiner Garde.

»Was würden die Leute sagen, wenn ich hier zu graben anfinge?« fragte sich Eisik und machte sich Sorgen, daß er den weiten Weg umsonst gewandert sei. Weil er aber nicht so schnell wieder nach Krakau zurückkehren wollte, kam er jeden Tag an die Brücke und überlegte: »Wo mag denn mein Schatz liegen? Gesetzt den Fall, ich könnte hier graben, wo würde ich das tun?«

Allmählich fiel das der Wache auf. Schnell war Eisik eingestuft als verdächtiges Subjekt, »Terrorist« womöglich des 18. Jahrhunderts. Eines Tages herrschte der Hauptmann den Schneider an: »Was treibst du dich hier herum? Wir beobachten dich schon tagelang. Scher dich gefälligst weg!«

Darauf erzählte Eisik seinen Traum. Der Hauptmann lachte: »Wo kämen wir hin, wenn wir Träumen trauen würden? Mir zum Beispiel träumt nun schon tagelang, ich solle nach Krakau wandern und dort, unter dem Ofen eines armen Juden, solle ich graben, ich würde dann einen Schatz finden.«

Eisik verneigte sich tief, bedankte sich, wanderte zurück nach Krakau, nahm die Steine unter seinem Ofen fort, grub dort und - da lag der Schatz.

Später, als Eisik der berühmte und heilige Rabbi Eisik des Chassidismus geworden war, erzählte er oft diese Geschichte, und jedesmal, wenn er das tat, fügte er an: »Grab nicht woanders, grab bei dir.«

(chassidisch)

Einstieg

Einlebenisteinlebenisteinlebenisteinlebenisteinlebenist...
Einbuchisteinbuchisteinbuchisteinbuchisteinbuchist...
Wie geht ein Leben in ein Buch?

Wenn ein Vogel und ein Buch verschiedener Meinung sind, trau dem Vogel«, sagen die Hopi-Indianer. Ein Buch und ein Vogel **sind** verschiedener Meinung.

Der Vogel stelzt und kratzt, kriecht und flattert durch mein Buch, zerfleddert und zerzaust seine Seiten mit Schnabel, Füßen und Flügeln, pickt und piekt in sie hinein, und manchmal muß er sch ... Wenn er fortfliegt und vielleicht längst schon woanders sein Lied singt, bleibt im Buch ein gut Teil - und gewiß auch ein schlecht Teil - von ihm zurück.

Das **war** der Vogel.
Das **ist** das Buch.
Bin ich der Vogel?

I

Ich bin viele Wege gegangen - verschlungene, im Zickzack hin und her führende, bergauf kletternde, zu Tal stürzende, auf einem Grat balancierende ... Kaum glaublich, daß am Ende doch so etwas wie ein Ziel sichtbar - lebbar! - er-hörbar - geworden ist. Vom Sohn eines Pfarrers und Widerstandskämpfers gegen Hitler zum Schüler eines indischen Weisen. Vom einsamen, verletzten, schwächlichen Kind, dem die Mutter fortgelaufen ist, zum ruhelosen Kämpfer für vielerlei »verrückte«, aber notwendige Dinge. Vom kindlichen Radiobastler zum Mitgründer einer ARD-Anstalt. Vom zahmen Kritiker meiner Hitler-Jugend- und Wehrmachtvorgesetzten zum zornigen Kritiker meiner Funk- und

Fernsehintendanten (was - nach vierzigjähriger Medienarbeit - zu meiner »vorgezogenen Entlassung« führte). Vom sogenannten »Jazz-« zum sogenannten »Hör-Professor«. Von der Orgelbank in der Kirche meines Vaters über Louis Armstrong und John Coltrane zu den »Urtönen« der Erde, der Sonne und der Planeten und zur Meditation. Von Jazzbüchern zu Hörbüchern. Von den Anfängen der Weltmusikbewegung zu einem Buch über letzte Werke der großen abendländischen Komponisten. Vom Hören nach außen zum Hören nach innen. Von Berlin und der Mark Brandenburg über Baden-Baden nach Bali, New York undundund - ein Reisender innen und außen. Von Christus über nobody zu Zen, Buddha, Osho und den anderen - und wieder zu Christus.

Wie schreibt man darüber? Viermal habe ich angefangen in 15 Jahren, immer senkte sich irgendwann die Halte-Barriere. Ich schrieb und merkte, es stimmt nicht. Wie schreibt man die Wahrheit? Tucholsky meinte, Wahrheit geht nicht, wenn man über sich selbst schreibt. Auch Max Frisch: »Man kann nicht die Wahrheit erzählen.« Dies wissend dagegen anschreiben: Das ist die Aufgabe.

Ich versuchte es weiter, blieb hartnäckig, schaffte es dennoch nicht, brach immer wieder ab. Jedesmal neu die Erfahrung: Zwischen das Wort und die Wahrheit drängt sich der Schreibende. Er mag versuchen, sich »dünne« zu machen, er ist dennoch dazwischen. Im übrigen: Die Welt will, daß er sich dick macht und breit.

Wenn ich's nicht selber spürte, kamen die Stopp-Zeichen. Mit dem Unterton: Schlimm, daß du's nicht selber gemerkt hast. Mir wurde schwindlig beim Schreiben (bedenke: schwindl-ig!), ich träumte, das Kind, das ich gewesen bin, warf Phosphorbrandsätze auf den Mann, der ich jetzt bin, wurde - obwohl ich geladen mit Aktivität und Energie war - todmüde, sobald ich nur drei Zeilen geschrieben hatte. Die Augen fielen mir zu ... Alles leicht zu begreifende Zeichen, die mahnten: Bevor du schreibst, mußt du dich kennen. Fang damit an - endlich! Tat es jahrelang - allein und mit therapeutischer Hilfe - von einer, der nicht einmal ich etwas vormachen konnte (und ich kann das gut). Jede Ausflucht, jede Angst, jedes Ausweichen, jede Wut, jedes Sich-Spreizen, jedes »Scheinen« »sah« sie. »Entweder du arbeitest oder du gehst.«

Als ich ein paar Jahre später wieder anfing, rutschte ich - vom Schreiben nur mal für eine Stunde aufgestanden - mit dem Wagen in die weiche Erde am Rand eines Weinberges, der gerade nur ein paar Minuten von meinem Haus entfernt liegt und den ich wahrhaftig gut kenne. Nie vorher oder nachher bin ich dort steckengeblieben. Der Winzer holte seinen Trecker und zog mich heraus, worauf ich am nächsten Tag - »Rot« überfuhr. Und auch noch geblitzt wurde! Deutlicher ging's nicht. Einmal hätte es ja »Zufall« sein können, aber zwei solche »Fälle«, wie sie mir sonst nie passieren, hintereinander -? »Zufall« zu denken ist einfach. Es kann eine Ausrede sein. Um bloß nicht genau hinschauen zu müssen.

Aber dann kam das Freizeichen. So unmißverständlich wie Staus und Stopps fünfzehn Jahre lang. Mit einem Mal strömte es. Es hatte wirklich mit Wasser zu tun: Der Umschlag geschah auf dem Container-Frachter La Spezia, mit dem ich in den ersten Monaten des Jahres 1995 einmal um die Erde fuhr. Täglich saß ich da vorne am Bug - oft kam tagelang kein anderer Mensch dorthin -, vor mir nicht mal mehr ein Geländer, nur Meer, Wolken, ab und zu ein Schwärm fliegender Fische, die ihre Flossen benutzten, als seien sie Hubschrauber, manchmal Delphine: glitzernde Halbmonde aneinanderreihend, die aus dem Meer stiegen - jede Bewegung Liebe, Freude, Einverstandensein ... Ich spürte, dachte, notierte, schrieb ... ließ es strömen wie um mich herum Wasser, Wogen, Wolken, Wind ...

2

Das Problem ist die Wahrheit. Nicht nur ihr Zuwenig, auch ihr Zuviel. Zum Beispiel: Wie schreibe ich über die Liebe in meinem Leben? Was immer ich schreibe, jeder - und jede zumal - denkt, das ist doch zuviel, das kann doch nicht stimmen. Wenn ich aber schweige, stricke ich Löcher aneinander. Wo liegt die Wahrheit? Wo die richtige Mitte? Und ist die Mitte möglicherweise die Wahrheit? Natürlich nicht.

Dabei immer die Frage: Wie kann einer so viel Liebe gelebt haben und dennoch so einsam sein? So oft verzweifelt? Kannte ich das von Anfang an und drückte nur immer wieder, wenn ich allein war - lange war es ja nie, aber ein Tag schon genügte -, auf den Knopf »Einsamkeit« samt der dazugehörigen Kettenreaktion? Die erste Analyse eines Jazzstückes, die ich geschrieben habe - 1946 oder '47 - war über Duke Ellingtons »Solitude«. Wirklich nur, weil ich die Musik gut fand? Oder nicht auch, weil in seiner »Einsamkeit« meine mitschwang und ich schon ahnte, daß ich sie genausooft mit Sexualität vertreiben würde wie der »Duke«?

Ich habe »immer wieder« gesagt. Das sind zwei Worte, die ich gut kenne. Fast nie meinen sie nur ihr momentanes Objekt. Das wechselt ständig. Fast immer meint es einen uralten Auslöser, der weit zurückliegt und sich der abstrusesten, abgelegensten Anlässe bedient, um bloß nicht vergessen zu werden. Frauen sind gute »Anlässe«. Kritiker auch.

Noch schwieriger ist es mit den vierzig Jahren, in denen ich bis zum Hals im Jazz steckte. Wie habe ich das alles geschafft - und außerdem noch Reisen gemacht und geliebt, Bücher geschrieben und Platten produziert und jahrelang täglich eine Sendung und wöchentlich ein, zwei Artikel -? Wenn ich es erzähle - auch nur andeutend -, klingt es wie Gigantomanie.

Die Wahrheit kippt um. Wie eine chemische Lösung. Ein Molekül mehr, und sie ist das Gegenteil von dem, was sie eben noch war. Als Motto des Jazzkapitels wählte ich Martin Walser: »Keiner hat genug gelebt. Jeder zuviel.« Die Wahrheit ist schlimmer, nämlich: »Nie genug. Und immer zuviel.« Und dies nicht nur beim Jazz. Deshalb berührt uns die Sintflut, weil jeder sie kennt. Ich jedenfalls kenne sie gut.

Wie mache ich das, daß die Wirklichkeit, die ich gelebt habe, in Wahrheit umschlägt? Was passiert in dem kleinen Raum zwischen beidem? Das ist der Raum, den ich ein Leben lang immer mehr aufgeblasen habe - wie einen Gummiball. Ach, wie einen Heißluftballon! Bunt bedruckt in leuchtenden Farben. Der steigt und steigt und steigt ... Irgendwann, wenn die Luft gar zu dünn wird, wird er platzen. Wo bekomme ich Ballast her - ich da unter ihm in der kleinen schwankenden Gondel? Wie mache ich die Flamme, die den Ballon hochtreibt, kleiner, damit ich wieder Erde unter die Füße bekomme? Aber will ich denn das? Die Flamme kleiner stellen? Will ich nicht das gerade tun - Ballast abwerfen? Höher steigen? Mit rauschender Flamme?

3

Natürlich leistet das Ego Widerstand, hat jeden Tag Gegenargumente: Wühlen im Dunkeln ... im Schlamm ... Was geht das die anderen an? ... Du entblößt dich nur selbst ... Hast du keine Selbstachtung? Aber dann geschieht etwas Seltsames - dort etwa, wo ich meinen Anteil am Behindertsein meines Sohnes erkenne, bei meinen Schwierigkeiten mit Kritikern, beim Erkennen der psychischen Motivation für meine Kämpfe mit meinen Funkintendanten - auch an anderen Stellen. Mit einem Mal ist »Ego« einverstanden. Als habe es plötzlich etwas gemerkt. Es springt auf den Wagen, fährt mit, stolz wirft es sich in die Brust: Was bin ich doch toll, die Selbsterforschung sooo weit getrieben zu haben!

Früher: Was habe **ich** alles erlebt und geleistet!

Jetzt: Was habe **ich** alles erkannt!

Wir entkommen ihm nicht.

Was sich da zwischen das Wort und die Wahrheit drängt, ist nicht der Autor. Es ist das Ego. Nehmen wir einmal an, man könnte es - das Ego - hauchdünn machen. Es ganz herauspusten, es auflösen. (Man kann's nicht.) Hätte man dann die Wahrheit? Aber nein: **die** Lüge per se.

Sri H. W. I. Poonja, der alte Weise im Himalaya, über das Ego: »Wenn du dich entschließt, dein Ego zu töten, dann ist das das Ego, das sich dazu entschließt. Hat je jemand sein Ego getötet? Alles, was in der Welt wirklich geschieht, wird durch Egos getan.

Wende das Ego dorthin zurück, woher es kommt - zu seiner Quelle. Wenn es dorthin zurückkehrt, wird es eins werden mit der Quelle. Deshalb ist dies ein sehr gesegneter Gedanke. Wenn es dir gelingt, wirst du direkte, spontane Aktivität werden.

Niemand hat je das Gesicht seines Egos gesehen. Niemand je seinen Verstand. Beide sind wie Geister.

Ego ist die Welle. Du bist der Ozean. Das Ego spielt auf der Oberfläche des Ozeans wie eine Welle. Das Problem ist, daß du dich fühlst wie einer, der am Strand steht und Ozean und Wellen anschaut. Aber du **bist** der Ozean.« Amen.

4

Gegen Ende dieses Buches gibt es einen Dialog zwischen meiner Frau Jadranka und mir über das, was wir gern nach unserem Tod sein möchten. Er ergab sich spontan beim Wandern auf La Palma. Als wir merkten, daß wir Spaß dabei hatten, spannen wir den Faden weiter aus. Hinterher dachten wir, es wäre hübsch, alles aufzuschreiben. Wir taten das - und merkten: Das eine oder andere Wort wich ab von der ursprünglichen, der »wahren« Version. Als ich abtippte, was wir aufgeschrieben hatten, merkte ich, daß einige Passagen für Menschen, die uns nicht kennen, nicht ohne weiteres verständlich sind. Manches war zu intim, anderes gerade nur angedeutet. **Wir** wußten ja, wie es gemeint war. Doch andere? Also wurden Einfügungen nötig, nur gerade das Allernotwendigste; dennoch ist das, was nun da steht, nicht mehr die ganze Wirklichkeit. Wird aber nicht gerade dadurch die Wahrheit dessen, was wir gemeint haben, erkennbar? Jadranka sagt: »Verbinde dich. Schreib aus dem Herzen, dann stimmt es.«

Ähnlich der Hasch-Trip mit Susanne im Abschnitt »lieben«. Was da, nachdem meine »Reise-Begleiterin« auf den Knopf des Kassettenrecorders gedrückt hatte, im Lauf einer Nacht mitgeschnitten wurde, war ein Wort-Konvolut, das aus mir herausfloß und, kaum daß es mal stoppte, von Susanne erneut zum Fließen gebracht wurde. Es mußte gerafft, übersehbar gemacht werden. Ist es dadurch weniger Wahrheit? Vielleicht im Gegenteil mehr?

Deutlich ist: Es gibt eine Grenze. Es ist nicht nur die Grenze der Fülle, des Zuviel und Zuwenig, nicht auch nur die der Intimität. Es gibt auch eine Intimität des Transzendenten - keine unüberschreitbare Grenze. Menschen kreuzen sie ständig. Mal ist es frevelhaft, das zu tun; oft ist es wunderbar. Die Grenze ist **meine**. Ich allein kann wissen, wo sie liegt. Für mich liegt. Für andere liegt sie woanders. Für die meisten ganz vorn - noch im Lande des Offensichtlichen, mit dem die ratio zufrieden ist. Für mich weiter hinten in der Zone von Geheimnis und Wunder. Aber die *ratio* ist hungrig. Ständig hatte ich das Gefühl: An dieser Grenze schreibe ich mich entlang - zwischen dem, was ich sagen kann (auch sagen darf), und dem, was nicht gesagt werden kann. Oft liegt sie im Dickicht. Ich erkenne sie kaum, verliere sie eine Weile, finde sie wieder.

Ich verkünde keine ewigen Wahrheiten. Ich spreche von **meinen** Wahrheiten. Von denen, die ich als wahr erfahren durfte und die sich für mich bewährt haben. Freilich auch von solchen, die sich nicht bewährt haben. Die meisten »Wahrheiten« in der Jazz-, Radio-, TV- und Festival-Hälfte meines Lebens haben sich nicht bewährt.

5

Ich schreibe für mich, ich **mußte** dieses Buch schreiben, aber ich schreibe auch für Leser. Ich frage mich: Wer sind sie? Sicher auch einige, die mich als Autor all der vielen Bücher, die ich über den Jazz geschrieben habe, kennen. Aber gewiß auch die, die das von mir mögen, was in den Buchhandlungen unter »Esoterik« steht - ein Wort, mit dem ich Schwierigkeiten habe, weil es zu einer Ware, zur Überschrift eines Regals verkommen ist. Es gibt in diesem Buch fünf Jazzkapitel - unter sechzig anderen. Die *Non-Jazz-Lovers* mögen sie mir verzeihen, sie meinethalben überspringen. Aber fünf sind zu wenig für vierzig Jahre Jazzleben. Andererseits: Wie wäre es, wenn gerade die, die keine Beziehung zum Jazz haben, mal hinschauen würden: Was hat einen Menschen wie mich zum Jazz geführt?

Umgekehrt, ihr, die ihr mich als Jazzautor kennt: Was führt einen Menschen wie mich zum Lauschen nach innen?

Fast alles, was ich geschrieben habe und schreibe, hat mit der Gesellschaft zu tun, in der ich lebe. Für mich ist Jazz politische Musik. Ich habe viel darüber geschrieben, warum das so ist, schreibe auch in diesem Buch darüber. Aber auch meine heutige Hörarbeit zielt angesichts unserer einseitigen visuellen Weltwahrnehmung und der Fehlinformationen, die wir uns dadurch täglich einspeisen und die uns lieblos und liebeleer machen, auf die Gesellschaft. Wer sie als abgehoben-esoterisch versteht, hat immer noch nicht begriffen: Wir müssen unsere Wahrnehmung von Welt ändern, wenn wir die Krisen der Zeit bestehen wollen. Denn es ist diese Wahrnehmung, die unser Bedrohtsein geschaffen hat. Wir hören einander nicht mehr zu - in der Liebe und in der Politik und in allem dazwischen. Wir brauchen **all** unsere Sinne, nicht bloß den Sehsinn, der nach den Erkenntnissen der Physiologie der täuschungsanfälligste von allen ist. Ich habe große Schwierigkeiten mit dem Rückzug so vieler Esoteriker aus Politik und Gesellschaft. Er widerspricht ihrem eigenen Bewußtseinsanspruch; er ist unbewußt, lieblos.

6

Ich habe Probleme mit dem Wort »Biographie«. Mein Leben ist nicht wichtig genug, um eine Biographie im üblichen Sinne zu schreiben. Aber: Es gibt einen Schatz an Wissen über die Psyche, der in unserer Zeit in die westliche Welt dringt - aus humanistischer und transpersonaler Psychologie und aus vielen anderen Quellen, auch aus Asien und schamanischen Kulturen - in einer Fülle und einem Reichtum, die uns im Westen bisher unbekannt waren. Das hat mich gereizt: Diesen Schatz »dingfest« machen! Ihn anwenden auf ein Leben! Aber nicht auf das Leben eines anderen Menschen. Das ist oft genug geschehen. Zahllose Bücher darüber stehen in den »Esoterik«-Regalen der Buchhandlungen. Sondern konkret auf mein eigenes Leben. Denn das kenne ich besser, als selbst der beste Psychologe das Leben eines anderen Menschen kennen kann - nicht nur insofern ich es, jederzeit abrufbar, erinnere, sondern auch nach jahrelanger analytischer (Schwer-)Arbeit, in der ich auch das wieder zutage gefördert habe, was ich längst »erfolgreich« (aber, wie sich nun erwies, erfolglos) verdrängt und vergessen hatte.

Nur insofern ist dieses Buch eine Biographie, als ich dies versuchen wollte. Ich benutze mein Leben als »Spielwiese«, auf der dieser Versuch »spielt«. »Grab nicht woanders. Grab bei dir.«

Deshalb mußte ich bis zum Äußersten gehen - zum Beispiel was Intimität betrifft. Wer da an bürgerlichen Grenzen stehenbleibt, bleibt stehen auf halbem Weg.

Deshalb auch war ich wählerisch. Nur solche »Stellen« aus meinem Leben gelangten in dies Buch, die mir, was diesen Versuch betrifft, ergiebig erschienen. Alles andere blieb fort.

Ich wage diesen Versuch als (Musik-)Schriftsteller und als spiritueller Mensch. Als Kämpfender und als Meditierender. Als Lachender und als Verzweifelter. Natürlich auch als Intellektueller. In meinem Haus im badischen Rebland und auf der *La Spezia*. Auf La Palma und La Gomera, auf den Scilly Islands Cornwalls und den Sea Islands Georgias, auf Moorea bei Tahiti und auf New Caledonia, auf St. Lucia und der norwegischen Insel Traena, auf den Lofoten und im Gasteiner Tal, zuletzt auf der kroatischen Insel Hvar ... Auffällig viele Inseln dabei. Weil sie ein Gleichnis sind meines Insel-Seins? Meines von so viel Unbewußtem umströmten Bewußtseins?

Es mag ein paar Kapitel in diesem Buch geben, die nichts mit meiner Biographie zu tun zu haben scheinen. Man schaue genauer hin, es könnten gerade die sein, die mich ein Leben lang umgetrieben haben: Meine Auseinandersetzung mit Musik- und Jazzkritik(ern). Meine Schwierigkeiten mit Kultur, die in der *Fast-food*-Küche der Unterhaltung brutzelt - auch mit *Fast-food*-Esoterik. Die Vergeblichkeit von Musikwissenschaft. Auch die von Theologie. Die Frage, woran ich glaube.

7

Monatelang wußte ich nicht: Wie ordne ich das alles - diesen Wust, diese Flut? Voll lustiger Verzweiflung (das gibt es) schlug ich Jadranka vor: Wir schreiben die Titel der Kapitel auf kleine Kärtchen, mischen sie gut, denken uns ein vereinfachtes *I Ging* aus und akzeptieren, was kommt. Aber dann - in der Tat, wie das *I Ging* es empfiehlt - ergaben sich Form und Struktur von allein.

Im Mittelpunkt steht der Abschnitt »Wege außen« über mein berufliches Leben. Funk. Fernsehen. Jazz. Kollegen. Weltmusik. Reisen fürs Goethe-Institut. Gefolgt von einer Folge von Kapiteln über Lieben und Ehen. Den äußeren Wegen voraus gehen die inneren meines spirituellen Suchens. Nur das wurde aufgenommen, was über das bereits Vorliegende in meinen Büchern »Nada Brahma«, »Das Dritte Ohr«, »Ich höre, also bin ich« und »Hinübergehen« hinausführt.

Den ersten Abschnitt bildet eine Sequenz von Kapiteln, in denen sich - wie in der »Exposition« einer Symphonie oder Sonate - (fast) alle Themen des Buches vorstellen.

Dieser Abschnitt fließt über in die »Hypothek«: Elternhaus, Schule, Verletzungen, ihr Erkennen und Wandeln ... (aber ich weiß, daß meine »Hypothek« größer, älter und schwerer ist als alles, was von Vater und Mutter kommt, doch habe ich dies bewußt ausgeklammert). Und darauf folgen die Träume, die mich auf so wunderbare Weise mein Leben lang begleitet, gewarnt, erschreckt, getröstet und geführt haben. Die meisten erzähle ich nur, kommentiere sie kaum, weil sie sich ja durch das, was ich über mein Leben berichte, selbst kommentieren und deuten. Ich weiß: Ein Analytiker könnte jeden der kurzen Träume zu einem Kapitel weiten. Viel Spaß.

Meine Erfahrung ist: Was ein Traum einem Menschen sagen möchte, das sagt er ihm sowieso. Die »Materie«, aus der der Traum besteht, ist auffällig kompatibel mit der, aus der unser Leben besteht. Musikaufnahmen zum Beispiel können kompatibel sein für verschiedene Abspielverfahren. So auch das, was in unseren Träumen geschieht. Wir wählen das Abspielverfahren.

Den Schluß bildet ein »Finale«, in dem - wie es sich für ein ordentliches Finale gehört - ein paar Themen noch einmal anklingen, aber geschürzt, gebündelt, gewandelt, manches auch, was in die anderen Abschnitte nicht hineinpaßte, mir aber dennoch am Herzen liegt und - vielleicht - die »Würze« des Ganzen ist.

Einiges ist im letzten Moment herausgefallen, weil dieses Buch sonst aus allen Nähten geplatzt wäre, darunter eine Fülle von Naturerfahrungen und ein Abschnitt über meine Krankheiten und mein Mich-Heilen in Situationen, in denen die Schulmedizin mich schon aufgegeben hatte: »Heil werden« - sei es durch Fasten und Meditation, sei es durch homöopathische Nosoden, in deren aufsteigender Reihe kein Atom mehr des Wirkstoffes enthalten war (aber die Information in den Bio-Photonen!), in einer chronisch aggressiven, zwölf Jahre währenden Hepatitis, sei es durch psychische und kinesiologische Arbeit in einer schweren Allergie. Dazu die in diesem Zusammenhang fällige Auseinandersetzung mit der Schulmedizin. All das kommt ins nächste Buch. Die beiden kurzen Kapitel »Musikalische Orte« und »Jazzbilder«, die damals herausfielen, nehme ich für die Taschenbuchausgabe wieder auf, weil sie mir wichtig sind für die »Musik in meinem Leben«.

Es hat mir Freude gemacht, aus der Musiksprache kommende Titel wie »Exposition«, »Finale«, »Coda« zu wählen. Jetzt, wo alles fertig ist, fällt mir das Musikalische in Form und Struktur meines Buches auf. Der Abschnitt »Hypothek« ist das, was Musiker im symphonischen Hauptsatz die »Durchführung« nennen, und die Träume sind eine »Reprise« in Moll. Es ist gewiß nicht die klare Form Papa Haydns, gleicht eher den vielschichtigen Gebilden à la Bruckner-Mahler-Schostakowitsch, in denen die klassische Urform »schläft«.

Die »Wege innen« sind ein *Andante religioso*, dem Mahler die Anweisung »streng, wie ein Kondukt« angehängt hätte, die »Wege außen« hätte er »*energico*, stürmisch bewegt, mit größter Vehemenz« überschrieben. Und der Abschnitt »lieben« ist ein *Adagietto amoroso*, das stellenweise in ein *Scherzo absurdico* umschlägt... Die *Coda* schließlich am Schluß des Finales hat etwas von einer angehängten Kadenz, einem Schlenker, der die Hauptthemen erinnert und eine abgekürzte summa zieht. Der nach so viel Aufwand ohnehin selbstverständliche donnernde Schlußakkord fehlt. Den braucht da niemand.

Als alles fertig war, erinnerte ich mich: Als Junge - als 16- oder 17jähriger - habe ich meine Primanerlyrik, die ich damals in großen Mengen schrieb, angeordnet, als seien die einzelnen Gedichte die Sätze einer Symphonie. Der erste Satz hieß *Grave* und begann - pathetisch und unreif, wie ich damals war - mit den Zeilen:
Wer die Sehnsucht nicht hat, was hat der?

Wer in der Welt seiner Sehnsucht nicht lebt, wo lebt der?
... All unser Leben ist ein Singen des Schreis
und ein Warten darauf,
daß die Engel des Himmels
ihn mächtiger und herrlicher singen ...

Einigen dieser Gedichte (alle in jener »konkreten«, »gegenständlichen« Weise, die Hitler und Goebbels verordnet hatten) wird der Leser begegnen - nicht wegen ihrer literarischen Qualität, die nur mit Wohlwollen schlicht genannt werden kann, sondern

1. als Bestands- und Momentaufnahme einer jeweiligen Befindlichkeit, die ins Heute strahlt;
2. weil dadurch deutlich wird: Die Themen meines Lebens waren damals schon angeschnitten. Jenen »Bruch«, den Journalisten und Interviewer mir unterschieben - den gibt es nicht.

All die vielen, vielen Klänge meines Lebens klingen zusammen in **einem** Klang. Man kann ihn den Klang des Seins nennen. Den NADA BRAHMA: den göttlichen Klang. Sie mögen auseinandergestrebt sein in viele verschiedene, durchaus auch gegensätzliche, einander ausschließende Klänge. Ich höre sie heute als **einen** Klang. Vielleicht habe ich ihn schon als Junge gehört, aber ich konnte es damals nur »verquast« ausdrücken.

Dazu paßt es, daß bestimmte Themen *ostinato* sind. Sie laufen durch, werden immer wieder bewußt (gemacht), sind »redundant«: das Fortgehen der Mutter, der Gegensatz von religiös und spirituell, von Getrennt- und Eins-Sein, der Schatten des riesigen Vaters ... Das Wort »Redundanz« kommt von unda, die Welle - was signalisiert: Dies sind keine (lästigen) Wiederholungen, es ist die gleiche Woge, die läuft und läuft und läuft; mal bin ich in ihrem Tal, mal auf ihrem Kamm - und, wenn er mitmacht, der Leser auch.

8

Das Leben, das ich geführt habe, die Erinnerungen, die ich angesammelt habe, die Erfolge und Mißerfolge, die Verletzungen, die Musik, die Reisen, die Lieben - das alles hängt an mir wie ein Haufen Gepäck. Koffer, Kisten, Kästen, Taschen, große Container. Ich bin schwer geworden durch sie. Komme nicht weiter, muß endlich den ganzen Ballast (zum zweiten Mal dieses Wort!) loswerden. Der Traum dazu steht im Traum-Abschnitt: Der Zug fährt ab, und ich springe im letzten Moment ab, weil noch zuviel Gepäck auf dem Bahnsteig stehengeblieben ist.

Auch diese Erfahrung habe ich gemacht: Wenn ich einmal ein Buch geschrieben hatte, war ich das, worüber ich geschrieben habe, mehr oder minder los. Ich habe nur dann in meine eigenen Bücher geschaut, wenn ich sie noch mal überarbeiten mußte. Jenseits davon gilt: Das ist jetzt geschrieben. Erledigt. Weiter. Auch diesen Zweck hat dies Buch: Erledigt. Weiter. Endlich leichter. Laß los.

Es mag Widersprüche, gar Unvereinbarkeiten geben auf diesen Seiten. Es wäre die Unwahrheit, wenn es sie nicht gäbe. Manche sind mir bewußt. Ich hätte sie ausbügeln können, doch empfände ich das als Flickschusterei. Als unerlaubte Nachbesserung meiner eigenen Wahrheit. »Widersprüche«, sagt Paul Valery, sind »die Substanz unserer geistigen Aktivität«.

9

Die Wissenschaft von der Psyche ist im Westen kaum älter als hundert Jahre. Im Osten, in Indien zumal, ist sie viertausend Jahre alt. Ich kann nicht über die Psyche schreiben, über meine schon gar nicht, ohne dies zu berücksichtigen. Wer westliches psychologisches Wissen zum Maßstab macht, ist dumm oder hochmütig und in jedem Fall eurozentristisch.

Ein Beispiel: Das tibetische Staatsoberhaupt wird seit achthundert Jahren nach den Erkenntnissen des Tibetischen Totenbuches - dem weisesten Buch, das die Menschheit über Sterben und Tod besitzt - im Bewußtsein der Reinkarnation gewählt. Man schaue sich an, wie viele - nach den Kriterien tibetischer wie westlicher Historiker gleichermaßen - kluge, ja weise und überragende Herrscher auf diese Weise ermittelt wurden - fast nur solche! -, und vergleiche damit, wie oft im Westen mit seinen so vielgepriesenen demokratischen Wahlmethoden der falsche Mann gewählt wurde und wird - im Fernsehzeitalter mit seinen vorrangig visuellen Kriterien zumal.

10

»Ich habe festgestellt, daß sich ganz in der Nähe des Lebens, in dem man zufällig gelandet ist, ein anderes befindet, das man genausogut hätte führen können«, sagt Margriet de Moor. Ich habe beide Leben geführt - sowohl das, in dem ich nach dem Krieg »gelandet« bin, nennen wir es mein Jazzleben, wie das andere, mit dem ich vierzig Jahre später begann - mein »Nada Brahma«- und »Hör-Leben« ...

Ich empfinde meine Kindheit und Jugend als »Ouvertüre« für beide. Vielleicht ist es der »Bruch« (der - wie gesagt - keiner war, sondern ein zwangsläufiger Übergang) zwischen meinen beiden Leben, der es mir möglich macht, heute, wo ich mein »zweites Leben« führe, über mein »erstes« zu schreiben, als habe ein anderer es gelebt.

Es ist möglich, daß ich mich mit diesem Buch »zwischen alle Stühle«

setze. Besonders zwischen die Stühle der Kritiker. Ich werfe ihnen die »Bissen«, die sie »scharf«-machen, ja geradezu hin. Ich habe das mein Leben lang getan und sehe keinen Grund, jetzt plötzlich anders zu verfahren. Ich habe mir Feinde damit gemacht, und dennoch hat sich dies Sitzen zwischen den Stühlen für mich über alle Erwartungen hinaus bewährt. Es hat mein Leben reich gemacht.

»Was das Rad zum Rade macht«, sagt Laotse, »sind nicht die Speichen, sondern der leere Raum zwischen ihnen.« Die Speichen - das sind die Stühle.

II

Ich war vom Herbst 1996 bis zum Frühsommer 1998 mit diesem Buch lange auf »Lesetournee« - von Bern bis Hamburg, von Wien bis Berlin; mein Verlag meint: eine der längsten und intensivsten Tourneen, die sich zudem durch immer neue Einladungen und Aufforderungen selbst verlängerte. Weil der vor einem Publikum Lesende und Sprechende einem Text womöglich kritischer auf den Fersen ist als der Schreibende und still für sich Lesende, haben diese Tourneen zu verschiedenen Änderungen und Zusätzen in der Taschenbuchausgabe dieses Buches geführt. Meist sind es nur Änderungen in Sprachrhythmus und Diktion, manchmal aber auch Zusätze, die sich im Gespräch mit meinen Zuhörern als notwendig erwiesen. Einige geschahen aus Aktualitätsgründen. (Zum Beispiel: Als ich »Das Leben - ein Klang« schrieb, äußerte ich noch die Hoffnung, daß Jadranka, meine Frau, eines Tages meine Workshoparbeit weiterführen würde. Inzwischen tut sie es.)

Ich habe auf dieses Buch fast dreihundert Briefe erhalten. Viele Leser gebrauchten das Wort »betreffen«: »Ihr Buch betrifft mich.« »Es bringt eine verwandte Saite in mir zum Schwingen.« »Ich lese es, als sei es meine Geschichte.« »Es half mir, mir über mich selbst klar zu werden ...« Ich habe mich gewundert darüber, denn die Menschen, die dies schrieben, führen ein völlig anderes Leben, kommen aus ganz anderen Lebensbereichen; es waren viele Frauen darunter, viele junge Menschen. Eine Malerin schrieb, beim Lesen »wuchs in mir das beglükkende Gefühl, schon Bekanntes zu erfahren, was in mir unbewußt war ... Vieles war bei mir noch dunkel, diffus ... Du hast mir viel Arbeit abgenommen ... Dein Buch war für mich wie ein Brief eines guten Freundes ...« (Ja, sie duzte mich, wohl aus der Erfahrung des Lesens heraus, denn ich kenne sie nicht.)

Nachdem ich solche und ähnliche Briefe von so vielen verschiedenen Lesern empfangen hatte, wurde mir klar, daß hierin der eigentliche Sinn eines solchen Buches liegen kann. Rein theoretische Bücher, so gut sie sein mögen, können Vergleichbares nicht bewirken. Resonanz wird gebraucht - Resonanz zwischen einem Leben und einem anderen. Diese Resonanz muß stark sein angesichts dessen, was heut auf uns einströmt, sonst bemerken wir sie nicht, »über-leben« sie. Auch dies ein Grund, der das Überschreiten von Grenzen rechtfertigt, ja fordert.

Der Psychologe Walter Lechler schrieb, daß Offenheit in unserer sich so oft selbst belügenden Gesellschaft nötig ist: »Ein Buch wie Deines zeigt, was Offenheit sein kann, macht auch anderen Menschen Offenheit möglich, zeigt das Befreiende, was Offenheit haben kann.«

Wo meine Offenheit in sexuelle Bereiche drang, hat sie einige Menschen erschreckt, auch aggressiv gemacht. Das tut mir leid. Jeder Psychologe weiß: Wer eigene sexuelle Bedürfnisse verdrängt oder unbefriedigt läßt, hält sie bei anderen gern für exorbitant, wird darüber erschrocken und wütend. Was ihn aber erschreckt oder wütend macht, ist der eigene Schreck, die eigene Wut, die zu erkennen und zu reflektieren und deren eigentlichen Grund zu finden (was ich schreibe, kann allenfalls »Auslöser« sein) heilsam sein kann.

Ich berichte, was war. Ich weiß, daß, bevor Aids kam, viele von uns so gelebt haben - Männer wie Frauen -, und ich kenne viele, zu deren Ganzwerdung dieses Leben beigetragen hat.

Kaum einer hat mehr von Autobiographien verstanden als Stefan Zweig; nur so konnte er seine wunderbar einfühlsamen Bücher über drei der größten über sich selbst schreibenden Autoren des Abendlandes - über Casanova, Stendhal und Tolstoi - verfassen. Zweig sah »das Ideal der Selbstbiographie in einer schrankenlosen, ja sogar schamlosen Aufrichtigkeit ...«

12

Ein Freund sagte: »Du schreibst einen seltsamen Stil. Wie kamst du dazu?« Ich glaube, es kommt aus der Musik. Ich empfinde mein Schreiben als »rhythmisch«. Aber ich »mache« keine Rhythmen, es ist eher so, daß sie sich selber einschwingen. Dennoch fühle ich sehr genau, wenn sie »stolpern«, muß dann oft ein oder zwei Silben eliminieren oder einfügen, ein paar Worte umstellen, damit ich sie wieder als fließend empfinde. Es ist eher ein geatmeter Rhythmus als einer, der sich in Hebungen und Senkungen abzählen ließe. Manchmal atme ich schnell.

Ich halte die Zeitwörter, die Verben, für die wichtigsten Wörter der Sprache. Ich liebe es, den Worten - dem, was in ihnen »schläft« oder »nistet« - nachzulauschen. Ich mag Bilder, aber ich glaube, ich schreibe eher die Sprache eines hörenden als eines schauenden Menschen. Ich erhöre mein Leben. Erhöre es zum zweiten Mal, nachdem das Leben dieses Lebens ohnehin ein Erhören dessen, was es gefordert hat, gewesen ist. Vielleicht habe ich - unbewußt - den dazu passenden Stil gefunden.

13

Am Anfang hatte ich alle Wünsche der Welt. Viele - mehr als man vernünftigerweise erwarten und hoffen könnte - sind mir erfüllt worden. So viele, daß sich das Wort Zufall auch hier verbietet. Wie geht das, daß ein junger Mensch, der während seiner ganzen Kindheit »Radio gespielt« hat, in der Portiersloge eines Hotels - kaum frei aus der Kriegsgefangenschaft - von einem Besatzungsoffizier, der ihn gerade nur wenige Male gesehen hat, gefragt wird, ob er bei der Gründung einer Funkanstalt mitmachen wolle? Wie kam gerade ich aus dem Ring von Leningrad heraus, obwohl doch die ganze Kompanie »aufgerieben« wurde? Warum wurde gerade ich von einem Freiflugticket, das auf dem Redaktionstisch der Zeitschrift »twen« herumlag, nach Asien und dort, ohne daß ich die geringste Ahnung davon gehabt hätte, von Frauen, an denen ich interessiert war - Engeln? -, in Ashrams und Zen-Klöster geführt? Wie kam ich zu einem Buch wie »Nada Brahma« - ich, der ich vierzig Jahre lang immer nur Jazzskripte geschrieben hatte? Zufall? Man kann sich auch lächerlich machen mit diesem Wort. Es gibt Bereiche, in denen das Wort Zufall irrationaler sein kann als: Führung. Schutzengel. Gnade.

14

Am Anfang hatte ich nichts als Wünsche. War süchtig nach ihrer Erfüllung. Sielte, aalte mich in ihnen. Wenn schon wenig Realität, dann wenigstens Wünsche. Jetzt habe ich nur noch fünf, aber es könnte sein, daß sie wichtiger sind als all die anderen. Vielleicht sind sie deren Ziel. Ich ordne sie aufsteigend:

1. Mich nicht mehr so sehr von meinem Ego und dem mit ihm verbündeten Verstand leiten zu lassen, sondern von der Instanz, die mich - zum Beispiel - in die Situationen geführt hat, denen sich die oben gestellten Fragen verdanken.
2. Loszulassen, worüber ich hier geschrieben habe.
3. Mit Jadranka eine Ehe in Liebe, Licht, Freude zu führen.
4. So lange wie möglich gesund, lebendig und schöpferisch zu bleiben und, wenn die Zeit gekommen ist, ohne viel Schmerzen und Leiden gehen zu dürfen.
5. Wach zu sein in Gott und im Licht.

Auch davon handelt dies Buch. Es ist mehr, als zwischen zwei Buchdeckel geht.

I.

Exposition

So ich mich selber lese,
so lese ich in Gottes Buch.
Liegt doch Himmel und Erde
mit allen Wesen, dazu Gott selber,
im Menschen.
Soll er dann in dem Buch nicht lesen dürfen,
das er selber ist?

Jakob Böhme

Erfahrung ist nicht, was dir geschieht.
Sie ist, was du aus dem, was dir geschieht,
machst.

Aldous Huxley

Ist auch alles Trug und Wahn
und die Wahrheit stets unnennbar.
Dennoch blickt der Berg mich an,
zackig und genau erkennbar.

Hermann Hesse

Die Höhle und die Kastanie

Die Höhle lag in der verborgensten Ecke des Parks. Ursprünglich hatte sich dort die alte, verfallende Holzbude eines Kleingärtners befunden, dem dieses Stück Land gehört hatte, bevor mein Großvater sich viele solcher Stücke zusammenkaufte, um auf ihnen seine »Anstalten« - sein »Diakonisches Werk« - zu errichten. Ich muß acht oder neun gewesen sein, als ich diese Hütte zum Zentrum meines Reiches machte. Ich hatte schon früh begonnen, an Radios und Klingelkästen zu basteln. Bald war meine Bude vollgepfropft mit elektrischen Apparaten, die andere nicht mehr brauchen konnten. Aber dann - welcher Drang trieb mich? - nahm ich ein paar Bretter des hölzernen Bodens heraus, der die Hütte nach unten einigermaßen trocken hielt, und fing an, in die Tiefe zu graben - zuerst nur ein Loch, in das ich hineinschlüpfen und mich verstecken konnte.

Vor wem?

Ich denke, ich sollte die Zeit markieren, in der all dies begann - um die Wende der zwanziger zu den dreißiger Jahren. Die Straßenlaternen wurden abends von einem mit einer langen Stange bewaffneten Laternenanzünder angezündet. Der mußte den kleinen Stellhahn da oben geschickt treffen, ihn verdrehen und dann, ebenfalls mit seiner Stange, das ausströmende Gas entzünden. Morgens löschte er die Laternen auf ähnliche Weise. Da dies in der großen Stadt Berlin einigermaßen synchron zu geschehen hatte, gab es Heere von Laternenanzündern - jeder zuständig für seine Straßenquadrate. Wenige LKWs auf den Straßen. Berliner Kindl, Patzenhofer und die anderen Brauereien fuhren ihr Bier, Bolle die Milch und die Eisstangen, Hermann Tietz - daraus wurde Hertie - seine Artikel mit Pferdewagen aus. Wenn es ein Vierspänner war, galt die betreffende Firma als besonders potent. Die Pferde bekleckerten die Straßen mit »Pferdeäppeln«. »Brigaden« von Straßenkehrern waren ständig damit beschäftigt, sie fortzuräumen -

ohne Maschinen: mit Schaufeln, Besen und Schubkarren. Die Abwässer der - damals - drei Millionen Menschen wurden in Kanälen und Rinnsalen geklärt, die durch weite, landwirtschaftlich genutzte Wald- und Wiesengebiete flössen und den Berlinern, so sehr es dort stank, als Erholungsgebiete dienten. Die meisten Häuser hatten im Hinterhof oder Garten noch eine Pumpe. Wenn an heißen Tagen der Wasserdruck nicht ausreichte, den die Wassertürme schufen, wurden die Kinder mit einem Eimer hinuntergeschickt, um Wasser zu pumpen und herauf zutragen. Natürlich gab's keine Eisschränke. Morgens fuhr bimmelnd der Eismann mit seinem Pferdegespann durch die Straßen, rief »Eis! Eis! Eis!« und trug lange Stangen gefrorenen Wassers in die Häuser, wo sie mit einem Hammer zerkleinert und um die zu kühlenden Speisen gelegt wurden. In den öffentlichen Verkehrsmitteln war es, wenn ein Erwachsener stand, selbstverständlich, daß Kinder und junge Leute ihm ihren Platz anboten. Oft standen gleich zwei oder drei Jungen und Mädchen gleichzeitig auf, um einen Stehenden auf ihren Platz zu holen. Man konnte spüren: Das machte ihnen Spaß.

Es waren die Jahre, in denen es in Deutschland vier Millionen Arbeitslose gab. Sie prägten das Straßenbild. Wir nannten sie Eckensteher und kannten einige von denen, die in unserer Gegend herumstanden, mit Namen. Der Eckensteher Nante war eine klassische Berliner Figur - bekannter als die Politiker, die häufiger wechselten, als es den meisten zu verfolgen möglich war.

Und nun weiter: die Höhle. Jahrelang grub ich. Im Lauf der Zeit - meine Kindheit und frühe Jugend gingen darüber hin - entstand ein System unterirdischer Gänge - gerade nur so hoch, daß ich hindurchkriechen konnte. Ich hatte allein damit angefangen, und dieses Alleinsein, dieses Einsamsein war die Voraussetzung, aber ich fand zwei Freunde - der eine, zwei Jahre älter, hieß Siegfried und fiel im Zweiten Weltkrieg, der andere, gleichaltrig, ist Fritz und wohnt immer noch dort, wo wir damals wohnten: in Berlin-Weißensee, und immer noch besuche ich ihn manchmal. Die beiden halfen mir graben. Über unsere Gänge deckten wir Bretter, auf die wir Grasnarben legten, die wir irgendwo ausstachen und heranschleppten. Wir begossen sie regelmäßig, damit unser Rasen so hoch wuchs, daß niemand entdecken konnte, was sich darunter befand.

Wir buddelten uns immer weiter - wie Maulwürfe -, schließlich auch unter dem Zaun hindurch ins Nachbargrundstück. Dort befand sich ein Heim, das die israelische Gemeinde Berlin für Taubstumme eingerichtet hatte. Die Nachbarn merkten es nie. Vielleicht deshalb, weil ihr Heim immer leerer wurde, als die Nazis kamen. Wir sahen die Menschen, die dort gewohnt hatten, mit einem Koffer oder einer Tasche die Straße heruntergehen und bemerkten, daß sie nicht mehr zurückkehrten. Als es 1936 geworden war, holte ein Wagen der SS die wenigen, die noch geblieben waren.

Nicht nur wir krochen durch unsere Gänge, auch allerlei Nachtgetier: große und kleine Käfer, Mäuse, gelegentlich eine Ratte. Die Bretter über unseren Köpfen bedeckten sich mit weißlichem Schimmel. Maden, Larven, Würmer fühlten sich wohl. Beim Kriechen stießen wir mit den Köpfen an die schimmlige Decke, es muß eklig gewesen sein, aber es störte uns nicht. Wenn es lange nicht geregnet hatte, rieselte Sand durch die Ritzen der Bretter. Er rieselte in unsere Haare und Hemden. Jahrelang lag immer ein wenig Sand in meinem Bett; oft juckte es, aber das war mir egal. Ich liebte die Höhle.

Als ich älter wurde, durchzog ich sie mit elektrischen Leitungen, hatte Licht und Klingeln dort unten, schließlich sogar eine Art Spielzeugtelefon. Eine der Leitungen führte ins Pfarrhaus. Da war mein Vater. Aber ich kann mich nicht erinnern, daß ich je mit ihm telefoniert hätte. Andere Leitungen führten in andere Gegenden des Parks, aber da war niemand, den ich hätte anrufen können. Wollte ich mit mir selber telefonieren? Oder nur einfach bereit sein, falls jemand anriefe? Wer?

Meine beiden Freunde kamen nur selten. In meiner Erinnerung sehe ich mich allein durch die Gänge kriechen, allein dort unten sitzen - im Dunkeln oder im schwachen Licht einer Glühbirne.

Die Gänge endeten in einem größeren Loch, in dem wir aufrecht stehen konnten. Wir nannten es unser »Zimmer«. Das Loch muß das

»Ziel« gewesen sein. Es gab zwar einen Gang, der noch weiterführte, aber er endete nach ein paar Metern irgendwo in der Erde. Heute mache ich mir Gedanken darüber, daß es ein tiefes Loch gewesen ist, das wir als »Ziel« unseres Gänge-Systems empfanden.

Gelegentlich halfen die Freundinnen meiner Schwester beim Buddeln. Einmal hatte ich zwei von ihnen an einem Seil in das »Zimmer« hinabgelassen, von wo sie einen weiteren Gang graben sollten. Ich vergaß die grabenden Mädchen, ging abends zu Bett, morgens zur Schule - bis mich mittags mein Vater fragte, ob ich wüßte, wo die Mädchen seien, die Mutter habe ganz aufgeregt angerufen. Da fiel's mir ein, ich raste zur Höhle, holte sie heraus. Sie hätten lange gerufen, erzählten sie, auch geweint, seien dann aber eingeschlafen.

Meist grub ich selber. Ich sehe mich noch heute durch dunkle Gänge kriechen, Sand - den guten, sauberen, von der Eiszeit zermahlenen märkischen Sand - in einen Eimer schaufeln, den Eimer ans Licht tragen, ihn ausschütten und wieder ins Dunkle kriechen, um ihn von neuem zu füllen.

Die Anstalten, die mein Großvater gegründet hatte und denen mein Vater vorstand, hatten einen Gärtner. Der betrachtete die Höhle mit Argwohn. Die »Laube«, von der aus ich zu graben begonnen hatte, hatte ihm ursprünglich zum Abstellen seiner Gartengeräte gedient. Um ihn und andere Eindringlinge abzuhalten, spannten wir - ich war inzwischen 13 oder 14 - ein fachkundig isoliertes Drahtseil um »unser« Gebiet und leiteten Strom hinein - die 220 Volt, die das Netz lieferte; mit Trafos konnte ich noch nicht umgehen. Der Gärtner - ärgerlich, daß die »Lausbuben« seinen Weg behindert hatten - griff in das Seil, um es herunterzureißen, der Stromschlag krallte ihm die Finger zusammen - er wäre gestorben, hätte mein Freund Siegfried ihn nicht beobachtet und im letzten Moment den Schalter abgestellt.

Indem ich dies erzähle, wird mir bewußt: Ich kann das wiedererkennen in meinem Leben: Es gibt Situationen, in denen ich nicht belästigt werden will. Ich schütze mein »Reich« mit »Starkstrom«. Viel von dem, was ich hier schildere, ist »Muster« geworden.

Einmal, als wir in den Ferien an die Ostsee reisten, vergaß ich, das Netz meiner Stromleitungen stillzulegen. Am Monatsende belief sich die Stromrechnung meines Vaters, der damals 660 Reichsmark verdiente, auf 330 RM. Mein Vater strich mir meine fünf Mark Taschengeld, »bis dein Strom abgezahlt ist«. Aber so lange hielt er's nicht durch.

Welche Energie trieb mich? Andere Kinder spielen - mit der Sinn- und Zweckferne, die zu spielerischem Tun gehört - heute dies, morgen jenes; ich grub zielstrebig an meiner Höhle - oft täglich. Zu welchem Ziel? Um allein in einem dunklen, feuchten, von Käfern und Würmern besiedelten Loch zu sitzen, während draußen die Sonne schien und ich - ein in der Großstadt Berlin selten begünstigtes Kind - einen ganzen Park zum Spielen hatte?

Natürlich war ich einsam dort unten. Und traurig. Ich wühlte in Einsamkeit, als sei sie der Sand, in dem ich grub. Ich tat das während meiner ganzen Jugend. In einem Gedichtbuch meiner Mutter fand ich, zwei, drei Jahre später, Rilkes berühmtes Wort »Sei einsam« und dichtete:

Sei einsam!
Geh allein durch deine Seele.
Begegne niemandem und wähle
den leersten, längsten, letzten Weg,
wo über Bäche noch kein Steg,
noch keine Stufen in den Felsen sind.
Sei einsam, wie du warst als Kind.

Psychologen wissen: Jede Höhle erinnert uns an **die** Urhöhle im Leib der Mutter. Alles Höhlen-Suchen, Höhlen-Bauen und Sich-in-ihnen-Verkriechen möchte ihren Verlust kompensieren - den Ur-Verlust, der bedeutet: Geboren werden! Licht sehen! Ein Verlust, der Gewinn ist und dennoch so oft als Verlust empfunden wird.

Sprachwissenschaftler - Paläolinguisten - weisen darauf hin: In vielen Sprachen sind die Wörter für Höhle, Gebärmutter, Vagina, Loch (man drehe das Wort um - die Linguisten nennen das »Krebs« -, dann wird hohl und Höhle daraus) unmittelbar verwandt. Wann immer wir uns in eine Höhle verkriechen, wollen wir letztlich zurück zur Mutter: die **»meinen«** wir - ein Wort, das in diesem Zusammenhang angebracht ist, weil es mit dem Wörtchen »mein« verwandt ist.

Aber es war mehr als nur dies. Meine Mutter war, als ich drei war, von einem Tag zum anderen verschwunden und nicht mehr zurückgekommen. »Mit deiner Höhle hast du den Verlust deiner Mutter kompensiert«, sagte der Therapeut, als ich Anfang der siebziger Jahre meine Lehranalyse machte. »Das war eine radikale, aber weise Reaktion des Kindes.«

Kinder sind ihrer Ur-Höhle näher als Erwachsene, empfinden ihren Verlust - das Trauma der Geburt - noch viel unmittelbarer. Seltsam, daß es so oft Kinder gewesen sind, die die großen Höhlen entdeckt haben - in der Auvergne, im Massif Central in Frankreich, in Nordspanien ... Viele heilige Höhlen nicht nur in Europa - auch in Indien und Lateinamerika - wurden von Kindern gefunden - als kröchen sie spielend zurück in die »gemeinte« und doch eben nur »vermeintliche« Ur-Höhle. Auch die Höhle von Qumran am Toten Meer, in der 1947 die ältesten hebräischen Originaltexte der Bibel gefunden wurden, wurde von einem Kind entdeckt - einem Hirtenjungen.

Höhlen sind heilig (auch hier wieder die Verwandtschaft der Wörter: heilig, holy, Höhle, auch Höhe und hell gehören hierher - ein Zusammenhang, der sich, was mein Leben betrifft, noch erschließen wird). Heilige Männer wohnen in Höhlen - Eremiten, Weise, Meditierende, Mönche: Menschen, die sich dem Urgeheimnis nahe fühlen und/oder es erfahren wollen - die Zen-Weisen Chinas und Japans gleichermaßen wie die frühchristlichen Eremiten Nordafrikas, wie die Priester der Azteken im präkolumbianischen Amerika ... Ja, auch in der Klosterzelle des christlichen Mittelalters ist der Höhlen-Archetyp spürbar - wie überhaupt in Tempeln und Kirchen überall in der Welt, in Indien etwa in Elora und Ajanta und ihrem Höhlenkomplex und vielen anderen ähnlichen Tempelhöhlen in der hinduistischen und buddhistischen Welt. In der christlichen Welt ist die Krypta die Urzelle von Kirchen und

Kathedralen - etwa in Chartres, als sei sie, die Höhle, Basis und Grund - Zeugungsort - all des Großen und Wunderbaren, das sich über ihr erhebt. Jean Gebser meint, daß es die »Ursehnsucht des Menschen nach Geborgenheit« sei - jener Geborgenheit, die einstmals der Mutterleib bot -, aus der heraus Höhlen die bevorzugten Kultstätten des frühen Menschen geworden sind.

Aber - auch dies weiß die Sprache - Höhlen können Höllen werden: denen, die sie nie verlassen - in deren Höhle nie Licht fällt. Auch diese Bedeutung »nistet« bereits im Geburtsvorgang.

»Aufgeklärten« Erwachsenen aber sind Höhlen unheimlich - Stätten des Dunklen, Feuchten, Gefährlichen, was noch ein zusätzlicher Grund ist, weshalb Kinder so gern in sie fliehen. Ich zum Beispiel vor dem riesigen Vater. Denn gewiß: mein Weg in die Höhle war **auch** eine Flucht.

Weil all dies so ist, deshalb schaltete ich das Höhle-Bauen »auf Automatik« (wie der amerikanische Psychologe Stephen Wolinsky das nennt). Ich baute Höhlen mein Leben lang. Meine »Haupthöhle« wurde der Jazz. Leicht nachzuvollziehen, daß er in der bundesrepublikanischen Gesellschaft - etwa der Adenauer-Zeit - eine »Höhle« gewesen ist. In ihr war ich sicher. Da konnte mir keiner. Krebs, der ich bin, habe ich mich in sie zurückgezogen, meine Gräben und Gänge gegraben - in alle nur möglichen Richtungen, sogar unter dem Zaun hindurch in Nachbargrundstücke, die mit dem Jazz kaum was zu tun haben. Von dort habe ich meine »Ausfälle« gemacht und bin, wenn's gefährlich wurde, schnell wieder in meine »Haupthöhle« zurückgekrochen. Dennoch achtete ich darauf, daß die »Antennen« - die empfindlichen »Fühler« meines Krebs-Seins - draußen blieben.

Immer wieder gibt es »Höhlen« in meinem Leben. Eine Sekretärin nannte meine Jazzredaktion im Funkhaus »unsere Höhle«. Vierzig Jahre meines Lebens fühlte ich mich in ihr sicher. Die Stürme des Mediengeschehens gelangten nur als sanftes Säuseln zu uns. Kollegen sagten, die Jazzredaktion sei »autark«. Wir hatten uns eingeigelt. Aber ich machte von dieser »Höhle« aus meine Reisen - meine »Ausfälle« - in die Länder und Kontinente der Erde. Mein Chef sagte: »Es ist mir egal, was Sie machen. Sie können hinfahren, wohin Sie wollen, ich will nur, daß Ihre Sendungen da sind.«

Wir gingen in meiner Redaktion auch miteinander um wie die Bewohner einer Höhle. Meine erste Sekretärin blieb von 1953 bis 1983 bei mir - ein Unikum in einer Medienanstalt, in der die Kollegen die Mitarbeiter wechseln wie aufzutragende Kleider. Drei Ehefrauen hatte ich in den dreißig Jahren, aber immer dieselbe Sekretärin. Ein Kollege von der literarischen Abteilung, der bei uns ein paar Schallplatten ausleihen wollte und eine Weile warten mußte, bis wir die Platten gefunden hatten - dabei beobachtend, wie wir miteinander umgingen -, sagte: »Bei Ihnen herrscht aber ein besonderer Ton.«

Ich hatte auch »Unterhöhlen«: »Jazz und Lyrik«, Weltmusik, meine Festivals ...

Und natürlich ist auch meine heutige Arbeit - das Hören - eine Höhle, ihr bereits paläolinguistisch verwandt: das Hineinkriechen in die Höhle des Ohres und dessen, wofür es steht. Es ist ein Lauschen in der schönsten Höhle meines Lebens. Auch das habe ich gelernt: mir immer bessere Höhlen zu bauen. Keine mehr mit Maden und Würmern.

Auch hier habe ich »Unterhöhlen« - all das, woran ich in den letzten Jahren gearbeitet habe; meine aus den Tönen der Planeten gebildeten »Urtöne« ... das Hören des Babys im Mutterleib ... das Lauschen auf die Innere Stimme ... das Wunder des Chores ... die Frage, warum Frauen höhere Stimmen haben als Männer ...

»Nischen« nannten sie es in der alten DDR, sprachen von einer »Nischengesellschaft«, hatten sich in zahllosen kleinen und größeren »Höhlen« gar nicht so schlecht eingerichtet und fühlten sich - inmitten ihrer schwierigen Umwelt - einigermaßen wohl in ihnen - damals schon und heute im Rückblick noch mehr. Ähnlich ich: Mitten in der bundesrepublikanischen Gesellschaft, die ich mit Kritik und Skepsis, oft mit Wut betrachtete, hatte ich mir meine »Nischen« und »Unternischen« geschaffen, fühlte - und fühle - mich geborgen in ihnen und lausche aus meinem »Loch« auf das, was da kommen mag - hellwach darauf achtend, daß das Loch nie so tief werden kann, daß ich den

Beifall - auf Bücher, Sendungen, Platten, Festivals - womöglich überhören könnte.

Mein Vorwort nenne ich »Einstieg« - jenem gleich, durch den ich aus meiner Kleingärtnerbude in die Höhle hinabstieg. Das tue ich in diesem Buch: Ich bahne Gänge in mein Leben - den Gang des Radios, des Vaters, der Mutter, der Geliebten und Frauen, des Hörens, der Spiritualität -, jenen gleichend, die ich in meiner Kindheit durch den märkischen Sand buddelte.

Ich schreibe dies wenige Tage, nachdem ich es erkannt habe. Ich lag auf Jadrankas Bett, mit einem Mal begann ich zu sprechen. Es sprudelte aus mir heraus. Ich fühlte die innere Hygiene des Kindes, das ich gewesen bin, liebte dieses Kind: Wie richtig es doch das alles gemacht hatte! Wie es - und wie ich - versunken wäre im Schmerz über das Fortgehen der Mutter ohne die Höhle. Wie sie mich in mancher Hinsicht lebenstüchtig gemacht hat.

Jadranka schlief ein, nachdem ich gesprochen hatte ... Ich lag in ihrem Arm und flüsterte leise: »Hallo - hallo - hallo ...« Mit einem Mal spürte ich, aus welcher Tiefe es kam. Aus der Tiefe meiner Höhle. Meines »Lochs«. Meines Kindertelefons. Hallo! Hallo! Fast siebzig Jahre lang.

Aber: Die Höhle hatte einen Gegenpol. Unmittelbar neben ihrem Eingang stand eine alte, mächtige Kastanie - mit vielen dicken, sich immer weiter verzweigenden Ästen. Wenn man erst einmal den untersten erreicht hatte, konnte man klettern in ihr, als stiege man von Stufe zu Stufe in einem Haus. So dicht und weiträumig war ihr Geäst und Laubkleid, daß man sich in ihr wie in einem hohen Gebäude fühlte. An den untersten Ast hatte ich eine Strickleiter gebunden, die ständig dort hing - und oft genutzt wurde.

Ich kletterte so hoch, bis der riesige Stamm nur noch wenig dicker war als mein Jungenarm und sich unter der Last meines kindlichen Körpers gefährlich zu biegen begann. Ich hatte mir dort oben in Äste und Zweige ein Podest gebaut, einen Sitz gezimmert und einen Kasten an dem dünn gewordenen Stamm angebracht - gerade so groß, daß ich ein Buch, eine Trillerpfeife, eine Gummischleuder und ein paar Kastanien zum Schleudern hineinlegen konnte.

Stundenlang saß ich da oben, nur noch zwei, drei Zweige und wenige Blätter über mir - dann der Himmel! Ich begann, Vögel zu lieben. Es gab Lerchen. Wenige Jahre später dichtete ich (aber empfand schon damals):

Jubelnd wie eine Lerche
steigt meine Sehnsucht
in den glasklaren Himmel,
schwingt sich höher
und höher
am Bau ihres Liedes
und hat nichts als ihr Lied
und hat alles ...

Ich sah hinüber zum Pfarrhaus, dem Haus des mächtigen Vaters, das von hier oben winzig aussah; damit auch er! Endlich überragte ich ihn. Und alle die anderen. Ich lauschte dem Rauschen der Großstadt, das geheimnisvoll zu mir herauftönte - vielleicht gar, so meinte ich, vom fernen Alexanderplatz, dem Zentrum des vom Vater gegeißelten »Sündenbabels« Berlin. (Wenn er gewußt hätte, daß ich einmal Mitarbeiter von Alfred Döblin, dem Dichter, dem »Sänger« des »Alexanderplatz« werden würde, er wäre noch mehr an mir verzweifelt, als er es ohnehin schon war.)

Zuhörend meinte ich die schwingende, schwirrende, summende Aktivität der großen Stadt buchstäblich mit den Händen greifen zu können. Es waren prägende Hörerfahrungen - wie auch die Stille der Höhle. Ich konnte es damals nicht wissen, aber ich erfuhr es: das Nichts, das das Mu des Zen ist. Ich wollte es durchdringen - nicht nur mit den Ohren. Mit allen Sinnen. Ich hockte da unten in meinem »Zimmer« aus märkischer Erde und sah die Schwärze, roch, schmeckte, fühlte, hörte das Nichts, das das Sein ist. Als lauschte ich mich an das heran, was ich später als Meditation erfuhr.

Die Kastanie führte mich aufwärts - wie mich die Höhle abwärts führte. Beides gehörte zusammen: Höhle und Kastanie. Tiefe und Höhe. Dunkel und Licht. Hölle und Himmel... Und wenn ich auch öfter in der Höhle war, der Kastanienbaum bescherte den Ausgleich - brachte zum Dunkel das Licht. Wenn die Höhle eine - halbe - Therapie meines Mutterverlustes war, dann war die Kastanie eine ganze Therapie der Höhle - auch sie eine Hygiene der kindlichen Seele, als hätte sie den Instinkt eines guten Psychologen gehabt.

Es blieb so mein Leben lang: Immer noch kriech ich in Höhlen. Und immer noch steige ich in die Höhe - nicht einer Kastanie, aber dessen, wofür sie damals schon stand. Zum Beispiel in die Höhe eines Erkers, der an meinem Haus hängt - wenig gestützt, als schwebe er hoch über dem Tal meines Dorfes, und ich schwebe in ihm. Wie damals in der Kastanie, nur komfortabler. Auch ist es jetzt eine große Birke, die mich umwächst - jedes Jahr reicht sie näher an mich heran - und dennoch den Blick freigibt: über die Rheinebene 120 Kilometer ins Elsaß und auf die Vogesen.

Mein Amulett

Ich trage gern ein Amulett, das kolumbianische Indianer gemacht haben. Es zeigt in der Mitte eine große Spirale und drum herum drei Kreuze, zwölf Sterne und drei weitere kleinere Spiralen. Ich mag keine Schlipse - die »Herren-Kandare«: Beherrsch dich! Mein Amulett sagt: Verbinde dich! Ich trage es über dem Hemd oder dem Pulli. Jeder kann es sehen - auf der Mitte der Brust. Männer tragen so etwas selten.

Es ist ein Spiel: Die Menschen einteilen in solche, die mich fragen, was ich denn da trüge, und in die vielen anderen - die meisten -, die nicht darüber reden.

Frauen fragen im Verhältnis 10:1 häufiger als Männer. Ausländer fragen häufiger als Deutsche. Süddeutsche häufiger als Norddeutsche. Einfache Menschen häufiger als Intellektuelle.

Im allgemeinen antworte ich, dies seien Symbole, die mir etwas bedeuten: Das Kreuz, die Sterne am Himmel und die Spirale des Universums, auch der *Cochlea* im menschlichen Innenohr, des Kreises der Ewigen aufsteigenden Wiederkehr.

Besonders gern fragen Amerikaner - dort auch viele Männer. In Australien sagte eine Kassiererin im Supermarkt, obwohl hinter mir noch viele Menschen anstanden: Das sei aber *»beautiful ... What does it mean?«* Im Nu kamen einige der Anstehenden heran und beteiligten sich an dem Gespräch. Ein Ehepaar lud mich zum Essen ein.

In Neuseeland fragte eine Apothekerin und gab mir - nachdem ich mein Amulett erläutert hatte - ein Medikament, für das ich ein Rezept gebraucht hätte, das ich jedoch nicht besaß. In Norwegen schützte mich das Amulett vorm Aufgeschriebenwerden durch die Polizei. Ich hatte in Trondheim falsch geparkt. Der Polizist wollte kassieren. Dann sah er mein Amulett, fragte, was es bedeute, ließ sich's erklären und steckte den Strafzettelblock wieder ein.

Als ich in Sydney eine Ausstellung von Kunst australischer Aborigines besuchte, hatte ich das Gefühl, sie schauten sich »meine« Kunst an, ich mir die ihre. Sie fragten so häufig, daß es mir lästig wurde und ich das Amulett in den Hemdausschnitt steckte.

Es ist mir noch nicht passiert, aber es ist mir klar, daß auch abfällig gefragt werden könnte - etwa in dem Ton: »Was tragen Sie denn da?« mit dem Akzent auf dem »Sie«. Oder noch schlimmer: »Was is'n das für'n Quatsch?« Daß so gedacht wird, weiß ich. Vielleicht müßte ich jünger sein, damit's auch gesagt wird.

Auf der Haupteinkaufsstraße in Baden-Baden schlängelte sich ein Saxophon spielender Straßenmusikant schwarzer Hautfarbe - *Body and Soul* blasend, **die** Tenorsaxophon-Ballade par excellence - vorzeitig aus seiner Schlußkadenz, zeigte direkt auf mein Amulett und fragte *»What is this?«*, als sei dies jetzt die wichtigste Sache der Welt: *»There's music in there«*, sagte er und meinte: Die Sternchen könnten auch Notenköpfe sein. Wie sich's gehört: zwölf. Mein Amulett hat Musik.

Aus einem Chor russischer Schüler und Studenten, der sich vor einem Warenhaus in Magdeburg aufgestellt hatte, trat, noch während sie gerade einen Chorsatz von Johann Sebastian Bach sangen, ein junges Mädchen auf mich zu und fragte flüsternd, jede Silbe artikulierend, auf deutsch: »Was - ist - das?« Hinterher erzählte sie mir, sie stamme aus Georgien. In einer Pause fragte sie, was ich gerne hören möchte. Ich: »Bach ist gut für mich.« Sie in ihrem *staccato*:. »Auch - für - uns.« Sie deutete dabei auf sich und die anderen, als wolle sie unbedingt sicher sein, daß ich's verstünde. Die jungen Sängerinnen und Sänger wiegten sich während des Bach-Singens hin und her, als sängen sie ihre eigene Folklore. Wenn mir mein Amulett nicht so lieb wäre, ich hätte es ihr geschenkt.

Das empfinde ich manchmal: Ich möchte es verschenken. Vielleicht geschieht das mal irgendwo. Ich weiß, wenn ich es spontan täte, ohne einen Augenblick zu zögern, dann würde es auch für mich gut sein; es wäre, als trüge ich's innerlich weiter.

Menschen, die fragen, empfinde ich als freier, ungehemmter, spontaner, natürlicher, neugieriger, interessierter, offener; sie lächeln oder lachen gern. Andererseits sind diejenigen, die nicht fragen, wohl eher ernst, gehemmt, zurückhaltend, verschlossen, haben Furcht, vielleicht etwas Falsches zu sagen, womöglich mit ihrer Frage in meine Privatsphäre einzudringen.

Besonders häufig fragen spirituelle Menschen. Am seltensten: Rationalisten. Und natürlich fragen künstlerisch und ästhetisch bewußt lebende Menschen sehr viel häufiger als solche, denen Kunst - auch Musik und Literatur - nichts bedeutet. Bei Musikliebenden fragen diejenigen, die Folk, Jazz, Rock, Ethnisches mögen, eher und lockerer als Klassikfreunde.

Ein hübscher Unterschied: Musiker fragen, Kritiker fragen nicht - oder allenfalls dann, wenn sie die Antwort in dem, was sie schreiben wollen, verwenden zu können hoffen.

Dem ist nachspürenswert: Woher kommt eine Frage? Bei dem Saxophonisten in Baden-Baden kam sie aus dem Bauch, bei der Kassiererin in Australien kam sie aus dem Herzen, bei der jungen Sängerin aus Georgien direkt aus der Kehle. Kindern springt sie manchmal aus den Augen.

Mein Amulett sondiert Menschen. Natürlich trage ich's nicht deshalb. Ich trage es, weil es mir etwas bedeutet. Aber indem es Menschen sondiert, erweisen seine Symbole einen guten Teil ihrer Kraft. Sie bewähren sich. Ich kann fühlen, daß sie das tun.

Das Spiel ist auch eines der Blicke. Man sieht ja, wohin sie gehen, aber es gibt Überraschungen. Jemand fragt bereits in den ersten ein, zwei Minuten unseres gegenseitigen Gewahrwerdens, und ich wundere mich: Wann hat sie es gesehen? (Nur bei Frauen geschieht das.) Manchmal wissen sie sogar schon, was auf dem Amulett eingraviert ist. Sie sind Virtuosen des Schauens, sehen alles sofort und genau; ich weiß nicht, wie sie es machen. Schauen ist ja etwas »Offen-Sichtliches«. Es kann aggressiv sein - bei Männern zumal. Das ist das Geheimnis: Wie sieht man alles, ohne auch nur im geringsten aggressiv zu er-scheinen - und nicht bloß zu erscheinen: zu sein. Es ist, als hätten sie ihre Augen auf der Brust - vielleicht auf jeder Brust eines - auf der Höhe meines Amuletts.

Mir selbst gegenüber nenne ich's »Amulett-Spiel«. Am liebsten spiele ich's mit Kindern. Manche fragen, ob sie sich's mal umhängen dürfen, wollen spielen damit. Ich gebe es ihnen, aber schließlich muß ich's zurück erbitten: »Weißt du, auch ich spiele damit.«

Es kann wie der erste Zug beim Schach sein, aber es gibt nie ein Matt dabei. Dennoch begegnet man allen: Königinnen und Königen, Springern und Läufern, Wachtposten auf hohen Türmen und - Bauern.

Ich und ich

Deine Augen, deine Hände, deine
Brüste, deine Füße ...
Du bist in dir selbst Zwillinge.
Du bist zwei.

Shuzo Takiguchi

Traum - seit dreißig Jahren immer wieder so oder ähnlich:

Nächtliche Straßenbahnfahrt durch die leeren Außenbezirke einer Großstadt. Unheimlich. Keine Menschen auf der Straße. Zwei hängen draußen: ich und ein anderer. Wir stehen auf dem Trittbrett, obwohl die Straßenbahn innen menschenleer ist. Wir haben Mühe, uns zu halten, damit wir - zumal in den Kurven - nicht herunterstürzen. Die Bahn fährt schnell. Wir beide fühlen die Gefahr, ich habe das Gefühl, der eine hat Angst, der andere nicht.

I

Wer ist der andere? Er sieht aus wie ich - vielleicht ein wenig schlanker. Ich kenne ihn gut. Nur aus Träumen? Er ist mir so bekannt, als lebte ich täglich mit ihm, aber bemerkte ihn kaum. Warum erscheint er immer wieder - in den verschiedensten Situationen? Weil ich ihn in meinem Alltagsleben nicht sehe? Will er mich an sich erinnern? Bin ich zwei?

Kenne ich ihn nur aus dunklen Situationen - der Gefahr? Der Heimlichkeit? Des Verbotenen? Des Bösen? Des Ärmlichen (das eine große Rolle spielt in meinen Träumen)? Der Gefährdung durch Verbrecher (die ebenfalls oft vorkommen)? Vielleicht habe ich Verbindung zu ihnen. Der andere, so scheint es, mehr als ich.

Ich bitte mein Traumbewußtsein, mir die Frage zu beantworten: Ist der andere - dieser Zwilling - mein Schatten (im Sinne von C. G. Jung)? Mein verdrängtes, dunkles, »böses« Ich? Ich stelle mir diese Frage mehrfach vorm Einschlafen - bis, drei Tage später, folgender Traum kommt:

> Der (bereits aus dem Eingangskapitel bekannte) Park der evangelisch-diakonischen Stiftung in Berlin-Weißensee, die mein Großvater gegründet und mein Vater geleitet hat. Dort bin ich aufgewachsen. Ich sehe nicht nur die eine mächtige, alte Kastanie, von der ich gesprochen habe, sondern deren zwei, an jeder die Strickleiter. Zwei Jungen klettern an ihnen empor - wieder ich und der andere, mein unbekannter Zwilling. Wir haben beide Spaß am Klettern. Rufen uns irgend etwas Lustiges zu, lachen, klettern um die Wette. Wer ist schneller ganz oben? Ist meine Kastanie vielleicht doch ein paar Zentimeter höher als seine?

Es ist ein schöner Traum. Er fühlt sich gut an. Nicht dunkel. Nicht bedrohlich. Ich verstehe: Der andere hat nicht nur mit dunklen Situationen zu tun. Er ist nicht nur Schatten. **Wenn** ich ihn wahrnehme, **kann** er auch etwas sehr Gutes sein, ich kann Spaß mit ihm haben.

Jadranka, der ich den Traum beim Frühstück erzähle, lachend: »Wenn ich das Kind sehe, das du bist, und die Sachen lese, die du schreibst, dann mußt du ja zwei sein - mindestens zwei.«

2

Ja, mindestens. Die Psychosynthese spricht von Teilpersönlichkeiten. Als ich einen Kurs bei einer Psychosyntheselehrerin in Basel machte, habe ich eine ganze Reihe von ihnen erkannt - mein inneres Konsortium. Sie saßen zusammen und beratschlagten, was zu tun sei, konnten sich aber nicht einigen. Manchmal hatte ich (welches Ich?) den Eindruck: Jeder ist gegen jeden. Es gab zum Beispiel: Den kleinen, verletzten Jungen. Den Chef, den Herrscher. Den Liebenden. Den nach Liebe Süchtigen. Den erfolgreichen *Performer.* Den verhinderten Musiker. Den Introvertierten. Und den Extrovertierten. Den Schreibenden. Den Meditierenden. Den Trauernden. Den Betenden. Den Wütenden. Undundundund ... Und den lächelnden Buddha.

Meist sind nur zwei da: Ich und der andere - alle paar Wochen in einem neuen Traum, einer neuen Situation. Als wollte er sagen: Nimm mich endlich zur Kenntnis - was gewiß auch bedeutet: Liebe mich ... was wiederum bedeutet, da er ja »ich« ist: Liebe dich. Nicht bloß die eine Hälfte, sondern ganz. Verdräng nicht die andere. Du siehst ja, sie kann genauso »gut« sein wie die bewußte. Höre auf, sie abzulehnen.

Höre auf habe ich eben gesagt: *Höre auf* das Verdrängte! Höre es, damit es *auf-hören* kann, dir in deinen Träumen zu sagen: *Er-höre* mich.

Wenn ich nicht so genau hinschaue, könnte ich sagen: Ich bin gespalten. Aber wenn ich sorgfältiger nachschaue, macht mich »der andere« im Gegenteil ganz. Denn er ist ja da - nicht bloß im Traum, sondern in meinem täglichen So-Sein.

3

Vor ein paar Monaten zeigte mir eine Fotografin ein Foto, das sie Ende der fünfziger Jahre von mir gemacht hatte - auf einer Bühne in Berlin bei der Präsentation einer Jazz Big Band. In gut geschnittenem Anzug - breite Revers, Schlips, »Kavalierstuch«. Ein grinsender *business* man in Sachen Jazz ... Ich schaute es an und dachte: Das soll ich sein? Ich war in Verlegenheit. Als schämte ich mich, dieser Mann zu sein. Dennoch machte es Spaß, das Foto zu sehen. Vielleicht ein vergessener Bruder? Ein entfernt Verwandter? Ich jedenfalls nicht.

Für ein paar Tage stellte ich das Bild in mein Zimmer, ich dachte, ich muß zu diesem Mann sprechen. Was sollte ich ihm sagen? Komm mal runter von da oben. Zieh dir gefälligst was anderes an. Grinse nicht so dumm. Du bist doch gar nicht so sicher, wie du tust. Mach mir - mach dir - nichts vor.

Nicht nur mein Schatten verdoppelt mich. Auch mein bewußtes Ich gibt es zweimal. Das eine lebte nach außen, stand auf Bühnen, präsentierte Jazz und Weltmusik, hatte seine Radio- und Fernsehprogramme, produzierte Festivals, hält Vorträge.

Das andere lebt nach innen. Meditiert. Betet. Reist in Ashrams und Zen-Klöster. Fragt: Wohin führt mich das Hören? Es weiß: zum Hören auf die eigene Innere Stimme. Die will es hören.

Ich (welches Ich?) könnte es mir einfach machen und sagen: Früher war ich der eine, jetzt bin ich der andere. Unsinn. Immer waren beide da. Mal war mehr der eine sichtbar, mal mehr der andere. Auch als ich nach außen lebte, habe ich mich gesehnt - inbrünstig gesehnt - nach einem anderen Leben.

Und auch heute stehe ich ja auf Bühnen und vor TV-Kameras, reise mit meinem Vortrag »Ich höre, also bin ich« um die halbe Erde.

4

Wie und wo immer ich auf mich schaue, ich fühle ein Dividiertsein. Der Divisoren sind viele. Einer ist mein schlechtes Gewissen. Es hat mich in mein bewußtes Ich geteilt und in meinen Schatten. Ich weiß, diese Teilung gibt es bei jedem Menschen, aber ich spreche von mir. Da ist einerseits dieses Ich, das nicht nur mir bewußt ist, sondern von dem ich möchte - dringend möchte -, daß es anderen bewußt wird. Und da ist andererseits all das übrige, von dem ich nicht möchte, daß andere es sehen. Dieses Buch ist der Versuch, diese Gewohnheit zu durchbrechen.

Man kann es an meiner Stimme hören - die mir geholfen hat, Zehntausende von CDs und Kassetten zu verkaufen - zur »schönsten Radiostimme« gewählt - leise und zart, einfühlsam und einschmiegsam ... Wenn diese Stimme »stimmt«, müßte ich ein Muster von Mann sein.

Da ich das nicht bin, muß ich fragen: Was habe ich fortgesteckt, fortgedrängt an Stimmanteilen, damit das übrigblieb, was da jetzt in meinen Sendungen und auf meinen CDs zu hören ist? Wohin habe ich es gedrängt? Und was entspricht in meinem Wesen, in meinem Charakter dem, was ich da abgedrängt habe, damit die für jedermann/frau hör-(und sicht-)bare Hälfte übrigblieb?

Warum hab' ich's abgedrängt? Natürlich - so war ich ja damals -, um Frauen zu beeindrucken. Die Briefe, oft mit Bild, kamen in Mengen. Oft in den fünfziger Jahren, ein paarmal noch in den Sechzigern traf ich sie, wenn Brief und Bild mich »anmachten«. Ein Abenteuer mehr war es allemal.

Also: Was habe ich weggesteckt? Wie klingt der andere? Komisch, ich höre nie seine Stimme. Möglich wäre: hoch, hell, blechern, scheppernd, ins Mark dringend. Tu ich ihm Unrecht? Wenn ich ihn anschaue - ein wenig schmaler, leicht nach links gebogen, traurig, bescheiden, ängstlich -, dann nehme ich an: Er klingt fast wie ich. Er »ist« nicht mein Schatten, er »trägt« ihn für mich.

Dennoch: Stimmen haben eine seltsame Kraft. Allmählich machen sie einen zu dem, nach dem sie klingen.

5

Ich und der andere sind meistens zusammen. Aber manchmal streben wir in entgegengesetzte Richtungen. Der eine verkriecht sich in seine Höhle. Der andere klettert auf die Kastanie. Nie entfernen sie sich so weit voneinander, daß sie sich gegenseitig nicht mehr hören können. Beides will »erstiegen« sein: die Kastanie in die Höhe, die Höhle in die Tiefe. »Kastanie« ist beides - nicht nur der Baum, sondern auch die Frucht: eine stachlige Hülle, die eine - Höhle bildet. In ihr die glatte, kuschlige, sich so angenehm in die Hände und Taschen schmiegende Frucht.

Ich und ich: Vielleicht liegt in der Verdoppelung schon der Beginn der Vervielfältigung, mit der ich mein Leben lang beschäftigt bin. Ironisch deutlich wird es an meinem Interesse, übersetzt zu werden. Eine Übersetzung ist dem Original ungefähr so nahe wie das eine Ich dem anderen. Ich hatte Übersetzungen, die nur noch Karikaturen dessen waren, was ich ursprünglich geschrieben hatte - die erste amerikanische Nada-Brahma-Ausgabe, die kroatische Ausgabe meines Jazzbuchs. Original und Karikatur: Das muß eine Erfahrung sein, die weit vor mein Schriftstellerleben zurückgeht.

Astrologen sagen, es habe mit meinem Geburtstag zu tun, 20. Juli: der Tag, an dem die Introvertiertheit des Krebses in die Extrovertiertheit des Löwen umschlägt. Der eine fühlt und lauscht, der andere strahlt, kämpft und frißt. Der eine lebt zurückgezogen in seinem Krebshaus, der andere steht auf Bühnen. Hat *power,* die der eine verachtet. An diesem Tag will der Krebs den Löwen zwicken - vergebliche Müh! Will der Löwe ins Krebshaus kriechen, um es zu sprengen. Doch er kommt nicht rein, er ist zu groß. Wenn er's verschlingt, kann der Krebs seine Scheren ausfahren, kann schneiden, beißen, klemmen - und kommt intakt wieder raus.

6

Ja, der Dividend hat viele Divisoren. Es gibt auch eine musikalische Division. Zuerst war der Musiker da, der spielte und spielte - täglich viele Stunden lang, meist improvisierend, von meinem vierten Lebensjahr an, alles andere - vor allem die Schularbeiten - darüber vergessend.

Aber sehr früh war auch schon der andere da, der die Musik vor sich her trug wie ein Plakat, das er nicht gemalt hatte. Die Orgel in der Kirche meines Vaters hatte noch einen von Hand zu betreibenden Blasebalg. Bevor ich sie spielen durfte, bediente ich den (man lausche auf das Wort) Balg jeden Sonntag - schon als ich acht oder neun war: das war die erste Musik, die durch mich »an die Öffentlichkeit« drang. Musik, die ich nicht spielte, der ich aber Luft gemacht habe!

Mein Leben lang habe ich dies getan - als Schriftsteller, als Funk-, Fernseh- und Plattenproduzent, als Journalist, als Festivalchef: der

Musik »Luft gemacht«. Meine Fähigkeit, selber Musik zu machen, trat darüber immer mehr in den Hintergrund. Ich ließ andere es für mich tun - und erkannte schon früh: Andere konnten es besser, als ich es selbst dann je gekonnt hätte, wenn ich weiter so viele Stunden täglich geübt hätte wie als Kind und als Teenager.

Und dennoch: Der Musiker in mir starb nicht. Er wurde traurig. Ich brauche nur an ihn zu denken, dann fühle ich die Traurigkeit. Er zog den Vorhang zu, kroch in das Krebshaus. Aber der »Luftmacher« hätte nie mit so viel Einfühlung tun können, was er getan hat, wenn ihm nicht von der anderen Seite des Vorhangs her der Musiker ständig Souffleur gewesen wäre: Einer, der genau wußte, wie es gemacht werden muß, und der sich nicht scheute, dies auch zu sagen. Und der glücklich war, wenn ich auf ihn hörte, weil er - der Musiker in mir - dann doch wenigstens auf diese Weise die Musik hören konnte, die er gern selber gemacht hätte. Das Glück, das ich empfinde, wenn ich - hörend oder über Musik schreibend - tief eintauche in das, was ich erlausche, ist **sein** Glück.

Auf den drei Platten, die zu meinem Buch »Hinübergehen« (über letzte Werke großer Komponisten von Monteverdi und Bach bis Mahler und Strawinsky) gehören, ordnete ich die Musik in Form von Suiten an - zum Beispiel einer »romantischen Suite«, die von Beethoven und Schubert (auch auf die Tonarten achtete ich) über Mendelssohn und Bartok zu Schumann und Brahms führte. Ich tat das, weil ich auf diese Weise sehr gut das deutlich machen konnte, worüber ich in dem dazugehörigen Buch geschrieben hatte. Aber tat es nicht auch der Musiker in mir? Endlich konnte er einmal selber Komponist sein, zwar »klammheimlich«, aber doch immerhin! Es war **dieses** Motiv, das mich dazu geführt hatte, Wochen an diese Arbeit zu geben und eine kaum je zuvor gekannte Befriedigung - ja, Glück! - in ihr zu finden. Die Instanz, die da glücklich war, war der verdrängte Musiker. Endlich brauchte er einmal nicht bloß zu soufflieren! Geschickt - es war ja eigentlich eine Frechheit - hatte er sich unter die ganz Großen gemengt und erhielt auch noch Applaus dafür.

7

Ich bin nicht bloß zwei, ich bin viele. Ich bin in meinem achten Jahrzehnt, und immer noch fragen mich Menschen: Wie soll ich dich nennen? Sie sagen: Jochen und Jo und Joe, manchmal Achim, gelegentlich Nirdosh; um dem Wirrwarr ein Ende zu setzen, bestehe ich - oft vergeblich, weil es so lang ist - auf Joachim. In der Schule sagten sie - Moses(!). Mein Vater nannte mich Bub und: der Junge. In der großdeutschen Wehrmacht hatte ich einen Spitznamen, den ich - wie all das andere auch - vergessen habe. »Joe Brown« nannte ich mich, als ich in den fünfziger Jahren eine Zeitschrift gemacht habe. Auch andere Pseudonyme verstreute ich damals. Es ist, als verteilte ich meine Namen nach einem Gießkannenprinzip. Ich wundere mich: Es gibt doch tatsächlich Menschen, die in ihrem ganzen Leben - von Anfang bis Ende - nur einen einzigen Namen haben! Wieviel Gesammeltsein, wieviel In-sich-Ruhen schwingen darin!

Und dennoch will ich dies nicht. Die Palette an Namen, über die ich in meinem Leben verfügte, ist eine Palette an Farben - ein Regenbogen. Wenn ich bewußt über sie verfüge, wird sie ein Kapital. Das versuche ich in diesem Buch: Jo schreibt über Joachim. Joe über Achim. Nirdosh über Moses. Jochen über den Jungen. Der Professor h. c. über den Bub.

Ich beschreibe einen anderen, der sich beschreibt, und gewinne darüber ein Leben, das endlich **meines** wird. Ein einziges Leben, das zu verschiedenen Zeiten - und oft auch gleichzeitig - von einem halben Dutzend verschiedener Leute gelebt wurde - von »Teilpersönlichkeiten«, die sich gegenseitig bekriegten und ins Dunkel schubsten - doch schließlich, Frieden schließend, ins Licht.

Was darüber entsteht, ist ein »Er«, der all diese Ichs und Teil-Ichs und Schatten anschaut, als sähe er einen Film - und sich fragt: Ich soll das gelebt haben? Wenn aber nicht ich, wer hat es gelebt? All diese Leben werden darüber meins. **Jetzt** eigne ich mir mein(e) Leben an. Endlich.

Viele von ihnen sind so weit voneinander entfernt, daß ich mich - und jeder vernünftige Mensch sich - fragen muß: Wie konnte jemand sie leben, ohne zu zerspringen? Und wenn schon ein Mensch sie nicht leben konnte, ohne Gefahr zu zerspringen, wie kann dann ein Buch sie fassen, ohne zu platzen? Ohne ein unmögliches Konglomerat aus in die verschiedensten Richtungen strebenden Teilen zu werden? Und wenn schon ein Buch in dieser Gefahr ist, wo ist dann der Leser, der bereit ist, all dies auf sich zu nehmen? Der Leser zum Beispiel, der sich sowohl für den Menschen interessiert, der ein Geburtshelfer der heutigen Weltmusikbewegung gewesen ist, wie für den anderen, den sein Weg auf die Innenseite des Hörens und darüber auf die Innenseite seines Lebens und seines Ichs - seiner verschiedenen Ichs - geführt hat. Daß es mich oft zerrissen hat, ist meine Privatsache. Darf ich Leser zerreißen?

8

Zum Schluß ein Traum, den ich träumte in der Nacht, bevor ich dieses Kapitel vollendet habe (ich begann es 15 Jahre zuvor!):

> Riesige Elefanten im Park der Anstalten meines Vaters. Unheimliche, bedrohliche Wesen, die alles zertrampeln. Ich, der Junge, in panischer Angst. Flüchte. Weiß nicht, wohin. Überall diese furchtbaren Tiere. Verkrieche mich schließlich ins Haus. Schaue furchtsam, mich klein machend, damit sie mich bloß nicht sehen, aus dem Fenster - und da sehe ich einen anderen Jungen, einen kleinen, zarten (der, wie inzwischen einleuchtend sein dürfte, ebenfalls ich ist), mit den Elefanten spielen. Sie sind behutsam mit ihm, voller Liebe und Achtsamkeit. Sie tanzen. Ein Elefant hebt ihn in die Biegung seines Rüssels, läßt ihn dort sitzen und schaukeln, schwingt ihn hoch über seinen Kopf. Der kleine Junge jubelt da oben. Und der - ein wenig größere -Junge am Fenster staunt und verliert seine Angst.

Bomben in die Kirche meines Vaters

Traum, Oktober 1994:

> Ich bin in einer Gruppe von Terroristen. Spüre die Gefahr. Die Spannung. Das Verbrecherische dessen, was wir tun. Wir legen Gas- und Sprengbomben in die Kirche meines Vaters. Zuerst helfe ich nur, reiche den anderen Bomben und Zündmaterial. Aber dann lege ich Wert darauf, die Bomben selber zu zünden und in die Kirche zu werfen. Es kam im Traum nicht vor, ob es Tote oder Verwundete gegeben hat. Vielleicht war gerade kein Gottesdienst. Dann will ich fliehen, aber ich denke mir: Die Ausgänge werden bereits von der Kriminalpolizei bewacht. Ich laufe in den hinteren Teil der Kirche, aber dort steht mein Vater im Talar. Er sieht mich aus der Richtung der Sakristei kommen - von dorther, von wo die Bomben geflogen waren - und fragt ungläubig: »Von dort kommst du?«
> Ich begreife: Jetzt weiß er's.

Entsetzt wache ich auf. Spüre das Ungeheuerliche: die Wut, ohne die dies nicht geschehen konnte. Auch nicht geträumt werden könnte. Aber auch das Befreiende. Endlich!

Interessant, daß die Bomben aus der Sakristei geflogen kamen. Das war der Platz meines Vaters. Nicht meiner. Meiner war auf der Orgelempore.

Schiff im Gesicht

Beim Frühstück mit Jadranka an der Küste von Oregon (Oktober 1990): Sie schaut aufs Meer, ich schaue sie an. Je länger und intensiver ich das tue, desto deutlicher begreife ich: Auch ich schaue aufs Meer. In ihrem Gesicht sehe ich, was sie auf dem Meer sieht: das Wiegen der Wogen. Das Schäumen der Brandung. Das smaragdene Grün des Himmels, das das Meer opalen macht. Sogar die Wellen sehe ich ziehen in ihren Zügen. Ab und zu eine Möwe. Aber am meisten: die Ahnung von Unendlichkeit und Ewigkeit, um derentwillen wir das Meer lieben ...

Indem ich diese Erfahrung reflektiere, wundere ich mich, warum sie mich überrascht. Ich begreife: Sie tut das, weil unser Verstand, der mind, darauf besteht, daß wir getrennt sind. Die gegenteilige Erfahrung, obwohl ich sie doch gerade mache, will er nicht zulassen. Denn sie gefährdet seine Allmacht.

Der Verstand geht von sich aus. Wie er vom Körper getrennt ist, nur durch den schmalen Strang des Halses mit ihm verbunden, so - und noch stärker - ist für ihn Denken und Fühlen, Begreifen und Sein, Inneres und Äußeres getrennt. Allenfalls schwache Verbindungen läßt er zu - so schmal wie der Hals.

Und nun schaue ich wieder auf Jadrankas Gesicht, tue das eine Weile und sehe: das Staunen, die Liebe zum Meer, ein Erahnen von Göttlichem ... und dann sehe ich eine Unruhe, die ihr Gesicht durchpflügt. Ich spüre: Da ist ein Schiff, sehe sogar: es ist nur ein kleines ... Ich schaue aufs Meer - und tatsächlich: Ein Fischerboot durchpflügt die sich brechenden Wellen.

Tiefs und Hochs

Mit einem Mal kam die Frage hoch: Was war der Tiefpunkt in meinem Leben - der absolute Tiefpunkt? Sofort auch die Antwort: die ersten Jahre in der Grundschule - 1927/29, als ich fünf, sechs, sieben war. Ich prüfte das. Noch schlechter ging's mir, als ich drei war: Die Mutter war fortgegangen - 1925. Also präzisiere ich: Was war der Tiefpunkt in meinem bewußten Leben? Auch da stellt sich erst mal ganz vieles ein: Zwei qualvolle Scheidungen und Trennungen - 1957 von meiner ersten Frau Inge, noch tiefer ins Herz schneidend die von Vera Ende der siebziger Jahre ... Die *attacca* des »Spiegels« auf mich 1971, nachdem ich die Berliner Jazztage niedergelegt hatte. Auch andere Kritikerangriffe und das, was ich als die »Undankbarkeit« der deutschen Jazzszene für ein vierzig Jahre währendes, bis an die Grenzen der Kraft gehendes Engagement empfinde ... Zwei schwere gesundheitliche Krisen und Krankheiten ... Der Tod meines Sohnes Christian 1978 ... bereits der meines Vaters im KZ 1942 ... Und immer wieder der Kummer mit der Liebe, den aber das Glück übertraf ...

Ich lasse dies alles Revue passieren. Verstehe - jetzt! - seine innere Notwendigkeit, ja Folgerichtigkeit. Begreife: Ich wuchs daran. Aber dann kommt zurück: die Grundschule, als ich fünf war. Es kommt nicht über den Verstand zurück. Ich brauche nur zu sagen: »Ich bin in der Volksschule und bin fünf«, und eine Stelle in meinem Solarplexus zuckt. Ich spüre: Ich rühre an etwas, was dort gespeichert ist - mein Leben lang -, ein tief eingekapselter Schmerz, den ich nicht - wie das andere, was ich eben genannt habe - »begriffen« habe.

Ich sehe mich im Schulhof - ein zarter, viel zu gut gekleideter kleiner Junge in kurzen Hosen. Ich stehe ängstlich in einer Ecke, als wollte ich mich dort verstecken - bloß niemanden herausfordern! -, und beobachte, was die anderen Jungen tun. Empfinde, jetzt hecken sie etwas aus gegen mich. Gehe durch die Gänge der Schule. Schaue scheu nach rechts und links. Wer wird mich jetzt überfallen? Sehe den Lehrer vor mir, der Lehr hieß - »Herr Lehrer Lehr!« -, klammere mich an seine vermeintliche Überlegenheit und weiß dennoch, denn ich habe es x-mal erfahren: Der hilft mir ja doch nicht.

Ich spüre auch Hochmut: All diese dreckigen, stinkenden, schlecht gekleideten »Arbeiterkinder« (»alles Nazis und Kommunisten«, sagte mein Vater; später lernte ich: 70 Prozent ihrer Väter waren arbeitslos; was damals »Arbeitslosenunterstützung« genannt wurde, verhütete kaum das Verhungern) ... aber ich umwarb sie dennoch.

Ständig - buchstäblich: jeden Tag - müssen sie mich gehänselt haben. Mindestens mich als Opfer ihrer Hänseleien und Schlägereien verfügbar empfunden haben: Da sitzt er! Nun los! Ich: ununterbrochen verletzt ... Täglich mich fragend: Warum? Was tu ich ihnen denn? Bemüht, immer noch freundlicher, noch entgegenkommender zu sein ... Denkend: Ich bin doch so »lieb«... Was haben sie denn? ... Dadurch noch alles verschlimmernd ...

Verängstigt - nicht gleich von Anfang an, aber je länger, je mehr. Manchmal mich wehrend - erwidernd, was ich bekam: »Kinnhaken« ... »Tiefschlage« ... Tritte, oft ins Gesicht, in das fünfjährige ... Manchmal nahm ich drei, vier von ihnen - denn sie kamen immer in Gruppen, **sie** waren feige! - gleichzeitig an. Wehrte mich mit dem Mut der Verzweiflung. Dachte: Jetzt zeige ich ihnen, was **ich** kann. Beweise ihnen, daß ich mutig und stark bin. Aber - verlor. Immer wieder. Blutüberströmt das Gesicht. Überall blaue Flecken. Verrenkte Glieder. Ich lernte: Es hat keinen Zweck. Zog mich zurück.

Ohnmächtig wütend. Sie alle hassend. Manchmal vielleicht bis zu: »Ich könnte sie alle umbringen!« Mindestens aber: »Ich möchte, ich **muß** ihnen antun, was sie mir antun!« Unfähig, es je zu tun. Viel zu schwach. All diese Wut speichernd ...

Und alles zu Hause geheimhaltend: Kein Wort darüber! Damit ich nicht auch noch dort als der Blamierte dastand. Blamiert vor dem Vater, dem viel zu groß geratenen, der mir sowieso nicht traute und lieben nur konnte, wenn er wußte, warum.

Das ist die Skala, die ich durchfühlte. Der Kanal, durch den mein Fühlen mich preßte und in dem ich zu ersticken drohte: Getrennt von den anderen. Verletzt. Angst. Hochmut. Verzweifelt mutig. Feige. Ohnmächtig. Wütend. Hassend. Schwach. Sich-nicht-Trauen ... Damals - 1927 - codiert für mein Leben. Erst als ich sechzig wurde, habe ich's erkannt und begonnen, daran zu arbeiten, zu verstehen, zu erklären, zu wandeln ... (Ich komme in dem Kapitel »Verrat« darauf zurück.)

Es gibt einen Trost: Vielleicht war es gut, daß das Schlimmste so früh kam - von nichts mehr erreicht, was ihm folgte -?

Die Tiefs locken die Hochs. Was waren sie? Das früheste wohl war die Orgel in Vaters Kirche. Der riesige Klang erstmals von mir selber erzeugt: eine klingende Glocke über dem Küken von neun oder zehn, das ich war ... Der Hochsitz des 12- oder 13jährigen auf dem Kastanienbaum: angeklammert an den schmalen Stamm, der sich im Wind wiegte und neigte, hoch über all den Bäumen und Häusern, die ich von da oben über-blicken konnte - bis in die rauschende Mitte der Großstadt. All die späteren Gipfelersteigungen in den Alpen und Rockies »nisteten« schon im Kastaniengipfel ...

Ein weiter Bogen von dort: 1962 zum ersten Mal Indien - Einssein erfahrend auf Akbars Mauer am Taj Mahal ... Im gleichen Jahr zum ersten Mal Japan. Die Tempel Naras und Kyotos. Gott Shiva auf Bali! ... Mein Leben lang Landschaften: Neuseelands *Doubtful Fjord* ... Norwegens Lofoten, die Insel Traena ... Die untergehende Sonne über dem Meer: vor Moorea, vor Gomera, vor Dominica, überall in der Welt - Abendglanz der Ewigkeit ... Japans Kyushu ... Hawaiis Maui ... Die Küste und der Regenwald im Olympic Park des US-Staates Washington ... Und immer wieder das Schnorcheln in den Korallenriffs Polynesiens und der Karibik. Der schwebende Eintritt in eine andere Welt. Korallenlandschaften, in denen die Fische mich berührten. Tausende bunter Fische - mich stupsend und streifend. Hier ist der Mensch noch nicht Feind. So tief ich auch schwebte: Hochhochhoch!

Und ach - immer wieder in den Meeren der Welt die Begegnung mit Walen, am wunderbarsten vor der Karibik-Insel Dominica: ein Pilotwal - drei bis vier Meter »hoch« (denn er »stand« nahezu senkrecht vor mir) - zwei Meter von mir entfernt - schaute mich an, tastete mich ab mit seinen Hör- und Fühlstrahlen - ließ sich Zeit, was ja bedeutet: er fühlte die Kommunikation (und ich auch!), schwamm langsam fort, als ich versuchte, ihn zu berühren ... Wale sind Thema für mich: hörende Wesen! Alles - Nahrung, Partner, Hindernisse, Lage - orten sie lauschend, und es ist dieses Lauschen, das sie so behutsam, so »liebevoll« macht in ihrem Verhalten, nicht nur ihren Artgenossen, sondern uns gegenüber, dem einzigen gefährlichen Feind, den sie haben. **Die** leben es: Liebet eure Feinde!

Ein Hoch auch die Jahre, in denen ich Tantra lernte und lebte - Anfang der Achtziger (so spät!) ... Die Erfahrung der Komplementarität von Sexualität und Spiritualität. Das Glück dieser Erfahrung. Nachdem immer noch tief in mir - mehr unbewußt als bewußt, aber dadurch um so schlimmer - die väterliche Lehre - die Leere! - genistet hatte, die beiden schlössen einander aus.

Das Hochgefühl, als ich mein Buch »Nada Brahma« geschafft hatte - und ein paar Jahre später »Das Dritte Ohr« ... Noch stärker und höher: »Jazz and World Music« 1985 in New Yorks Lincoln Hall: Wie alle die vielen Musiker, die ich da aus der ganzen Welt zusammengeholt hatte, so wunderbar zusammenschwangen. Als spielten sie für mich.

Überhaupt immer wieder Musik: Die Zusammenführung des Altsaxophonisten John Handy mit dem großen Sarod-Spieler Ali Akbar Khan erst auf »meinem« Festival in Berlin, dann auf Platten ... Die Arbeit mit dem *Vocal Summit,* einer Gesangsgruppe, die ich mit Bobby McFerrin und drei wunderbaren Sängerinnen - Jeanne Lee, Urszula Dudziak und Jay Clayton - gebildet hatte ... Die Arbeit mit dem Modern Jazz Quartet, Lee Konitz, Dizzy Gillespie, John McLaughlin, Albert Mangelsdorff, Max Roach ... Das Tanzen von Mozarts Requiem und Johann Sebastian Bachs h-moll-Messe mit vielen Menschen und an vielen Orten in Europa: das körperliche Erfahren dieser Musik in einer Gemeinschaft ... Und immer wieder - von den sechziger zu den achtziger Jahren - *World Music Meetings* und -Festivals an vielen Orten der Erde, das erste schon 1967 in der Berliner Philharmonie, überhaupt das erste je ...

Ich kann nicht alles aufzählen: an Musik! An Landschaften! Schon gar nicht an Liebe! Nach Tiefpunkten fragend, kam ich zu diesem Kapitel und bemerke jetzt - am Ende - das Mißverhältnis: der Rausch der Hochs! Damit verglichen die Tiefs: ein mickriges *staccato,* so tief sie auch waren.

Bleibt ein fades Gefühl? Habe ich mich selber gepeitscht von den Tiefs auf die Hochs, zu immer noch höheren? Bis wieder ein Tief kam und der gleiche Zirkel noch mal. Gelebt wie im Rausch? Wo blieb ich in der Folge von Tiefen und Höhen, mit der ich doch spürbar - **heute** spürbar - nicht mitkam? Mich selbst um die Mitte betrogen? Um Ruhe und Raum. Erst in den sechziger Jahren meines Lebens habe ich begonnen, diese Fragen zu stellen. Tiefen- und Höhenräusche in die mir mögliche Wachheit zu wandeln. Aufzuhören - endlich aufzuhören -, Verletzungen fest zu verpacken in Hochs und in Tiefs.

Dennoch, dies war der Dreiklang: Liebe - Musik - die Schönheit dieses Planeten. Er hat mich getragen über Höhen und Tiefen. Er war nicht immer harmonisch. Manchmal konfliktreich. Mehr ein Zusammenklang als der klassische Dreiklang in Dur. Ein paarmal verlor ich die Dominante, weshalb mir dann auch die Tonika verrutschte. Um so größer, stärker, wunderbarer klang er. Durchtönte mein Leben. Vertikal und horizontal war er das Thema, immer neu variiert - im Krebs und im Spiegel und im Spiegel des Krebses -, oft kaum zu erkennen, aber dann wieder »da« - ganz und gar »da«: die strahlende Heimat!

Heimat

Ich bin, wenn ich alles zusammenaddiere, mehrere Male um den Globus gereist. Je mehr ich reiste, um so öfter empfand ich: Es ist nicht reisen, es ist heimkehren. Immer wieder dieses Gefühl: Hier war ich schon mal. Ich kenne das doch. Woher bloß? Fast noch stärker, wenn ich zum ersten Mal irgendwohin kam.

I

Ich steige vom Pitztal in Tirol zur Zunge des Ötztaler Gletschers hinauf. Die weichenden Gletscher des 20. Jahrhunderts sind fliehende, verhungernde Urtiere, die aufgehört haben zu fressen. Jetzt sabbern sie nur. Geben wieder her, was sie vor langer Zeit vertilgt haben. Es fließt aus ihnen heraus - Felsen, Steine, versteinertes Holz, Geröll, Schutt: Trümmer dessen, was sie zerbissen haben, sogar »Ötzi«. All das liegt herum. Reste von Mahlzeiten, die Ären währten. Wie Knochenreste an den Wohnstätten von Dinosauriern. Ausgekotzt vor ihrer Zunge aus Eis.

Ich sitze auf einem der zermahlenen Trümmerstücke - zehn Meter vor der Urgetierszunge -, spüre die Kälte - ihr Strahlen, wie Sonne Wärme strahlt -, schaue in das eisige Sabbern - und wundere mich, wie schön es hier ist! Ich schreibe hier. Ich weiß: Es gibt wenige Menschen, die hier gerne säßen. Ich tue es mit Genuß.

Ich esse mein Picknick, schreibe weiter, richte mir aus den Gesteinstrümmern eine Art Ablagetisch - arbeite an einem Vortrag über »Transformation« -, trinke heißen Tee aus meiner Wanderflasche ... Als ich zurück ins Tal steige, spüre ich: Ich war hier zu Hause.

2

Gefragt, wo ich »zu Hause« sei, tue ich mich schwer. Berlin-Weißensee liegt zu lange zurück. 1938 verlassen - schmerzlich verloren, lange vermißt - zu lange. Komme ich jetzt dorthin, ist alles fremd. Heimat im Herzen, aber nicht im Nordosten Berlins. So sehr im Herzen, daß auch meine jetzige Heimat es nicht verdrängen konnte: das Rebdorf Varnhalt an den Hängen des Schwarzwaldes. 35 Jahre, ja - wenn ich Baden-Baden, zu dem Varnhalt gehört, mitzähle - ein halbes Jahrhundert, bin ich schon hier, doch noch immer kriecht Fremdheit ein.

Aber wenn ich auf Dominica durch den Dschungel wandere - auf Kauai über die Lava steige - in Bali am Batur-See stehe - im Atoll von Roratonga schnorchele - die Donau hinabfahre von Wien bis zu ihrem Delta am Schwarzen Meer - am Strand des Olympia-Parks im Staate Washington zwischen Hunderten angespülter, vom Meer abgenagter Baumknochen liege ... kriecht Heimat in die Fremde.

Ich habe zu wählen: Entweder habe ich überhaupt keine Heimat. Oder sie ist ein winziger Stern in unserem Sonnensystem. **Ihn** wähle ich: unseren Planeten. Erde. Mutter *Gaia,* die Göttin unserer planetarischen Heimat, die täglich mißhandelte, die dennoch uns nährt. Ein Leben lang - viel länger als die leibliche Mutter.

Dieser Planet: für uns bereitet. Exakt - mit einer Genauigkeit, die alles Begreifbare übersteigt. Wir: sein Ergebnis. Deshalb für uns der schönste Platz im Universum.

3

Ich wandere in den Tauern - vom Gasteiner Tal ins Rauris - und begreife: Die genauesten Wahrheiten, die wir bekommen können, sagt uns die Natur unserer Erde. Alles ist wirksam und wunderbar: Meditation. Gebet. Lieben. Ekstase. Musik ... Aber am genauesten und verständlichsten spricht die Natur. Schaue. Höre. Erspüre. Lausche. Dann sagt sie dir alles.

4

Reisen ist ankommen. Erst dann kommst du heim. Fast nie kommst du an, wenn du ankommst - schon gar nicht, wenn du fliegst. Die Seele reist langsam. Nur bei Schiffsreisen begleitet sie dich über die Brücke zum Land. Auf den Inseln der Südsee erleichtern die freundlichen Menschen es ihr, indem sie dir einen lei, einen Blumenkranz, um den Hals hängen.

Erst einmal wirst du eingekleidet - meist schon auf der Gangway. Du trittst aus dem »Flieger« ...: Hitze, Luft, Feuchtigkeit stülpen sich über dich wie ein Gewand. In manchen Ländern lassen sie dir nicht einmal die Unterwäsche an. Bali streift dir eine weiße, lose sitzende Tunika über den Kopf - mit nichts drunter. Vietnam, Thailand, Kambodscha werfen sich dir wie eine schöne, nackte, total durchgeschwitzte Frau an den Körper. Sofort schwitzt du mit. Die karibischen Inseln kleiden dich in ein scheckiges Karnevalskostüm aus Luft und Sonne, Hitze und Farben. Am Nordkap, auf den Lofoten zieht dich die Kälte erst einmal nackt aus. Soviel du auch anhast, da spürst du sie: auf der Haut, bis in die Zellen, die Sehnen, die Knochen, sie streichelt dich immer mal wieder, damit du keine Sekunde vergißt: hier herrsche ich, die Kälte.

Passend dazu, daß Luft, Hitze, Kälte, Feuchtigkeit im Deutschen - und in vielen Sprachen - weiblich sind. So erfahre ich sie: mein Körper und »sie«.

5

Im Lauf der Jahre ist mein Reisen nach außen umgeschlagen in ein Reisen nach innen. In mein unbekanntestes Land: in Ego und Selbst, die unentdecktesten Kontinente. Die will ich erkunden - wie früher die Länder der Erde.

Daß es umschlug, hat eben damit zu tun, daß es so lange nach außen ging. Das Innen war das Ziel des Außen: doch das begriff ich erst hinterher. Gleich auf der ersten großen Reise, die all die anderen ausgelöst hat - 1962 drei Monate Asien -, führte mich mein Weg - Tao ist Weg! - in Indien in einen Ashram, in Kyoto und Nara in Zen-Tempel und -Klöster, auf Bali zu einem weisen Brahmanen. Dies also war fällig.

Reisen ist erinnern, ist wiedererkennen. Ist wissen: Hier war ich schon mal. Und wiedererkannt werden. Als ich 1962 zum ersten Mal nach Indien kam, wurde ich - ohnmächtig. Der Captain verkündete: *»We're approaching New Dehli ... Fasten your seatbelts«*, und mir schwanden die Sinne. Dabei werde ich nie ohnmächtig. Das Flugzeug war halb leer, ich hatte liegen und die ganze Nacht gut schlafen können. Warum jetzt? *Dehli* - Ankommen in Indien - war das Stichwort.

Drei Tage später: Ich gehe durch Agra, die Taj-Mahal-Stadt. Überall wird geheiratet. Monatelang hatten die Sterne ungünstig gestanden, jetzt endlich verkünden sie jungen Paaren Glück. Überall Musik. Tanz auch auf den Straßen. Eine Glocke aus sounds, Gerüchen, Erregung, Freude ... Jede Art von Musik, am meisten die Mischung der populären Filme: zwar indisch, aber auch westlich ... Doch auch reine indische Klassik, westliche Pop-Musik, bengalisch, karnatisch ... Ich habe das Gefühl: Die halbe Stadt heiratet. Ich schlendere durch die Straßen, höre und schaue hier zu und dort ... Ein würdevoller, weißgekleideter, bärtiger Mann tritt auf mich zu, beginnt ein Gespräch, stellt zwei, drei Fragen, bittet mich einzutreten: eine große Gesellschaft, auch hier Hochzeit. Der Mann stellt mich dem Vater des Bräutigams, den Eltern der Braut, dem Hochzeitspaar vor, ein paar Menschen werden gebeten zusammenzurücken, und mir wird der Platz gegenüber dem Brautpaar angewiesen! Ich: fassungslos, immerzu denkend: Ich kenn' hier doch niemand. Wie komm' ich dazu? Das Festmahl genießend. Nach einer halben Stunde dazugehörend, als sei ich ein selbstverständlicher Gast dieser Hochzeit, der ersten, die ich erlebt habe - außer den eigenen. (Ist man da auch Gast?)

So ging es weiter. Auf Bali betrete ich einen Tempel. Theo Meier, der Schweizer Maler, der ein »Gauguin Balis« war, stellt mich dem Priester-Brahmanen vor: ein kleiner gebückter Alter - mehr Männchen als Mann - fast durchsichtige Haut, gespannt über ein paar vertrocknende Knochen wie Segeltuch über die Fock, als habe er sich schon fast aus dem Körper meditiert. Ich lege die Hände zum Gruß zusammen, verbeuge mich tief ... Der Brahmane sagt einen einzigen Satz: »*You've been here before.*« Du warst hier schon mal. Es war meine erste Bali-Reise (der später viele gefolgt sind).

Oder in Japan - all dies bei meiner ersten Asienreise 1962: Ich sollte eine Fernsehjazzsendung machen (eine Coproduktion von ARD und Fuji TV Tokyo), aber noch bevor ich das tat, machte ich schon mein erstes *Seshin* in Kyoto - eine Woche Zen-Meditieren von morgens um sechs bis abends um zehn. »Es« hatte sich so ergeben. Sechs Wochen vorher, als ich abgeflogen war aus Deutschland, hatte ich gerade nur mal von Zen und Meditieren gehört.

Ich empfinde, ich wurde nach Asien geleitet. So ist es gewesen: Das Pan-American-Flugticket hatte monatelang auf dem Redaktionstisch der Zeitschrift »twen«, zu der ich gehörte, herumgelegen. »twen«-Chef Willy Fleckhaus sagte immer mal wieder: »Jemand von uns muß es endlich abfliegen« und schaute dabei auf mich. Schließlich - so sagte er, nicht ich - »erbarmte« ich mich.

Ich brauchte Jahre, bis ich begriff: Ich brauche nicht nach außen zu reisen, um den Weg nach innen zu finden. Aber in meinem Leben ist das Reisen nach außen hilfreich gewesen. Ist immer noch hilfreich. Wenn ich Bücher von klugen Reisenden lese - von Sven Hedin bis Joseph Conrad -, weiß ich, daß sie es ähnlich erfahren haben.

Der Flug, mit dem ich damals - 1962 - flog, trug die Flugnummer eins. *PA flight one.* Flucht eins. Wieviel Fluchten mußten folgen, sorgfältig numeriert von den Airlines, bis die Fluchten wirkliche und wahre Flüge wurden?

6

Viele meiner Reiseerfahrungen waren Hörerfahrungen. Den Heirats-Abend in Agra habe ich eben erzählt. Das Meer ist es ohnehin. Es rauscht, tobt, tost, schreit... aber es sieht aus wie eine ruhige Fläche. Du hörst es »richtiger«, als du es siehst.

Auf der Hawaii-Insel Maui gibt es - direkt am Meer - die Sieben Heiligen Teiche - heilig seit der Zeit der alten Polynesier. Der Fluß, der sie speist, springt in einem einzigen Satz hundert Meter hinab in sein Tal, als spränge er in sein Bett. Wer sich unter ihn stellen will - für Tage ist man dann elektrisch aufgeladen, für Wochen oder Monate innerlich gereinigt -, muß durch einen Bambuswald: vorbei an Hunderten von Bambusstämmen - großen, kleinen, mittleren, dicken, dünnen, hohen, niedrigen, trockenen, saftigen, belaubten, kahlen, biegsamen, starren ... Jeder hat seinen *sound*. Der Wind sorgt ständig dafür, daß sie aneinanderschlagen. Es klingt, als wandere man durch ein drei Kilometer langes balinesisches Bambusorchester: wie *rindinks, grantangs, kebyaks, jegogs* ... Das letztere ist der Bambus-Baß, aber natürlich sind auch Sopran-, Alt-, Tenor- und Baritonlagen vertreten. Ein Perkussionsorchester, dem gegenüber die *Percussions de Strasbourg* Waisenknaben sind. Ich, durch den Bambuswald wandernd, schlug zusätzlich noch die Stämme an, spielte auf ihnen. Es machte so viel Spaß, daß ich anfing, ganz schnell zu rennen, überall diese riesigen, aufrecht stehenden Tasten eines lebendigen Xylophons anschlagend. Es klang, als trommelte ich der »natürlichen« Musik einen weiteren Part *obligato* hinzu.

Bali - sowieso - ist eine *sound*-Erfahrung: Die vielen verschiedenen Game/an-Orchester - jedes mit eigener Stimmung, also unaustauschbar - sind Teil der Landschaft - wie das Singen der Grillen und Zikaden, das Quaken der Frösche, die Perkussion der Bambusbäume, die Schreie der sich bekriegenden Affen, das Rauschen des Meeres, das *kulkul*-Schlagen des Holzblocks, der die Dorfgemeinschaft zum Fest oder zur Versammlung ruft, die Bambusstäbe - die *kepelokans* (so klingen sie) -, die überall herumhängen, die klappernden Windspiele, das melodische Hämmern der Steinmetze, das singende Dröhnen der Gong-Gießer, das Blasen der Blasebälge, der Klingklang der Schmiede, die ganze, nie aufhörende, unfaßbare, fröhliche Kreativität dieser Insel... All das ist Musik, und die außerdem noch gespielte - alle paar Kilometer ein anderes *Gamelan*-Orchester - setzt nur fort, was ohnehin auf dieser Insel klingt, als sei Klang ihre Essenz. Daß manche der Klänge von Wind, Flüssen, Meer, Tieren, Reisterrassen, andere von Menschen gemacht werden, ist sekundär. Auf den »Akkord« (ein Wort, in dem *cor, cuore, cœur* = Herz schlägt) kommt es an. Auf die »Orgel«, Bali genannt. Wer sich Bali nicht er-hört, ver-paßt es. Wer es nur anschaut, denkt: Schöne Insel, aber andere sind auch schön.

Zum Beispiel Nevis in der Karibik - auch dies zu erhören: Zuerst mal von überall her das *Ego*-Schreien der Hähne, am lautesten morgens zwischen vier und fünf, aber nie aufhörend, auch noch - oder schon wieder - um Mitternacht. Der *drone*-Klang darunter: das duldende Gegacker der Hühner ... Hunde, Hündisches ausbellend, was sie auch müssen, sonst würden sie krank ... Drei Gospelkirchen um uns herum, täglich was los: Schreiende Prediger in hoher Erregung, die Gemeinde ihnen antwortend: *»Lord - Oh, Oh, Oh! - Yessir - Bless me - Hallelujah -Amen!«* Und ihr Gesang: Jetzt, hier singend, bin ich erlöst. So klingt es. Jeder der Singenden weiß ganz genau: Mein Gesang macht mich frei ...

Weiter Nevis: Von überall her Musik. *Live* oder aus Boxen - auf Plätzen, vor Geschäften, vor Häusern ... Karibik jubelnd, selbstbewußt, sich selber feiernd, manchmal zornig, sich überschlagend ... Zwischendrin meckernde Ziegen ... Zikaden ... Tropische Vögel... Und Menschen: Die Blasen in dem wabernden Laut-Topf. Wortfetzen, die aufwärts springen: wie ein *jump* in die Luft. Zurück kommt er nie. Irgendwo da hoch oben löst er sich auf. Jeder Antwortende will höher springen als der den Dialog Auslösende ... Die Hitze kocht Blut. Auch das kann man hören. Als brodle sie Kleckse auf die tönende Landschaft ... Um die Kleckse weht Wind. Rauscht das Meer. Rascheln die Palmen ... Jemand übt auf einer Trommel. Rührt sie wie ein Gericht, das bald kocht... Fast alles hier kocht, brodelt, brät... Dazu die ständige Aktivität, die auch nachts und auch sonntags nicht aufhört - überkochend. Als seien die dreitausend Einwohner von Charlestown, der Hauptstadt der Insel, gespannte, surrende Bogen, die ununterbrochen buntgeschmückte Laut-Pfeile durch die Gegend schießen.

Zehn Tage lang habe ich hier Hähne studiert, bin buchstäblich in ihr Schreien hineingekrochen, mußte das tun, denn es ist allgegenwärtig -

die Laut-Karikatur des schreienden männlichen *Egos*. Was schreit es? Ich. Glanz. Herr-lichkeit. Glorie. Den Traum von ihnen mehr als sie selbst. Aber es schreit auch **nach** ihnen - manchmal ist Qual darin. Hat sich heiser geschrien - vor Generationen. Heiserkeit genetisch gespeichert. Totschreiend die Art- und Geschlechtsgenossen. Lachend, aber ohne Humor. Da ist nichts zu lachen. Totschreien geht nicht. Vergeblichkeit. Manchmal ein Wimmern. Ein *sound*, der sich windet: Ich weiß es besser. Aber er weiß es nur leise. Das andere ist laut. Das Krähen ist das Skelett, das der Hahn erst noch wird. Was immer »Männlichkeit« meint, dieser Schrei überzieht sie. So kräht *hi(s)-story*. Darin: die Helden vor Troja - die Herren am Hof Karls des Fünften auf den Bildern El Grecos - die Samurais der japanischen Schogun-Ära - die Ritter der Nibelungen am Hof König Etzels - der deutsche Kaiser Wilhelm - der schreiende Hitler - der Reichsmarschall Göring - Khomeini und die kleinen Khomeinis von Pakistan bis Algerien ...

7

Aus den Pantheons der Alten - den griechischen, römischen, keltischen, germanischen Götterhimmeln - ist keine und keiner so lebendig geblieben wie Gaia. Mach selber die Probe. Sprich aus: »Vater *Zeus*.« Da kann man nur lachen. Karikatur. Möchtegern-Gott. Immer noch geiler. Zeus = Samen verspritzen.

Oder sage Wotan. Wenn dich der Name bis Richard Wagner führt, ist es schon weit.

Aber dann sprich aus: »Mutter *Gaia*.« Oder in Deutsch: »Mutter Erde.« Da schwingt eine Saite - nicht die deiner Bildung, die eigene. Immer noch. Oder wieder.

Lange bevor die Herren - Herren? raubgierige Banditen! - den Götterhimmel besetzten (wahrhaftig, es **war** eine Besetzung!), war *Gaia* da. Die Mutter. Und ihre zahlreichen Töchter. Die Mutter überlebte als einzige. Ist wieder da ... wird **uns** überleben ...

Mutter ist *ma*, kommt von daher. Auch dies quer durch die Sprachen. Überall spürbar - nicht bloß in *mater, mother, madre, mère* ... Auch in Maß und Meter, in messen und mäßigen, in metrum und ... im Höheren Selbst, Sanskrit: *at-ma,* deutsch noch in dem Wort »Atem« erkennbar. Der Atem als Mutter des Lebens. Das *-em* dieses Wortes ist der »Krebs« (die Umkehrung) von *-ma!* Es fällt einem wie Schuppen von den Augen: Auch der *man* und der Mann und der Mensch gehören in die Familie der *ma.* Es muß eine Zeit gegeben haben, da wurde der Mensch so selbstverständlich mit der Frau und der Mutter - mit Weiblichem - identifiziert wie später mit Männlichem.

Wenn unser Planet eine Muttergöttin ist, hört Ökologie auf, zwanghaft zu sein. Wird selbstverständliches Resultat: geradezu »logisch«. Klar, die Erde ist heilig. Wir brauchten uns nicht mehr so mühsam zu Umweltbewußtsein zu zwingen. Ein anderes, älteres Bewußtsein würde mithelfen, spränge ein - ein spirituelles. Die Erde ist eine Göttin. Also kann ich **so** nicht mit ihr umspringen.

Der erste Schritt ist schon getan: Die Gaia-Hypothese von James Lovelock und seinem *team*: Die Erde ist ein lebendiges Wesen. Dies war ein Schritt von Wissenschaftlern. Ein Riesenschritt angesichts dessen, was eben noch galt: Sie sei nur ein totes Stück Fels, das sich durchs Sonnensystem wirbelt. Der nächste ist kleiner: Sie ist nicht nur lebendig, sie ist eine Göttin. Verehrt sie. Liebt sie. Betet zu ihr. Dann hört der Wahnsinn, wie wir mit ihr umgehen, von allein auf, mindestens - weil wir ja nicht gleich auf die Knie gehen können - mildert er sich. Unser Planet wird wahrhaft Heimat.

Ich wundere mich oft, warum Spiritualität bei so vielen grünen Politikern verpönt ist. Oder bei Greenpeace. Sie **handeln** doch spirituell.

Würden einen ungeheuren Zuwachs an Kraft gewinnen, wenn sie es bewußt täten. Ahnen nicht, auf was sie verzichten. Wie ein Schwimmer weit draußen im Meer, der ein Schiff, das ihn mitnehmen möchte, vorbeifahren läßt.

Ach, wenn sie doch an Bord kämen!

Klassik tanzen

Es gibt ein *crescendo* des Tanzens in meinem Leben, das früh begonnen haben muß. Die modernen Erforscher dessen, was mit dem homo im Leib seiner Mutter geschieht, sagen: Dort lernen wir Rhythmus und Metrum. Der erste ist der Herzschlag der Mutter. Das Wort Metrum hat ursprünglich nichts mit Rhythmus zu tun, sondern mit dem Ort, wo wir ihn zuerst erfahren. Griechisch *metra* heißt die Gebärmutter. Dort beginnen wir auch zu tanzen. Viele Mütter bestätigen das: Wenn sie Musik hören, bewegt sich das kleine Wesen in ihrem Bauch besonders heftig und gern. Das ist unser Ur-Tanz. Deshalb ist es so wichtig für werdende Mütter, viel Musik zu hören: um das Baby in ihnen zum Tanzen und damit zur körperlichen Erfahrung von Freude zu bringen (aber es ist natürlich auch aus anderen Gründen wichtig: um Phantasie, Beweglichkeit, Verstandesgaben, Freude, Aktivität zu entwickeln - siehe das Kapitel »Mütter sind Sender - Babys Empfänger« in meinem Buch »Ich höre, also bin ich«, Traumzeit-Verlag).

Ich bin sicher, daß auch ich auf diese Weise zu tanzen begonnen habe: wenn meine Mutter Klavier spielte und sang. Von Anfang an hat Musik für mich mit Körpergefühl zu tun. Sicher habe ich auch deshalb zum Jazz gefunden. Jegliche Trennung von Musik und Körper scheint mir widersinnig. Ich habe gerne zu Jazz getanzt - Nächte hindurch bis in den frühen Morgen -, obwohl doch die Mehrheit der Jazzfreunde ein getrübtes Verhältnis zum Tanz hat. Jazz ist für sie »Kunst« (für mich auch), aber sie meinen, wenn etwas Kunst sei, dürfe man nicht danach tanzen. Es scheint ihnen so etwas wie ein Sakrileg, das zu tun. Viele verbergen hinter dieser Auffassung ihr eigenes schwieriges Verhältnis zu ihrem Körper. In der schwarzen Welt, aus der der Jazz kommt, ist es in allen Phasen der Jazzentwicklung selbstverständlich gewesen, nach dieser Musik zu tanzen.

Und nun mache ich einen Sprung: Anfang der achtziger Jahre bin ich zu Gast bei Freunden im anthroposophischen Dornach bei Basel.

Wir hören Mozarts Requiem - mit einem Mal, noch beim Kyrie, fängt jemand zu tanzen an ... ein paar Minuten später tanzen wir alle und hören erst am Schluß, außer Atem und durchgeschwitzt, wieder auf.

Ich hatte das Requiem Dutzende Male gehört, als Junge auch bei zwei Aufführungen mitgesungen im Chor, aber sofort war mir klar - und uns allen: Noch nie hatten wir es so intensiv gehört, so buchstäblich in jeder Zelle erfahren wie jetzt. Wir hatten die ganze Erfahrung des Requiems - auch dessen, was spirituell dazugehört: die Bitte um Ruhe im Jenseits und um Erbarmen, die Anbetung, den Tag des Zornes und Gerichtes, die Barmherzigkeit und Milde, den Lobpreis und das Ewige Licht - in unsere Körper hineingenommen. Da war keine Trennung mehr: Hier wir - dort das Requiem. Oder hier Seelisches und Geistiges - dort Körperliches.

Damit fing ein Prozeß an. Ich hatte schon immer gerne getanzt, schon immer Schwierigkeiten gehabt, Musik stillsitzend zu hören, aber jetzt begann ich, große klassische Musik tanzend zu »erforschen«: Mozarts Klavierkonzerte, vor allem das in A-Dur, auch einige seiner Symphonien (die »Linzer«!), Schuberts Erste und Zweite (dann auch die anderen), Beethovens Zweite und Achte, Mozarts Große c-Moll-Messe, überhaupt alle seine geistliche Musik aus der Salzburger Zeit ... Jedesmal erlebte ich wieder neu: So gut ich diese Stücke auch kennen mochte, ich erfuhr sie stärker und tiefer gehend, wenn ich sie tanzte. Entdeckte Dinge in ihnen, die ich stillsitzend nie erahnt hätte.

Nachdem ich es ein paar Jahre allein ausprobiert hatte, begann ich, mit den Teilnehmerinnen meiner Workshops klassische Musik zu tanzen. Ich sah: Dies war nicht nur **meine** persönliche Erfahrung. Wir teilten sie alle - etwa das Tanzen von Bachs Konzert für zwei Violinen in d nach der gemeinsamen *Chakra*-Arbeit.

Wir erschließen uns die klassische Musik neu und auf andere, intensivere Weise, wenn wir sie tanzen. Bei einem Workshop, den der Perkussionist Reinhard Flatischler und ich gemeinsam gaben, ließ ich Mozart tanzen. Die jungen Leute - fast alle von Rock und moderner Perkussionsmusik angetan - maulten. Aber weil es nun einmal zum

Workshop gehörte, tanzten sie dennoch - einige zunächst widerwillig. Übereinstimmendes Echo hinterher: Wir hätten nie gedacht, daß klassische Musik soviel Spaß machen kann. »So« hätten wir sie uns nicht vorgestellt.

Am wunderbarsten tanzbar ist Johann Sebastian Bachs h-Moll-Messe. Die Menschen sagen: Es ist eine kathartische Erfahrung. Viele tanzen schweißdurchnäßt mit tränenüberströmten Gesichtern, erfahren die Größe der Musik mit einer überwältigenden Direktheit, die sie nie für möglich gehalten hätten.

Inzwischen habe ich viele Tanz-Erfahrungen klassischer Musik geleitet und tue das weiterhin - manchmal mit Hunderten von Menschen. Jadranka tat es, für mich einspringend, auf dem Hamburger Kirchentag 1995. Die Beteiligung überstieg alle Erwartungen. Die Musik mußte durch Lautsprecher in Nachbarsäle übertragen werden, damit auch dort die Menschen tanzen konnten. Hinterher kamen Kantoren: »Das mache ich jetzt mit meinen jungen Menschen in der Gemeindearbeit.«

Natürlich bedarf es der Vorbereitung. Es genügt nicht, die Stücke nur einfach so vor sich hinzutanzen. Dann passiert wenig. Vorher spreche ich über das, wofür die Musik steht. Eine Messe ist eine Erfahrung der Wandlung - Bachs Große Messe in besonderem Maße. Das muß deutlich werden. Es gibt ein paar Vorgaben. Bei der h-Moll-Messe beginnen wir liegend, erheben uns langsam während des *Kyrie,* legen uns auch am Schluß während des Gebetes um Frieden *(Dona nobis pacem)* wieder hin - jeder, wann er will. Beim *Crucifixus* und beim *Sanctus* bleiben wir mit dem ersten »beat« dieser beiden Sätze wie erstarrt in der Position stehen, die wir gerade haben - sei's auch, daß ein Bein in der Luft bleibt oder die Arme gebreitet sind. Manche Teile tanzen wir mit geschlossenen Augen - zum Beispiel das *Gratias* und den Gang durch das Dunkel im *Et expecto,* wo Bach tastend und spürend moduliert, als sei er plötzlich im Dunkeln und wisse nicht, wie es weitergeht, durch alle Tonarten hindurch, als sei er selber »zur Hölle gefahren«, unsicher, ob er hier je wieder herauskomme -, bis plötzlich Auferstehung »ausbricht« wie ein Schrei, und man begreift: Dieser

Mann erwartet die Auferstehung nicht bloß, er **besteht** auf ihr. Begrüßt - bejubelt - sie in einem Freudentaumel, der allein hörend einfach nicht ausreichend nachzuvollziehen ist. Er gehört in den Körper! **Der** hört hin.

Ein paarmal - beim *Qui sedes* und beim *Benedictus* - bitte ich die Tanzenden, einen Partner oder eine Partnerin zu finden - ohne lange zu zögern, einfach den oder die, die gerade vorbeitanzen. Auch in der Mitte legen wir uns noch einmal hin - beim *Qui tollis* ... und natürlich ist es sinnvoll, daß die Tanzenden begreifen, was dieses ganze Geschehen bedeutet. Jetzt ist es kein Mysterium, kein Ritual mehr, über das ein Musikwissenschaftler im Programmheft schreibt. Jetzt wird es **ihr** Ritual. **Ihr** Wunder der Wandlung. Dennoch: Länger als zehn oder 15 Minuten braucht fast nie vorher gesprochen zu werden.

Jenseits der wenigen Vorgaben ist jede/r frei zu tanzen, wie sie und er es empfinden. Darauf kommt es ja an: daß nicht etwa eine vorgegebene »Choreographie« ausgedrückt wird, sondern daß jede/r sein und ihr eigener Choreograph ist: daß eigene Aktivität, Kreativität, Einfälle, Ideen und Gefühle umgesetzt und ausgedrückt werden.

Die Tanzenden - gerade auch die Jüngeren unter ihnen - bestätigen: Endlich erschließt sich uns »Klassik«. Viele sagen: Wir mochten sie nicht, hörten sie kaum, hielten sie für »altmodisch«, jetzt öffnet sie sich uns als eine völlig andere Musik - nicht mehr angesiedelt in jener Trennung zwischen Körper und Geist, die den abendländischen Menschen jahrhundertelang seines Körpers entfremdet hat.

Abendländische Menschen denken, das sei »normal«: zwei Stunden unbeweglich im Konzert sitzen und zuhören. Wir hören uns »zu« auf diese Weise, verschließen uns hörend, indem wir die selbstverständliche Verbindung zwischen unserem Ohr und unserem Körper trennen. Wir abendländischen Menschen sind die einzigen Exemplare des homo, die auf diese Weise Musik hören. Überall sonst auf diesem Planeten wird Musik **total** erfahren: geistig, seelisch **und** körperlich. Die Menschen anderer Erdteile und Erdgegenden können sich gar nicht vorstellen, daß es anders möglich wäre.

Aber auch der moderne Mensch kann es sich immer weniger vorstellen. Deshalb blenden junge Menschen Klassik aus. Sie spüren: Ich erfahre - ich erlebe - nicht genug, wenn ich eine Musik sitzend, nur »geistig-seelisch«, höre. Eine wesentliche Dimension meines Menschseins bleibt draußen. Wir verlieren auf diese Weise den größten Schatz des Abendlandes: unsere große Musik. Sind schon dabei, sie zu verlieren.

Das Körperliche **muß** nicht draußen bleiben. Es kommt mir fast vor wie eine Rettungsaktion: Junge Menschen die leibliche Ebene großer Musik tanzend erfahren zu lassen - im Sinne jener »Leiblichkeit«, die den **ganzen** Menschen meint. Es ist eine Erweiterung und Bereicherung. Mit einem Male lieben sie Bach, Mozart, Schubert ... Spüren selber: Das geht tiefer als die Disco-Musik, nach der sie sonst tanzen, erfaßt sie totaler. Das ist es ja, was sie wollen: totale Erfahrungen.

Wenn ein Workshop in die Passionszeit fällt, tanzen wir auch mal eine von Bachs großen Passionen. Die Johannes-Passion ist besser geeignet als die Matthäus-Passion. Eine Teilnehmerin sagte bewegt: Nie zuvor habe ich Christi Leiden und Tod so intensiv erfahren wie jetzt - buchstäblich in jeder Zelle.

Wunderbar ist es, die langsamen Sätze - und, bei ein wenig Erfahrung, ruhig auch mal schnellere - mit geschlossenen Augen zu tanzen. Natürlich sollte man Vasen und Nippes forträumen, wenn man es in der eigenen Wohnung tut. Man habe keine Angst vor Karambolagen. Es wird sie nur geben, wenn wir unsicher »im Kopf« sind. Wer »im Bauch« ist, stößt fast nie an, hat »nachtwandlerische« Sicherheit. Streift allenfalls mal jemanden, berührt ihn leise und tanzt allein weiter. Es gibt Populationen, die noch viel dichter beisammen leben als wir Menschen: Ameisen, Bienen, Termiten ... Sie kennen kaum Zusammenstöße. Die sind ein menschliches Phänomen - Ergebnis unserer Getrenntheit, unseres Mangels an Vertrauen, unseres ständigen Denkens: Ich muß vorsichtig sein, sonst rempele ich irgendwo an. Unserer Angst.

Wer eine Gruppe von Menschen beobachtet, die mit geschlossenen Augen tanzt, staunt: Ihr Tanz sieht viel »schöner« aus, als wenn sie die Augen geöffnet hielten. Sie entwickeln schwebende, traumhafte

Sicherheit, Freude, Leichtigkeit, die man nicht für möglich hielt, als man - vielleicht ein paar Minuten vorher - die gleiche Gruppe »normal« tanzen sah.

Wunderbar die Freude, wenn - vielleicht nach einem *Adagio,* das mit geschlossenen Augen getanzt wurde - beim anschließenden Vivace die Augen wieder geöffnet werden! Man sieht die Mittanzenden anders als vorher - unmittelbarer, direkter, weniger »getrennt«, erfährt Farben, Formen, Konturen intensiver. Man probiere es aus - zum Beispiel mit dem langsamen Satz aus Mozarts A-Dur-Klavierkonzert und dem daran anschließenden Finale.

Natürlich ist die Interpretation wichtig. Für Mozarts Klavierkonzerte empfehle ich Alfred Brendel mit der *Academy of St. Martin in the Fields* (Philips). Für Bachs h-Moll-Messe John Eliot Gardiners Aufnahme in der Archiv-Produktion der Deutschen Grammophon - auf jeden Fall keine mit verschleppten, bewußt »pietätvollen« Tempi à la Eugen Jochum. Auch Mozarts Requiem hat unter Gardiner (Philips) besondere Lebendigkeit, Mahlers Symphonien unter Leonard Bernstein (Sony).

Wenn man eine Weile Bach, Mozart, Schubert getanzt hat, kann man weiter gehen und sich die ganze Klassik er-tanzen - durchaus zum Beispiel Strawinskys *Sacre,* das »Frühlingsopfer«. Wer das einmal versucht hat, begreift: jede Choreographie, stamme sie auch von Diaghilev, tut dieser Musik Gewalt an. Das, wofür sie steht, kann jeder nur für sich selber erfahren, und das kann er nur, wenn er die Musik mit eigener Kreativität körperlich an sich und in sich selber vollzieht. Dann ist es nicht mehr Musik **über** ein Ritual irgendwo im alten Rußland, dann wird es **dein** Ritual jetzt.

Noch aufregender kann Gustav Mahler werden - zum Beispiel das Ertanzen oder »Stadien der Liebe« (so hat Mahler selbst es genannt) in seiner Dritten Symphonie: Liebe zur Erde, zum Leben, zum Menschen, zum Göttlichen: »O Mensch, gib acht!« In Mahlers späteren Symphonien kann man auf »moderne« Weise - diesseits von Bach - den Weg durch Sterben und Tod zur Auferstehung tanzend erahnen - etwa in den Ecksätzen der Neunten, deren schnelle Mittelsätze zusätzlieh noch ein tänzerisches Kabinettstück bieten. Selten kann man in zwei Stücken so viele verschiedene Tanztypen durchtanzen und seinen Spaß mit ihnen treiben wie hier. Das Hauptthema des zweiten Satzes ist ein »Gemächlicher Ländler«, den man genau so tanzen kann, wie Mahler ihn beschreibt: »etwas täppisch und sehr derb«. Hübsch, sich dabei vorzustellen, daß die Violinen »schwerfällig wie Fiedeln« klingen sollen (wofür die Geiger unserer Symphonieorchester meist viel zu kultiviert sind). Dann gibt es zwei verschiedene Walzer, der eine mehr von der Melodie, der andere mehr vom Rhythmus her »walzerisch«, der eine »romantisch«, der andere »gemein«, immer wieder dabei Anklänge an Rausch und Schwung der großen Wiener Bälle, aber wie anregend ist es doch, einen Walzer nicht immer nur »stur weg« im gleichen Tempo tanzen zu müssen, sondern ihm folgen zu können durch wechselnde Stadien und Stimmungen ... bis am Ende alles in einem *moll-pianissimo* ver-sinkt und ver-singt und jeder empfindet, was Bruno Walter in die Worte gefaßt hat: »Der Tanz ist aus« - bei dieser »Hinübergehens-Symphonie« deutlich den Tanz eines ganzen Lebens meinend : unmißverständlich in einem Werk, das jeden seiner vier Sätze in Tod, Wandlung und Jenseits münden läßt.

Ein ähnlicher *Parforce*-Ritt ist der nächste (dritte) Satz (nach wie vor von Mahlers Neunter). Er beginnt »sehr trotzig« marschartig als eine bäurische Burleske. Seine Fugati erinnern an Bach, sein Seitensatz an irgendeinen Wiener Schlager der Jahrhundertwende, aber die »Tanz-ist-aus«-Episode - um so ätherischer und irrealer, als sie mit dem »Derben« kontrastiert - erscheint hier schon kurz vor dem Schluß, als wäre die danach wieder anhebende »Burleske« schon »irgendwo anders« zu tanzen - dort, wohin Mahler das riesige Werk führt: zu einem Zitat seiner eigenen Kindertotenlieder: »Der Tag ist schön auf jenen Höh'n« - »mit inniger Empfindung« und »er-sterbend« zu spielen, gewiß andere »Höhen« meinend als die des geliebten Wiener Waldes.

All das klingt schwieriger, als es ist. Wer einmal damit angefangen hat, kann nicht mehr aufhören. Es ist eine neue, beglückende Erfahrung. Als hörtest du mit all den vielen Nerven, durch die unser Ohr - das ja auch Gleichgewichtsorgan ist - mit Wirbelsäule, Beinen, Füßen und jedem Punkt unseres Körpers verbunden ist. Du hörst einfach durch mehr »Stellen« als bisher!

Immer mehr Menschen entdecken dies. In den wenigen Jahren, seit ich damit begonnen habe, ist es eine kleine »Bewegung« geworden - in Volkshochschulen und Musikschulen, auf Seminaren und Workshops, auf Kirchentagen und in vielen Kreisen, die sich gebildet haben - von Graz und München bis Berlin und Hamburg. Viele Lehrer machen es mit ihren Schülern, und die - um ihre Sprache zu benutzen - »flippen aus«, sagen: »Hätte nicht gedacht, daß Klassik so toll sein kann.«

Der Nazi in uns

Eine Frage meines Lebens: Wie konnte es zu den Untaten des »Dritten Reiches« kommen? Die beiden Hauptantworten der Deutschen auf diese Frage lauten:

A Wir haben von allem nichts gewußt.
B Man konnte ja doch nichts tun.

A und B widersprechen einander.

Um zu der Erkenntnis, man könne nichts tun, kommen zu können, muß man gewußt haben, wogegen man nichts tun konnte.

Das ganze Volk hat gewußt, was lief. Gewiß nicht im Detail. Nicht zum Beispiel, daß sechs Millionen Juden getötet wurden. Aber gewiß, daß die Juden jedem menschlichen Anstandsgebot zuwider behandelt und daß viele getötet wurden. Auch war lange vor Kriegsausbruch deutlich: Hitler wollte den Krieg. Spielende Kinder auf der Straße drohten einander: »Paß auf, sonst kommst du ins KZ!« Die Furcht war ja Mittel zum Machterhalt. Die Menschen hatten Furcht. Niemand hat Furcht, ohne daß Gründe für sie erkennbar sind. Jeder zum Beispiel hatte jüdische Nachbarn oder Arbeitskollegen, hat also bemerkt, daß sie verschwanden.

Vor allem aber: Die Nazis haben offen gesagt und geschrieben, was sie planten und taten. Jedes heiratende Paar erhielt Hitlers Buch »Mein Kampf«. Darin steht das Programm: Die »Eroberung von Lebensraum für das deutsche Volk im Osten« und »die endgültige Vernichtung der jüdischen Rasse«. In seinen Reden, die das ganze Volk anhören mußte, proklamierte Hitler dies - zum Beispiel in der berühmten Reichstagsrede vom 30. Januar 1939, als also der Krieg längst beschlossene Sache war. Sogar die Einführung der Konzentrationslager - das erste war Dachau, gleich 1933 - war öffentlich bekanntgegeben worden.

Der »Propagandaminister« Goebbels betete dem »Führer« nach -

zum Beispiel in seinen wöchentlichen, brillant geschriebenen Artikeln im »Reich«. Wer sie nicht las, konnte sie zweimal die Woche über alle großdeutschen Sender hören - Freitagabend und Sonntagmorgen. Das ganze Volk saß am »Volksempfänger«.

Das ist ein entscheidender Unterschied zwischen Hitler und Stalin: Hitler verkündete, was er vorhatte und tat. Stalin hielt es geheim.

Noch weniger wahr ist, daß man nichts tun konnte. Schindler konnte sogar in der extremen, tödlich gefährlichen Nachbarschaft von Auschwitz tausend Juden retten. Warum gab es so wenige Schindlers?

Als die jüdischen Partner von »Mischehen« in Berlin »wegen fortgesetzter Rassenschande« verhaftet wurden, demonstrierten ihre »arischen« Gatten und Gattinnen am nächsten Tag geschlossen vor dem Reichssicherheitshauptamt. Einen Tag später waren die verhafteten Männer und Frauen wieder frei. Ähnlich in einem anderen Fall, als Angehörige von Deportierten vor der »Judensammelstelle« Rosenstraße in Berlin demonstrierten und die Gestapo daraufhin einige Gefangene freigab.

Warum geschah Ähnliches so selten? Warum herrschten Stumpfheit, Gleichgültigkeit, Egoismus? Eine »Mich-geht-das-alles-nichts-an«-Haltung, die das ganze Volk ergriffen hatte. Es **konnte** etwas getan werden. In Kopenhagen legten sich der König und die Bevölkerung der Stadt den Judenstern an, so daß über Nacht jüdische und »arische« Dänen für die Nazis ununterscheidbar geworden waren. Warum geschah dies in keiner einzigen deutschen Stadt? Es gibt mehr Deutsche als Dänen.

Die Frage, wie es zu den Untaten des Nationalsozialismus kommen konnte, läßt nur eine Antwort zu: Weil das, was geschah, den - zugegeben: verborgenen, ungenauen, nie eingestandenen - Wünschen und dem tiefsten Wesen der Mehrheit der in diesem Lande lebenden Menschen entsprach; nochmals: gewiß nicht im Detail, aber dennoch in seinen Grundzügen.

Das Volk hat nur aufgehört, hinter Hitler zu stehen, weil seit Stalingrad deutlich war (für die Einsichtigen war es von Anfang an deutlich): Wir verlieren den Krieg. Mit nahezu allem anderen war es letztlich einverstanden, nur wollte es nicht so genau wissen, wie alles geschah. Hätte Hitler den Krieg gewonnen, niemand hätte gefragt: Wo sind die Juden? Die Zigeuner? Die »Andersrassigen«? Die Widerständler?

Und die »Entartete Kunst« - von Kandinsky bis Webern, von Nolde bis Schönberg - hätten sie eh nicht vermißt.

An diese Verstrickung erinnern uns nicht nur die rechtsradikalen Rowdies, die Schänder jüdischer Friedhöfe und Brandstifter von Wohnungen ausländischer Bürger, sondern auch die »harmlosen« Bürger, die immer noch keinen Rosa-Luxemburg-Platz wollen und sich dagegen wehren, in einer Ossietzky-Straße zu wohnen. Probleme haben mit Tucholsky, Niemöller, Stauffenberg, Marx, aber keine mit Hindenburg, Kaiser Wilhelm oder Ludendorff. Wir alle tragen Teile rechtsradikalen, nationalistischen Denkens in uns. Wenn wir dies nicht erkennen, aufarbeiten und wandeln, wird es weiterhin Schänder und Brandstifter geben.

Wir sind das Volk. Es macht keinen Sinn, dies zu rufen, wenn wir es brauchen können, und es zu verdrängen, wenn es uns peinlich ist. Das Verdrängte: das ist der Rowdy. Der Rowdy in uns.

Um den geht es. Nicht um irgend etwas Ideologisch-Theoretisches: Nationalismus oder Pazifismus, Faschismus oder Kommunismus, rechts oder links. Es geht um die Gewaltbereitschaft. Diese erschrekkende Gewaltbereitschaft, die das gewesen ist, was das Wort sagt: bereit zur Gewalt. Sie wurde verkündet, ja gefordert und gefeiert. In den Zeitungen. Im Radio. In jeder Rede jedes Nazis, von Hitler herab bis zum letzten Ortsgruppenführer. Was jeder da zuallererst hörte, war der schreiende, wütende Ton: der Sprung in die Gewalt. Oft schrien sie so sehr, daß man den Wortsinn kaum verstehen konnte. Das war auch nicht nötig. Was verstanden werden sollte, wurde um so besser verstanden: die Gewalt und die Drohung. Mehr als 90 Prozent der Menschen unseres Volkes haben ja zu ihr gesagt, ja zur Gewalt sowohl gegenüber Juden wie einfach gegenüber Andersdenkenden. Auch also gegenüber Deutschen. Gegenüber »Fremdrassigen« sowieso. Gegen »die, die uns im Wege stehen«. »Wir werden sie rücksichtslos ausrotten«, schrie Hitler. Schrie jeder kleine Sturmbannführer. Und die Menschen verstanden. Schrien oft ebenso laut wie die Redenden. Bereits 1932 hatte Hitler das Zeichen gesetzt, als er SA-Männer, die im polnisch-oberschlesischen Ort Potempa einen Arbeiter vor den Augen seiner Mutter totgetreten hatten und dafür zum Tod verurteilt worden waren, in einem Solidaritätstelegramm als »meine Kameraden« ansprach.

Weil der Rowdy in uns steckt, deshalb haben wir nur 6489 (man muß diese absurd niedrige Zahl ausschreiben: sechstausendvierhundertneunundachtzig) Nazis bestraft - von Hunderttausenden, die sich schuldig gemacht haben! Haben nur eine Million »Mitläufer« - ein wenig - belangt. In einem - damals - 60-Millionen-Volk, das zu 90 Prozent »mitgelaufen« ist!

Diese Zahlen sind ein Indikator unserer Identifikation mit den Verbrechern - deutlicher als alle moralisch-ethischen oder historischen Erwägungen. Sie wären noch niedriger, wenn wir uns nicht um unserer Reputation im Ausland - letztlich: um unserer Geschäfte - willen genötigt gefühlt hätten, wenigstens einige wenige Nazi-Verbrecher zu bestrafen.

Erst 1995 - viel zu spät! - stellte der Bundesgerichtshof fest: »Keiner der am Volksgerichtshof tätigen Berufsrichter und Staatsanwälte wurde wegen Rechtsbeugung verurteilt; ebensowenig Richter der Sondergerichte und Kriegsgerichte.« Der Bundesgerichtshof verurteilte »ein folgenschweres Versagen bundesdeutscher Strafjustiz« und wies darauf hin, daß sogar »Richter der NS-Justiz, die Todesurteile gefällt hatten ... weiter in der Justiz tätig« sein durften, ja sie konnten »zuweilen auch in Staatsämtern Karriere machen«.

Noch schlimmer: Die Bundesrepublik Deutschland hat sich noch nicht einmal bemüßigt gefühlt, die Unrechtsurteile der Nazis formell aufzuheben. Mein Vater gilt nach wie vor als »vorbestraft«. Bonhoeffer: vorbestraft! Canaris: vorbestraft! Stauffenberg: vorbestraft! Die Mörder aber - abgesehen von den wenigen, die verurteilt wurden: nicht vorbestraft!

Das alles ist nur möglich, weil es den »Nazi in uns« gibt. Deshalb haben wir nach Kriegsende die heimkehrenden Kriegsverbrecher - die Mörder, Vergaser, Schläger, Erschießer, Quäler, Verbrenner, Zerstörer, Verwüster, »Auslöscher« - nicht etwa ausgestoßen, sondern im Gegenteil aufgenommen, gedeckt, zum Teil versteckt und oft in hohe und höchste Ämter befördert. Wir haben sie dadurch zu Gliedern unserer Gemeinschaft gemacht, sie als solche anerkannt und damit - erneut! - ihre Verbrechen zu Teilen von uns gemacht.

Die Diskussion über das Tucholsky-Wort »Soldaten sind Mörder« hat für mich etwas Unerträgliches. Ich finde, unser Bundesverfassungsgericht hat ein wunderbar weises Urteil gesprochen. Ich bin ein deutscher Soldat gewesen. Ich habe erfahren: Soldaten **sind** Mörder. (Und ich habe eine kroatische Frau und besuche oft meine Verwandten in Bosnien und in der Herzegowina und sah dort während des Krieges; Soldaten **sind** Mörder.)

Das ist der eigentliche Grund, aus dem die überwiegende Mehrheit unseres Volkes es nicht ertragen konnte und kann, wenn sie an die Untaten der Nazis erinnert wird. Warum sie stöhnten und stöhnen: Wir können es nicht mehr hören! Sie können es nicht hören, weil sie wissen: Wir alle sind Teil des Volkes, in dessen Namen Morde geschehen sind. In der Tat: Wir *sind* das Volk!

Nur so ist die Emotionalität der Debatte über »Soldaten sind Mörder« erklärbar. Sie sagen, sie wollten »die Ehre des deutschen Soldaten schützen«. Was mitschwingt - unweigerlich mitschwingen muß -, ist die Unehre der vielen, vielen deutschen Soldaten, die Mörder gewesen sind. Die also wollen sie schützen.

Angesichts der inneren Einstellung unseres Volkes »stimmt« es einfach, daß Globke die rechte Hand Adenauers geworden ist. Globke war Ministerialrat im Reichsinnenministerium und Kommentator der Nürnberger »Rassengesetze«, die die »rechtliche« Basis dessen gebildet haben, was in Auschwitz und anderswo geschehen ist. Einen solchen Mann aufnehmen, ihn in eine hohe Stellung befördern heißt: ihn anerkennen. Und Globke ist nur einer unter Millionen, die wir aufgenommen und angenommen haben und Karriere machen ließen.

Wer angesichts dieser Situation von »Gnade der späten Geburt« redet, weiß nicht, wovon er spricht. Es ist gut, daß dies auch jüngere Deutsche - einige wenige! - erkennen. So weist Bernhard Schlink - wahrhaftig einer, der diese »Gnade« für sich in Anspruch nehmen könnte! - in einem 1995 erschienenen Roman (»Der Vorleser«, Diogenes) mit Recht darauf hin, daß »mit der Liebe zu den Eltern die Verstrickung in deren Schuld unwiderruflich eingetreten« ist.

Das alles ist oft gesagt worden. Aber es muß immer mal wieder gesagt werden. Vor jedem Forum. Deshalb auch vor dem dieses Buches. Es gehört zum Leben seines Autors.

Eine Bekannte, die dieses Buch vorab gelesen hatte, schrieb: »Tu mir einen Gefallen: Laß dieses Kapitel fort. Tu auch Dir diesen Gefallen.« Als ich anderen Bekannten davon erzählte, fragten sie: »Solche Bekannte hast du?« Gegenfrage von mir: »Hat nicht jeder in diesem Land solche Bekannte?«

Warum **muß** ich dies schreiben? Ich kenne die gängigen Antworten: Aus gerechter Empörung. Aus Betroffenheit. Weil ich weiß: Ich gehöre zu diesem Volk. Dies geht mich an.

Kein Zweifel: All dies stimmt. Für mich und für viele. Aber reicht es? Gibt es so viele gerechte Empörung, wo sie doch so auffällig selten ist?

In Ruth Klügers wunderbarem Buch über ihr Kind- und Teenager-Sein im Wien der dreißiger und in Theresienstadt, Auschwitz und zwei weiteren Konzentrationslagern der vierziger Jahre (»Weiter leben - Eine Jugend«, dtv) stieß ich auf den Satz: »Der ungelöste Knoten, den so ein verletztes Tabu wie Massenmord, Kindermord hinterläßt, verwandelt sich zum unerlösten Gespenst, dem wir eine Art Heimat gewähren, wo es spuken darf.« Dieses Gespenst geht durch das Leben von Millionen von Deutschen. Und durch das Leben **jedes** Juden. Es sucht und es braucht Heimat - es findet sie in unseren Seelen. In unseren Gewissen. Da spukt es.

Ich las weiter und kam zu den folgenden Worten: »Im Grunde waren wir alle, Juden wie Christen, Teile dessen, was in den KZs geschah.« Ich las das in der Nacht um drei. Als ich am Morgen nachlesen wollte, merkte ich, daß ich falsch gelesen hatte. In Wirklichkeit steht nicht »waren«, sondern »wissen« da, und der Satz ist viel länger. Dennoch, mein Unterbewußtsein hat recht. Genau so, wie ich in der Nacht gelesen zu haben meinte, stimmt es: Wir alle sind Teile dessen, was geschehen ist. Es ist ein »stimmendes« Symbol, daß nicht nur den Opfern - den Juden, Zigeunern, Kommunisten, Intellektuellen - eine Nummer in den Arm tätowiert wurde, sondern auch den Tätern, den SS-Leuten. Und es »stimmt« auch, daß Täter wie Opfer die gleiche Sprache sprachen. Fast alle, die Jiddisch sprachen, sprachen außerdem Deutsch (keine große Schwierigkeit für jemanden, der Jiddisch kann). Hebräisch konnten damals nur wenige Juden, ziemlich exakt genauso wenig, wie heute Deutsch sprechen. Und deutsch war nicht nur ihre Sprache, sondern für viele auch die Kultur, zu der sie sich bekannten oder die sie anstrebten. Seit der offiziellen Gleichstellung von Deutschen und Juden in der Reichsverfassung von 1871 (!) gehörten die Juden zum deutschen »Volkskörper«. Ihre »Ausmerzung« richtete sich also gegen den eigenen Körper. Man kann sie mit gutem Recht Selbstverstümmelung nennen (deren Folgen noch heute in unserem politischen, wirtschaftlichen und kulturellen Leben schmerzlich offenbar sind). Weil das so ist, zieht es uns - Täter wie Opfer - in den Bann des Furchtbaren, hört nicht auf, uns dorthin zu ziehen, als locke es uns mit den »Zuckerles« des Gruseligen.

All dies mag nicht rational klingen. Und es muß ja - so ist das heut' üblich - »rationalisiert« werden. Diesen Ausdruck gebrauchen die Psychologen (oft ironisch), wenn zum Beispiel ein Paar - auch sie Täter und Opfer - einander mißhandelt und er oder sie, meist beide, rationale Begründungen für das, was sie einander antun, anbieten, während die wirklichen Gründe tiefer, nämlich im Unbewußten, liegen. Die rationalen Gründe liegen auf der Hand - auch in unserem Fall. Zum Beispiel: Wir sollten aus der Geschichte lernen, sonst wiederholt sie sich. Das irrationale Gespenst aber, das durch das Leben von Tätern wie Opfern geht, haust in tiefer liegenden Schichten. Ich erkenne es wieder. Es ist mein Gespenst. Und ich weiß, daß es auch das Gespenst vieler meiner Landsleute ist. Und natürlich der Juden. Man kann es auch als Bazillus verstehen. Wir tragen ihn in uns. Sind infiziert.

Ruth Klüger bemüht den Lieben Augustin jenes schönen »galgen-humorigen« Wiener Volksliedes, das gleichermaßen Gustav Mahler wie Alban Berg in ihren Werken zitiert haben: Vor Zeiten, als die Pest in Europa grassierte, fiel Augustin (ich spinne Frau Klügers Bild weiter) in die Pestgrube - in das Loch, in das die täglich massenhaft anfallenden Toten geworfen wurden. Er fiel hinein, weil er nicht so genau hinschaute, wohl müde war. Jedenfalls schlief er ein in der Grube. Als er aufwachte, rappelte er sich heraus und ging seines Wegs, als sei nichts geschehen. Er fand sogar einen Hut, der seinem, in dem Loch der stinkenden Leichen verlorenen, ähnlich sah, und setzte ihn auf. Um ihn herum starben die Menschen wie die Fliegen, aber der buchstäblich »aus der Pest gekommene« Augustin stolzierte mit seinem Hut herum, sang Lieder und lachte.

Das wollen die Deutschen heute: Liebe Augustins sein. Reingefallen - eingeschlafen - sich (wahrhaftig!) wieder emporgerappelt haben - in neuen Kleidern weiterstolzieren, als sei nichts geschehen. Aber für den, der in der Grube lag, ist Immunität eine Ausnahme, die sprichwörtliche »Gnade«. Sie zu erhoffen, gar in Millionenstärke, ist so ungefähr das Irrationalste, was man tun kann - des Augustins würdig, der man nicht ist.

Woran ich glaube

»Das Wunder Jesu ist er selbst.
Nicht, was er sagte oder tat.«

Dschelaleddin Rumi (1207-1273)

Woran ich glaube ...« Karlheinz Deschner stellte die Frage 46 Forschern, Wissenschaftlern, Denkern, Künstlern, auch mir (Gütersloher Verlagshaus Gerd Mohn). Die meisten antworteten: an gar nichts, denn in dieser Erwartung waren diejenigen, die befragt wurden, ausgewählt worden.

Was antworte ich? Die ersten vier Worte sind klar: Ich glaube an Gott. Aber dann beginnen die Fragen: »Wer Gott hat, braucht keine Religionen.« Wer hat das gesagt? Aurobindo? Krishnamurti? Christus brauchte keine Religion.

Habe ich Gott? Hat man Gott wie einen Besitz? Wie Geld? Wie eine Sache? Hat er nicht uns? Also: Hat er mich?

Ich bin protestantisch aufgewachsen - mit der Hypothek des evangelischen Pfarrhauses: Neues und Altes Testament - Luther - Paul Gerhardt - jeden Sonntag eine Kantate von Johann Sebastian Bach. Noch heute. Heute wieder.

Früh habe ich begonnen, die Hypothek abzuschütteln. Als junger, protestgeladener Mann glaubte ich, es sei mir gelungen. Heute ist aus der Last ein Schatz geworden. Ich möchte ihn nicht mehr missen.

Andere Schätze sind hinzugekommen: Zen - Buddha - Brahmanisches - Indisches - Tantra - Tibet - Indianisches - heutige Meister: Krishnamurti, Osho Rajneesh, Ammaji, Gurumayi, Pir Vilayat Khan ... Wenn ich bei einem von ihnen meditiere, dann empfinde ich die Frage, woran ich glaube, als »vorbeigefragt«.

Machen wir Europäer uns deutlich, daß die Idee des Glaubens eine abendländische ist? Die Erleuchteten und Weisen des Ostens sprechen nur selten von Glauben. Für sie ist es wichtig, daß Gott **erfahren** wird. Was man erfahren hat, weiß man. Daran braucht man nicht zu glauben, man »hat« es. Dieses »Haben« hat mit Gnade zu tun.

Das Abendland hat Glauben potenziert. Von Paulus bis Martin Luther - eine Lawine des Glaubens. Je mächtiger sie wuchs, desto weniger wurde es nötig, Gott zu erfahren. Es genügt ja schon, an ihn zu glauben.

Glaube ist der Trick, mit dem der abendländische Mensch es fertiggebracht hat, »religiös« und dennoch rational zu sein. Liegt nicht Ironie darin, daß gerade der moderne westliche Mensch, der sich so viel auf seine Vernunft zugute hält, entdecken mußte, daß er meist nur sein halbes Hirn - das linke - gebraucht und auf das mehr analoge als logische, mehr intuitive als rationale, mehr holistisch-ganzheitliche als analytische, mehr synchronistische als deduktiv-kausale Potential seiner rechten Hirnhemisphäre so häufig verzichtet?

Wenn unser linkshirniges Denken, wie Neurologie und Kybernetik gezeigt haben, nicht einmal geeignet ist, die Verkehrsprobleme einer mittleren Großstadt, das Waldsterben oder die Prozesse des Klimawandels zu verstehen, dann sollte plausibel sein, daß dieses Denken zwangsläufig zu unerheblichen Ergebnissen führen muß, wenn es auf spirituelle Dimensionen angewandt wird.

Wie »uneffizient« das moderne westliche Denken in spirituellen Fragen ist, macht der Vergleich der wenigen und geringfügigen Ergebnisse und Persönlichkeiten, die die aufgeklärte westliche Welt in diesen Fragen hervorgebracht hat, mit dem nie versiegenden Reichtum der Ergebnisse und Persönlichkeiten des Ostens deutlich: Allein in Indien folgten auf Ramakrishna, der die spirituelle Renaissance des Hinduismus ausgelöst hat, Vivekananda, Rama Maharshi, Aurobindo, Babaji, Sai Baba, Sri Yukteswar, Yogananda, Maharishi, Osho Rajneesh, Krishnamurti, Muktananda, Gurumayi, Ammaji, H. W. I. Poonja, Ramesh Balsekar und Dutzende anderer - und außerdem noch viele Tibeter und im japanischen Zen -, von denen die meisten ihre

Erkenntnisse so brillant und genau gefaßt haben, daß sie auch westliche Menschen beeindrucken und beeinflussen konnten.

Dennoch weiß ich, Glaube kann eine Brücke zu Gott schlagen - oft eine lange, wacklige, leicht zusammenstürzende. Aber wenn mir die Frage gestellt wird, woran ich glaube, dann empfinde ich das Wort Glaube viel eher als eine Hürde vor Gott denn als Brücke - Glaube sozusagen *statt* Gott, Glaube als Gottesersatz, »**allein** durch den Glauben« anstelle von »allein durch **Gott**«.

Muktananda: »Du brauchst keinen Glauben, du mußt nur den Raum der Wahrheit beobachten.« Ein schwieriger Satz für christliche und rationalistische Menschen, aber wer je eine beliebige indische, tibetische, japanische Meditationstechnik über längere Zeit praktiziert hat, weiß, was gemeint ist.

Je älter ich werde, desto stärker empfinde ich den Widerspruch zwischen Gott und Religion - welcher auch immer. Vor allem aber empfinde ich einen Widerspruch zu der Idee einer einzigen, für alle verbindlichen Religion, die den Anspruch auf die absolute Wahrheit erhebt. Besonders das Christentum und der Islam - die großen monotheistischen Religionen - erheben diesen Anspruch. Das erschwert meinen Zugang zu ihnen. Ich empfinde den Widerspruch auch als politischer Mensch, weil ich weiß, daß die Vorstellung eines einzigen, »alleinseligmachenden« Gottes und der Herrschaftsanspruch der Anhänger dieses Gottes unlösbar miteinander verknüpft sind. Die Geschichte zeigt, wieviel Unheil diese Verbindung ausgelöst hat.

»Wenn Gott unendlich ist, dann muß es auch unendlich viele Wege zu Ihm geben«, hat Ramakrishna gesagt - und dann entwarf er ein schönes Bild: Wie Eisberge in ihren unendlich vielen Formen und Gestalten Materialisationen von Wasser sind, so sind Glauben, Gott, Götter, Göttinnen, Religionen, Riten Materialisationen Göttlichen Geistes. Im Licht und in der Wärme der Liebe schmelzen sie alle und werden wieder das, was sie von allem Anfang an gewesen sind: Wasser im Meer des Seins.

»So viele Seelen es gibt, so viele Götter gibt es«, sagt die indische Tradition.

Ich habe Gottesdienste, Zeremonien, Rituale in der ganzen Welt besucht, habe in christlichen Kirchen, Hindu-Ashrams, buddhistischen Tempeln, in Shinto-Schreinen, in Moscheen von Moslems und Sufis, an schamanistischen Opfer- und Ritualplätzen in vielen Erdteilen gebetet und Gott und Göttliches gespürt. Ich bin dankbar für all dies. Aber mein Weg zu Gott - meine **Erfahrung** Gottes - begann erst, als ich zu meditieren begann. Muktanandas »Den Raum der Wahrheit beobachten«: das heißt Meditation.

Ich mag hier nicht sagen, wie ich meditiere, aber vielleicht sollte ich andeuten, daß es die verschiedensten Techniken sind: Zen (dies am längsten und meisten) - verschiedene Mantras (indische sowohl wie christliche, denn natürlich gibt es Mantren auch im Christentum; »Kyrie eleison« zum Beispiel ist ein Mantra) - die so tief gehenden Bewegungs-Meditationen von Osho Rajneesh - auch meine eigenen Klang- und »Urton«-Meditationen (die ich jahrelang ausprobiert habe, bevor ich wagte, sie anzubieten) ... Es kommt nicht auf die Techniken an, wichtig ist allein, **daß** ich meditiere.

Wem sich Meditation einmal geöffnet hat (was ja heute nicht schwer ist), dem fließen all die verschiedenen Formen, Arten und Techniken von Meditation zu einer einzigen zusammen: sich achtsam, aufmerksam und liebevoll dem Sein - dem Raum der Wahrheit, der unendlichen Leere dieses Raumes, dem Göttlichen in dir selbst - zu öffnen, dies zu erfahren und aus dieser Kraftquelle zu lieben, zu wissen, zu leben, zu sein.

Ich glaube an einen erfahrbaren und erfahrenen Gott. Aber ich kann den Gott, den ich meine, nicht beschreiben, denn ich weiß, daß er alle Beschreibungen und Worte überschreitet. Aber ich weiß auch, daß ich Erfahrungen habe, in denen ich Gott nahe bin - ja, »eins« bin mit Ihm - in denen ich Seine Stimme höre - was schon alles zuviel gesagt ist. Wie beschreibe ich es? Das *Brahman* - das *Atman* - das Höhere Selbst - den Buddha-Geist - den *Logos* - das Göttliche Licht - das »Ungeborene« des Zen - den »Christus in mir« ... Deshalb gibt es so viele Ausdrücke dafür, weil Menschen aller Kulturen und Zeiten - unabhängig von ihrer Religion - diese Erfahrung gemacht haben. Freilich muß ich bereit sein. Ich werde das am besten in der Meditation: stille werden - immer noch »hörender« werden, damit ich die Stimme »er-hören« kann. Denn es ist mit dieser Stimme wie mit der menschlichen: Wenn sie zu einem spricht und man hört nicht auf sie, dann hört sie auf zu sprechen.

Ich bin sicher: Gott ist in mir. Und in dir. In uns allen. Im Universum. Im Kosmos. Im Atomkern. In jedem Elektron. In der *Gaia,* der Erde. In jeder Pflanze - jeder Blüte - jeder Frucht - in jedem Samenkorn - in jedem Ton, in Klang und Musik ...

Ich weiß das, nicht weil ich es glaube, sondern weil ich es erfahre - immer wieder neu.

Aber ich weiß auch, daß nicht nur Meditation geeignet ist. Auch das Gebet! Nicht die Worte sind wichtig, sondern die Öffnung des Herzens. Die Sehnsucht nach dem Göttlichen, und würde sie stammeln. Dein Wille geschehe. Du, Allmächtiger Gott, weißt besser, was gut für mich ist, als ich es je in Worte fassen könnte.

Und die Natur! Ein Sturm am Meer - ein Sonnenaufgang im Gebirge - eine Nacht in einer Berghöhle. Das Wunder der Musik: Johann Sebastian Bach - die Meister der klassischen indischen und abendländischen Musik ... Und natürlich das Wunder der Liebe - jenes irdischen Eins-Seins, das ein Gleichnis des Eins-Seins mit Gott ist, jener »Ekstase« hier, die (dem verdankt sich die *»ek-stasis«* der alten Griechen) die Ekstase nach »dort« meint. Deshalb ist es auch gleich schwer, über beides zu reden. Beides ist gleich intim. Die Frage, woran ich glaube, und dann auch noch der Wunsch, Näheres darüber zu berichten, gleicht immer ein wenig der Frage: Mit wem hast du letzte Nacht geschlafen? - samt der Bitte, Einzelheiten darüber zu erzählen.

Meister Eckehart begegnete ein schöner, nackter Bube.
Da fragte er ihn, von wannen er käme?
Er sprach: »Ich komme von Gott.«
»Wo ließest du ihn?«
»Im tugendhaften Herzen.«
»Wo willst du hin?«

»Zu Gott.«
»Wo findest du ihn?«
»Wo ich von allen Kreaturen ließ.«
»Wer bist du?«
»Ein König.«
»Wo ist dein Königreich?«
»In meinem Herzen.«
Da führte er ihn in seine Zelle und sprach: »Nimm, welchen Rock du willst!«
»So wäre ich ein König!« und verschwand.
Da war es Gott selber gewesen und hatte Kurzweil mit ihm gehabt.

Ich glaube an einen Gott, dem ich gelegentlich begegnen darf. Und auch damit kann ich viel anfangen: Wenn Er mir begegnet - so oft oder so selten das geschehen mag -, dann kann es durchaus sein, daß diese Begegnung **auch** »Kurzweil« ist - und jedenfalls Freude.

Ich hätte keinen »persönlichen Gott« - habe ich Theologen sagen hören. Mein Gottesbild sei kosmisch, animistisch, pantheistisch, schamanistisch, tantrisch, hinduistisch, buddhistisch oder was sonst noch. All dies sind Worte: Etiketten - »Schilder« -, die die Theologen erfunden haben, um es sich einfach zu machen: um sich nicht einlassen zu müssen.

Wenn vor einem Restaurant ein Schild steht, bleibst du dann bei dem Schild stehen? Theologen ja. Viele Wissenschaftler auch. Als glaubten sie, sie würden von Schildern satt. (Oder von Büchern?)

Ich bewundere Menschen, die auch als Christen Gott erfahren. Es müssen besonders starke und begnadete Menschen sein. Das Christentum hat so viel dafür getan, die Erfahrung Gottes zu verstellen. Bischöfe, Päpste und natürlich die Wissenschaft der Theologie (was für eine absurde Idee, das »Wort Gottes« als Wissenschaft studieren und betreiben zu wollen!) - all dies verstellt Gott. Die Anmaßung und Selbstgerechtigkeit kirchlicher »Würdenträger« - die Art, wie sie sich kleiden, auftreten, sich geben, anderen Menschen ihren Lebensstil vorschreiben, auch was Sexualität betrifft (gar Frauen Vorschriften machen durch Männer!, gar durch solche, die selber keine sexuellen Erfahrungen haben dürften!) - sind mir unerträglich. Ich stelle mir vor, wie Jesus und seine Jünger - und natürlich auch seine Jüngerinnen -, junge Menschen, die gewiß auch gelacht, geflirtet und sich geliebt haben, durch Palästina zogen, und finde keine Beziehung von dieser Vorstellung zu jener, die Jesus Christus für Kirchen, Organisationen und Machtstrukturen reklamiert.

Gott kommt auf die Erde, so erzählt irgendeiner der großen zeitgenössischen indischen Weisen, und Er bringt Liebe und Licht, und die Menschen sind voller Freude. Aber der Teufel kommt gleich hinterdrein und macht eine Religion daraus und reibt sich die Hände (eine Parabel übrigens, die mir John McLaughlin, der wunderbare Gitarrist, erzählt hat). Ich spüre die Widersprüche. Von anderen. Auch meine eigenen. Auch die Widersprüche zwischen Glauben und Erfahren. Nicht zuletzt deshalb ist das, was westliche Menschen über den Glauben sagen, so unbefriedigend, weil sie immer noch der absurden abendländischen Fixation auf Widerspruchsfreiheit anhängen. Gott und seine Erfahrung sind widersprüchlich.

Als Ramakrishna, der große indische Weise, der durch Romain Rolland und Aldous Huxley in der westlichen Welt bekannt geworden ist, einmal eine seiner ekstatischen Gotteserfahrungen gehabt hatte, stürzte er strahlend zu seinen Anhängern: »Jetzt weiß ich es genau. Jetzt kann ich es euch endlich genau sagen. Kommt alle zu mir, damit ich es euch erkläre.« Die Jünger kamen, und als sie versammelt waren, begann der Meister zu stottern. Tränen flössen über sein Gesicht - während die Anwesenden immer noch sicher waren: Gleich würden die entscheidenden Worte fallen. Doch Ramakrishna weinte und schüttelte sich und stammelte: »Es geht nicht - ich kann es nicht - niemand kann es aussprechen.«

Habe ich Gott? Nichts - wirklich nichts - wäre mir wichtiger in diesem Leben - keine Liebe, kein Erfolg, keine Erkenntnis - als die **Gnade**, auf diese Frage mit »Ja« antworten zu dürfen. Ohne irgend etwas Weiteres. Nichts Umschreibendes - nichts Erklärendes - nichts Vermutendes, einfach nur ja. Hat Gott mich? Ja.

II.

Hypothek

Wer bin ich?
Erforsche das.
Dann sinkt das Ich in Beschämung zusammen.

Ken Wilber

Wie können wir zur Heilung und Ganzheit finden,
solange wir jene Komponenten unseres Lebens,
die wir für inakzeptabel
- oder sogar für verachtenswert - halten,
aus unserem Herzen verbannen?

Stephen Levine

Meine Mutter? Ich kenne sie nicht.

Hakuin

Mein Vater

Frachter La Spezia. Drei Monate Meer. Lockend, leckend, saugend. An meiner Seele. An meiner Kindheit. Täglich. Nächtlich. Einmal um die Erde. Ein langer Kuß. Was schmeckt seine züngelnde Zunge?
Eisberge vor uns. Weiß. Leuchtend. Eis: Stein geworden. Krusten. Strahlend im Licht der Sonne. Wo? Wirklich vor mir? Im Meer? Oder in mir? Blendend. Aber: Sieben Zehntel im Dunkel. Kälte. Schwärze. Nacht.
Auf Drift in gemäßigte Zonen. Da schmilzt das Eis. Hebt sich. Wird leichter. Dunkles wird grau. Nicht weiß, aber weißer. Heller - ein wenig. Nicht warm - aber weniger kalt.
Das Meer züngelt, küßt, leckt. Als schmecke ihm meine Kindheit. Als? Sie schmeckt ihm. Beide Geschmäcker - der helle oben, der dunkle unten. Der dunkle taucht auf, schmilzt in der Sonne.

I

Meinvatermeinvatermeinvatermeinvater - es klingt wie ein Gebet, aber ich meine den irdischen. Es hört nicht auf mit ihm - und ist schon längst zuviel. Manchmal habe ich mir gewünscht, ich könnte ihn in ganz kleine Stücke schneiden, ihn aus mir verbannen - für immer. Aber ich weiß, täte ich das, ich schnitte mich selber in Stücke.

Ich liebe ihn, und ich hasse ihn. Ich schaffe es nicht, beides zusammenzubringen. Denn Liebe und Haß spielen sich auf verschiedenen Stockwerken ab. Zwischen beiden gibt es wenig bewußte Verbindung. Auf der einen, jederzeit zugänglichen Etage bin ich ihm unendlich dankbar für alles, was er mir gegeben hat. Für seine Art zu sprechen - zu denken - zu arbeiten - zu formulieren - zu argumentieren - in der Welt zu stehen ... Ich wäre nichts - jedenfalls sehr viel weniger - ohne ihn.

Auf diesem Stockwerk ist Liebe, Bewunderung für sein Wissen, sein Sprechen (= Predigen!), seinen Widerstand gegen Hitler, ist Mitfühlen mit seinem Leiden und Sterben im Konzentrationslager Dachau, Respekt vor seinem Mut. Vor seinem »Hier-stehe-ich-ich-kann-nicht-anders-Gott-helfe-mir!« Tiefe Verbundenheit.

Dieses Stockwerk ist voller herzlicher, warmer, jederzeit abrufbarer Erinnerungen. Ich werde sie abrufen - ein paar Seiten später.

Aber darunter - tief darunter - gibt es das andere Stockwerk, und da ist es dunkel. Da habe ich Angst. Und da hat er Angst. Da fühle ich mich bedroht. Da stecke ich noch immer in einem Verlies, das mit Wänden aus Wut gepanzert ist. Auf diesem Stockwerk hat er mich beschädigt, verletzt, niedergemacht, gezwungen, verachtet, einsam und getrennt gemacht, aufgeladen mit Haß ...

Sechzig, fünfundsechzig Jahre habe ich gebraucht, um dies zu erkennen - tastend in immer dunkleren Gängen, strauchelnd in ihnen, schreiend, weinend - in staunendem Unglauben immer wieder meinend: Das kann doch nicht wahr sein! Und dennoch immer deutlicher (nie deutlich genug!) erkennend: Ja, so ist er gewesen. Auch das hat er mir angetan. Auch diese Wunde ver-dank-e ich ihm.

Lernend schließlich und verstehend: Die Gloriole, in die ich ihn kleidete, hat zwar mit Tatsachen zu tun, aber mehr noch mit Notwehr. Mit Hygiene der Seele. Mit ihrer Hilfe schützte ich ihn vor seinem eigenen Dunkel. Ich schützte ihn, wenn schon er nicht sich selber.

»Zeichne deinen Vater und dich«, sagte die Therapeutin in der Gruppentherapie, als ich 1994 mit meiner Neurodermitis, der Psycho-Krankheit, im Krankenhaus war. »Geht erst eine Weile in Meditation und dann zeichnet, was immer kommt.« Keiner in der Gruppe, den mein Bild nicht erschreckt hätte: Ein riesiger, unheimlicher, dunkler Mann in schwarzem Talar - schwarz von oben bis unten, hell waren nur die weißen »Luther-Bäffchen«, die er beim Gottesdienst trug. Und daneben - aber in respektvollem Abstand - zeichnete ich ein dünnes, sich von ihm fortneigendes, fast umfallendes Bübchen in kurzen Hosen, das mit seinem viel zu groß geratenen Kopf ängstlich und scheu zu ihm aufschaute.

Als ich schon fast fertig war mit meinem Bild, fügte ich noch einen riesigen Schatten an - so schwarz wie Vaters Talar. In ihm stand das Bübchen. Es war deutlich, daß es da unten nichts sehen konnte - außer dem Mann, der den Schatten warf.

Die Therapeutin fragte: »Wie konntest du überleben?« Noch ein Jahr später schrieb eine Teilnehmerin: »Ich werde nie das Bild vergessen, das Du von Deinem Vater und dir gemalt hast. Heb es gut auf. Sieh es Dir an.« Aber sie fügte hinzu: »Jetzt bist Du beides. Der große mächtige Mann und immer noch der kleine Junge mit dem traurigen Kopf.« So habe ich überlebt.

Auf dem dunklen, unteren Stockwerk hat er seine Sexualität - und all das andere, was er nicht sehen und dulden wollte in sich, seine Wut, seine Aggressivität - auf mich projiziert. Buchstäblich abgeladen auf mich. In einem subtilen Prozeß, der während meiner ganzen Kindheit und Jugend nicht aussetzte. Da er Sexualität verabscheute, war sie ihm fortzuwerfender Müll. Die Müllkippe war ich, sein Sohn, das einzige dafür geeignete männliche Wesen im Pfarrhaus.

Ich habe sie ihm willig abgenommen. Denn ich wollte geliebt werden. »Du hast zwei (Sexualitäten) - deine und seine«, sagte der Psychotherapeut, als all dies bei meiner Analyse Anfang der siebziger Jahre in Graf Dürckheims Rütte im Hochschwarzwald herauskam.

Einmal, als ich wochenlang meine Wut über ihn herausgelassen hatte und nicht mehr weiter wußte, bat ich vor dem Einschlafen mein Traumbewußtsein, mir einen Traum zu schicken, der mir helfen könnte. Gegen Morgen kam folgender Traum:

Ich bin in seiner Kirche. Die Kirche ist leer. Er ist in der Sakristei, hat Geburtstag, kommt heraus, ich gratuliere ihm, umarme ihn, küsse ihn, beginne zu stottern, zu weinen, wache weinend auf...

... und begreife, was mir der Traum sagen will: Genug Wut! Mehr Liebe! Liebe nicht nur auf dem oberen, hellen Stockwerk - da ist es leicht -, sondern auf dem unteren, dunklen ...

2

Ein absurdes Szenario ist dies: In seiner Kirche war mein sonntäglicher Platz auf der Empore hinter der Orgel, die damals - etwa 1932 (ich war neun) - noch nicht elektrisch ventiliert war. Ich hatte ihr Luft zu pumpen. Das war mein Job. Ich war stolz auf ihn. Als sei ich es, der die Musik machte. (Wie mein Leben lang!)

In gleicher Höhe - mir genau gegenüber - stand mein Vater auf der Kanzel und predigte. Unter uns der von der Gemeinde gefüllte und meist überfüllte Kirchenraum. Zwischen uns: nichts. Es war, als spräche er nur zu mir. Ich erfuhr das so eindringlich, daß ich die sonntägliche Szene noch jetzt, mehr als sechzig Jahre später, vor mir sehe. Ich hörte ihn - jedes Wort - so genau, daß ich mich mein Leben lang immer wieder bei seinen Formulierungen ertappe. Und dennoch - was tat ich damals? Ich - onanierte. Ich **mußte** es tun, so sehr ich mich wehrte. Ich konnte nicht widerstehen, ich kämpfte an dagegen - jeden Sonntag wieder, aber »es« überfiel mich - ein zwanghafter Drang -, viel zu früh einsetzend - schon mit neun oder zehn -, mit Urgewalt. Es geschah nicht - oder kaum - zu Hause im Bett oder auf dem Jungenklo in der Schule, wo so viele es taten. Nein, dort, wo ich dem predigenden Vater gegenüberstand. Er betete, und ich - onanierte. Dennoch: ich hörte ihm zu. Wie einer Geliebten bei der Liebe.

Den Zusammenhang zwischen Hören und Liebe, über den ich heute arbeite und schreibe - den ich lehre -, habe ich damals in einer - gewiß - pervertierten Form jeden Sonntag bei der Predigt meines Vaters in jeder Zelle meines Jungenkörpers erfahren - und nie wieder vergessen. Körperlich. Psychisch. Erst viel später auch verstandesmäßig.

Damals - und auch noch später - habe ich gedacht, es sei »das Böse« - in der vom Vater übernommenen Vorstellung: der Teufel -, das mich trieb. Meine Art des Protestes gegen das göttliche Wort und des Aufruhrs gegen den Vater. Eine Liebeserklärung an das Böse. Erst ein halbes Jahrhundert später erkannte ich - mit all dem inzwischen erschlossenen psychischen und psychologischen Wissen: Was da wirklich geschah, war ein Projektionsvorgang - im wörtlichen Sinne: ein

Pro-jizieren, ein »Hinüber-Werfen« (das bedeutet ja dieses lateinische Wort) - hinweg über Kirchenraum und Gemeinde - seiner Sexualität von ihm zu mir, dem zarten, der väterlichen Macht gegenüber wehrlosen Jungen. Dieser Junge nahm an, was von ihm kam - was ohne Liebe nicht möglich gewesen wäre. Er nahm es in Liebe an. Ihm einen Dienst erweisend; ich meine, daß es ein großer Dienst gewesen ist.

Es ist ein Phänomen, das Psychologen und Beobachter der kindlichen Psyche gut kennen: Ein Kind übernimmt die Eigenschaften seiner Eltern nicht nur durch Vererbung, Erziehung und Vorbild, sondern auch durch unbewußte Projektionen. Auf der Vorbild-Ebene lernt es die Eigenschaften, die seine Eltern für nachahmens- und Übernehmenswert halten, während es auf einer tieferen, schwerer zugänglichen Ebene solche Eigenschaften übernimmt - und kompensativ abnimmt -, die die Eltern verdrängen. CG. Jung hat es die Schattenebene genannt. Er und seine Nachfolger haben den Vorgang sorgfältig erforscht und durch zahlreiche Fallbeispiele belegt.

Auf der Schattenebene werden Informationen gesendet, die denen, die auf der »Lichtebene« empfangen werden, entgegengesetzt sind. Genau dies geschah zwischen meinem Vater und mir. Es zerriß mich während meiner ganzen Kindheit. Zerriß mich um so mehr, als ich das Gleiche in umgekehrter Richtung tat: meinen Schatten auf ihn projizieren. Ich tat es auch noch, als er lange gestorben war, als erwachsener Mann (wie dieses Kapitel hinreichend belegt; doch dazu am Ende).

Aber zurück auf die Empore der Weißenseer Kirche. Hinter mir hing eine Klingel, die durch eine Schnur mit dem Spieltisch der Orgel verbunden war. Die Organistin - eine alte, weißhaarige Dame, die auch meine Klavierlehrerin war - betätigte sie, wenn ich ihrer Orgel »Luft zu machen« hatte. Die Klingel war klein und leis, damit die Gemeinde sie nicht hören konnte, aber manchmal, wenn ich gar zu sehr bei der Sache - welcher auch immer - war, überhörte ich sie, und dann drückte die Organistin ihre Tasten auf - leere Luft. Die Gemeinde sang ihr Kyrie und ihr Amen ohne die Orgel. Hinterher beim Mittagessen tadelte mich der Vater: »Paß auf, Junge!«

Ich registrierte es mit einer Mischung aus Beschämung, Blamiertheit, Schadenfreude und - Machtgefühl. Das letztere habe ich nie wieder vergessen: Macht, wenn ich »der Musik Luft mache«.

Und noch etwas habe ich nicht vergessen: das Lauschen! Es galt ja nicht nur der Predigt des Vaters. Es galt auch mir - meinem schneller werdenden Atem, der nur ja nicht so laut werden durfte, daß irgend jemand ihn hören konnte, und der deshalb beobachtet und unter Kontrolle gehalten werden mußte. Es war ein polares Lauschen, ein Hören in Spannung: das göttliche Wort aus dem Munde des großen Predigers und das teuflische (ja, so war es mich gelehrt worden) Keuchen aus dem Munde des kleinen Sünders, der sich als ganz großer, schlimmer Sünder vorkam - und vielleicht auch ein wenig stolz darauf war. Wenn schon sündigen, dann ordentlich!

Er muß eine starke Sexualität gehabt haben, der Herr Pfarrer und Direktor der großen diakonischen und innermissionarischen Anstalt, die er leitete - mit all ihren Oberinnen, Helferinnen, Schwestern, Therapeutinnen, Hebammen ... Dutzende williger, offener Partnerinnen, viele von ihnen jung und gut aussehend - bereit, sich in ihn zu verlieben; lieben taten sie ihn ohnehin. Dennoch, soweit wir wissen, keine Frau in seinem Leben, seit meine Mutter ihn verlassen hatte; da war ich drei. Keine, bis er 1943 im Konzentrationslager Dachau starb; da war ich 21. Dieser starke, aktive, leuchtende, kaum je zu ermüdende Mann - ohne Sexualität! Als habe er sie irgendwo abgegeben. An einer »Garderobe«, die »Sohn« hieß?

Es paßt dazu, daß es ihm ein dringliches Anliegen war, uns - meine Schwester Waldtraut und mich - vor Sexualität zu warnen. Ein besonderer Stein des Anstoßes war ihm das nahe gelegene Schwimmbad am Weißenseer See. Undenkbar, daß »Wald« einen zweiteiligen Badeanzug trüge. Oder ich eine enganliegende Badehose. Oder sie in der Schule oder der Stadt statt des obligaten Kleids oder Rocks eine Hose. »Ihr begebt euch in Gefahr«, warnte er uns. Es war ein Thema, das ihm gleichermaßen peinlich wie wichtig war. Und es ist deutlich: Er warnte sich mit. Auf seine Umgebung projizierte er den reinen, leuchtenden, von Christus erfüllten Lichtmenschen, auf mich seinen Schatten. Den

Sex-Schatten vor allem, aber - davon später - auch seine Wut. Je mehr von dem Schatten er los wurde, um so heller leuchtete sein Licht. Das eine kompensierte er mit dem anderen.

3

Noch so ein absurdes Szenario - dreißig Jahre später und dennoch das eben Geschilderte ergänzend. Anfang der sechziger Jahre kam ich auf einer USA-Reise, auf der ich »Die Geographie des Jazz« erforschte und ein Buch über sie schrieb, auf den Gedanken, die großen Sänger und Musiker des Blues - damals in den USA fast völlig unbekannt - auf einer alljährlichen Konzerttournee durch die Konzertsäle und Phiharmonien Europas zu führen. Es wurden folgenreiche Konzerte, aus denen auch die Musiker der Beatles und der Rolling Stones Anregungen bezogen haben.

Ich war damals oft auf der *Southside,* der schwarzen Hälfte Chicagos, denn sie war die eigentliche »Hauptstadt des Blues« - die Südseite der *Windy City,* der windigen Stadt. Dort fand ich die meisten Musiker, die ich für meine Festivals brauchte; dort fand auch das »Probefestival« statt, das ich organisierte, bevor ich es wagte, all diese *bluesmen,* von denen die meisten noch nie eine anständige Konzerthalle, geschweige denn eine Philharmonie oder ein Opernhaus von innen gesehen hatten, über den Atlantik zu holen. Alles, was sie kannten, waren dunkle, rauchige Kaschemmen, *blues joints,* enge, schmutzige Keller...

Gewiß kam es mir in erster Linie auf die Musik an, die ich liebte, aber es war mir auch wichtig, den Blues und seine Musiker - und damit schwarze Kultur - durch diese Tourneen gesellschaftlich aufzuwerten - sowohl vor der europäischen wie auch der amerikanischen Öffentlichkeit. Ich weiß, daß das gelungen ist. Ein, zwei Jahre später begann es auch in den USA, Blueskonzerte in »besseren« Sälen und Hallen zu geben.

Wie viele von uns, die wir damals diese Arbeit leisteten, war ich nicht nur an schwarzer Musik interessiert, sondern an schwarzen Menschen. An all den großen schwarzen Musikern, die ich persönlich kennenlernte - von Louis Armstrong und Duke Ellington bis John Coltrane und Ornette Coleman. Und natürlich an schwarzen Frauen. Sie faszinierten mich. Weiße Amerikanerinnen fand ich »zickig«, überdreht, outriert, affektiert.

In einer der *blues joints*, in denen ich Musiker für meine Festivals anhörte, hatte ich zwei junge schöne schwarze Frauen kennengelernt. Ich flirtete mit beiden, konnte mich nicht entscheiden, welche mir besser gefiel, sagte ihnen das auch - sie waren Freundinnen -, am Ende geschah es, daß sie beide in das Lakeshore Motel am Michigansee, in dem ich wohnte, mitkamen. Es war ein »schwarzes« Hotel. »Weiße« Etablissements duldeten damals noch keine schwarzen Begleiterinnen.

Anzumerken ist, daß dies in den Jahren geschah, in denen das *Civil Rights Movement* den amerikanischen Alltag zu verändern begann. Wir - alle, mit denen ich arbeitete, sprach, nächtelang diskutierte, Weiße wie Schwarze - waren identifiziert mit ihr. Wir - zumal die Europäer - hielten es für einen antirassistischen Akt, wenn wir mit schwarzen Frauen schliefen, glaubten, auf diese Weise mitzuformen an einer neuen Menschheit, in der es keine Rassen mehr gab. Vor lauter Begeisterung lebte ich - ein paar Jahre später - drei Monate lang mit einer schwarzen Frau in Harlem, einer Lehrerin, die zu den Mitstreiterinnen des *Movement* gehörte. Glück gehabt, daß mich niemand zusammenschlug.

Zurück ins Lakeshore Motel: Die Orgie war wunderbar. Hinterher ging die eine der beiden Frauen nach Hause, die andere schlief neben mir ein ... Ich: total wach. Glücklich. Auch stolz. Da erscheint - ich weiß, es ist absurd, aber es ist wirklich wahr - mein ... Vater. Der Mann, den die Nazis zwanzig Jahre zuvor in Dachau umgebracht hatten. Genau so: Er stand am Eingang des Zimmers - ich nackt im Bett, neben mir eine schlafende, nackte, schwarze Frau, von einem weißen Laken halb zugedeckt.

Ich schaute ihn an - die Gestalt, die da stand, seine Verkörperung, meine Ein-Bild-ung, meine Vision von ihm, diesen »Geist«, wie immer man es nennen mag - und er mich. Er schüttelte den Kopf, und dann war es, als setzten wir die endlosen Debatten über Sexualität fort, die wir gehabt hatten, als ich 15 und 16 war - aber in einem anderen Ton, der damals unmöglich gewesen wäre. Jetzt war ich - ein wenig - der Überlegene. Ich sagte ihm, wie wunderbar es gewesen war, was ich grade erlebt hatte. Und wahrhaftig: Ich - bedauerte ihn, sagte ihm, wie leid es mir tue, daß er nie eine solche Erfahrung gehabt habe. Wie sehr ich ihm wünschen würde, daß er sie hätte haben können. Und wie anders er dann denken würde - kein Schmutz, nichts Dunkles, Dreckiges, Übles, Drohendes - einfach Ekstase, Lust, Freude, Glück ... Er hörte mir zu. Schüttelte nicht mehr den Kopf. Lächelte ein wenig - auch ich tat dies -, dann verschwand er. Löste sich einfach auf vor der weißen Moteltür, an die ich ein Plakat gepinnt hatte, das mein Chicagoer Versuchs-Bluesfestival ankündigte.

So präsent ist er in mir, so gegenwärtig, daß er in einem solchen Moment kam! Störte er? Erschien er im falschen Moment? Aber nein!

Gegen Mittag, als ich das Motel verließ, spielte vor seiner Tür ein ärmlich gekleideter schwarzer Mann drei Saxophone gleichzeitig - tatsächlich: er steckte sie alle zugleich in den Mund. Das eine war ein normales Tenorsaxophon, die beiden anderen, so erklärte er mir, hießen *Stritch* und *Manzello* und würden in spanischer Marsch- und Paso-Doble-Musik verwendet. Vor ihm lag ein geöffneter Instrumentenkoffer, in den die Passanten ihre Pennys warfen. Ich hörte ihm eine Weile zu, dann fragte ich ihn, ob ich ihn zu einem Festival in Deutschland einladen dürfe. Der Spieler sagte ungläubig ja, trat ein paar Monate später in Essen auf und begann damit eine Weltkarriere. Er hieß Roland Rahsaan Kirk. Das Festival waren die Essener Jazztage, auf denen ich damals für die Berliner Jazztage »übte«.

4

Und wieder dreißig Jahre später - auch dies so absurd (und so wahr) wie die Erfahrungen des Zehnjährigen auf der Orgelempore und des Achtunddreißigjährigen im Lakeshore Motel.

Sechzig Jahre lang hatte ich verdrängt und vergessen. Erst als mir bewußt wurde, daß ich so nicht aus diesem Leben gehen darf, begann ich aufzuarbeiten, was in meiner Kindheit geschehen war. Weil ich allein nicht tief genug kam, befragte ich - Ende der achtziger/Anfang der neunziger Jahre - Jasminka, die »sehende« Therapeutin meiner Frau Jadranka, ein wahrhaft begnadetes Wesen, die Verkörperung eines Engels, weshalb ich denn auch meine Schwierigkeiten mit ihr habe - Zweifel, Widerstand, Protest, intellektuelles Besserwissen. Dennoch weiß ich, weil ich's immer wieder bestätigt gefunden habe: sie sieht.

Als erstes sah sie ein wütendes, tobendes Kind, das alles in Stücke schlagen, am liebsten die ganze Welt zerstören möchte. Dieses Kind kenne ich gut. Es wohnt in mir, ist immer wieder mal tätig in mir. Aber es hält mich jung. In mancher Hinsicht muß ich ihm dankbar sein. Seinem Immer-noch-in-mir-Wirken verdanke ich es, daß ich auch mit siebzig noch manchmal »wie ein großer Junge« wirke. Wenn ich so alt wäre, wie ich wirklich bin, fände das Kind keine Brücke mehr zu mir. Es ist das allein gelassene, sich einsam fühlende, verletzte, beleidigte, niedergemachte, fortgeschickte, hinausgeworfene, »zur Strafe« in den Keller geschickte, dadurch immer zorniger, wütender, hassender werdende, ohnmächtige Kind.

Jasminka sagte: Laß uns da tiefer hineingehen. Es war harte Arbeit - viele Stunden. Am Schluß mußte sie abbrechen, weil sie nicht mehr konnte. Zuerst kam Vernichtungsangst - ich konnte sie spüren; ich kenne sie gut. Zum Beispiel wenn ich kritisiert werde - auf der immer länger werdenden, ohnehin schon unüberblickbaren Reihe: kritisiert von Partnerinnen. Von Jadranka. Von Kritikern meiner Bücher. Meiner Festivals. Ich fühle mich jedesmal wie vernichtet.

Wer wirklich Angst hat, vernichtet zu werden, ist das Kind. Wenn der Vater es kritisierte. Er hielt es für seine Aufgabe, das zu tun. Es war ihm »Heilige Pflicht«. Dadurch lernte ich die Erfahrung von Kritik, Vernichtung, Angst vor ihr für mein Leben kennen. Nur so ist die heutige Angst erklärbar, denn ihr Anlaß steht in keiner Relation mehr zu existientieller Vernichtung. Was könnten mir Kritiker anhaben? Was immer sie schreiben, selbst der »Verriß« - gerade er, wie ich oft erfahren habe - hilft Bücher verkaufen. Dennoch verletzen sie mich - selbst, ja gerade, wenn sie Unsinn schreiben. Ich nähme sie zu ernst, wurde mir oft gesagt. Denn: Ich nahm meinen Vater ernst. Die eigentliche Angst - die Existenzangst - ist die vor ihm.

Ich erwähnte schon: Als ich drei war, ging meine Mutter fort. Von einem Tag zum anderen verließ sie das Pfarrhaus. Mit einemmal - bei der Arbeit mit Jasminka - sah ich das dreijährige Kind um den großen Eßtisch im Wohnzimmer laufen - allein - verzweifelt - es nicht für möglich haltend - fragend: Wo ist die Mutti? Warum kommt sie nicht? Wo bleibt sie? Sie kann mich doch nicht so lange allein lassen. Wann wird sie kommen? Und die Menschen, die - immer nur kurz - nach mir schauten, mich belügend: Sie ist nur mal fortgegangen. Nichts ist passiert. Mach dir keine Sorgen. Sie kommt morgen. Sie kommt nächste Woche. Sie kommt bald.

Aber sie kam nicht. Und die Menschen logen weiter - und in dem Kind schrie und weinte es, Zorn wurde Wut - hoch und dick und stark wie die Bäume in dem Park, in dem das Pfarrhaus stand.

Ich muß noch genauer sagen, was damals geschah: Erst waren es Schmerz, Trauer, Alleingelassensein. Dann die Verletzung. Das Es-nicht-für-möglich-Halten. Dann die Lügen. Die Erfahrung, belogen worden zu sein. Der Zorn darüber, der Wut wurde, schließlich Haß. Auf alle, die mich belogen hatten. Das heißt: auf alle. Denn alle logen. Am meisten auf den Vater: Er hatte die Mutter vertrieben.

Er war wie ein Geist - selten sichtbar, unerreichbar hinter der dick gepolsterten Tür seines Studierzimmers, Predigten ausbrütend. Niemand wagte es, ungerufen durch diese Tür zu gehen. Sei still, der Vater darf nicht gestört werden.

Wenn er mal kam, klang, was er sagte, heilig. Immer heilig. Bibelworte. Gesangbuchverse - am liebsten von Paul Gerhardt.

Christi Kreuz als Muttterersatz. Natürlich klappte das nicht. War es nicht eine Zumutung, eine Frechheit anzunehmen, es könnte klappen? Schon mit drei lernte ich, Bla-bla-bla als das zu erkennen, was es ist. Leer. Keine Spur von Mutter dadurch.

Als ich weiter traurig blieb - was doch bedeutet: Trauer und Schmerz wuchsen -, kam Abfälligkeit hinzu: Nimm dich gefälligst zusammen. Es ist halb so schlimm. Du bist eine Memme. Christus ertrug sogar den Tod am Kreuz. Damit verglichen ist alles, was du hast, nur eine Kleinigkeit. Was hast du überhaupt? Beherrsch dich! Was er meinte war: Laß dich beherrschen von mir.

Ich aber, so klein ich war: Das kann doch unmöglich stimmen. Ich sagte das nicht - das konnte ich noch nicht -, ich schrie es - nonverbal. »Es« schrie. Wie alles, was kleine Kinder ihren Eltern in solchen Momenten sagen wollen, wortlos geschieht. Aber es geschieht - trotz und in meiner Ohnmacht, die die Wut nur immer noch größer machte: Ich könnte euch alle umbringen! Du hast mir die Mutter fortgescheucht. Mit deinem Gerede, dem heiligen ... Ich weiß, ich wiederhole das, doch ich will es so genau wie möglich sagen. Erkennen und fassen. Je mehr ich's versuche, desto stärker wird das Gefühl: Irgend etwas rinnt durch die Worte. Wie durch ein Sieb. Was entwischt mir?

Natürlich »dachte« ich auch, ich selber könnte die Mutter fortgeekelt haben. Kleine Kinder kennen nur eine Ursache: sich selbst. Ohnehin hörte ich ständig: Du bist schuld. Immer war ich schuld. Ein Riesenwort für den Vater und damit für mich: SCHULD!

In der Arbeit mit Jasminka, als alles dies in mir hochkam, schrie ich, schüttelte ich mich, zuckte, babbelte wie das kleine Kind, um das es ging. Ich erfuhr, ich sah, ich fühlte es **jetzt**.

Jasminka sah: Er sitzt auf dir. Ich fühlte: Er saugt an mir. Ein Tier. Eine dunkle, riesige Fledermaus, viel größer als ich. Schwarz, unheimlich, giftig, böse, erschreckend. Jasminka sagte: »Geh mit der Fledermaus einen Berg hoch. Nimm sie mit in die Sonne.« Ich tat das. Sah oben im Licht: Ihr Pelz ging über in einen schwarzen Talar. Sie war - mein Vater. Aber sie war auch mein Haß.

Er war ja wütend. Heimlich wütend, denn niemand durfte es merken. Die Frau war ihm fortgelaufen. Blamiert - vor all den vielen Menschen, weiblichen zumal, die seiner Leitung unterstanden - in all seinen Häusern: dem Altersheim, der Entbindungsanstalt, dem Kinderheim, dem Krankenhaus, dem Behindertenheim ... Alle schauten auf ihn - und nun war die Frau weg. »Wie konnte sie mir das antun ...? Diese Egoistin« (auch wieder ein Lieblingswort). »Ohne jedes Verantwortungsbewußtsein ... Sie kann sich doch vorstellen, wie das auf all diese Menschen wirkt ... Ja, sie weiß es ... Deshalb hat sie's getan. Um mich zu blamieren ... Was werden sie jetzt von mir denken?«

All dies nahm ich auf. Mit den Antennen, die ich damals schon hatte. Vielleicht das Beste, was ich besitze: Antennen. Ich saugte es in mich hinein - seine Wut. Seinen Haß. Sein Verletztsein. Seine tiefe Traurigkeit. Sein innerliches Um-sich-Schlagen. Sein Wünschen: Ich könnte sie umbringen! Sie vernichten! Nichts davon konnte er ausleben. Nicht einmal sagen. Erst dadurch wuchs es, wuchs die Fledermaus. Jetzt endlich bekam sie Licht. Sonne.

Sein Vernichtungsbedürfnis, seine Wut wurden meine. Bei mir war's ja nicht so schlimm, wenn ich tobte und Wut hatte und Sachen zerschlug. »Er ist eben ein Kind.« Bei meinem Vater wäre es eine Katastrophe gewesen.

Ich war sein Sohn. Ich liebte ihn. Alles, wovon ich hier spreche: ohne Liebe nicht denkbar. Zwar verletzte, aber doch Liebe. Deshalb um so größere.

Seit die Mutter fort war, war nur noch er zum Lieben im Haus. Wenn ich schon sonst nicht an ihn herankam, er immer mir fern war (wie später Jadranka! wie alle Frauen, die ich geliebt habe; wie alle Menschen), dadurch konnte ich ihm nahekommen: indem ich das von ihm annahm, was C. G. Jung den »Schatten« nennt, ihn lebte. Wenigstens dadurch eins werden mit ihm. Mit ihm verschmelzen. Nicht mit *ihm.* Bewahre! Mit seinem Schatten. Mangels Besserem.

All das, was ich da 1994 erkannt habe, war um 1925 geschehen. Als ich mit meiner Schwester darüber sprach, wunderten wir uns, daß die erste Eigenschaft, die in uns hochkommt, wenn wir über ihn sprechen, Güte ist. Diese wunderbare Güte! Wir meinen, sie ständig erfahren zu haben. Wenn aber unsere Mutter, seine Frau, seine damalige, von ihm sprach, fiel das Wort »brutal«. Wir: gütig. Sie: brutal.

Er hat seine Gefühle abgewürgt, sein Herz zugemacht. Die Frau ist weg - so ist das nun mal. »Beiß die Zähne zusammen!« Auch dies ein Lieblingsausdruck; ein anderer: »Reiß dich zusammen!« Ich höre es ihn noch heute sagen. Aber inzwischen weiß ich: Was immer er mit Intensität und immer wieder aussprach: er sagte es **sich**.

Sein Herz zugemacht, habe ich gesagt. Dieser Mann? Manchmal sprach er ein Gedicht, in dem das menschliche Herz mit einer Blume verglichen wird. Der Blume, die sich der Sonne öffnet. Ich, sein zarter Bub, war keine Sonne - mindestens keine für ihn -, die ihn hätte öffnen können. Solche Männer brauchen andere Sonnen. Und er hatte ja seine.

Er war mir nicht einmal danbkar. Konnte er's denn nicht fühlen - die Erleichterung? Die Befreiung? Die um einen guten Teil seines Schattens erleichterte Last? Die Güte, die in ihm wuchs? Anstelle der »Brutalität«?

Ich glaube, er fühlte es nicht. Er schaute nach außen. Auf sein Werk. Die Stiftung. Die Kirche. Die Nazis. Hitler. Den Widerstand gegen ihn. Auf die Schikanen der nationalsozialistischen Machthaber, die seinen Anstalten den Geldhahn zudrehten. Damit verglichen war alles andere unwichtig. War's das nicht auch?

5

Als ich auf dem Gymnasium war, schickte er mich im Winterhalbjahr zu einem Onkel, dem Studienrat Dominik, damit der mich in Latein, Griechisch und Mathematik »aufmöble«. Erdmann war sein Vorname - man bedenke die Last dieses Namens! Kein Wunder, daß er ihr entsprach. Vaters Regime war samten, verglichen mit dem des erdigen Mannes.

Wenn ich nach Schulschluß nur einmal eine S-Bahn später erwischt hatte, mußte ich Rechenschaft ablegen, warum ich nicht um 13.28

Uhr, sondern erst um 13.38 Uhr (sogar das weiß ich noch: die Züge kamen immer um 08 am Bahnhof Haiensee an) gekommen war. Wenn ich seine Wohnung betrat, begrüßte mich Onkel Erdmann: »Heil Hitler, Joachim!« Mit seinen Gymnasialschülern baute er einen riesigen Vogelkäfig, in dem er Dutzende von Vögeln gefangenhielt. Stolz verkündete er: »Wir haben hier alle Arten von in Mitteleuropa vorkommenden Singvögeln.« Heute begreife ich: So hielt er auch seine Schüler - wie Singvögel im Käfig.

Ich sei zu schlecht in der Schule, begründete der Vater meine »Verbannung« (als solche empfand ich's); meine Versetzung sei gefährdet. Es stimmte und war dennoch das, was der Psychologe Rationalisierung nennt: die intellektuelle Begründung für sein Bedürfnis, mich aus dem Hause zu haben.

Damals begann ich zu frieren. Mir war immerzu kalt. Aber es **war** nicht kalt. Wir hatten große, schön gemusterte Kachelöfen - jeder ein Schmuckstück. Ich wurde zum »Heizer«. Vergaß nicht, abends ein Kohlebrikett in Zeitungspapier zu wickeln und in die erlöschende Asche zu legen, damit wir morgens Glut hatten. Das Heraufholen der Briketts aus dem Keller war mein Job. »Sei ritterlich«, sagte der Vater, »laß dies nicht die Frauen tun.«

Ich liebte die Öfen im Haus. Auch den Herd in der Küche, zu dem ein »Hafen« gehörte. So nannte man ein in ihn eingelassenes Becken, in dem Feuer und Glut ständig für warmes Wasser sorgten. Ich paßte auf, daß das Feuer nicht ausging. Auch den Badeofen im Bad heizte ich, wenn - meistens donnerstags - die Familie badete: der Vater zuerst, dann meine Schwester Waldtraut, dann ich.

Ich begann, erkältet zu sein. Immer häufiger. Gleich immer sehr heftig. War heiser. Krächzte »wie ein Rabe« (so mein Vater). Konnte kaum sprechen. Mußte das Bett hüten - oft wochenlang. Dort war es schön - warm und kuschelig. Dort bekam ich Zuwendung. Frauen kümmerten sich um mich. Meine Erkältung »rief« sie. Rief »Liebe«. Auch das habe ich »auf Automatik geschaltet«. Mein Leben lang war Grippe meine häufigste Krankheit, obwohl ich später erfuhr: Sie kann auch Frauen verscheuchen.

Mein Stimmbruch kam früh. Jetzt krächzte ich nicht nur, ich traf nicht mehr die richtigen Töne. Ich klang, als wären meine Stimmbänder die Saiten einer verstimmten Gitarre, an der der »Teufel« herumzupfte. Der Onkel Erdmann machte sich lustig: Jeder könne hören, daß ich überhaupt nicht musikalisch sei. Mein vieles Klavierspielen sei dummes Getue.

Der Herr Studienrat sang gerne Nazi-Hymnen und nationale Lieder mit mir, begleitete uns dazu auf der Orgel, die er in seinem Wohnzimmer stehen hatte. Eine richtige Orgel! Man beachte die Kombination: Orgel und nationale Lieder! Wer die nicht einwandfrei intonieren könne, meinte er, der brauche auch nicht mehr Klavier zu spielen. Er dachte, ich hätte dann mehr Zeit zum Latein-Pauken.

Monatelang höhnte der große Pädagoge. Am Ende muß ich's geglaubt haben. Der Stimmbruch ging vorbei, die Intonationsschwäche blieb. Dabei hatte ich noch kurz vorher - mit 12 und 13 - in Vaters Kirche im Terzett mit zwei ausgebildeten Sängerinnen gesungen. Mein Jungensopran lag hoch über ihnen: Arien, Gesänge aus Händeis Messias ... Bach ... Kirchenlieder. Traf jede Note genau.

Erst als ich 60 oder 65 wurde, erkannte ich den Zusammenhang. Die Intonationsschwäche ging langsam zurück. Aber so sicher wie vor meinem Stimmbruch und vor dem sich über mich lustig machenden Studienrat-Onkel konnte ich nie mehr intonieren.

Seltsam ist folgendes: All dies bezieht sich nur auf mein eigenes Singen. Bei anderen höre ich die geringste Schwankung und Unsicherheit. Bei Jazzbassisten war ich geradezu fixiert darauf. Ich habe einige der berühmtesten Bassisten des Jazz, die ich auf Schallplatten, für Radio und Fernsehen aufgenommen habe, gefragt: *Couldn't you tune your Instrument a bit better?*

Ich halte diesen Widerspruch zwischen dem Selber-ungenau-Singen und dem Hören auch der kleinsten Ungenauigkeit bei anderen (übrigens auch bei mir selbst: ich höre auch bei mir genau, wenn ich den Ton nicht richtig getroffen habe) für psychologisch aufschlußreich.

Zurück in mein Vierzehntes. Als meinem Vater nicht einmal mehr Onkel Erdmanns Kandare ausreichend schien, mußte ich drei Jahre ins Internat: nach Niesky in der Oberlausitz zur Brüdergemeinde. Vor ein paar Jahren fand ich Briefe, in denen ich bat - buchstäblich bettelte -, während der Pfingstferien nach Hause kommen zu dürfen. Jeder durfte. Die Schule war leer. Ich mußte bleiben, lief durch die Internatsgebäude wie durch ein Geisterhaus. Es koste zu viel Geld, nach Berlin zu fahren, hatte er geantwortet. 200 km. Zum halben Preis.

Lesend in dem gespenstisch leeren Schulhaus stieß ich (bei Rilke?) auf einen Satz, den die fünfzehnjährige Bourbonin Isabell im Januar 1560 auf ihrer Reise vom Königshof ihres Vaters in Versailles über die verschneiten Pyrenäen zu Philipp II. von Spanien, den sie heiraten sollte, an ihre Mutter, die Königin von Frankreich, geschrieben hatte: »*Mais la {in est toujours d'etre martyre.*« So fühlte ich mich. Ich war auch fünfzehn. Fortgeschickt wie Isabell in eine feindliche Ferne, verkuppelt an ein Leben, das ich nicht als meines empfand. Das zu meinem zu machen mehr Energie, Schmerz, Traurigkeit, Einsamkeit kostete, als ich willens war aufzubringen; aber ich habe sie aufgebracht.

Mit meiner »Verbannung« nach Niesky unterbrach mein Vater meine Auseinandersetzung mit ihm. »Er hatte Angst vor dir«, sagte Jasminka. Er unterbrach damit einen Prozeß, der weitergehen hätte müssen - gerade auch dann, als ich ihm intellektuell immer ebenbürtiger wurde. Ich bin sicher, ich hätte die Auseinandersetzung später wieder aufgenommen, aber dann kam der Krieg und vor allem: Dann war mein Vater in Dachau. Mit einem Vater im KZ kann man sich nicht auseinandersetzen. Den kann man nur bewundern und lieben. Und: verdrängen - seine Erwähnung meiden - sich seiner schämen.

Den Ball, den ich als Kind und als Junge geworfen habe, mußte ich selbst wieder auffangen - vier oder fünf Jahrzehnte später in den Auseinandersetzungen mit meinen »Radio-Vätern«, den Intendanten meines Funk- und Fernsehlebens. Ich werde darauf zurückkommen müssen, denn mein Leben kam darauf zurück.

Sogar die »Verbannung« wiederholte sich. Intendant Hammerschmidt (siehe das Radiokapitel) wollte, daß ich »dies Haus verlasse«, Intendant Hilf wollte mindestens meine Stimme verbannen. Beides erwies sich als vergeblich, wurde in der deutschen Medienlandschaft belächelt. Und dennoch »stimmt« es: Am Ende sind die Ausgangskonstellationen, so mächtig sie einst gewesen sein mögen, nur noch ein fernes, nachgrollendes Hallen. Ein Echo, das dafür sorgt, daß man Dinge, die man zu ihrer Zeit nicht erkennen konnte, nun - oder mindestens später in ihrer Reflektion - um so klarer erkennt.

Deshalb mag es zwar klug sein, ist aber auch unvollständig, meinen Kämpfen gegen meine Intendanten eine allein psychologische Dimension zu geben. Das, was wir »Leben« nennen, sorgte schon dafür, daß es handfeste Gründe gab, die es notwendig machten, diesen Kampf zu führen. Alles Psychologische kann immer nur etwas Zusätzliches sein. (Nochmals: siehe das Radiokapitel.)

Meine Schwester erinnert eine Streitszene zwischen meinem Vater und mir: Ich hatte irgend etwas gesagt, was ich nicht wiederholen sollte. Ich wiederholte es dennoch: mehrere Male. Stand ihm gegenüber am Kaffeetisch. »Wenn du es noch mal sagst, schütte ich dir die Tasse Kaffee ins Gesicht«, sagte der Vater. Natürlich sagte ich es noch mal. Schon rann mir der heiße Kaffee - Malzkaffee versteht sich - über Stirn, Augen und Backen. Ähnliche Szenen muß es öfter gegeben haben. Er sagte, ich sei »vom Widerspruchsgeist besessen«.

Hatte er es mich nicht gelehrt? »Vergeßt nie, woher das Wort Protestant kommt!« hat er gesagt. Er meinte: von Protestieren. Protestieren gegen Hitler. Gegen politische Gewalt. Gegen »die da oben«. Für mich war er »da oben«. Auch dies eine Lektion, die ich be-herz-igt habe.

Man schüttle nicht den Kopf über ihn, urteile nicht voreilig. So einfach ist das nicht. Es war ihm wirklich - noch mal - »heilige Pflicht«, mich zum »Mann« - was immer dies für ihn sein mochte - zu machen. Auch stimmte es ja für ihn: Jesus Christus hatte ihm mehr gegeben als irdische Liebe je.

Seine Geschwister - am Anfang waren es neun - waren ähnlich. Alle schwer gezeichnet. Drei seiner Schwestern waren in seiner Anstalt tätig. Keine verheiratet. Die noch relativ freieste, herzlichste behandelte er wie eine Ausgestoßene - meine Tante Gabriele. Mit einer anderen - der Tante Rogate (man beachte die Namen) - hatte er nach fünfzehnjährigen Kämpfen Frieden geschlossen. Sie führte ihm den Haushalt, als er sich keine Haushälterin mehr leisten konnte. Auch mit ihr verglichen, war sein Regime Samt. Wir haßten sie - die herzlose, immer nur strenge Pseudo-Mutter, die keine Ahnung hatte, was Muttersein bedeutet.

Sollte ich also die »Schuld« auf seinen Vater schieben, meinen Großvater, den Gründer des »Diakonischen Werkes«, das ihm - ihnen beiden - so viel wichtiger war als das Nächstliegende? Schiebenschiebenschiebenschieben. Wann hören wir auf, das zu tun? Statt bei uns selber zu schauen. Heute weiß ich: Wir suchen uns unsere Eltern. Weil wir genau diese brauchen. Genau diesen Vater brauchte ich dringend. Und auch diese Mutter brauchte ich dringend - ihre Lektion: Finde die Liebe in dir (davon später) ... Schuld ist ein Unwort.

Aber Schuld ist noch mehr. Sie ist ein Spiegel von Huld. Paläolinguistisch ist beides das gleiche Wort. H- und Sch-Laute werden in den Sprachen der Welt häufig verschoben. Unsere Sprache weiß noch, was wir vergessen haben: Wenn ich Schuld sage - und sagen heißt hier: sie bekennen als meine -, kann ich sie wandeln in Huld.

6

Bereits 1936, als Hitler noch »auf friedlich machte«, um »die Jugend der Welt« zur Olympiade nach Berlin zu locken, warnte mein Vater in seinen Predigten vor dem Krieg, »zu dem jetzt bereits gerüstet« werde. Der werde »dem germanischen Hochmut endgültig das Licht ausblasen« (inzwischen wissen wir: keinesfalls endgültig). So deutlich hat das damals niemand gesagt, auch nicht die bekannteren Prediger kirchlichen Widerstands - Niemöller etwa oder Propst Grüber oder Dibelius ...

Die Menschen kamen aus ganz Berlin in die kleine Kirche seiner Stiftung im ländlichen Berliner Vorort Weißensee. Auch damals schon waren evangelische Kirchen nur halb voll; seine war überfüllt. Seine

Predigten wurden abgezogen und vervielfältigt, gingen von Hand zu Hand: Fanale leuchtenden Widerstandes. Ein solcher Mann ohne Herz - wie ich doch vorher geschrieben habe? Immer wieder: Irgend etwas rinnt durch die Worte.

Achtmal war er verhaftet und immer wieder freigelassen worden. Hart wurde es erst, als die Nazis die geistig und körperlich Behinderten seiner Anstalt der Euthanasie zuführen wollten. Er ließ das nicht zu. Darauf sollte seine Stiftung beschlagnahmt und der »nationalsozialistischen Volksfürsorge«, NSV genannt, zugeführt werden. Er erfuhr das rechtzeitig, irgend jemand hatte ihn gewarnt. Innerhalb weniger Wochen »schenkte« er sie der Inneren Mission. Er hat sie dadurch bis auf den heutigen Tag gesichert. Nicht bloß vor dem NS-, damit auch gleich vor dem nachfolgenden DDR-Staat.

In den fünfziger Jahren fand meine Schwester, die »Archivarin« der Familie, in der Akte, die bei den Übergabeverhandlungen vor ihm auf dem Tisch lag, einen mit zitternder Hand geschriebenen Zettel: »Ich - jedes Opfer bereit.« Das Wort »jedes« hatte er unterstrichen.

Dennoch legte die Innere Mission darauf Wert, daß er zunächst die Leitung der Stiftung behielt. Es wurde Frühjahr 1940, bis er die Stätte seines Wirkens, die Anstalten und das Pfarrhaus, das auch sein Elternhaus gewesen war und in dem sein Vater sein Lebenswerk geschaffen hatte, verließ. In Baden-Baden fand er eine Anstellung als Pfarrer einer kleinen lutherischen Gemeinde. Schon nach wenigen Wochen teilte er der Inneren Mission mit, er verzichte auf die ihm ausgesetzte Pension, es sei ihm recht, wenn sie der Stiftung zugute komme. Es muß ein harter Sprung gewesen sein für ihn - vom verehrten, geliebten, mächtigen, aber in den Nazijahren immer ohnmächtiger werdenden Direktor der sozialen Einrichtungen und all ihrer Häuser, die ihm unterstanden, zum Pfarrer der kleinen Diaspora-Gemeinde in Baden-Baden.

Seine Predigten wurden nun, da er nicht mehr auf den Erhalt seiner Stiftung Rücksicht zu nehmen brauchte, noch flammender und mutiger. Bald saß auch in Baden-Baden - wie vorher schon in Berlin - der obligate Gestapo-Spitzel während seiner Gottesdienste in der hintersten Reihe und machte Notizen.

Am 4. Advent 1940, wenige Tage vor Weihnachten, wurde er aus der Sakristei seiner Kirche heraus verhaftet und diesmal nicht mehr auf freien Fuß gesetzt. In einem der ersten Briefe aus der Gefangenschaft zitierte er den Schwedenkönig Gustav Adolf: »Das Evangelium ist es wert, daß wir alles auf uns nehmen - wenn's sein muß, auch den Tod.«

Ein »Hilfsschreiber« im Pfarrerblock des Konzentrationslagers Dachau, der mit »E. R.« zeichnete, schrieb uns später. »Plötzlich trat das verhängnisvolle Ereignis ein, er kam auf die >Transbaracke<. Erst später erkannten wir die heimliche Absicht dieser Baracke: Von dort wurden sie plötzlich nachts entführt, ums Leben gebracht, und die Angehörigen erhielten lügenhafte Todesnachrichten ... Bis zuletzt nahm Bruder Berendt sich jedes kranken Menschen an, tröstete und stärkte ihn und war ein wahrer Seelsorger für die leidenden Seelsorger ...

Seine letzten Worte waren: >Leben wir, so leben wir dem Herrn, sterben wir, so sterben wir dem Herrn. Darum wir leben oder sterben, so sind wir des Herrn ...«

Er starb - so jedenfalls steht es in der Urkunde, die uns die Gestapo schickte - am 4. August 1942. 1921 - 21 Jahre vorher - war dies der Tag der Schließung seiner unglücklichen Ehe gewesen.

Probst Grüber schreibt in seinem Buch »Erinnerungen aus sieben Jahrzehnten«: »Die >Invalidenkommission< ist im Revier und hat 700 Männer ausgesucht, darunter vier Pfarrer ... auch den Berliner Pfarrer Ernst Berendt ... Die ausgesuchten Opfer mußten sofort die Verbindung zu den anderen Häftlingen abbrechen. Jeder, der versuchte, mit ihnen Kontakt aufzunehmen, wurde streng bestraft. Es gab im Lager verschiedene Strafen. Entweder der einzelne SS-Mann ... schlug, trat mit Füßen und schoß auf den Häftling, oder aber die Lagerführung verhängte eine Strafe ... >Bock' bedeutete: Stockschläge - mindestens fünfundzwanzig. Der Häftling mußte sich dazu über einen Holzbock legen und wurde festgespannt. Die nächste schwere Strafe verbüßte man am >Baum<: Der Häftling mußte die Arme auf dem Rücken verschränken, wurde mit einer Kette hochgezogen, so daß er frei schwebte. Nicht nur die Schmerzen der ausgestreckten Arme waren unerträglich, sondern auch die Qualen durch Insekten und die Witterung, gegen die man sich nicht schützen konnte. Diese Strafe bezeichneten die Häftlinge als Christbaumschmuck«, weil die Opfer an ihren Ketten hingen wie ein Weihnachtsengel am Baum ...«

Pfarrer Ernst Gallin aus Falkenrehde, auch er einer der wenigen, die aus dem Pfarrerblock in Dachau befreit wurden, schrieb der Familie: »Mich hat er in meiner Krankheit und Not des öfteren getröstet und ermuntert. Er hielt auch eine Predigt über „Gefangene Jesu Christi". Ein solcher ist er selbst gewesen. In diesem Bewußtsein konnte er mit einer gewissen Erhabenheit über menschliche Kleinigkeiten und Niederträchtigkeiten unbeirrrt seinen Weg gehen ...«

In seinem letzten Brief - an meine damals neunzehnjährige Schwester - schrieb er das Paulus-Wort: »Freuet Euch in dem Herrn allewege. Und abermals sage ich: Freuet Euch!« Ein sterbender Mann aus dem Grauen eines KZs.

7

Meinvatermeinvatermeinvatermeinvatermeinvater ... Das längste Kapitel meines Lebens. Und dieses Buches... Mein Leben lang rede ich mit ihm. Warum nicht hier? Vielleicht werde ich ihm eher gerecht, wenn ich ihn anrede. »Höre, mein Sohn!« - ein Satz, mit dem er oft seine Reden an mich begann. Jetzt, Vater höre **Du** mich - wo immer Du bist. **Ich** höre Dich ohnehin - damals und immer noch.

Ich sehe Dich jetzt - nicht auf der Kanzel mir gegenüber in Deiner Kirche, sondern beim Mittagessen am großen Eßtisch im Pfarrhaus: Du links neben mir - gegenüber von Dir meine Schwester Waldtraut (Du legtest Wert auf das eingeschobene d; nicht von Wal-, der Walstatt der germanischen Krieger, sollte ihr Name kommen, sondern von dem Wald, den Du liebtest), ein Jahr jünger als ich - gegenüber von mir unsere Haushälterin: jahrelang war es die Tante »Liese«, die eigentlich Marie hieß, aber Du wolltest nicht, daß sie so genannt wurde, weil unsere Mutter Maria hieß; Du wolltest nicht an den Namen erinnert werden. Bis vor wenigen Jahren habe ich darüber gelacht, jetzt finde ich, daß Du recht hattest: Keine zweite Marie war denkbar an dem Platz, an dem vorher Maria gesessen hatte ... Dazu - immer noch um den großen Eßtisch geschart - auf wechselnden Plätzen ein oder zwei »Haustöchter« aus - versteht sich - protestantisch-lutherischen Familien Pommerns, Mecklenburgs, der Mark Brandenburg, Lehrers- oder Kantorentöchter, im Haushalt helfend, Musikunterricht gebend, im Gottesdienst mitmusizierend, singend in Küche und Kirche, Orgel spielend, eine davon, das Dorle, später, als ich größer war, mich zu ersten Erkundungen des weiblichen Körpers in ihr Zimmer unterm Dachboden lockend ... Und jeden Tag Gäste! Theologen und Prediger, berühmte Namen darunter, Männer des Widerstandes gegen den Nationalsozialismus, Mitglieder des Konsistoriums Deiner Stiftung, Menschen aus Deiner Gemeinde ... Donnerstags kam immer ein armer Student - natürlich der Theologie -, ungepflegt, aus dem Mund riechend, sich gierig satt essend, als müsse er die nichtgegessenen Mahlzeiten der ganzen Woche nachholen.

Ich schreibe »satt essend« und denke an unsere Mahlzeiten: »spartanisch« - auch dies ein Wort, das zu Dir gehörte. Nicht Athen, das gut lebende, die Schönheit verehrende, sondern Sparta, das asketische, disziplinierte, war »Deine« griechische Stadt! Dunkles Brot, wenig Butter, noch weniger Aufschnitt. Quark mit Pellkartoffeln. Noch heute nenne ich es »das evangelische Essen«. Wenig Fleisch. Später überhaupt keins mehr. Kartoffeln mit kurz gedämpftem Gemüse, »damit die Vitamine erhalten bleiben«. Die Kartoffeln, wenn sie »neu« waren, ungeschält. »Das Beste sitzt unter der Haut«, sagtest Du ...

Und ich höre Dich beten - höre Dich immer noch, ein Urklang für mich, ein *Mantra:* »Komm Herr Jesu, sei unser Gast, und segne, was Du uns bescheret hast.«

So spartanisch das Essen, so opulent (dieses Wort hättest Du nicht gemocht) die Tischgespräche. Meist begannen sie damit, daß Du wissen wolltest, was wir in der Schule durchgenommen hatten. Was war los auf dem Fahrradweg zu oder von der Schule? Was tust Du am

Nachmittag? Es war immer der gleiche Anfang, aber es ging immer in neue Richtungen. Aus diesen Gesprächen habe ich mehr gelernt als auf meinen diversen humanistischen Gymnasien. Das Wichtigste, was ich gelernt habe: was ein Gespräch ist.

Du warst ein Meister der Tendenz. Der protestantischen, der lutherischen, der deutschen, der anti-hitlerischen. Sie war das Ziel (Du gebrauchtest das griechische Wort *telos*), das Du nie aus dem Auge ließest. »Was habt ihr im Deutschunterricht durchgenommen?« Meine Schwester sagte: Das Nibelungenlied. Wir erzählten von Siegfried, dem lichten germanischen Helden, und seiner Treue zu Günther, von Brunhilde, die wir in der Schule als eine Art Urmutter des BdM-Mädchens erfuhren, von Kämpfen und Schlachten ... Kein Wort, das wir sagten, ohne daß Du nicht gewußt hättest, wo Du hinwolltest. Aber Du sagtest es nicht, Du ließest uns selber herausfinden, worum es im Nibelungenlied geht. Um Neid und Verrat, Untreue und Rache, um Lügen und Wortbruch. Um Morden, Sterben und Tod. Ein Toter, sagtest Du, ist althochdeutsch *Niflfarin;* wir begriffen: Die Nibelungen sind Geister des Totenreiches. Aus ihm haben die Deutschen ihr Nationalepos bezogen.

Die Tante Gabriele, die Du nicht mochtest, weil sie Dir »zu weich« war, las uns keltische Sagen vor. König Arthur, Parsifal. Genoveva. Griechische und lateinische lernten wir sowieso. Du ließest uns sehen: Auch in ihnen kamen Verrat, Untreue und Mord vor, aber sie waren nicht Regel, im Gegenteil: Verrat brach die Norm, machte sie dadurch, daß er sie brach, um so spürbarer. Schon mit 12 oder 13 begriffen wir, was für eine widerliche, abstoßende Geschichte dieses »Lied« von den »nie-gelungenen Nibelungen« ist - wahrhaftig nichts, worauf ein Volk stolz sein könnte. Und dann konnte uns kein Nazi-Lehrer, kein HJ-Führer, keine BdM-Führerin mehr das Gegenteil weismachen.

Ja, Du saßest links von mir. Alle anderen hatte ich vor mir, aber wenn ich Dich sehen wollte, mußte ich den Kopf drehen; beim Essen tut man das selten. Deshalb: Ich hörte Dich. Trug diese winzige Kleinigkeit - diese Sitzordnung - dazu bei, daß ich später das Hören höher schätzte als das Sehen?

Komme ich zu sehr auf die Sonnenseite, wenn ich Dir schreibe? Wo ist die Rückseite? Ich erreiche sie so schwer wie meine eigene. Vater, ich muß Dich fragen: Warum hatten wir Angst? Dein - unser Pfarrhaus - ist nicht sehr groß. Dennoch schien es uns dunkel, bedrohlich, ein Ungeheuer in ein Haus verwandelt ... ein angstmachendes Labyrinth. Meine Schwester sagt: »Ich brauchte nur auf den Flur zu gehen, dann kam die Angst.«

Sobald es dunkel wurde, trauten wir uns nicht mehr in den Park. Spürten überall dunkle Gestalten, Verbrecher, Gespenster. Überfälle ... Was hast Du getan, so viel Angst in uns einzusenken? Flur, dunkle Bäume, Park, Schatten können ja nur »Angst-Auslöser« gewesen sein. Welche Angst war der eigentliche Grund? Der Grund auf der Schattenseite? Ich weiß heute, Vater: Der Angstgrund warst Du. Geschickterweise mußt Du die Furchtfabrik in Dir exakt in dem Moment stillgelegt haben, als unsere bewußte Erinnerung einsetzte.

Aber nicht ganz. Die angstauslösendste Geschichte, an die ich mich erinnere, hat damit zu tun, daß Du Katzen nicht mochtest. Es gab wilde Katzen im Park. Du sagtest: Sie fressen die Singvögel. Das stimmte: Immer wieder mal lag ein zerfledderter Vogelkörper am Fuß eines Baumes. Du zeigtest auf ihn: »Das hat eine Katze getan.« Deine Stimme zitterte, wenn Du das sagtest. Also: Du projiziertest.

Es gab eine besonders große, gefährlich aussehende Katze. Du entschlössest Dich, sie zu töten. Rechts im untersten Fach Deines Schreibtischs lag ein Revolver. Es waren die späten zwanziger und frühen dreißiger Jahre im Norden Berlins. Nazis und Kommunisten, »Vaterlandsverräter« und Nationale prügelten sich, schossen aufeinander. Immer wieder mal wurde ein Toter gefunden. Du hattest Dir die Waffe gekauft, nachdem bei uns eingebrochen worden war. Mit ihr erschössest Du diese große, graue Katze. Alles zieht sich in mir zusammen, wenn ich daran denke. Du jagtest sie in unseren Keller - wahrhaftig in die »Höhle des Löwen«. Die Schüsse hallten durchs Haus. Wir zitterten, zuckten jedesmal, wenn es schoß. Ist ja zu verstehen, daß der Herr Pfarrer kein geübter Schütze gewesen ist. Es dauerte eine Weile, bis Du sie so oft getroffen hattest, daß sie verendete.

Das Dorle warfst Du raus. Wir kämpften, wir rangen - sie und ich. Wir waren etwa gleich stark. Unser Miteinander-Ringen begann wild und endete bemerkenswert milde. Manchmal schaffte sie es, mich zwischen ihre Schenkel zu zwingen, mein Kopf ganz oben, wo alles weich, warm und weiblich war. Bei einem unserer »Kämpfe« erwischtest Du uns - auf dem Treppenabsatz zwischen Boden und erstem Stock. Ihr Rock war hochgerutscht (was Du mit Abscheu vermerktest). Sie mußte das Haus verlassen - innerhalb weniger Tage.

Sie sagte: »Ich geh' zu meinem Freund.« Der war Tambourmajor bei der Wehrmacht. Das Reden über ihn machte sie heiß. In der Küche pfiff sie die Märsche, die er mit seinem Musikkorps spielte. Der »Badenweiler« war viel mehr ihr als Hitlers Lieblingsmarsch. Das war der Trick: Alles, was Hitlers war, war viel mehr des Volkes.

Beim Abschied sagte sie. »Es ist gut, daß ich gehe. Ich hätte dich sonst verdorben.« Ich hatte dieses Wort auch schon in der Schule gehört. Sie genoß es, es auszusprechen, als nähme sie das, was vielleicht geschehen wäre, dadurch voraus. Es lag auch Trotz darin. Wenn wir später fragten, was wohl aus ihr geworden sei, sagtest Du, Du seiest sicher, sie würde »abrutschen«, »verkommen«. Als wünschtest Du's ihr. Ach, all diese Worte, die das, was sie andeuten, verderben, abrutschen, verkommen lassen!

Vater, was wäre geschehen, wenn Dorle im Haus geblieben wäre? Vielleicht wäre ich dann nicht durch meine Jugend gegangen, als ginge ich durch eine fremde, mir feindlich gesonnene, nicht zu verstehende Welt. Vielleicht wäre ich weniger einsam geworden, sicherer, hätte in meinem Leib gelebt, statt meinen Körper als einen dunklen, mich bedrohenden Kumpanen zu empfinden, der ständig machte, daß ich mich schuldig fühlte.

Ich weiß, es ist alles gut geworden, und das, was gewesen ist, war wichtig dafür. Sogar die Vertreibung der Dorle. Aber wäre es nicht anders herum einfacher gewesen? Hätte mehr Spaß gemacht?

Du hättest dann einen guten Teil Deiner Macht verloren. Aber keine Sorge, mächtig genug über mich wärst Du trotzdem geblieben.

Mein Leben lang habe ich gedacht: Ich hätte der Dorle ihren Tamboumajor mit Leichtigkeit ausgeliebt. Aber hätte ich wirklich? Ich gehemmter, schüchterner Junge von 14 oder 15 einen uniformierten, reich betreßten, strahlenden jungen Mann ausstechen, der stolz vor seinem Musikzug marschierte - bewundert, beneidet, begehrt? Hätte ich mich nicht eher wie Büchners und Alban Bergs Wozzek gefühlt, dessen Eifersucht, Leid, Wut, Haß züchtend in mir? Hattest Du also recht gehabt? Wieder einmal?

Und nun, Vater, sehe ich Dich in der Kirche: im schwarzen Talar mit dem »Bäffchen«, das Dir meine Schwester, sobald sie hinaufreichen konnte, binden durfte. Die Hände segnend über die Gemeinde breitend. Liturgien haltend, die wahre Feste waren. Ohne die Sprödigkeit üblicher evangelischer Gottesdienste. Und von der Empore: Musik! Musik, die ich nie vergessen werde. Ich kenne noch heute die Texte - und die Melodien sowieso: Mein gläubiges Herze, frohlocke und scherze ... Wenn ich einmal soll scheiden, so scheide nicht von mir ... Wer weiß, wie nahe mir mein Ende ... Tochter Zion, freue Dich ... Ich weiß, daß mein Erlöser lebet ... Herr, Deine Güte reicht so weit, so weit die Wolken ziehen ... Denn das ist allzeit Dein Gebrauch: Wer Kind ist, muß was leiden ... (O ja!)... Befiehl Du Deine Wege und was Dein Herze kränkt, der allertreusten Pflege des, der den Himmel lenkt ... Und Wechselgesänge! Zwischen Dir und uns auf der Orgelempore. Zwischen Dir und der Gemeinde. *Call and response:* daß mir das, als ich später (es war ja gar nicht so viel später) zum Jazz fand, so leicht einging - ich bin sicher: Es hat mit Deinen Liturgien zu tun.

Ich denke an Deine Art, Feste zu feiern. Dein Weihnachten war ein initiatisches Fest. Vom ersten Advent an führtest Du uns zu ihm hin. Ein einziges großes *crescendo,* geladen von Erwartung und Spannung, so daß es am Ende, wenn uns das Glöckchen ins Christzimmer rief, kaum länger noch auszuhalten war. Geschenke als Medium. Was immer geschenkt wurde, es bedeutete: Ich steh an Deiner Krippe hier. Die Gedichte, die wir wochenlang gelernt hatten und unter dem Weihnachtsbaum aufsagten, kenne ich noch heute. »Markt und Straßen stehn verlassen ...« Das Glöckchen habe ich sechzig Jahre später noch. Gerettet durch Bomben und Trümmer.

Und ich denke an Deine Art, unsere Geburtstage zu feiern - im Juli und im August. Unter dem großen Birnbaum vorm Pfarrhaus. Gäste von überall her - große und kleine. Musik, Tanz, Spiele. Berge von trockenem Streuselkuchen. Dampfender »Blümchenkaffee« aus riesigen Kannen.

Erst Jahre später, als ich auf Bali mitfeiern durfte, habe ich Feste, die so aufgeladen waren mit Freude und Glück, wiedererlebt.

Und all die anderen Feste - das Jahr in seine Feste zerlegt. Der 1. Mai, Dein Geburtstag, mit den grünenden Birken als Mai-Bäumen, über denen wir ihn als »Tag der Arbeit« kaum wahrnahmen ... Der 24. Juni, der Johannistag, mit dem prasselnden Holzfeuer, das uns Licht mitnehmen hieß in die bald wieder dunkler werdende Jahreshälfte. Vor den Flammen Tische, beladen mit Kuchen, Obst, Salaten. Nachdem das Feuer verglüht war: ein Umzug mit Lampions durch den Park, Lieder dazu aus allen Richtungen ... Das Erntedankfest mit Fakkeln, Bergen von Früchten und Blumen ... Der Totensonntag mit einer Stille, die uns umhüllte wie dunkler Samt... Und der Karfreitag - Du nanntest ihn »das höchste Fest der Christenheit« - mit seiner Vergegenwärtigung von Stunde zu Stunde dessen, was vor zweitausend Jahren geschehen war: Pilatus' »Was ist Wahrheit?« ... die Geißelung ... die Kreuzigung ... schließlich »Mein Gott, mein Gott, warum hast du mich verlassen?« Und der Vorhang, der im Tempel zerriß ... Dazu Johann Sebastian Bachs Musik. Man hörte ihn reißen.

Die ganze Karwoche mußten wir leise sein. Dann endlich Ostern: Lachen, Jubel, Singen. Ostereier im Garten - so viele, daß Du Dich nicht immer erinnern konntest, wo Du sie alle versteckt hattest. Einmal fand meine Schwester noch Anfang Juli im Erdbeerfeld beim Früchtesammeln einen Marzipan-Osterhasen ... Und danach der Osterspaziergang. Lange bevor wir in der Schule Goethes Faust lasen, konnten wir auswendig: »Vom Eise befreit sind Strom und Bäche ...«

Dennoch, Vater, möchte ich Dich fragen, warum waren Dir nicht Geburt und Auferstehung Jesu, sondern sein Leiden »höchstes Fest«? Wie verhält sich das zu Deinem eigenen Leiden im Konzentrationslager? Vater, wenn Du noch irgendwo da bist, dann hoffe ich und wünsehe Dir, daß Dir heute Geburt und Auferstehung wichtiger sind als Leiden.

Wenn Du von Deinen diversen Aufenthalten in der »Schutzhaft« zurückkamst, pflegtest du die Paul-Gerhardt-Strophe zu zitieren: »Ist Gott für mich, so trete gleich alles wider mich«, und dann mußten wir - meine Schwester oder ich - die weiteren Zeilen sagen: »Sooft ich sing und bete, weicht alles hinter sich ...« Ich brauche nicht nachzuschlagen, ich kenne den Text noch heute, obwohl ich sicher bin: ich habe das Lied seither nicht mehr gesungen.

Und ich sehe Dich in Deiner »Studierstube«. Wir betraten sie flüsternd - ein »heiliger« Raum ... Aber auch: eine Festung. Stöße von Akten, Büchern, Aufzeichnungen um Dich herum. Ein Stehpult, das schon Dein Vater, der »Gründer«, benutzt hatte. Am Fenster Dein riesiger Schreibtisch. Ein barockes Ungetüm mit Aufbauten, Fächern, Schubladen und einem verborgenen Geheimfach. Irgendwo dort war Geld. Ein armer, heruntergekommener Arbeitsloser hatte dich besucht. Du griffst - so sehr vertrautest Du! - zum Geldfach, nahmst einen Schein heraus, gabst ihn dem Mann. Ein paar Tage später wurde eingebrochen. Die Diebe waren über Deinen Balkon gekommen. Nichts in Deinem Zimmer war berührt - nur das Fach, in dem das Geld gelegen hatte. Du warst erschrocken, denn Du verdientest nicht viel, aber Du ließest uns spüren: Sie werden es nötiger brauchen. Du schienst sicher: Dieser Mann hätte nicht eingebrochen, wenn es nicht lebensnotwendig für ihn gewesen wäre.

Links in der Ecke Deiner Studierstube stand Dein Sofa. Dort durfte ich manchmal unter der olivgrünen Plüschdecke liegen. Ich sollte schlafen. Aber ich beobachtete Dich zwinkernd: Wie Du aufrecht am Schreibtisch saßt oder stehend am Stehpult schriebst. Du warst nie gebeugt - nicht einmal später, als ich Dich im KZ besuchte. In den frühesten Jahren, an die ich mich erinnere, schriebst Du noch mit Feder und Tinte. Ich höre das heute noch: das Eintauchen ins Tintenfaß und das Kratzen Deiner stählernen Feder über das Papier in dem stillen Zimmer - der *sound* Deiner geistigen Anstrengung.

Du schriebst in der eckigen Sütterlin-Schrift, die aus dem, was man damals »gotisch« nannte, abgeleitet war. Dein kleines »e« sah aus wie zwei hintereinandergestellte Einsen. Aus Deiner habe ich meine Unterschrift entwickelt - sie sollte Deiner ähneln. Deshalb kann niemand sie lesen. Ich mache mir das deutlich - jetzt: jedesmal, wenn ich unterschreibe, schwingt eine Erinnerung an Dich mit. Der große Bogen, mit dem ich zum »J« meines Vornamens ansetze, ist der gleiche, mit dem Du das »E« Deines Vornamens Ernst schriebst. Deine Unterschrift sah wunderbar aus. Klar. Aufrecht. Deutlich (was, wie Du gern sagtest, mit Deutsch verwandt ist). Meine ist ein Gekrakel. Aber jedesmal, wenn ich unterschreibe, ist darin versteckt: »Pfarrer Ernst Berendt jun.« Und das ist nur das Geringste unter dem vielen, was ich tue, worin Du versteckt bist.

Du arbeitetest ununterbrochen. Du warst ja nicht nur Pfarrer, sondern auch Direktor der großen Stiftung, die Dein Vater in Deinem Geburtsjahr - 1878 - gegründet hatte. Krankenhäuser, Wohnheime für arme Menschen, Entbindungsheim, Kinderheim ... Du hast Anfang der dreißiger Jahre das erste homöopathische Krankenhaus Deutschlands gegründet. Du leitetest ein Entbindungsheim für »unehelich geborene« Kinder, das so gut war, daß es bald schon von den verheirateten Frauen der »guten Gesellschaft« aus dem Westen Berlins frequentiert wurde. Sie nahmen es - was ja viel bedeutet in solchen Kreisen - in Kauf, neben Müttern zu liegen, die Prostituierte gewesen waren - einfach, weil dies eine der besten Kliniken im damaligen Großberlin war. Bereits in den zwanziger Jahren ließest Du all die modernen Techniken - etwa das *»Rooming in«*, die liebevolle Aufrechterhaltung der Verbindung von Mutter und Kind - anwenden, dreißig oder vierzig Jahre, bevor Leboyers Bücher bekannt wurden. Im Sommer standen die Babys in Strohkörbchen im Garten, als wären sie unsere Geschwister. - Oft, wenn ich moderne ökologische Schriften lese, bemerke ich: Das weiß ich ja alles schon. Und dann wird mir bewußt: Schon Du praktiziertest es. Woher wußtest Du es? Dieses Wissen war ja damals noch nicht so präsent wie heute.

Abends brauchtest Du »frische Luft«. Ich sehe Dich über die »Rieselfelder« im Nordosten Berlins gehen - ein ausgedehntes Gebiet von Feldern, Wäldern, Wiesen, von Kanälen durchzogen. Dort wanderten wir - schon der Anmarsch war eine Wanderung. Manchmal - häufiger - nahmst Du meine Schwester, gelegentlich mich mit, selten uns beide. Du wußtest: Gespräche brauchen Zweisamkeit. Du haßtest Geplapper. Ich höre das noch heute: »Denk nach, bevor du redest.« Deshalb kann ich gut reden, aber deshalb habe ich auch einen guten Teil meiner Spontaneität verloren - und erst im Alter wiedergewonnen.

Du sprachst vom gestirnten Himmel über uns und kamst natürlich auf das moralische Gesetz in uns. Darauf kamst Du oft.

Du deutetest mit Deinem Spazierstock auf einzelne Sterne, erklärtest uns, wie sie heißen und wie die Erde, die Sonne, die Milchstraße, das Universum entstanden seien, und dann sagtest Du: »So erklärt es die Wissenschaft. Aber sie erklärt nur, was sie sieht und begreifen kann - das ist zu wenig. Sie gehen immer weiter zurück, aber so weit sie auch gehen, sie kommen nicht an den Anfang. Der Anfang ist Gott. Seine Schöpfungstat.«

Du erklärtest mir die Findungen der neuen Physik. Atemlos lauschte ich Dir. Hattest Gedanken, die die Wissenschaft erst in den letzten Jahren bestätigt: Kosmos, Sterne, Erde, Leben können sich nicht aus Zufall entwickelt haben. Prägende »Zufälle«, Mutationen gibt es nur alle 10000, 20000 Jahre. Das Universum ist noch nicht alt genug, um alle die »Zufälle« ermöglicht haben zu können, nach denen sich - zum Beispiel - das Auge gebildet haben könnte. Du sprachst vom »Ziel«, das von allem Anfang an da war. Wieder gebrauchtest Du das griechische Wort *telos*. Was Du auch erklärtest, es war von griechischen und lateinischen Worten durchsetzt. Ich kannte die Begriffe der griechischen Philosophie, noch bevor ich im Gymnasium Griechisch lernte.

Ich danke Dir für die Reisen mit Dir. Bansin. Usedom... ein Gewitter hoch oben auf der Steilküste über der Ostsee - Blitze ringsum - prasselnder Regen - wir beide, Schutz suchend, notdürftigen, unter der schmalen Plattform einer Jägerkanzel und dennoch pitschnaß - Du alles dies liebend, mit Freude erfahrend -, und ich spürte und lernte die Liebe und Freude. Keine Sekunde Furcht - auch nicht, als der Blitz ganz in der Nähe einen Baum spaltete ... Du führtest mich hin, es rauchte ein wenig. Du ließest mich das noch warme Holz fühlen, sagtest: »So hat der Mensch vor Jahrtausenden Feuer entdeckt.« Ein wenig entdeckte ich es jetzt.

Ich danke Dir für die Erfahrung des Meeres. Als einer Ahnung von Ewigkeit. Daß ich jetzt, auf meinem Container-Frachter monatelang umgeben von Meer, so tief in Dich eindringe wie nie zuvor in meinem Leben - daß endlich ein Stück dieses Eisberges »Vater«, des riesigen, dunklen unten und des kleinen, leuchtenden oben, schmelzen kann, liegt es nicht daran, daß schon damals das, was uns trennte, nirgendwo stärker dahinschmolz als im Anblick des Meeres?

Ich denke an Wanderungen mit Dir: im Spreewald, im Harz, im Weserbergland, in den Bayrischen Alpen, im Schwarzwald - wohin Du später dann flüchtetest, weshalb ich heute dort lebe. Ja, Reisen habe ich bei Dir gelernt. Heute sagt Jadranka: »Bei dir lerne ich Reisen.« Bei mir?

Jadranka empfindet auch: Bei dir lerne ich Streiten. Bei mir? Du warst ein Meister im Streiten, und ich konnte gar nicht anders, als ebenfalls Meister darin zu werden. Indem ich mit Dir stritt - fast täglich, als ich zwölf, dreizehn, vierzehn war. Ich habe Jahre gebraucht, bis ich in den Streitigkeiten, die ich als Jazzautor und -produzent auszufechten hatte, dieselben Grundmuster entdeckt habe, nach denen wir stritten.

Du warst wenig souverän bei unserem Streiten. Du littst darunter - wie ich heute. Auch das habe ich von Dir gelernt: das Leiden unter dem Streit. Erwin Chargaff, der Biochemiker, hat einmal gesagt: »Ein guter Lehrer kann nur abtrünnige Schüler haben.« Hättest Du das doch damals begriffen! Dann hätte ich es auch begreifen können, als die jungen deutschen Jazzkritiker gegen mich aufbegehrten, und nicht so sehr darunter gelitten - wie Du unter mir.

Verzeih, Vater, daß ich so viel mit Dir stritt. Ich weiß, wie sehr Dich das bekümmert hat. Du wußtest so viel, warum so wenig von Psychologie (ich weiß: Du dachtest, solche »Kinkerlitzchen« sind nicht der Mühe wert)? War es wirklich so schwer zu erkennen: Es ging nicht um die Sachen, um die ich mit Dir stritt, es ging um mein Überleben -?

Niemand hat Dich je so enttäuscht wie ich, nicht mal Deine fortgelaufene Frau: enttäuscht, weil ich nicht Dein Nachfolger werden wollte, Direktor der - wie sie damals noch hieß - Bethabara-und-Beth-Elim-Stiftung in Berlin-Weißensee, der heutigen Stephanus-Stiftung. Dafür hast Du mich erzogen und auf die besten Schulen geschickt, die Du finden und kaum bezahlen konntest. Aber schon mit dreizehn sagte ich »nein«: »Pfarrer werde ich nicht.« - Du: »Du kannst die Stiftung auch als Arzt leiten.« - Ich: »Nein.«

Es war eines der wichtigen Neins meines Lebens. Und Deines! Du fragtest immer wieder - zum letzten Mal 1938, wenige Tage bevor Du Deine Stiftung der Inneren Mission übergabst, um sie vor dem Zugriff der Nazis zu retten. Ich bin sicher, Du hättest für sie gekämpft, wenn ich sie hätte leiten wollen.

Du hast Deine Frau geheiratet, um einen Nachfolger zeugen zu können. In Deinem Innenraum war nicht genug Platz für eine Ehepartnerin. Und Du erkanntest mit Trauer, mit Schrecken, mit Zorn: Die Frau, die Ehe, der ganze Aufwand, der Schmerz der Trennung, der Streit um die Scheidung - das war alles umsonst. Der Nachfolger war keiner. Tief in Dir, in einem unteren Stock, muß es einen Zusammenhang gegeben haben zwischen der Katastrophe Deiner Ehe und - fünfzehn Jahre später - der Tatsache, daß ich Deine Nachfolge ablehnte. Auf meine Art habe ich das »gewußt«, als ich nein sagte.

Im Lauf der Zeit lernte ich es, mein Nein so lässig zu sagen, als ob Du mich gefragt hättest, ob ich ein paar Kirschen haben wollte - von dem großen Kirschbaum, der vor Deinem Pfarrhaus stand. Ich bin sicher, die Lässigkeit verletzte Dich zusätzlich. Und ich weiß auch: Ich **wollte** Dich verletzten - so sehr verletzen, wie heute Jadrankas Neins mich verletzen: die immer noch laufende *software*. Es war Rache. Ich rächte die Mutter.

Verzeih, Vater. Vielleicht wäre ich gar nicht so schlecht geworden in Deinem Job. Organisieren kann ich ja. »Chef-Sein« auch. Und mein Leben lang »predige« ich. Über Jazz. Über Hören und Klang. Über Ethos in der Musik. Über ein neues Bewußtsein. Über das, was ich Spiritualität nenne und - immer noch? - von Deinem Thema, nämlich Religion, abgrenze. Und schließlich wurde ich auch noch eine Art »Seel-

Sorger«. All meine Themen: Ersatz für das, worüber zu predigen Du mich erzogst -? Und was Dir allein wichtig war: Jesus, der Christus. Daß er das wirklich ist - der Ewige Christus, der »**vor** Adam« war -, habe ich erst begriffen, als ich auf die Siebzig zuging. Verzeih meine lange Leitung.

Ja, ich stritt mit Dir. Aber zu einem Deiner Geburtstage schrieb ich Dir - ich war sechzehn - eine fast hundert Seiten lange Arbeit über den spirituellen Geist in der Theoretischen Physik. Ich belegte meine Thesen mit Zitaten von Niels Bohr, Einstein, Heisenberg, Max Planck, Eddington ... Und Du verstandst: All dies kam von Dir - von unseren »Rieselfelder-Gesprächen«. Und führte dazu, daß ich dann theoretische Physik studierte - nur kurz, Wehrmacht und Krieg riefen.

Ich weiß noch, wie glücklich Du über meine Arbeit warst. Du schicktest sie einer Zeitschrift als das Werk eines Sechzehnjährigen. Sie druckte Ausschnitte daraus. Es war das erste, was von mir gedruckt wurde. Ich war stolz. Du auch. Wir beide.

Wenn ich Menschen treffe - auf den Korridoren des Funkhauses, beim Spazierengehen im Wald -, sage ich »Grüß Gott«. Erst in den letzten Jahren wurde mir deutlich: Das war Dein Gruß. Deshalb sage ich ihn. Zu Deiner ersten Verhaftung durch die Gestapo kam es, weil Du in einem Deiner Krankenhäuser ein Zimmer mit den Worten »Grüß Gott« betreten hattest. Ein Patient protestierte: Du hättest gefälligst »Heil Hitler« zu grüßen. Du antwortetest, Gott sei der Höhere und Größere. Gerade in einem Krankenhaus - für Menschen, die litten, vielleicht im Angesicht des Todes stünden - sei es wichtiger, mit Gottes als mit menschlichen Namen zu grüßen. Der Patient zeigte Dich an.

Erst heute begreife ich: Jedesmal, wenn ich »Grüß Gott« sage, grüße ich ein wenig Dich mit, mein Vater.

Ich habe gesagt: Du arbeitetest ununterbrochen. Ich arbeite ununterbrochen. Nur so konnte ich mehr als dreißig Bücher schreiben - fast alle »nebenher« - neben der täglichen Arbeit in der ARD, den Tausenden von Zeitungsartikeln, den Platten, die ich produzierte, den Festivals, die ich leitete ... Das Engagement, mit dem ich in den fünfziger Jahren für den Jazz gekämpft habe, die Art, in der ich - nach der Verketzerung des Jazz durch die Nazis - alle nur denkbaren Vorurteile - die nationalen, die bürgerlichen, die akademischen, die rassischen - niederrang, der »predigende« Ton, den ich oft in meinen Sendungen und Vorträgen habe - das kommt alles von Dir.

In meinem Buch »Nada Brahma« habe ich über »Urklänge« geschrieben. Deine beiden Urklange waren das Rauschen des Regens und das Rascheln des Herbstlaubs. Du liebtest sie, als seien sie Musik. Sie waren Musik für Dich - wie heute für mich. Wenn es regnete, stelltest Du Dich unter einen Baum, unbekümmert darum, daß Du naß wurdest, und hörtest zu - und sagtest: »Höre, mein Sohn!«

Wenn Du im Herbst durch den Wald gingst, zogst Du die Füße, die Du doch sonst ordentlich zu heben pflegtest, knapp über dem Boden entlang, damit es raschelte und rauschte. Und wenn das Laub auf der einen Hälfte des Weges zusammengeweht war, gingst Du nicht, wie die meisten Menschen es tun, auf der freien Hälfte, sondern dort, wo Du am tiefsten durch Laub staksen konntest. Du liebtest den Laub- und den Regen*sound*. Und wenn auch damals dieses Wort noch nicht unserem Sprachgebrauch eingemeindet war, ich bin sicher: Das war es, als was Du das Rauschen von Regen und Laub empfandst: als *sound* - als das, was ich später *Nada* nannte.

Von Dir habe ich auch die Vorliebe für moralische Argumente. Du warst der Überzeugung, daß sich alle zwischenmenschlichen Probleme »ethisch-moralisch« lösen ließen. Mein Leben lang glaubte ich, Meinungsverschiedenheiten, Zusammenstöße, Auseinandersetzungen, Interessenkonflikte durch »moralische« Erwägungen bereinigen zu können. Und immer noch kann ich's nicht fassen, daß das nicht geht. Als ich die Berliner Jazztage leitete, warfen mir Kritiker vor, ich wolle »ethische Maßstäbe« ins *jazz business* bringen. Jahrelang hatte ich mit Schulte-Bahrenberg gestritten, dem geschäftlichen Leiter meiner Festivals. Ich hatte keine Sympathie für ihn. Aber als mein Nachfolger, kaum daß er im Amt war, diesen Mann, der ihm seinen Vertrag gegeben hatte, ausbooten wollte, da plötzlich war meine ganze Sympathie auf der Seite dessen, dem Unrecht geschah.

Eine Freundin sagte: »In allem, was du machst, erkenne ich deinen

Vater.« Ich protestierte: Er sei Pfarrer gewesen. Ich machte damals Jazz, ich hätte mich doch wahrhaftig weit vom Erbe des deutschen Pfarrhauses entfernt. Sie darauf: »Dein Vater könnte sich gewiß nicht wiedererkennen in dem, **was** du tust, aber er würde sich sofort wiedererkennen, in dem, **wie** du es tust.« Inzwischen weiß ich: Sogar in dem, **was** ich tue, könnte er sich finden.

Wie sehr ich Dir anhänge, wird vielleicht nirgends deutlicher als darin, daß ich - in Baden-Baden lebe, der Stadt, die Du 1938 gegen den wütenden Protest Deiner Kinder als Ort Deines inneren Exils gewählt hast. In der ganzen Welt habe ich mich herumgetrieben, aber immer kehrte ich hierher zurück, und nun wird die »Kurstadt der reichen Pensionäre« (das war bereits damals unser Hauptargument gegen sie) auch für mich Stätte eines geheimen Rückzugs. Ich kenne mich gut: Wärest Du in Berlin geblieben, ich lebte noch heute dort (aber auch dort in meiner Art von Exil).

Was ich nicht übernommen habe - oder nur heimlich -, ist Deine Liebe zu Deutschland - diesen unendlichen Wald aus Eichendorff und Dürer, aus Luther und Bach, aus Beethoven, Veit Stoß, Mörike, Grünewald, Goethe, Jean Paul, Kant, Fontane, Fichte - all diese ragenden Bäume, deren Namen täglich fielen: Früchte fielen von Bäumen. Jeden Pfad kanntest Du in dem Wald und gingst Du tausendmal wieder. Wie hätte sein Waldsterben Dich bekümmert! Sein Dünner- und Magerer-Werden. Und nun wird der ausgedünnte Wald auch noch über- und umwachsen. Vielleicht will er zuwachsen; vielleicht ist es gut, daß er das will, daß er das mindestens zuläßt - zulassen muß; viel Kraft hat er nicht mehr - dieser wund gewordene Wald, der so wunderbar war. Dich hätte es unendlich bekümmert - dieses Zuwachsen der deutschen Wunde von Norden und Osten, von Süden und Westen. Für die Lesenden zum Beispiel: von Noteboom und Kundera, von Lern, Kishon, Gustafsson, Nabokov und ... Für die Essenden: von Spaghetti, Gouda, Brie, McDonald, Döner ... Für die Hörenden sowieso.

Christus erfüllte Dich, aber diesseits davon gingen Deutsche, nur Deutsche, durch Deinen nie ruhenden Kopf, strömten in und aus Deinem Herzen - wo Du auch warst, von Deinen Kanzeln bis Dachau. Du warst sicher - und ich bin es auch: Du starbst (ich muß ihn hierherschreiben, diesen zynisch mißbrauchten Satz; hier stimmt er) ... Du starbst für Deutschland. Mehr noch und sinnvoller als die an der Front. Ebenso mutig. Du für das bessere, sie für das schlechtere Deutschland.

Und jetzt, Vater, sehe ich Dich vor mir, wie ich Dich zum letzten Mal sah: im Konzentrationslager Dachau - ein Jahr vor Deinem Tode. Ich konnte sehen, Du trugst ihn schon in Dir - und Du wußtest das. Es war erstaunlich, daß ich Dich besuchen durfte. Besuche in einem KZ - ich hatte nie gehört, daß es so etwas gab. Aber Waldtraut hatte Dir geschrieben, ich sei in der Kaserne in München-Freimann (die später die amerikanische wurde und heut wieder deutsch ist), werde dort an Geschützen ausgebildet - nicht sehr weit von Dachau -, und Du regtest an, ich solle einen Antrag auf »Besuchserlaubnis« stellen. Das hatte beim »Reichssicherheitshauptamt« in Berlin zu geschehen - selbstverständlich auf dem Dienstweg.

Ich bin tief hineingegangen in die Erinnerung, brauchte monatelang dazu. Meine erste Reaktion war: Das kann ich doch nicht. Was werden meine Vorgesetzten denken? Er hat einen Vater im Konzentrationslager. Ich fühlte die Blamage. Die Schande. Die Behinderung meiner Offizierskarriere (die ich damals noch anstrebte und die in der Tat aus diesem Grunde nicht möglich war). Aber ich wußte dennoch sofort: Ich werde den Antrag stellen. Ich wollte Dich sehen.

Ich schrieb in den Antrag, daß ich wenige Wochen später nach Rußland versetzt würde und vorher noch gern meinen Vater besuchen wolle - und ich bekam die Erlaubnis.

Bevor ich das Besuchszimmer betreten durfte, mußte ich die Taschen leeren, ein Taschenmesser herauslegen, das ich bei mir trug, und dann lange warten. Du wurdest von zwei SS-Leuten hereingeführt, und ich glaube, wenn ich Dir so auf der Straße begegnet wäre, ich hätte Dich nicht erkannt. Kahl geschoren, in dem gestreiften Sträflingsanzug der KZ-Häftlinge, zwar immer noch aufrecht, aber geschrumpft, als wärest Du kleiner geworden.

Ich frage mich, worüber wir gesprochen haben, aber ich bekomme das nicht mehr zusammen. Ich erinnere, daß uns der SS-Mann, der unser Gespräch überwachte, ein paarmal unterbrach: Dies zu besprechen sei nicht gestattet. Es ging um die Möglichkeiten Deiner Entlassung und um Deine Frage, was wir dafür getan hätten. Ich spürte mein Versagen, aber ich wußte auch: Wir konnten nichts tun - außer den Eingaben alle paar Monate, die wir selbstverständlich gestellt hatten und weiter stellen würden. Ich fühle noch immer meine Verlegenheit. Diese Mischung aus Achtung, ja Bewunderung für Deine Standfestigkeit und meinem Versagen, auch meinem Blamiertsein: der Vater im KZ! Du schienst stolz auf mich. Auf meine Uniform. Auf meine Laufbahn als Offiziersanwärter. Du liebtest Dein Land und Dein Volk und machtest das deutlich, damit der SS-Mann es hören konnte. Sprachst von Sich-selbst-Überwinden. Wenn ich Dich heute dieses Wort sagen höre, damals in Dachau, dann hat es nicht den martialischen Klang, den es während meiner Kindheit hatte - ich konnte es nicht ertragen, es machte mich wütend -, jetzt klingt es, wie es gemeint ist und warum es sich bildete: Da wird etwas über eine Winde gewunden, ein Tau vielleicht, eine Brücke, Du schrittst darüber, wandest - »windetest« - Dich über den Abgrund. Am Schluß sagtest Du ein Bibelwort: »Sei getreu bis in den Tod, so will ich Dir die Krone des Lebens geben.« Ich wollte Dich umarmen, aber ich durfte das nicht.

Ich meinte, sogar in diesem stumpfen SS-Mann eine gewisse Achtung für Dich spüren zu können.

Beim Fortgehen war es nötig, »Heil Hitler!« zu sagen.

Ich war erst zwanzig, vermied es, verdrängte es, irgend etwas zu reflektieren, was damals geschah - aus Selbstschutz. Aber beim Zurückfahren nach Freimann wußte ich: Auf diesen Vater darf ich stolz sein.

Je älter ich werde, desto mehr spüre ich die Parallelen in Deinem, Vater, und meinem Lebensweg. Du hast Dich - ungewollt und gewollt - aus der Leitung einer großen Anstalt herauskatapultiert, gingst aus der Weltstadt Berlin in die badische Provinz. Habe ich etwas Vergleichbares getan, als ich - ein in der internationalen Jazzwelt ständig präsenter Mann - mich aus dem Jazz zurückzog? Zunächst die Leitung der

Berliner Jazztage - damals die höchstdotierte Festivalleitung der Jazzwelt - niederlegte, mich dann auch aus der Funk- und Fernseharbeit - gar nicht so milde und ähnlich Dir (auch hier ist dieses Wort angebracht) - herauskatapultierte? Zu meditieren begann und »Nada Brahma« und alle die Bücher, die ihm gefolgt sind, schrieb? Ich war Dir so fern, wie das Leben eines Sohnes nur dem seines Vaters sein kann, aber heute spüre ich: mein Leben nähert sich Deinem.

Am stärksten begriff ich es, als Dein Nachfolger (über die vielen Zwischenstationen, die es seit damals gegeben hat) mich Anfang der neunziger Jahre einlud, in Deiner Stiftung über mein heutiges Thema, das Lauschen nach innen - das Er-hören der eigenen Inneren Stimme -, zu sprechen. Ich hatte es nicht gewußt, als ich die Einladung annahm, aber als ich Dein Pfarrhaus, das Haus meiner Kindheit und nun auch das Wohnhaus des heutigen Stiftungschefs, betrat, wurde mir eröffnet, ich solle in Deiner Kirche sprechen. Ich schluckte. Das kann doch nicht wahr sein. Ich widersprach. Vergeblich. Es kämen zu viele Menschen, kein anderer Raum sei groß genug.

Und dann stand ich in Deiner Kirche, vor Deinem Altar, an Deinem Platz, und sprach über mein Thema »Höre, so lebt Deine Seele!« ... und wußte mit einem Male, es war bereits **Dein** Thema. Von Dir habe ich dieses Bibelwort zum ersten Mal gehört, es war eines Deiner Lieblingsworte, ich muß es also viele, viele Male gehört haben - zum ersten Mal vielleicht schon, als ich vier oder fünf war. Ich begriff dies alles, während ich sprach. Ich konnte kaum sprechen vor innerer Erregung, mußte am Schluß Tränen verdrücken und hoffte, daß die Menschen, die mir zugehört hatten, es nicht merkten.

»Höre, mein Sohn.« Ja, Vater, ich habe gehört. Und ich danke Dir. Auch für das untere Stockwerk.

8

Vater, ich überlese diese Seiten, die sich in Jahren meiner inneren Auseinandersetzung mit Dir zusammengefügt haben, ein letztes Mal, und ich erschrecke. Das Manuskript meines Buches ist längst beim Verlag, aber ich begreife: Ich kann das so nicht stehenlassen. Ich weise Dir Schuld zu. Wer bin ich, das tun zu dürfen? Deine Tochter Waldtraut sagte schon vor ein paar Monaten: »Hast Du nicht noch etwas, was Du auf Vater abschieben kannst?«

Schuld ist ein christliches Konzept (schon wieder eine verdeckte Schuldzuweisung!). Sie ist ein Pingpong mit dunklen, schweren Steinen, die dorthin zurückschnellen, woher sie kommen. Ich habe gelernt, zu erkennen: Wer dieses Spiel spielt, belastet sein Karma (was oft mit Schuld verwechselt wird, ihr ähnlich ist und doch etwas anderes; Pingpong mit ihm ist nicht möglich).

Wer bin ich, Schuld - und gar Dir! - zuweisen zu dürfen? Ich, der jahrelang seine Seele an seinen Erfolg und die Medien verkauft hat, und Du, der die seine nicht einmal unter Gefahr für Existenz und Leben an die Nazis verkaufte.

Vater, Du warst kein Täter in meinem Leben, sondern der Auslöser. Noch genauer: Ich habe Dich als Auslöser benutzt. Ich habe Dich gesehen, wie das Stück Seil auf dem dunklen Weg: Man denkt, es ist eine Schlange, und man erschrickt: Sie könnte mich stechen, mich würgen - und nachher ist es nur ein Stück dunkles Tau gewesen. Seil warst Du, Schlange gewiß nicht.

Schuld kennt nur eine Adresse: sie Gott zu Füßen zu legen. Damit sie Huld wird. Du hast das getan. Es wird Zeit, daß auch ich es tue.

Meine Adlerin-Amsel
Frei nach Rose Ausländer

Rose Ausländer, die ich sehr liebe, hat ein wunderschönes Gedicht über ihre Mutter geschrieben. Dieses Gedicht variiere ich. Es bleibt nicht so gut wie das Original, aber es besingt meine Mutter.

Meine Mutter war einmal eine Butterblume
Die goldene Aura
blieb ihr aus der Blumenzeit
sogar der Geschmack nahrhafter Butter

Hier war sie nie
halb Blume halb Mensch
ihr Boden: märkische Erde
jedoch im Blumentopf
leicht mitzunehmen überallhin:
Weißensee - Steglitz -
Baden-Baden - Zürich - Tessin

Als ich sie fragte was sie gern geworden wäre
sagte sie: eine Adlerin
Nach einer Weile fügte sie an:
Eine, die singt wie die Amsel
Singt die Choräle von Bauern und Pfarr-Vätern
Singt märkische Heide, Wittbrietzen,
singt Potsdam und Havel-Seen
Singt slawische Erde
Singt Schubert
Im Zimmer darüber höre ich sie
im Kinderbett liegend

hör sie - und lausche - lauschelausche ...
schlafe nicht ein
denke: Für wen singt sie da unten?
Wann kommt sie? Ich möchte sie noch sehen
und warte und weine -
höre ihr Lied,
Gott hätt's »bestimmt
daß man vom Liebsten was man hat
muß scheiden ja scheiden ...
Es wird nur wenig Zeit noch sein
da läßt sie Dich so ganz allein
dann weine ja weine ...«

Ich weine sie fort
es ist ja bestimmt
Meine Butterblume-Adlerin-Amsel
ist Pusteblume geworden
Sie kann nicht mehr singen
Weint auch aber ich hör sie nicht mehr

Sie fliegt
fliegtfliegtfliegt
über achtzig Jahre hinweg
aus der Mark ins Tessin
Und dort unten singt sie noch mal
Singt laut: Hört mich in der Mark
und ins Mark!

Immer noch frage ich mich:
Für wen singt sie da unten?
Ich kann's nicht ertragen.

Liebe Mutter - ein Brief

Ich habe Dir viele Briefe geschrieben, diesen schreibe ich zu spät. Dennoch schreibe ich ihn. An Dich in mir. Das Zuspät und das Dennoch durchzieht unsere Beziehung - von Anfang an. Das Zuspät meint: Du gingst aus dem Haus meines Vaters, als ich klein war, und ließest uns - meine Schwester und mich - bei ihm zurück. Dadurch ist all mein Reden zu Dir ein Dir-Hinterherrufen geworden - als riefe ich »Mutter« hinweg über einen weiten, leeren Raum - und wollte Dich zurückrufen. Aber es war zu spät. Und blieb immer zu spät.

Das Dennoch bedeutet: Dennoch rufe ich, will die abgerissene Verbindung immer wieder neu flicken. Ich weiß, Du wolltest das auch. Letztlich meint es: Dennoch Dich lieben! Es ist dieses Dennoch, das durchschlug, sich durchprägte auf alles in meinem Leben, was mit Liebe zusammenhing: auf meine Beziehungen, Ehen, Lieben - und nie mehr aufhörte, wen ich auch liebte.

Seit ich schreiben kann, schreibe ich Dir. Wir - ich Dir und Du mir - haben uns Hunderte von Briefen geschrieben - immer wieder neu den Raum zwischen uns - diese seltsame Leere, die wuchs: fünf Jahre, zehn, zwanzig ... schließlich sechzig Jahre - zu überbrücken suchend. In den Kriegsjahren schrieb ich Dir alle zehn oder vierzehn Tage - aus Frankreich, aus dem Ring um Leningrad, aus den Wolchowsümpfen, mit erstarrenden Fingern auf dem Rückzug durch den eisigen Winter Nordrußlands ... Viele meiner Briefe haben Dich nicht erreicht. Deshalb ist es in Ordnung, daß auch dieser Dich nicht - nicht mehr - erreichen wird. Auch Du schriebst ja - immer, wenn Du mir schriebst - letztlich an den Joachim in Dir.

Ja, ich war drei, als Du mich verließest - mich und meine Schwester, die zwei war. Beachte bitte dies Wort: verlassen. So habe ich es empfunden - mein Leben lang -, auch dann, wenn mein Kopf gewußt hat, es wäre richtiger, einfach zu sagen: Du und Vater haben sich getrennt.

Weißt Du, daß dieses Verlassen-worden-Sein der Riß wurde, der durch mein Leben gegangen ist - der tief erfahrene, gut gelernte, dutzendfach wiederholte: das Getrenntsein von allem, wovon ich nicht getrennt sein wollte? Dafür hast Du gesorgt: Verlassen-Werden und Verlassen-Sein kenne ich gut.

Ich weiß: Auch für Dich war es ein Riß - ein furchtbarer, qualvoller, nie verwundener, aber Du gingst ja trotzdem. Also muß Dir etwas anderes, das Dich motiviert hat zu gehen, wichtiger gewesen sein. Ich denke, es war die Flucht vor meinem Vater, den Du - ich glaube: mit Recht - nicht mehr ertragen konntest. Es war der Weg in die Freiheit, die Du unbedingt wolltest. Der Weg in Selbstbestimmung und Würde. In das, was Du Dir und Deinem Leben schuldig warst.

Ich begreife erst seit ein paar Jahren, wie »toll« - dies ist das Wort, das mir einfällt - das war. Im Jahre 1925 gab es das nicht: eine Pfarrersfrau und Pfarrerstochter, die ihrem Mann fortläuft. Tausendfach gab es das Gegenteil: Pfarrfrauen, die bereit waren, eher kaputtzugehen - und in der Tat kaputtgingen - als fortzulaufen.

Du warst sechsundzwanzig. Auf den Bildern aus jener Zeit siehst Du wie neunzehn aus - mädchenhaft, zart. Du gingst mit einer Tasche - ohne Mittel, ohne Geld. Es schneite, Du trugst nur ein leichtes Kleid, keinen Wintermantel. Wie verzweifelt mußt Du gewesen sein - diesen Schritt in die Leere zu tun -, lieber dies, als noch länger im Haus Deines Mannes, meines Vaters, leben zu müssen. Und wie mutig!

Die Frage, die ich mich nie zu stellen getraut habe, ist diese: Warum nahmst Du uns, meine Schwester und mich, nicht mit? Schien es Dir nicht selbstverständlich - jenseits jeder Sekunde des Zögerns: Wenn ich gehe, natürlich nehme ich meine Kinder mit?

Warum tatst Du es nicht? Aus Furcht - vor diesem Herrscher von Mann, diesem dennoch Hilflosen, Schwächlichen, eben deshalb sich herrscherlich Gebenden, der Dich, wie Du gesagt hast, nicht einmal ordentlich lieben konnte, der aber, wenn er schon nichts von Dir wollte, doch mindestens dies dringend gewollt hat: Nachwuchs - Erben - einen Nachfolger (das habe ich ihm vermasselt!)? Du, die Du so mutig warst, Furcht?

Heute weiß ich die Antwort: Er hätte dich zerstört, wenn Du ihm seine - von Deinen sprach er erst gar nicht - Kinder genommen hättest. Er hatte ja versucht, Dich zu zerstören, Du wußtest also: Er kann das. Ich mag da nicht tiefer hineingehen, ich wage es nicht, denn ich liebe auch ihn. Bitte bedenke: Bevor mein Kopf - viel zu spät - die Antworten mühsam erforschte, fragte mein Herz Dich - von damals, 1925, an, länger als ein halbes Jahrhundert hindurch, fragte stumm: Warum hast Du uns nicht mitgenommen? Weil mein Herz keine Antwort bekam, entstand dieser Riß - weil es weiter fragte, wurde der Riß tiefer, entstand schließlich Wut.

Schließlich? Ich bin sicher: schon damals entstand sie.

Wie oft mußt Du in den ersten Monaten nach Eurer Trennung daran gedacht haben, zurückzukehren? Er hätte Dir Bedingungen gestellt, Dich geknebelt. Alles glaubte er in Bedingungen, in Worte und Abmachungen fassen zu können. Du mußt überlegt haben: Soll ich das auf mich nehmen, um meine Kinder haben zu können? Mein Verstand findet es richtig, daß Du es nicht auf Dich nahmst. Mein Ego findet es falsch. Mein Herz ist verletzt.

Sieben Jahre hast Du um uns prozessiert - von Instanz zu Instanz -, ohne Chance vor diesem Mann, dem Herrn Direktor und Pfarrer, der - wie jedermann im Gericht (Frauen gab's nicht) zweifelsfrei sehen konnte - immer nur Gutes tat, sich die besten Anwälte leisten konnte und einige der Richter persönlich kannte. Wenn Du überhaupt eine Chance hattest, hattest Du sie nur ein einziges Mal: gehen und uns mitnehmen.

1983, vier Jahre vor Deinem Tode, besuchtest Du mich und sprachst - zum ersten und einzigen Mal - über Deine Ehe mit meinem Vater. Eine nie aufhörende, sich ständig verdickende Kette von Demütigungen, Verletzungen, Zurücksetzungen. Liebe geschah nicht, das **Wort** »Liebe« fiel. Sie »fiel«.

Du erzähltest Einzelheiten. Zum Beispiel: Du hattest aus der Zentralküche der Stiftung einen Zentner Zucker erhalten. Nach ein paar Tagen sagte meine Tante Frieda, die gestrenge Oberin und Verwalterin, meinem Vater, der Zucker sei fort. In einem Ton, in dem die Unterstellung schwang, fragte sie: »Was kann sie bloß mit ihm angestellt haben?« Vater, statt die Frage als unzulässig zurückzuweisen, gab sie weiter, fragte Dich: »Wo ist der Zucker?« Eine Frage, die nur möglich war in der Atmosphäre mangelnden Vertrauens, die Frieda und er geschaffen hatten. Natürlich warst Du verletzt. Zumal es Dutzende ähnlicher Fälle gab. Du führtest ihn in den Keller, zeigtest auf ein von unten bis oben gefülltes Regal mit frisch eingemachtem Apfelgelee und sagtest. »Da ist der Zucker.« Er entschuldigte sich nicht einmal.

Du hattest, als Du gingst, den Schlüssel zum Park behalten, kamst nachts heimlich zurück, standst unter unserem Fenster und lauschtest, wie wir zu Bett gebracht wurden, und weintest.

Ich weiß, es hat Dein Herz zerrissen. Du weißt, daß es meines zerriß, mußt es spätestens verstanden haben, als Du die Gedichte last, die ich mit 17, 18, 19 schrieb: zwei, drei waren fröhlich, die anderen, zwölf Bände voll unreifer, epigonaler Jungen- und Jugendgedichte: Schmerz, Einsamkeit, Sehnsucht, Getrenntsein, Verlust ... Du mochtest diese Gedichte. Der einzige Mensch, der sie sammelte. Als Du starbst, fand Waldtraut sie in Deinem Bücherschrank neben Goethe und Rilke und Morgenstern und all den anderen, die Dich strahlen ließen, wenn Du sie auswendig rezitiertest. Ich hatte meine lyrischen Ergüsse vergessen, Du nicht. Als ich »Nada Brahma« geschrieben hatte, erinnertest Du mich: Schon als Kind und als Junge hätte ich über Klänge und Töne als Gleichnis der Welt, über Stille und Schweigen Gedichte gemacht.

Am meisten mochtest Du meine »naiven« Gedichte - zum Beispiel:

Alle unsere Traurigkeiten
gehen durch uns wie ein Traum,
weit und wie die Ewigkeiten
durch den Sternenraum.
Alle unsere Traurigkeiten
gehen durch uns still und groß,
einen endlos weiten, weiten
Weg aus dem vergess'nen Schoß ...

Ich schickte Dir diese Zeilen aus Rußland. Ich spürte, Du wußtest, warum ich traurig war. Wußtest es besser als irgend jemand. Wußtest: Die Traurigkeit in meinem Leben hatte begonnen, als Du gingst.

Hinter den Bänden meiner Gedichte lagen meine Briefe an Dich. Der früheste war von 1936 aus dem Internat, als ich vierzehn war. Mein Lebensweg in diesen Briefen: Berlin - Niesky - der Krieg - Baden-Baden - viele Orte in den USA - Indien - Bali - Japan - und all das andere - ein dickes Bündel. Mein Gott, Mutter, daß Du das alles gesammelt hast! Ich sammelte nichts. Und neben meinen Briefen lagen die meines Vaters - aus Eurer »Brautzeit« - 1920 und '21: glühende Liebesbriefe - so zart und so voller Poesie, daß noch heute zu spüren ist, was Ihr damals empfunden haben müßt: Diese Ehe ist für die Ewigkeit.

Zum Beispiel am 3. Juli 1921, vier Wochen vor Eurer Hochzeit: »Wie liebe ich immer aufs neue Dein wundervolles Wesen in all seinen Gegensätzen: das Frohe und das Ernste, das Leichte und Tiefe, die weltliche und die Gottesliebe ... Wie freue ich mich auf den Zusammenklang unserer Seelen! ... Innerlich lieber haben kann Dich keiner als ich, der ich stets denke, daß ich Dich nicht genug liebhabe. Wenn aber kommen wird das Vollkommene, dann wird das Stückwerk aufhören - auch das Stückwerk meiner Liebe zu Dir. Gott helfe uns zu dem ewigen Reich seiner vollkommenen Liebe.«

Aber dann zitierte er die Losung der Brüdergemeine von jenem Sonntag, an dem er dies schrieb, dem 3. Juli 1921: »Wenn Du mich demütigest, machst Du mich groß.« Er fügte hinzu, es sei »eines meiner Lieblingsworte der Heiligen Bibel«. Was hängenbleibt, ist das Wort »demütigen«. Als habe er eine Affinität dazu besessen.

Von Anfang an muß es gebrodelt haben zwischen Euch. So finde ich in einem Brief aus dem Jahre 1922 - Du warst schwanger mit mir - die folgende Stelle: »Du liebes Wesen bist nun tatsächlich mein einziger Gedanke! Mein Liebling, wie habe ich alles durchdacht, auch dies, wo Du mir ein wenig weh getan hast. Indes auch dies habe ich liebgehabt. Es gehört unbedingt zum Ganzen Deines Seins und Wesens. Überblicke, mein Liebling, wie Du mit Deinem Vater und anderen Mensehen, die Dich liebhaben, hart aneinandergeraten. Das liegt in Deiner Impulsivität. Die hat ihr helles Licht und darum auch tiefe Schatten, wie ja die Fehler eines Menschen meist die Folgen seiner Tugenden sind. Nun will ich aber aufhören mit Predigen, zumal ich heute schon eine Stunde gepredigt habe.«

Du konntest nur weniges mitnehmen, als Du flohst. Wie wichtig müssen Dir diese Briefe gewesen sein, daß Du es nicht übers Herz brachtest, sie zurückzulassen - wo Du doch fast alles dortlassen mußtest! Und sie über sechs Jahrzehnte hinweg aufhobst - von Wohnung zu Wohnung.

Weißt Du, Mutter, daß Du mein Frauenbild bestimmt hast, mein Leben lang? So wie Du fortgingst, sechsundzwanzigjährig, zart, klein, mädchenhaft - und dennoch mutig und sicher -, waren die Frauen meines Lebens - die Ehefrauen, die Freundinnen ... Daß sie so viel jünger waren als ich, hat mit Dir zu tun. Als Jadranka in mein Leben trat, wunderte ich mich: Wie kommt es, daß ich sie liebe, verrückt nach ihr bin - kraftvoll, stark, voll, so groß wie ich -, weit weg von allem, was ich für »meinen Typ« hielt. Als die Liebe wuchs, dachte ich stolz, auch deshalb sei sie in mein Leben getreten, damit ich endlich lerne, eine Frau nicht um ihres Typs willen zu lieben, sondern - dem Typ zum Trotz - um ihrer selbst willen. Aber Jadranka ist sich da gar nicht so sicher: »Schau dir doch an, wie deine Mutter in meinem Alter aussah. Dann ist der Unterschied nicht mehr so groß«, sagt sie lächelnd. »Ich kann schon deine Mutter sein.«

Vielleicht war eine Instanz in Dir, die gewußt hat, es sei besser für mich, beim Vater aufzuwachsen; er konnte mir eine Ausbildung - Schule, Internat und all das andere - verschaffen, die Du nie hättest erschwingen können - Du, die als medizinisch-technische Assistentin in Krankenhäusern und pharmazeutischen Firmen ihr Geld verdienen mußte und nebenbei noch für ein paar Mark bis in die Nacht hinein in einer Ballettschule Klavier spielte, weil Du sonst nicht einmal Deine Miete hättest bezahlen können. Vielleicht ahnte diese Instanz in Dir auch etwas von meiner Herausforderung durch den Vater, die sicher früh schon begonnen hatte und je älter ich wurde, desto täglicher stattfand - ahnte, wie wichtig sie für mich werden würde und daß ich ohne sie der, der ich geworden bin, nie hätte werden können. Du hattest ihn nicht ertragen können, aber vielleicht hat es eine Stelle in Dir gegeben, die gewußt hat: Mein Sohn wird es schaffen - statt meiner. Vielleicht spürtest Du auch: Meine Urwut auf ihn hatte ich deshalb, weil er Dich vertrieben hat.

Noch eine Frage, die ich mich nie getraut habe, Dir zu stellen: Warum stilltest Du mich so kurz? Heute weiß ich: Weil Du so bald schon wieder schwanger warst mit Waldtraut. Damals wußte ich davon nichts, ich fühlte nur: Ich will ihre Brust. Warum bekomm' ich sie nicht? Schließlich: Warum verweigert sie sie mir? Der Urkeim der Wut, noch bevor Du gegangen warst. Statt Deiner bekam ich Kuhmilch. Die mochte ich nicht. Damit begann meine Milchallergie. Dadurch wurde ich ein allergischer Mensch.

Du sprachst gern davon, daß ich »zu früh« gekommen sei. Du - und Dein Arzt -, ihr erwartetet mich am 22. Juli - genau an Deinem Geburtstag. Und dem Deiner Mutter! Dann wäre ich Löwe geworden wie Du - in der dritten Generation. Du sagtest, mein Geburtstag hätte sich deshalb »vorverlegt«, weil Du am Tage vor meiner Geburt hochschwanger auf den großen Kirschbaum vorm Pfarrhaus geklettert seist, um einen Korb frischer Kirschen zu pflücken und einzumachen. Das hätte Dich überfordert; so warst Du: kurz vor der ersten Geburt mit Deinem dicken Bauch auf einen hohen Kirschbaum klettern!

Aber, Mutter, Babys, gar ungeborene, haben ihre eigene Weisheit, die unsere Vernunft übersteigt. Das Baby, das ich war - ich jedenfalls kann das gut nachvollziehen -, wollte kein Löwe werden; das muß ihm sehr wichtig gewesen sein: bloß kein Löwe! Ich denke das immer noch, wenn ich einem begegne, reagiere »allergisch« auf Löwen - auf das Joviale, Strahlende, Glänzende, ihre *showmanship,* das Erfolgssichere und Erfolgsgewohnte, das Zum-Herrschen-geboren-Sein ... Deshalb war ich auch oft allergisch auf Dich. Dein kluges Baby wollte unbedigt Krebs werden - zwei Tage früher war ihm eine Kleinigkeit. Es ist Krebs mit Leib und Seele geworden - tief in seinem Krebshaus versteckt und geborgen, die Antennen weit draußen, alles ertastend und alles empfangend, was um es herum geschieht. Aber der Löwe warf seinen Schatten voraus - seine Sicherheit, seinen Erfolg, allerlei Herrschendes, Strahlendes, wenn ich vor einem Publikum stehe (aber wenn der Vorhang zugeht, krieche ich gleich wieder in mein Krebshaus zurück) ... Heute weiß ich: Oft war es dunkel darin. Mein Schütze-Aszendent hat Licht gemacht.

Sicher liegt es auch an meinem Krebs-Sein, daß ich Wasser so liebe - gerade jenen Bereich, in dem Wasser und Land sich begegnen und durchdringen - gewundene Küsten, Buchten, Lagunen und Deltas, Marsch, Schlick, Rinnen darin, Landvorsprünge und Kaps, die ganze geheimnisvolle Welt zwischen Ebbe und Flut. Da fühl' ich mich wohl wie die Krebse, die gerne dort leben.

Auf jeden Fall, Mutter, war mein Zu-früh-gekommen-Sein nur das erste von vielen Zufrühs in meinem Leben. Zu früh in die Schule. Zu früh in den Krieg. Zu früh(?) Mitgründer einer Rundfunkanstalt. Erste Ehe zu früh ... »Voreilig« nannte mich mein Vater, ich sei »präpotent« sagte Friedrich Bischoff, der erste Intendant des Südwestfunks. Mir selbst gegenüber nenn ich's: ich schalte halt schnell.

Aber auch Ihr - Du und mein Vater - habt schnell geschaltet, als Ihr 1921 heiratetet, nachdem Ihr Euch noch gar nicht so richtig kennengelernt hattet. Durch Briefeschreiben lernt man zu wenig über den anderen. Ihr wart beide sehr, sehr verliebt. Aber als Du am Tag nach Deiner Hochzeit, am 5. August 1921, das Pfarrhaus in Weißensee betratest, hast Du sofort das Dunkel, die Last, die »Gespenster« des Hauses, Mißtrauen, Zwang, Unheimliches zu fühlen gemeint. Du hast es gespürt, so erzähltest Du manchmal, als könntest Du's sehen und greifen. Du fühltest, von Eurer ersten Nacht an, das Dunkel der Sexualität, das »schlechte Gewissen«, mit dem er Dich liebte. Nie war es rein, nie war es Erfüllung, Ekstase, Glück - und ich, der ich im selben Zimmer schlief, muß es, ob ich's »verstand« oder nicht, mitbekommen haben. Immer war für meinen Vater etwas Schmutziges daran - der gleiche Schmutz, von dem er sprach, als ich - elf, zwölf, dreizehn Jahre später - »in die Gefahr sexueller Gedanken« kam. Ich nehme an - ach was, ich bin sicher: Er hat die gleichen Sätze zu Dir wie zu mir gesagt, sie gehörten zu seinem Repertoire, er hatte sie »drauf« - wahrscheinlich von **seinem** Vater her.

Meine Schwester weiß irgendwoher, daß unser Vater, als Du gegangen warst, eine Tür, die es zwischen seinem Arbeitszimmer und unserem Wohnzimmer gegeben hat, zumauern ließ. Wir fragten uns, warum er das wohl getan hat - und kamen beide zu der gleichen Antwort: Das Wohnzimmer war damals Dein Zimmer. Er war zunächst noch nicht sicher, daß er Dich endgültig vertrieben hatte. Für den Fall, daß Du zurückkämst, wollte er diesen wichtigen - diesen direktesten - Weg zwischen Euch unterbrochen haben. Er verbarg die zugemauerte Stelle hinter einer riesigen Bücherwand. Wollte er nicht mehr erinnert werden an den Weg zwischen Euch?

Seltsam ist, daß ich zehn Tage, bevor Waldtraut mir dies erzählte, von dieser Tür, durch die Ihr so oft zueinander gefunden haben müßt, geträumt habe. Ich schrieb den Traum in mein Traumbuch und setzte die Frage dahinter: »Hat es diese Tür vielleicht wirklich gegeben?«

Alle vier Wochen durften wir Dich besuchen - Waldtraut und ich. Es war jedesmal eine lange Fahrt mit der Straßenbahn und der U-Bahn vom Nordosten nach Steglitz, im Südwesten der großen Stadt, wo Du und Deine Mutter, unsere »weiße Omi«, eine Wohnung gefunden hatten. Ach, wie warteten wir auf die Sonntage mit Dir! Waldtraut freute sich auf ihre Puppe, die größer war als alle, die sie zu Hause besaß. Und für mich hattest Du eine Spielzeugeisenbahn gekauft. Zu jedem Geburtstag, Weihnachtsfest und auch sonst, wenn es Dir möglich war, kauftest Du mir weitere Lokomotiven, Güter- und Personenwagen, Bahnhöfe und Signale samt kleinen Bäumen und weidenden Schafen, die rechts und links der Gleisanlagen aufgebaut wurden. Wir lagen beide auf dem Boden und spielten und mußten aufpassen, daß wir die verschiedenen Züge, die wir zusammenstellen konnten, in genau richtigem Abstand voneinander starteten, damit es nicht an einer der zahlreichen Kreuzungen und Weichen Zugunglücke gab. Wir riefen aufgeregt hin und her: Paß auf, stell die Weiche! Stopp den Zug! Laß ihn losfahren! Du warst genauso eifrig bei der Sache wie ich.

Indessen kochte Deine Mutter, die »weiße Omi«, die herrlichsten Gerichte. Als es zu Haus kein Fleisch mehr gab, stopftet ihr uns voll damit, serviertet die leckersten Nachtische. Manchmal kamen wir mit verdorbenen Mägen zurück - für den Vater ein neuer »Beweis« dafür, daß Du uns nicht hättest richtig ernähren können - und erziehen schon gar nicht; Du »verwöhntest« uns. Einmal schrieb er Dir, Du dürfest uns kein Eis mehr geben.

In den letzten Kriegsjahren wurde die Schule für medizinisch-technische Assistentinnen, an der Du inzwischen lehrtest, aus dem zerbombten Berlin ins damalige »Reichsprotektorat Böhmen und Mähren« nach Marienbad verlegt. Eine Deiner Schülerinnen, so meintest Du, könnte die genau richtige Freundin für mich werden. In Deinen Briefen beschriebst Du sie mir in glühenden Worten, sprachst von einem »entzückenden Mädchen aus sehr gutem Hause«, erzähltest, daß Du ihr meine Gedichte gegeben habest und sie »tief beeindruckt« davon sei. Aber als ich Dich dann besuchte und Du sie mir vorstelltest, konnte ich wenig mit ihr anfangen. Wieder zurück in Rußland, schrieb ich Dir, sie trüge »ihre gute Erziehung wie eine Fahne vor sich her«.

Ach, Mutter, so viel fällt mir ein! Ich denke an den Hunger- und ersten Friedenswinter 1945/46. Meine neue Stellung am Funk führte mich nach Berlin. Ich wohnte bei Dir in Deiner zerbombten Wohnung in Steglitz. Es war kalt. Es gab keine Heizung. Du hattest die Fenster nur notdürftig flicken können. Wenn draußen Wind war, wehte es drinnen. Dein Heimatdorf Wittbrietzen lag in der Mark, also im russisch besetzten, Deine Berliner Wohnung im amerikanischen Gebiet. Es war riskant zu reisen, schwierig, die Passierscheine zu bekommen. Aber wir hungerten, und Du wußtest, in Deinem Dorf gibt es Kartoffeln, Mehl, Butter, Kohl ... Schließlich wagten wir es. Die wenigen Züge waren überfüllt. Trauben von Menschen hingen an ihnen. Du standst auf den Puffern zwischen zwei Wagen, die nicht durch einen Übergang verbunden waren, ich lag auf dem Dach eines Waggons, machte mich flach vor Brücken und überkreuzenden Leitungen. Deine Wittbrietzener Kindheitsfreunde begrüßten Dich so herzlich, wie Du Dein Leben lang begrüßt wurdest, wo immer Du erschienst. Sie gaben uns mehr, als wir schleppen konnten. Auf der Heimfahrt - Du mit zwei Säcken auf einem

Trittbrett - blieb unser Zug zwischen Potsdam und Babelsberg lange stehen. Neben uns stand ein Kohlenzug - natürlich für die Alliierten, denn für deutschen Verbrauch gab's so etwas nicht. Einige der mit uns Reisenden wagten es, dann auch ich: Wir sprangen hinüber, erkletterten die offenen Wagen, warfen Briketts herunter, sammelten sie auf. Soviel noch hineinging, stopfte ich in unsere Kartoffelsäcke. Du hattest irgendwo einen verrosteten Röhrenofen gefunden, dessen Rohr durch ein beschädigtes Fenster nach außen führte. Endlich konnten wir heizen - für ein paar Tage. Und uns satt essen!

Kaum daß ich spürte, ich würde am Funk bleiben, holte ich Dich nach Baden-Baden, half Dir zu einer Stellung im Krankenhaus dieser Stadt, richtete Dir - ein paar Jahre später - Deine Hochzeit aus - Du warst Mitte Fünfzig und glücklich wie ein Teenager -, eine strahlende Braut, fandest endlich das Glück, die Erfüllung, die Dir ein Menschenalter früher gebührt hätten ... Als Du mit Deinem Schweizer Mann nach Zürich gezogen warst, verhalf ich Dir zu einem Haus im Tessin, das Dein Alterssitz werden sollte und dann auch geworden ist ... und dennoch: Wenn ich nur wenige Tage mit Dir zusammen war, machte sich wieder der »Raum« zwischen uns breit, die Leere - an jenem kalten, »schneeigen« (so hast Du erzählt) Märztag des Jahres 1925 entstanden, an dem Du gegangen warst. Wir sprachen über das Wetter, über Deine und meine Reisen, über Musik - und das war's dann, kamen nicht hinweg - ich nicht und Du nicht - über die Distanz zwischen uns.

Mutter, ich kann Dir gar nicht sagen, wie sehr ich mir - und Dir! - gewünscht habe, daß Ihr - Du und mein Vater - Euch versöhnt hättet. Zwar habt ihr's auf eine formale Weise getan, als wir konfirmiert wurden - 1937 von Dibelius in der Berliner Dreifaltigkeitskirche, auch er ein großer Prediger des Widerstands gegen Hitler (dennoch frage ich mich manchmal: warum nicht von unserem Vater? Zweifelte er schon an sich? Glaubte, wir empfänden es als gewichtiger, wenn ein anderer es täte?). Aber Eure Versöhnung ging nicht tief genug. Du bliebst bitter. Ich schrieb Dir deshalb einen langen Brief, bat Dich, ihm zu vergeben, bevor Du gingst, meinte, daß dies eine Last von Dir nehmen würde, doch mein Brief verletzte Dich tief. Über eine Freundin, die Psychoanalytikerin war, ließest Du ihn mir mit einem mich traurig stimmenden Kommentar zurückschicken. Ich dachte: Das kann ich nicht machen - ihr in ihrem Alter so viel Kummer bereiten. Ich entschuldigte mich bei Dir, daß ich ihn geschrieben hatte.

Ach Mutter. Du hast nicht gut über Dein eheliches - Dein sexuelles - Leben mit meinem Vater gesprochen. Darf ich Dir sagen, daß unsere Erinnerung vieles verschiebt? Die menschliche Erfahrenskraft wird immer reicher, je reifer wir werden. Viele Menschen erleben es staunend: Sie wähnen sich auf dem Gipfel von Liebe, Glück, Ekstase und merken schon ein paar Jahre später: Der Gipfel war klein, verglichen mit dem Bergriesen, auf dem sie sich inzwischen befinden. Weißt Du, was für eine wunder- und lebensvolle, reife, starke Frau Du warst, als Du, mehr als fünfzigjährig, zum zweiten Mal heiratetest? Und nun stell Dir das junge Mädchen vor, das Du in Deiner Ehe mit meinem Vater gewesen bist! Könnte es sein, daß Dir zwangsläufig alles, was Du damals erfuhrst, winzig erscheinen mußte - gemessen an dem, was jetzt in Deinem Leben geschah? Kannst Du verstehen, daß dennoch das damals Erfahrene vielleicht das Maximum dessen gewesen ist, das Dir - und Euch beiden - zu jener Zeit möglich war -? ...

Du liebtest ja seine Briefe. Darf ich Dir zitieren, was er Dir 1924 schrieb, als Du für ein paar Tage in Dein märkisches Heimatdorf verreist warst (und doch wohl das Scheitern Eurer Ehe schon abzusehen war) - in seinem altertümlichen Deutsch und seiner noch altertümlicheren Scheu? »Mein geliebter Krachmacher! Liebste Maria! Es ist ordentlich unheimlich still im Haus, seit Du fort bist. Auch in meinem Arbeitszimmer kommt es mir so einsam vor, weil Deine liebe Gestalt nicht alle Augenblicke hineinguckt. Und wenn ich in der Nacht allein in unserem Liebesgemach liege, dann ist der Höhepunkt der Einsamkeit erreicht. Mein Liebling, wie gehen da die Sehnsüchte zu Dir! Wie ist mir jede liebe Bewegung von Dir gegenwärtig - von dem Augenblick an, wo Du zum wärmenden Ofen eilst, bis Du in unser Schneebett sinkst, doch will ich dies nicht weiter ausmalen, weil es sonst zu übermächtig wird! ...«

Mutter, ich spürte Deine Trauer, wenn ich Dich besuchte - oder Du mich: als läge eine Last auf Deiner - und meiner - Zunge und Seele, die nur durch Aussprechen abgeladen werden konnte - und das fand nicht statt. Wann immer meine Vorträge und meine Radio-Konzerte für Dich erreichbar waren - im Schwarzwald, am Bodensee, in Basel -, kamst Du aus Zürich, strahltest vor Stolz: Das ist mein Sohn! - und dennoch traurig, obwohl Du doch sonst so glücklich warst mit Deinem Mann. Erst jetzt, viel zu spät, verstehe ich: Auch Du fühltest die Leere und unser Unvermögen, sie zu überbrücken ... Zu meiner Schwester sagtest Du einmal: »Ich verstehe Joachim nicht« - diesen Joachim, der Dir, als Du jung und mädchenhaft warst, so ähnlich gesehen hatte, daß jedem es auffiel.

Du wurdest darüber immer lauter. Wenn ich mit Dir in der Straßenbahn in Zürich fuhr, merkte die ganze Bahn: Da vorne sitzt eine außergewöhnliche Frau. Nicht mal die Fahrkarte konntest Du kaufen, ohne eine show draus zu machen. Sofort warst Du in Gesprächen mit den Fahrgästen neben, vor, hinter Dir. Wie peinlich! dachte ich. Du warst eine wahre Kommunikationskünstlerin - nur nicht mit mir.

Ich höre Dich Deinen Mann rufen - einen tollen Mann, Schweizer Vorkämpfer von Silvio Gesells Freigeldlehre. Otti - so hieß er - hatte die Schwächen des Kapitalismus schon früh durchschaut: »Was immer wächst in der Natur, hört an einer bestimmten Stelle auf zu wachsen. Es weiß: Jetzt ist es genug. Die Idee des Kapitalismus, daß es Jahr für Jahr Zuwachs geben müsse, hat nichts mit Wachstum zu tun, sondern mit Wuchern. Mit Krankheit. Es ist wie Krebs. Wer Krebs hat, stirbt. Dieses System wird sterben.« Schon während des Krieges schrieb er mir Briefe darüber an die Front, und ich dachte: Wenn die bloß niemand liest!

Dein Rufen nach Otti war markerschütternd. Wenn er nicht sofort kam, wurde es unerträglich. »Ottiiiiii...«, mit dem Akzent auf der zweiten Silbe, nicht nachlassend, kilometerweit zu hören. Wie ein pfeifender Zug, inklusive der Höhenverschiebung, *a train named Maria.* Ich fragte mich: Wie hält er das aus? Aber Otti ging wunderbar damit um. Ich dachte manchmal: Nimm dir ein Vorbild daran.

Mutter, ich danke Dir, daß Du meine Mutter gewesen bist. Du warst es so gut, wie das Schicksal es Dir gestattete. Meine Seele hat Dich gewählt - wie meinen Vater -, genau die Mutter, die ich brauchte, um werden zu können, der ich geworden bin.

Ich danke Dir für Deine Musik - Dein Singen und Dein Klavierspielen. Ich habe es nur 29 Monate lang gehört - ein paarmal die Woche -, meist aus der Distanz (da ist sie schon wieder!): Du spieltest unten im Wohnzimmer, ich lauschte im Zimmer darüber in meinem Babybett. Auch damit begann mein Lauschen. Ich hörte Dich spielen und weinte - und niemand kam.

Am liebsten sangst und spieltest Du Schubert. Seltsam, daß meine Musik der Jazz wurde - bei so viel »Klassik« im Haus. Protestiere ich damit - gegen Dich? Gegen den Vater? Wollte ich mir all die Erinnerungen - die süßen und dennoch so schmerzlichen - aus der Seele trommeln, durch Saxophone und gestopfte Trompeten aus dem Herzen blasen lassen? Ich schaffte es nicht. Heute ist die klassische Musik wieder so lebendig in meinem Leben, daß ich ein Buch über sie schreiben konnte - schreiben mußte -, und ich begreife: Sie war nie fort. Am wenigsten Schubert und Bach. Schubert Deinetwegen, Bach des Vaters wegen ...

Weißt Du, daß sich mir von Bach und Schubert her die ganze Musik erschlossen hat? Die beiden sind in meinem Leben wie zwei strahlende Sternbilder an entgegengesetzten Enden des Himmels - sagen wir wie der Große Wagen auf der Nordhalbkugel und das Kreuz des Südens auf der südlichen unseres Planeten -, zwischen ihnen: das Universum. Sie haben mir den Kosmos der Musik geöffnet. Dieter Schnebel, ein Komponist der Moderne, hört schon in Schubert - in dessen Verständnis von »Zeit«, die »ihren Gang angehalten« hat, »als ob das Herz stockte« - eine Ahnung des Zeitverhältnisses heutiger Musik. Und wie sich von Bach her der Weg zum Jazz bahnt, darüber habe ich in den fünfziger Jahren eine musikwissenschaftliche Arbeit geschrieben. Das muß mir damals sehr wichtig gewesen sein - diese Beziehung zwischen Bach und Jazz; ich machte meine erste große Vortragstournee daraus. Als »rechtfertigte« ich dadurch den Jazz.

Du, Mutter, mochtest es sehr, wenn ich Intellektuelles sagte und schrieb. Es war Dir wichtig, daß mich das musikwissenschaftliche *establishment* akzeptierte - was mir herzlich gleichgültig war -, was wiederum Du nicht verstandest, ja, wohl für falsch hieltest.

Aber nicht nur für Deine Musik danke ich Dir. Ich danke Dir - bitte, erschrick nicht -, daß Du den schwersten Gang Deines Lebens gegangen bist: mich - uns - verlassen. Denn das war die Botschaft, die Du für mich hattest, deshalb habe ich Dich gewählt - es war nicht Dein Fehler, sondern meiner, daß ich so lange gebraucht habe, bis ich sie verstanden habe: Finde die Liebe in Dir. Nur da kannst Du sie wirklich finden. Danke, Mutter.

Verrat

Wir - die in den zwanziger Jahren Geborenen - seien »die verratene Generation«, ist oft gesagt worden - von uns und von Nachgeborenen. Es ist die Generation, die den Ausdruck »verlassen von allen guten Geistern« zu einem geflügelten Wort gemacht hat; so also fühlt sie sich. Ich denke dabei nicht nur an Hitler, der uns - ein ganzes Volk - verraten hat, keinen Jahrgang mehr als den meinen, die »1922er«, von denen nur drei oder vier Prozent aus dem Krieg zurückkamen. Aber verraten auch nach dem Zweiten Weltkrieg - in unserer Hoffnung, nun endlich eine Welt bauen zu können, in der die Menschen aus dem, was geschehen ist, gelernt haben, damit Ähnliches NIE WIEDER geschieht. Dieses NIE WIEDER, das wir damals so oft gesagt und gehört, geschrieben und geschrien haben - das hat uns verraten. Und das haben wir verraten.

Verraten - viele von uns - von unserer Hoffnung auf den Marxismus. Auf Gleichheit in Freiheit und Freiheit in Gleichheit, auf Menschenwürde und Brüderlichkeit. Aber auch hier wieder gilt: Auch wir haben diese Hoffnung verraten.

Verraten vom Aufbruch unseres 20. Jahrhunderts und dem, was wir in so glühenden Worten von ihm erhofft haben. Verraten von der modernen Kunst in Musik, Literatur, Malerei und all den anderen Bereichen. Und wieder: Verräter daran.

Verräter an den Juden - und seit diesem Verrat, stellvertretend für ihn, Verräter an nahezu jeder Minorität in jeder Gesellschaft auf diesem Planeten. Verräter deshalb auch an der Minorität, die wir selbst bilden. Das ist die eigentliche »Rache« der Juden: Wir alle, die wir eine Minorität bilden, welche auch immer, sind »Juden« geworden.

Verraten von Aufklärung und Rationalismus, hineingerissen von ihnen, an die wir geglaubt haben, in einen Strudel von Katastrophen und Fehlern, die uns - zum ersten Mal in der Geschichte des Planeten, der uns geschenkt wurde - an die Grenze unseres Weiterexistierens geführt haben. Inbegriff des Verrats: Wir morden uns selbst! - des Verrats am Leben. Des Verrats an dem Reich Gottes in uns.

Mit diesem Verrat begann es, und auf ihn läuft es hinaus. Indem wir - meine Generation mehr als je eine zuvor - Gott aus dem Universum vertrieben haben, verrieten wir ihn. Und verrieten wir uns. Und begannen, den Menschen gleich mitzuvertreiben: ihm immer weniger Raum zum Atmen, ihm immer weniger Arbeitsmöglichkeiten zu geben - mit all den Folgen, die wir um uns sehen in einer Menschheit, die eine Generation lang bereit war, den Atomkrieg zu wagen. Und noch immer bereit ist, um ihres Komforts und Lebensstandards willen Ozonloch und Klimawandel und all das andere in Kauf zu nehmen, als werde es eine Kleinigkeit sein. (»In Kauf nehmen« - genau das meinen wir: Es ist ein Geschäft.)

Verräter damit auch an unseren Kindern. Wir hinterlassen ihnen eine verwüstete Welt. Sind wohl die erste Generation in der Evolution der Menschheit, die die Erde nicht - wie all die vorhergehenden Generationen - ein wenig »besser«, sondern im Gegenteil schlechter verläßt, als sie ihr gegeben wurde.

Wir leben in einer Zivilisation des Verrats. Bis hin zu den politischen Parolen, die uns aufgebunden werden, und zu jeder einzelnen Wahl und natürlich bis hin zur Werbung jeden Abend im Fernsehen und überall sonst. Ein Exkurs über Gesundheit - frische Gemüse in lockenden Farben - und dann: Knorrs Suppenpulver. Eine Fahrt den Grand Canyon hinunter - und dann: **die** Zigarette. Eine blühende Landschaft und dann: irgendein Chemiekonzern. Beliebig multiplizierbar. Ohne Verrat keine Ökonomie.

Verrat exoterisch und esoterisch - seine Eskalation. Es ist, als sei die Menschheit, wie sie heute ist, mit Verrat aufgebrochen. Und **danke** ihr Sein dem Verrat. Wir haben aus ihm herausgeholt, was herauszuholen gewesen ist, ihn ausgewrungen wie einen nassen Lappen und erkennen jetzt: Wann immer wir Verräter waren, sind wir selber verraten worden. Wann immer wir verraten wurden, haben wir mit Verrat geantwortet - als sei (was wir endlich zu erkennen beginnen, was uns sogar die Theoretische Physik sagt) kein Unterschied zwischen Aktiv und Passiv, zwischen Subjekt und Objekt. Eins spiegelt das andere.

Vor diesem Hintergrund komme ich auf den Verrat in meinem eigenen Leben. Fangen wir an, wo er anfängt. Ich war, glaube ich, sieben - Grundschule in Berlin-Weißensee, Langhans- Ecke Roelkestraße -, ein zartes Kind unter den rauhen Arbeiterkindern des Berliner Nordostens, von meiner Tante Frieda, die Mutterstelle an mir zu *v*ersehen *v*ersuchte (zweimal die Vorsilbe *ver*-, die ausdrückt, was da *v*ertan wurde), viel zu fein angezogen. Buchstäblich *v*erkleidet (schon wieder *ver*-). Jedes Kind konnte sehen: Dieser wohlgekleidete Junge gehört nicht zu uns. Laßt uns ihn hänseln, ihn *v*erspotten, *v*erhauen, *v*ersauen. Er muß *v*erschwinden.

In der Pause ging ich aufs Klo, öffnete die Tür, trat ein, wollte sie schließen, da sprangen vier, fünf Jungen hinter ihr vor, stürzten sich auf mich, packten mich, nahmen mich in das, was wir »Schwitzkasten« nannten, schlugen mich, zerrten mich zum Urinoir und steckten mir - ein paar der weißen Desinfektionskügelchen, die darin lagen, in den Mund.

Einer der Jungen war mein - »Freund« Siegfried Knoch. Als er ein oder zwei Tage später bei uns zum Nachmittagskaffee eingeladen war, ging er zu meinem Vater und erzählte ihm, ich hätte im Jungenklo irgendwelche verbotenen Spiele - irgendwas Schmutziges - getrieben und sei deshalb verdroschen worden. Mein Vater, ungeheuer erregt, rief mich, nahm den Rohrstock, der in einer Ecke seines Studierzimmers stand, und »versohlte« mich mit all seiner Kraft - die nicht gering war. Er muß mich furchtbar geschlagen haben - eines der wenigen Male, daß er das getan hat.

Als ich, kaum fähig zu gehen, herauskam, saß Siegfried am großen Eßtisch, aß Kuchen mit Schlagsahne, den doch wohl mein Vater ihm aufzutischen geordert hatte, und lachte mich an, als sei nichts geschehen. Noch schlimmer: Wir gingen in den Garten und spielten zusammen.

54 Jahre später - im Sommer 1983 - spielten wir den Vorfall im

»Psychodrama«, einer psychogenen Aufarbeitungstechnik für derartige Traumata, nach. Ich erzählte, was damals geschehen war, und die Anwesenden wählten die Rollen. Eine junge Frau namens Andrea war Siegfried, eine ältere - sie hieß Ursula - mein Vater, die anderen waren die Jungen, die mich im Klo überfallen hatten.

Andrea genoß ihre Rolle. Als Verräter kam sie sich nicht vor. Als unser »Spiel« vorbei war, sagte sie: »Es hat mir Spaß gemacht zu sehen, wie weit man gehen kann bei dir.«

Ursula litt. Ich sprach zu ihr, als wäre sie wirklich mein Vater. Hinterher sagte ich ihm/ihr, daß ich nichts Böses im Jungenklo getan hatte, ja, daß ich mit sieben gar nicht gewußt hätte, was man Böses dort tun könnte. Ich war wütend, sagte, wie enttäuscht ich von ihm sei: »Warum hast du mich nicht erst mal befragt? ... Wolltest du denn, daß es so ist? ... Das hätte ich dir wirklich nicht zugetraut.«

Vater - alias Ursula - erklärte mir, daß Siegfried mit dem, was er ihm gesagt habe, seine empfindlichste Stelle getroffen habe. Er wisse nicht, ob ich das verstehen könne (ich konnte), aber nichts wäre für ihn furchtbarer gewesen, als wenn ich mich in diesem Alter auf irgendeine Form sexueller Spiele eingelassen hätte. Er bat mich um Verzeihung. Wir vergaben uns, umarmten uns.

Siegfried kam ich noch immer so schwächlich, wie ich es damals gewesen bin: »Wie kannst du so etwas tun? Wie kannst du so lügen? Du warst doch mein Freund.« Er (= Andrea) lachte.

Connie, die Kursleiterin, unterbrach mich: »Kannst du das gleiche mit mehr *Yang* sagen? Du hast doch sonst so viel *power.* Steh aufrecht. Sei im *hara,* im Bauch.« Da erst sagte ich Siegfried, was ich ihm damals hätte sagen müssen: »Du Arschloch. Du Scheißkerl. Du Verräter. Du Lügner. Und bilde dir nur ja nicht ein, du könntest noch mal hierherkommen und Kuchen essen und spielen. Verschwinde.«

Er (= Andrea) verschwand. Lachte nicht mehr. Aber ich mußte lachen, und es war klar: Ich lachte nicht nur über das gelungene Spiel, sondern weil ich befreit war. Wie ich inzwischen weiß: spürbar und bleibend befreit. Knochs Knochen: abgeknabbert.

Die Workshopleiterin sagte: »Ich nehme an, du bist noch oft in deinem Leben verraten worden. Sag all deinen Verrätern das, was du eben Siegfried gesagt hast. Aber sag's ihnen nicht immer ein halbes Jahrhundert zu spät. Und sag's aus dem Bauch.«

Das viel Wichtigere erkannte ich erst später, als ich die Psychodrama-Arbeit mit meinem Analytiker durchging: Mein Vater war eifersüchtig. Ich gehörte ihm. Jeder im Haus gehörte ihm - auch die diversen Tanten, Hausdamen, Haustöchter. Er hatte eine geheime, nie ausgesprochene homoerotische Beziehung zu mir und fürchtete sich, dies zu erkennen, geschweige denn - was ohnehin undenkbar war - zuzulassen. Er war wütend, weil er empfand, ich hätte ihn - durchaus auch ein wenig in einem sexuellen Sinn - »betrogen«.

Im Grunde haben meine Volksschulkameraden mir nur bestätigt, wovon ich ohnehin überzeugt war, seit die Mutter gegangen war: »Keiner mag mich. Keiner liebt mich. Die ganze Welt ist gegen mich.« Ich habe sie **benutzt**, um mir das bestätigen zu lassen, damit ich hinterher mit um so größerer Überzeugtheit sagen konnte: »Ihr seht doch, daß es so ist und daß ich es mir nicht einbilde.«

Georg, der Analytiker, sagte: »Siegfrieds Verrat ist nur einer von vielen Verraten in deinem Leben. Die Arbeit im Psychodrama-Workshop bleibt unvollständig, wenn du dir nicht diese Fragen beantwortest:

a) Wen hat dein Vater verraten?
b) Wen hast du in deinem Leben verraten?
c) Wer hat dich verraten?«

Eine Lawine! Mit einem Mal sah ich, wie früh Verrat in meinem Leben begann. Zunächst hat ja mein Vater mich verraten, indem er Siegfrieds Verrat annahm und mir nicht vertraute. Das war folgenreicher als Siegfrieds Gemeinheit. Aber er hat natürlich auch meine Mutter, seine Frau, verraten, indem er sie gehen ließ - eine noble Form des Verstoßes - und seiner Schwester, meiner Tante Frieda, vertraute, die meine Mutter nur als Gebärerin eines Stammhalters akzeptierte. Dann konnte, sollte, mußte sie gehen. Meine Mutter hat er sogar dann noch verraten, als sie nicht mehr im Pfarrhaus war. Zum Beispiel dadurch, daß er zuließ, daß seine Schwester Rogate, die ihm den Haushalt führte, sich »Frau Berendt« nannte und unausgesprochen, aber durchaus bewußt den Eindruck erweckte, sie sei seine Frau.

Wen habe ich verraten? Von Anfang an meinen Vater, weil er die Mutter vertrieben hatte - ununterbrochen bis hinein in die Zeit, in der ich es ablehnte, sein Nachfolger in der Leitung seiner Anstalten zu werden. War dies meine Art »Vatermord«, wie ihn der Mythos - fast kann man ja sagen: für unausweichlich hält?

Natürlich verriet ich ihn auch, als er im KZ war und ich mich nicht zu ihm bekannte, sondern im Gegenteil vermied, über ihn zu sprechen, weil ich ja wußte, ich würde bei meinen Vorgesetzten in der deutschen Wehrmacht Nachteile haben, wenn bekannt würde, ich hätte einen Vater, der (dies der einschlägige Ausdruck) »die Wehrkraft zersetzt« hatte. (Erst gegen Ende des Krieges erfuhr ich: Es war ohnehin bekannt: Mein Wehrpaß trug während des ganzen Krieges einen mir nicht deutbaren Stempel, der signalisierte, daß ich zu besonders gefährlichen Einsätzen und Frontabschnitten kommandiert werden sollte. Daß ich überlebt habe, ist nur durch Führung und Schutz zu erklären.)

Wen habe ich noch verraten? Am schlimmsten meine beiden ersten Frauen, Inge und Gigi, indem ich sie reihenweise mit anderen Frauen betrog.

Kein Wunder bei dieser Bilanz, daß auch ich »reihenweise« verraten wurde. Mein Leben begann mit Verrat, indem die Mutter ging, als das kleine Kind sie am nötigsten brauchte. Gewiß, sie hatte überzeugende Gründe. Für mich war es: Verrat.

Drei Jahrzehnte hindurch, von den Fünfzigern bis zum Ende der siebziger Jahre, verriet mich fast jeder meiner Mitarbeiter, Kollegen und sogenannten Freunde. Ich half ihnen, besorgte ihnen Aufträge und Jobs, sorgte dafür, daß sie bekannt wurden, holte sie in meine Südwestfunkredaktion, machte einen von ihnen gegen den Widerstand aller Beteiligten zu meinem Nachfolger in der Leitung des von mir gegründeten Berliner Festivals ... ach, ich mag nicht alles aufzählen ... Das Ende war, so verschieden alle diese Menschen waren, jedesmal das gleiche: ich hatte sie be-raten und sie mich ver-raten. Sie begingen genau das, dessen ich mich oben, meinen Vater betreffend, bezichtigt habe: Vatermord.

Ein kluger Beobachter der deutschen Musikszene schrieb: »Die Generation der von Berendt Geprägten **mußte** ›Vatermord‹ begehen, um von dem übermächtigen Einfluß, den er geübt hat, freizukommen und zu sich selber zu finden.«

Georg sagte: »Was ist das in dir, das Menschen zu Verrätern macht? Beantworte dir diese Frage.«

Wiederhole ich mein Leben lang den Verrat meines Vaters an meiner Mutter? Siegfried Knochs und meines Vaters Verrat an mir? Weil ich damals - durchaus bereitwillig - »Opfer« gewesen bin, also den Verrat im Grunde annahm? War mein Verrat am Vater das Modell für all die »Vatermorde«, die an mir geschehen sind?

Georg: »Im Grunde war es doch auch etwas Schönes, Erfüllendes, so viele ›Söhne‹ zu haben.«

Ich, bitter: »Soll ich ihnen also auch noch dankbar sein?«

Aufschlußreich, daß es meist Frauen waren, die ich verriet, und meist Männer, die mich verraten haben. Also wirklich Modell: mein Vater die Mutter, Siegfried mich.

Zuletzt: Ist Verrat notwendig? Judas' Verrat - **mußte** er nicht geschehen? Der Vatermord in den Mythen der Menschheit - gehörte er nicht geradezu zum »Programm«? War mein einseitiges Auf-Treue-Setzen - so auffällig in meinem Leben - komplementär? Spiegelte es Verrat und löste ihn aus?

Jeder Verrat und jeder Verräter mahnen: Sei dir selber treu. Wenn du es bist, dann gleitet jeder Verrat so an dir ab wie Judas' Verrat an Jesus. Ist also Verrat ein Indiz dafür, daß ich mir selber nicht treu gewesen bin? Das war ich ja nicht. Wer immer Erfolg will - so unbedingt, wie ich ihn damals gewollt habe -, hat sich selber verraten.

Noch mal Georg: »Ich sehe Verrat nicht so negativ. Ich glaube, daß wir alle den anderen verraten. Und daß wir gar nicht anders können, als immer wieder mal auch uns selbst zu verraten.«

Sabine, die Tontherapeutin, von der im nächsten Kapitel die Rede sein wird, sagte es erbarmungslos: »Verrat hast du an deinem Höheren Selbst geübt. Schon durch dein jahrzehntelanges Leben in den Medien.«

Ton-Arbeit

Im Sommer 1983 lebte ich ein paar Monate lang in Graf Dürckheims Zentrum für Existentialpsychologie in Rütte, dem höchstgelegenen Dorf des Hochschwarzwalds. Maria Hippius, Partnerin Dürckheims und Mitleiterin des Zentrums, hatte mich eingeladen, in ihrem Haus zu wohnen. Ich machte eine Analyse, nahm Stunden bei verschiedenen Therapeuten, wanderte, schrieb an meinem Buch »Das Dritte Ohr«... Besonders intensiv arbeitete ich mit einer hervorragenden (und, wie das oft bei einfühlsamen Therapeuten der Fall ist, selber gefährdeten) Tontherapeutin namens Sabine.

Ich schloß die Augen, ging eine Weile in Meditation, und dann formte ich aus der Meditation heraus mit geschlossenen Augen den Ton. In der ersten Sitzung sah ich, nachdem ich zögernd und unsicher die zu knetende Masse in Teile zerlegt, gebildet und wieder zusammengefügt hatte und dann die Augen wieder öffnete, ein Gesicht, das durch eine tiefe Schmerzrinne aufgerissen war. Direkt an der Rinne saß das Ohr. Es war, als lausche das Ohr am Schmerz. Sabine: »Tu genau das. Finde heraus, welchen Schmerz du hören mußt. Du siehst ja, du möchtest ihn hören.«

In der zweiten Sitzung glaubte ich, eine Schale zu machen. Als Sabine sie ein wenig drehte, sah ich: Es ist ein Ohr.

In der dritten Session machte ich einen schreienden Totenkopf. Ich war erschrocken, wollte etwas ganz anderes machen, aber es wurde wieder ein Totenkopf, diesmal ein stummer. Ich verstand: Memento mori. Ich drückte den Totenkopf zu. Da bekam er einen Mund mit drei Löchern und einer tiefen Schmerzfurche. Wieder daneben ein Ohr, aber ein kleineres.

Frage: Warum drückte ich zu? Was wollte ich zu- und wegdrücken? Entsteht Totes in mir, indem ich Schmerz fortdrücke? Ich sehe ja deutlich: Ich kann ihn nicht fortdrücken. Schmerz und Tod bleiben. Sabine: »Sieh dir das an. Fortdrücken hilft nichts.«

In der vierten Stunde bei Sabine - es war schweißtreibende Arbeit - machte ich eine Schale mit einem angedeuteten Ohr darin und einem Kreuz. Als ich das Gebilde hochheben wollte, zerfiel es in zwei Teile. Im Kreuz wurde die aufsteigende Linie kaum unterbrochen durch den Querbalken. Die Spitze des Kreuzes erweiterte sich zu einer Art Sitz. Ich spürte: Da sitz ich gut, lächelte unter Tränen (die bei dieser Arbeit reichlich flossen). Sabine ließ mich Kraft im *hara,* im Bauch, sammeln und auf das Gebilde schlagen. Ich tat das mit voller Kraft. Es wurde platt, als sei es nur noch die eine Fläche aus Ton, aber das Ohr blieb erkennbar, ein wenig auch das Kreuz. Also: Beide bleiben.

Sie: »Es gibt eine andere Kraft in dir. Das ist nicht die Kraft der Hektik. Des Alles-Zerteilens. Des Unbedingt-etwas-tun-Müssens. Es ist eine größere Kraft. Schau hin. Fühl sie.«

In der letzten Sitzung - noch viele waren vorher gekommen - war ich ratlos, verzweifelt. Ich fragte mich: Was will entstehen? Wußte nicht, was, dachte wieder, ich forme eine Schale, empfand das als langweilig, bohrte ärgerlich mit zwei Fingern ein Loch hinein, schlug die Augen auf: Das Loch hatte die Form eines - Ohres, lauschend auf dem Grund der Schale. Ich hatte das Bedürfnis, mein Gesicht in die Schale zu pressen, sprach dies aus, Sabine: »Tu's.«

Ich tat es, fühlte den kühlen Ton, die Geborgenheit in der Schale, die mein in dieser ganzen Arbeit immer wieder »anklingendes« Gebilde war, und weinte in sie hinein, so daß das Ohr es hören konnte.

Ich war völlig erschöpft. Sabine ermahnte mich: »Steh. Spüre den Boden unter den Füßen. Sei im Becken. Im *hara*. Atme in ihm. Spüre die Wirbelsäule ... Geh fort aus dem Kopf... Spüre den Raum hinter deinem Nacken ... In dieser Haltung arbeite! ... Du hast viel mehr Kraft, als du denkst. Denk nicht.«

Wieder entsteht eine Schale. Ich trenne sie in zwei Teile, der linke ist schmal und lang. Als ich die Augen öffne, sehe ich: ein Penis. Der rechte bleibt eine Schale, auf ihrem Grund wieder ein Kreuz, das, eingesunken in den weichen Ton, auch als Gesicht - als die beiden Linien aus Augen und Nase - gedeutet werden kann. Ein Gesicht in Schmerzen. Wieder möchte ich mein lebendiges Gesicht darin bergen.

Sabine: »Zerfließ nicht. Sei Yang.“

Die Schale bricht noch mal entzwei. Ich lege den Penis dazwischen. Es sieht aus, als läge er in einer Muschel. Sabine: »Kein angenehmer Aufenthalt für einen Penis. Bist du so wenig wählerisch?«

Da drücke ich die ganze Tonmasse energisch zusammen, arbeite lange mit großer Energie, mein Atem geht schnell, einmal meine ich, mich hinlegen zu müssen. Sabine: »Arbeite weiter. Liegen kannst du hinterher.«

Ein quadratisches Gebilde entsteht, und daraus ein Kreuz, wieder der aufsteigende Ast nicht unterbrochen - deutlich also: die Vertikale ist wichtiger. Ich spüre mich in der Vertikalen und muß dann aus irgendeinem Grund zwei Punkte links und rechts vom oberen Teil des Kreuzes in den Ton drücken. Als ich die Augen schließlich öffne, sind es (so empfinde ich es) meine Augen - mein Gesicht. Durchzogen vom Kreuz. Kein Schmerz mehr. Eher ein wenig Lächeln. Sabine: »Das Gesicht eines Meditierenden.« Ich denke: Buddha. Und spüre - und Sabine spürt es auch: Da ist wirklich ein Umschlag geschehen, etwas wie eine Wende. Ich fühlte Dankbarkeit - noch monatelang danach.

Erstaunlich die Ohren. Immer wieder lauschend am Schmerz. Ich hatte damals mit meiner Ohr- und Hörarbeit noch nicht recht begonnen. Mein Buch »Nada Brahma« war zwar geschrieben, aber darin gab's nur ein kleines Kapitel über das Hören. Ich hatte es in großer Erregung geschrieben. Als spürte ich: Dies wird jetzt **mein** Thema. Da muß ich tiefer hinein. Ich konnte nicht unterscheiden: Arbeite ich an mir oder an einem Buch? Das Hören des Buches war mein Hören. All das begann damals. Ich wußte noch nicht, wohin es führen würde. Und wußte es dennoch, wie diese Tonarbeit beweist.

Deutlich ist: Da ist eine Kraft, die ich hörte und formte und fand: die aufsteigende Linie, die sich nicht unterbrechen läßt und die auch ein Sitz ist, mich einlädt, ihn zu be-setzen. Wenn ich das tue, wandelt sich Schmerz in den »Buddha in mir«, in mein *atman*. Wandelt sich Ton - der zu formende - in den zu hörenden: den Ton einer Stimme in mir.

Bin ich's?

Ich hatte 1982/83 in New York eine jüdische Freundin. Sie hieß Merrill Hassmann. Ihr Vater, aus Polen stammend, hatte darauf verzichtet, seinen Namen zu anglisieren: »Wenn du schon Hassmann heißt, dann stimmt es wenigstens, wenn du es in Deutsch heißt.« Nicht einmal das zweite n hatte er gestrichen. Ich hatte für das Newport-New York Festival ein Konzert in der New Yorker Lincoln Hall produziert - »Jazz und Weltmusik«. Ein Journalist, mich hinterher interviewend, kommentierte: »Dies Konzert war ein Trip um die ganze Welt.« Merrill, dabeistehend - ich hatte noch kein Wort mit ihr gewechselt - verbesserte, ohne gefragt zu sein: »Es war ein Trip in das Innere des Produzenten.« Na, so eine Frau muß man doch kennenlernen wollen.

Ihre Eltern wohnten in Williamsburg, dem Stadtteil Brooklyns, der damals noch ausschaute wie irgendein *Schtetl* im alten Osteuropa - in Galizien oder der Ukraine -, auf magische Weise in die USA versetzt: die Männer mit ihren langen, hängenden Locken, hervorlugend unter den schwarzen Hüten, die sie tragen, als seien es Schutzhelme, und dem eiligen, zügigen Schritt, den orthodoxe Juden oft an sich haben. Hat jemand schon mal über diesen Schritt geschrieben: auf der geradestmöglichen Weise, ohne nach links oder rechts zu schauen, als sei das Ziel schon erreicht, bevor es in Sicht ist -? In diesem Schritt steckt der ganze jüdische *drive* ... wie er ja auch in der jüdischen Art zu beten steckt: den Kopf, den ganzen Oberkörper rhythmisch nach vorn und nach hinten stoßend, manchmal bis in die Hüften herunter bewegt - all das mit Kraft: die einzige Gebetsweise im Umkreis der westlichen Welt, die mit dem Körper betet. Jedesmal wenn ich in Jerusalem bin, gehe ich an die Klagemauer und bete mit - und bilde mir ein, keiner kann sehen, daß ich nicht dazugehöre.

Merrill schleppte mich in eine Buchhandlung in Williamsburg. Sie stöberte in staubigen Bergen alter hebräischer, jiddischer und englischsprachiger Bücher herum, entdeckte ein dickes, dreibändiges theologisches Werk über die esoterische Bedeutung der Gebote des Talmud. Sie schrie auf, als sie es sah: der *sound* junger Frauen, wenn sie - zum Beispiel - eine Rock-Platte finden, die sie schon lange gesucht haben. Die Bände kosteten sechzig Dollar - ein Vermögen für sie, die arme Studentin. Ich kaufte ihr die Bücher. In der Subway zurück nach Manhattan las sie in ihnen, als läse sie einen Liebesroman.

Mit einem Mal schaute sie auf und sagte, bisher hätte sie nur jüdische Freunde gehabt: »Noch nie einen NichtJuden ... Ich weiß nicht, warum ich es tue - noch dazu ein Deutscher!« Nach einer Weile: »Ich glaube, du bist keiner.« Und: »Meine Eltern schlagen mich tot - *will kill me* -, wenn sie erfahren, daß ich einen deutschen Freund habe.«

Ein paar Wochen später nahm sie mich zu den Eltern mit. Ich ging mit Angst, als hätte ich eine Schallmauer zu durchbrechen und dafür nicht genug Geschwindigkeit. Eine muffige Brooklyn-Wohnung. An den Wänden Bilder der europäischen Verwandten: die meisten - Merrills Mutter wies stolz darauf hin - nicht in Auschwitz, sondern kämpfend im Warschauer Ghetto umgekommen. Am Ende eines schwierigen Abends fing Mr. Hassmann plötzlich deutsch zu sprechen an: »Ich spreche es heute zum ersten Mal seit mehr als vierzig Jahren.« Ich: »Sprechen Sie ruhig jiddisch. Wenn Sie langsam sprechen, versteh ich das meiste.« Und dann versuchten wir noch eine Weile, in dieser Weise zu parlieren - er jiddisch, ich deutsch.

Ich lauschte seinem Jiddisch, als sei's Poesie: ein trauriges, wortgewordenes Lied deutsch-jüdischer Nähe. Jiddisch ist älter als unsere heutige deutsche Sprache. Ihrem alt- und mittelhochdeutschen »germanischen« Ursprung näher als meine. Älter als Luthers Sprache. Sieben Jahrhunderte alt. Vom Mittelalter bis - ja, bis wann? Bis Auschwitz. Bis in diese Wohnung Williamsburg 1983. Ich fragte Merrill, ob sie auch Jiddisch spreche. *No. Why?* Das *Why* tat mir weh.

Ein paar Tage später sagte sie: »Mein Vater sagt, du bist Jude und weißt es nur nicht.«

Drei Jahre danach sagte eine entfernt Verwandte bei einem familiären Treffen im Schwarzwald: »Die ostpreußischen Berendts waren ja Juden.«

An der Wand meiner Familienfotos hängt ein Bild meines Großvaters und Großonkels beim Schachspiel: bärtige, weise Patriarchen, die exakt den großen jüdischen Intellektuellen, Forschern, Künstlern des vergangenen und des ersten Teils dieses Jahrhunderts gleichen, wie wir sie von den Bildern Freuds, Karl Marx', Heines, Herzls, Martin Bubers, der Familie Mendelssohn-Bartholdy kennen. Es war ein Gefühl des Zuhause-Seins im deutschen Geist, das viele von ihnen ihren israelischen Glauben aufgeben und protestantisch werden ließ. Je »jüdischer« sie eben noch gewesen waren, desto »deutscher« und protestantischer wurden sie nun - das, was sie als »deutsch« empfanden, immer noch ein wenig bewußter machend: Heine in seinen Gedichten, Mendelssohn in seiner Musik (und seiner Wiederentdeckung von Johann Sebastian Bach, die wir ihm verdanken!), Mahler in seinem Umgang mit dem österreichischen Volkslied - alle mit jenem leichten *haut goût*, der das Deutsche auf eine seltsame Weise weltläufiger machte.

Dadurch (wenn ein solcher Prozeß überhaupt »erklärt« werden kann) konnte es dazu kommen, daß das meiste, was neu war im 19. und in der ersten Hälfte des 20. Jahrhunderts - was jenes charakteristische, ein ganzes Jahrhundert »umkrempelnde« (nun freilich wieder verblassende) Bewußtsein geschaffen hat -, von Juden kam: in Politik und Ökonomie von Marx, in der Psychologie von Freud, in der Physik von Einstein, in der Literatur von Kafka, in der Musik von Schönberg - alle in jenem Ausbruch von Kraft, Geist und Freiheit, den Kafka gekennzeichnet hat: Die wunderbare jüdische Kreativität sei so etwas wie »ein Aufschreiben des letzten Willens« gewesen ...

Die jüdischen Intellektuellen und Künstler liebten an den Deutschen ihre Konsequenz, ihre Gründlichkeit, ihre Fähigkeit zu »perfekten« Lösungen, ihre »Reinheit« - Eigenschaften, die auch in ihnen selbst hoch entwickelt sind, die sie aber in ihrer schwierigen Diaspora nur selten leben konnten. Die Logik ist absurd: Es sind jene Eigenschaften, die für sie tödlich geworden sind. Antisemitismus - das ist ja oft gesagt worden - gab's - und gibt es - überall, aber der deutsche Wille zur »Reinheit« von Rasse und Gesellschaft war gründlich, konsequent, beseelt von dem Willen zu einer perfekten »Endlösung«.

Unweit meines Elternhauses liegt der berühmte jüdische Friedhof in Berlin-Weißensee. Auf keinem anderen deutschen Friedhof liegen die sterblichen Überreste so vieler bedeutender Menschen wie dort - Namen, die aus der Geschichte des deutschen Kultur-, Wirtschafts- und politischen Lebens nicht fortzudenken sind: die Rathenaus, die Ullsteins, die Mosses, die Liebermanns, Hirschfelds, Beers, Theodor Wolff, Samuel Fischer (der Begründer des S. Fischer-Verlages), die Kempinskis, Hermann Tietz, die Eltern von Kurt Tucholsky, die Erschossenen der Widerstandsgruppe Herbert Baum, Josef Schwarz (in dessen schönem Mausoleum sich während des Krieges jüdische Flüchtlinge versteckt hielten; man muß es sich einmal ansehen und sich vorstellen: Dort lebten monatelang - auch im Winter - Menschen!) ...

Der Friedhof liegt fünf Fahrradminuten vom Pfarrhaus meines Vaters entfernt, und ich, der ich alle paar Tage die Gegend durchstreifte, wußte nicht - man versetze sich da hinein! -, daß es ihn gab. Die Nazis hatten ihn nicht eingeebnet, hatten lediglich die Eingänge zugemauert und ließen Gräber und Anlagen verwachsen und verwahrlosen - wodurch ebenjener verwunschene »Märchen- und Zauberfriedhof« entstanden ist, der heute in Büchern und Filmen gefeiert wird. Die Mauer des Schweigens, die ihn umgab, muß noch weniger durchdringlich gewesen sein als offenbar seine wirklichen Mauern.

Als ich den Friedhof - vierzig Jahre nachdem ich so oft an ihm vorbeigeradelt war - zum ersten Mal betrat, sah ich die Berendt-Grabmäler in Variationen - Behrend, Bärend, Berendson, Behrendt, Berendt ... viele davon aus Ostpreußen.

Ich glaube, daß mein Großvater noch gewußt hat, daß er Jude ist. Er oder sein Vater, mein Urgroßvater, müssen die Grenze überschritten haben - offenbar von Anfang an entschlossen, Spuren hinter sich zu beseitigen. *Crossing the border* nannten es die US-Schwarzen, wenn sie mit weißem Blut so gut durchmischt waren, daß sie es wagen konnten, sich in einer weißen Wohngegend niederzulassen, als gehörten sie dorthin - und das taten sie dann auch.

Inzwischen freilich wissen wir: Ein Zweig der Familie ist in Ostpreußen und bei seinem mosaischen Glauben geblieben. Der früheste, von dem meine akribisch forschende Schwester erfahren konnte, hieß Michael Berendt, 1760 geboren, Seidenhändler, ging pleite, verheiratet mit Hanna Friedländer. Der letzte der ostpreußischen Berendts war ein »Kunst- und Portraitmaler« namens Moritz, der, weil er nie Geld hatte, erst mit 50 heiratete - in Marienwerder. Dazu die aufschlußreiche Anmerkung: »In der Berendtschen Familie ist das Religionsbekenntnis immer wieder gewechselt worden, meist um die Heirat zu ermöglichen.«

Meine Großmutter war eine »kerndeutsche« von Kranichfeld, Schloßherrin der alten thüringischen Burg dieses Namens in der Nähe von Erfurt. Auch aus diesem Grund muß Judentum ein Tabu-Thema gewesen sein. Die adlige Gemahlin war ein vollkommenes Alibi, vielleicht gar aus diesem Grunde geheiratet worden - und dennoch innig geliebt. Mein Großvater hatte Beziehungen zum Kaiserhaus, das ihn bei der Gründung seiner diakonischen Anstalten ideell und finanziell unterstützte. Mein Vater aber wußte wohl nichts mehr von mosaischem Glauben, gar einem jüdischen Vater. Wenn er es geahnt hat, dann hatte er es erfolgreich verdrängt. Nie wurde über dieses Thema gesprochen - was in der Hitler-Zeit ohnehin tödliche Konsequenzen gehabt hätte.

Ich bin sicher: Ob er es nun gewußt hat oder nicht, mein Vater hat im Konzentrationslager nicht nur für seine flammenden Anti-Hitler-Predigten gelitten, sondern auch für sein »halbes« Jüdisch-Sein. **Deshalb** war er immun gegen die Nazis - obwohl doch die Mehrheit evangelischer Pfarrer auf sie flog. Deshalb war Sigmund Freud gegen sie immun: **weil** er Jude war. Deshalb war C. G. Jung es nicht: weil er keiner war.

Es muß dieses Erbe gewesen sein, das den Widerstand meines Vaters gegen die Nazis mit ausgelöst hat - so wenig bewußt ihm sein Judentum auch gewesen sein mag. Wenn ich ihn vor mir sehe: So sah er aus - ein protestantischer Erzvater Jakob. Auf ihn bezog er sich mit Vorliebe, eine Gestalt also des Alten (jüdischen) Testaments, nicht des Neuen (christlichen): »Ich lasse Dich nicht, Du segnest mich denn!«

Ich sehe ihn zu mir heraufkommen - in mein kleines, mit einem viel zu großen Konzertflügel, mit selbstgebauten Radioapparaten, Verstärkern, Plattenschneideapparaturen, Platten und Büchern vollgestopftes Jungenzimmer treten, sehe ihn vor mir stehen, die ungewohnte Musik - Benny Goodman, Duke Ellington, Teddy Wilson, Billie Holiday - mit den Ohren schnuppern, als stülpe sie ihm eine Tarnkappe aus Tönen über den Kopf. Das war kein deutscher Pfarrer seiner Generation, der da stand und lauschte und - sich selber kaum trauend - zu begreifen versuchte. Der hätte geschrien: Diese Platten kommen mir nicht in mein Haus! Sie auf dem Boden zertrümmert. Das war ein anderes Erbe, das er selber bewußt nicht mehr kannte und dennoch gelebt hat. Auch zum Beispiel, als ich ihn im Konzentrationslager Dachau besuchte und er mir, als der unser Gespräch bewachende SS-Mann für einen Moment ans Telefon mußte, zuflüsterte: »Die Besten und Anständigsten hier sind die Kommunisten.«

Rückläufig gesehen, stimmt alles: Das ist er gewesen - der Typ des deutschen protestantischen Juden. Er war es so stark, daß es keine Rolle spielte, ob er sein Erbe kannte oder verdrängt hatte oder nie etwas davon gehört hatte. Dieses Erbe - »geviertelt« inzwischen - fühle ich in mir. Merrills Vater hat es gefühlt, wohl auch sie selbst.

In der Art, wie ich mich nach dem Zweiten Weltkrieg in Deutschland für Jazz eingesetzt habe - in meiner Argumentationsweise, meiner »Rabulistik«, meiner *chuzpe,* meiner Betriebsamkeit, meiner Fähigkeit, die »Nischen« zu erkennen und in sie einzudringen -, spüre ich etwas Jüdisches. Es war die gleiche Art, in der die Intellektuellen der zwanziger Jahre, fast alles Juden, moderne Kunst - in Musik, Bildender Kunst, Literatur - durchgesetzt haben. Gewiß, andere haben Ähnliches getan, aber das jüdische Primat bei derartigen Einsätzen quer durch die Kunstrichtungen hindurch ist unübersehbar - auch im Jazz. In den USA waren fast alle wichtigen Jazzkritiker der ersten und zweiten Generation Juden - von Leonard Feather (aus England) über Dan Morgenstern (aus Deutschland) bis Ira Gitler (dessen Vorfahren aus Rußland gekommen waren und der sich einen Spaß aus der Verwechselbarkeit des G mit dem H in der russischen Orthographie machte).

Vielleicht hängt es damit zusammen, daß sich alles in mir zusammenkrampft vor Zorn, Wut, Ohnmacht, wenn ich sehe, wie mein deutsches Volk mit den Mördern der Juden umgegangen ist: wie es bei den wenigen, die es überhaupt vor Gericht gebracht hat, jahrzehntelang gewartet hat, bis sie vor Altersschwäche kaum noch verhandlungs- und jedenfalls nicht mehr haftfähig waren.

Alles auch krampft sich zusammen, wenn ich sehe, wie die Welt über die israelische Behandlung der Palästinenser zu Gericht sitzt. Ich stelle mir vor, was geschähe, wenn es in einem arabischen Land einen vergleichbaren Widerstand gäbe: wie da die protestierenden Menschen, ohne mit der Wimper zu zucken, rücksichtslos getötet, ja ganze Dörfer oder Siedlungen, wenn nur ein einziger Widerstandskämpfer aus ihnen käme, dem Erdboden gleichgemacht würden. Und ich erwäge, daß Palästinenser ihrerseits nun schon vier Jahrzehnte hindurch siebenmal so viele Palästinenser töten wie selbst auf dem Höhepunkt der *Intifada* von Israelis getötet wurden. Wenn nicht einmal die Palästinenser sich selbst ertragen können - und die arabische Welt schon gar nicht ihre »palästinensischen Brüder«! -, was verlangt man dann von Israel?

Es gibt ein Holocaust-Syndrom, das bisher kaum untersucht wurde: Der Unterdrückte, der Geknechtete, der Gedemütigte und Gequälte wird dem gleich, der ihn unterdrückt, knechtet, quält. Mörder und Opfer sitzen im gleichen Boot. Irgendeiner der großen Kriminalautoren schrieb einmal, die besten Kriminalisten seien die, die im geheimen selber Verbrecher sind. Die erfolgreichsten Politiker sind jene, die die Psychologie derer, die sie beherrschen wollen, annehmen, als sei's ihre eigene. Auschwitz war auch insofern ein Feuerofen, als er Schlächter und Geschlachtete auf furchtbare Weise zusammengeschmiedet hat - SS-Schergen und Juden -, um so stärker vielleicht, als es dieses seltsame »Einanderähnlichsein« von Deutschen und Juden schon vorher so viele Jahrhunderte lang gegeben hat. Als sei dies das Ziel der »Ähnlichkeit«: das Einswerden von Tätern und Opfern.

Das ist das Trauma Israels: Nie wieder unterdrückt, nie wieder geschändet, nie wieder geknechtet werden! Deshalb gibt es notwendig

Menschen im heutigen Israel, die denen ähneln, die vor einem halben Jahrhundert sie - ihre Väter und Großväter - gemordet, gedemütigt und gequält haben. Nur zwei Völker haben in diesem Jahrhundert wirkliche »Blitzkriege« geführt - Deutsche und Juden; und die letzteren haben auch noch das Wort adaptiert, so unangenehm ihnen sonst die deutsche Sprache ist.

Die linke Hand wäscht nun einmal die rechte, wenn die rechte gewaschen werden muß. Wer sollte es sonst tun? Jahrhundertelang waren die Juden die »linken Hände« der Deutschen, deren »rechte« waschend. Funktionieren konnte das nur - und oft hat es wunderbar funktioniert -, weil umgekehrt die Deutschen die »rechten Hände« der Juden waren, deren »linke« gnadenlos waschend und oft genug bei der »Wäsche« verletzend und abhackend. Heute, aus der langen Symbiose entlassen, müssen die Juden, wenn sie überleben wollen, beide Hände selbst sein - müssen auch das sein, was die Deutschen stellvertretend für sie gewesen sind, so daß sie es selbst nicht zu sein brauchten. Und siehe da, jetzt plötzlich können sie als »rechte Hände« genauso rabiat sein, wie ihre »linken« die ihres nie ruhenden, sie quälenden und sie zermürbenden, sie ständig hinterfragenden jüdischen Gewissens sind. Jenes Gewissens, das die Idee der Sünde und Erbsünde - jüdische Ideen - geschaffen hat.

C. G. Jungs Schatten-Lehre trägt auch hier: Deutsche und Juden waren sich gegenseitig Schatten. Jetzt müssen die Juden ihren Schatten selbst leben, und niemand nimmt ihn ihnen ab.

Merrill war nicht nur ein Katalysator meines jüdischen Bewußtseins, sie führte es an die Grenze. In der Buchhandlung, von der ich erzählt habe, suchte auch eine ältere Dame nach chassidischer Literatur. Es gefiel ihr, daß die junge Frau das gleiche tat. Die beiden reichten sich Bücher hin und her. Auf mich deutend fragte die Dame, wer ich sei. Merrill kurz: *»My boyfriend.«* Die Dame: »Ist er auch Jude?« Merrill abwehrend, als wittere sie schon den Fortgang: *»He is from Europe.«* Die Dame, ebenfalls witternd: »Woher kommt er denn?« Merrill, sich ihres Mutes erinnernd: *»He is German.«*

Ich werde nie den ungläubigen, es nicht fassen könnenden Ausdruck vergessen, mit dem die Dame die bereits ausgewählten Bücher zurück auf den Tisch legte und grußlos den Laden verließ. Merrill blieb eine Weile stumm. Dann sagte sie *»Don't worry«* - sprach schnell von anderen Dingen.

Auch ich hatte ja dort in Büchern gestöbert. Ich spürte, wie fremd diese Welt mir ist. Buddha und Zen, Gott Shiva und Krishna gegenüber habe ich nie Fremdheit empfunden. Aber der Gott Israels - der gerechte, rächende, zürnende, der rational denkende, rechtende und argumentierende - ist mir tief zuwider. Ich will ihn nicht. Ich will keinen Gott, der Saul, dem König, die Herrschaft entzieht, weil der seinen Feind, den er ohnehin schon vernichtend geschlagen hat, nicht auch noch tötet. Wann immer ich an diese Stelle - und an die vielen anderen furchtbaren im Alten Testament - denke, frage ich mich, ob da nicht ein peinliches Versehen passiert ist, ausgerechnet aus diesem Zornkotzenden Ungeheuer eines nomadisierenden Wüstenstammes den Gott dreier Weltreligionen (denn der Islam gehört ja dazu) werden zu lassen.

Aber fremd ist mir nicht: Hiob - Jesaja - der Psalmist David. Und Moses! Kaum hatte er die Gesetzestafeln von seinem Gott erhalten, zerschmetterte er sie. Das ist die Tat, die am Anfang jüdischer - ach ja, auch christlicher - Religiosität steht: das Zerschmettern der Gesetze und Regeln.

Bei unserem letzten Zusammensein fragte ich Merrill, ob sie mit mir nach Deutschland kommen wolle. Sie: »Wohin du willst, *but Germany. no.*« Das hieße ja fast so etwas wie rückgängig machen, was ihre Eltern getan hätten, als sie hierhergekommen seien. Das würde sie nie tun können. Ich müsse das doch verstehen.

Ja.

Zum Schluß ein ironisches I-Tüpfelchen: Ich bin beschnitten. »Zufällig« während des Krieges in einem Lazarett in Rußland bei einer »kleinen Operation« wegen entzündeter Vorhaut. Ein hübsches Beispiel

»stimmender« Synchronizität. Hinterher, als ich es - mich wundernd - bemerkte, sagte der Stabsarzt: »Ich hab es getan, damit sie sich nicht wieder entzündet. Ich hoffe, Sie sind einverstanden.« Und dann - lachend, also genau wissend, was er sagte: »Passen Sie auf, daß Sie nicht nach Auschwitz kommen.«

P.S.: Ich weiß, es gibt jüdische Menschen - gerade solche, die ich schätze und deren Meinung ich respektiere -, die mit einem Text wie dem vorstehenden Schwierigkeiten haben. Deutsche auch. Philosemitismus ist fast ebenso suspekt geworden wie Antisemitismus, verbirgt er doch oft ein schlechtes Gewissen. Er kann der »Schatten« des Antisemitismus sein - und da der schon ein »Schatten« ist, ist er um so dunkler, gleichsam der »Schatten des Schattens«.

Also prüfe ich mich. Ich tue das mit der Sorgfalt, mit der wir bei allem, was mit dem deutsch-jüdischen Syndrom zusammenhängt, gelernt haben, auf der Hut zu sein. Ich entdecke nichts, was ich zu verbergen oder zu retuschieren hätte. Also stehe ich zu meinem Text.

Viele Juden sagen: Wir wollen weder Anti- noch Philosemitismus, wir wollen einfach als ganz normales Volk behandelt werden. Aber sehen sie sich selber als »ganz normales Volk«?

Es hat etwas Absurdes, Verqueres, wenn jemand Sympathie - noch dazu wohlbegründete - nicht annehmen kann. Wer das als Einzelperson nicht mag oder kann, blockiert seine Gefühle - und hat oft gute Gründe dafür. Man schützt sich auf diese Weise. Dennoch: Wenn man das eine Weile tut, wird man neurotisch - ein klassischer Befund. Auch Völker können neurotisch sein (wie wir es später in diesem Buch von Kirchen sehen werden). Und in **diesem** Punkt sind wir alle - Deutsche wie Juden - neurotisch. Ich habe kein Rezept, wie man da herauskommt, aber ich weiß: Durch Nicht-seine-Gefühle-ausdrücken-Dürfen oder -Können kommt man noch tiefer hinein.

Bären und Menschen

Montana. *Beartooth Mountains.* 2500 m Höhe. Das Gebirge der »Zähne des Bären«. Jadranka spricht ängstlich von Bären - Grizzlys und Braunbären. Weigert sich, einen Weg zu gehen, wenn der *Ranger* erzählt, dort sei in letzter Zeit ein Bär gesehen worden. Legt darauf Wert, daß wir uns vorher erkundigen. Hat Angst - auch vor Büffeln, den *buffalos* des alten Wilden Westens, und Wölfen, die hier nun wieder öfter gesehen werden.

Ich begreife - sie begreift -, wie existentiell diese Angst ist - immer gleich Angst um das Existieren, ums Leben. Die uralte, kaum verdrängte Angst. Bären, Büffel, Wölfe sind nur der Auslöser. Drücken nur auf den Knopf der alten, in die Kindheit zurückweisenden, schlimmen, prägenden Erfahrung.

Ich bleibe in unserer *Lodge,* arbeite an diesem Buch. Jadranka wandert den *Rock Creek* - den Bach, an dem wir wohnen - aufwärts in Richtung eines viertausend Meter hohen Passes. Als sie nach vier Stunden nicht zurück ist, fange ich an, mir Sorgen zu machen. Schließlich kommt sie. Ich spreche von meiner Unruhe. Sie: »Da waren aber keine Bären.« Schlagartig wird mir bewußt: Ich hatte, als ich Angst um sie hatte, gar nicht an Bären gedacht, obwohl hier doch überall vor ihnen gewarnt wird, sondern - an Menschen.

III.

Wege innen

Alles spirituelle Wissen,
das nicht in die Stille fällt,
wird zur Bedingtheit äußeren Wissens.
Es wird bedeutungslos
in seiner spirituellen Kraft.

Pieter Volger

Und endlich, was das meiste,
füll uns mit Deinem Geiste,
der uns hier herrlich ziere
und dort zum Lichte führe.

Paul Gerhardt

Unser Schicksal, unser Herz,
die Tiefen unseres Wesens
gehören dem Unendlichen -
nur dort ist unsere Heimat.

William Wordsworth

Getrennt und verbunden

Manchmal denke ich.
Manchmal bin ich.

Paul Valery

In einem Buch, in dem versucht wird, den äußeren Gang eines Lebens auf einen inneren Weg zu beziehen, sollte an irgendeiner Stelle gesagt werden, was »innerer Weg« für diesen Menschen bedeutet. Das geschieht in diesem Abschnitt - sicher nicht ausführlich (das ist in anderen meiner Veröffentlichungen geschehen), aber doch so, wie es für dieses Buch sinnvoll erscheint.

I

Ich empfinde mich - und ich empfinde unsere species - in zwei Seinsweisen: getrennt und verbunden. Das macht den Menschen aus, daß er sich beide erschließen kann. Vielleicht gibt es auf diesem Planeten - und im Universum? - keine andere körperliche und / oder geistige Existenz, die zwei so verschiedene, ja gegensätzliche Dimensionen des »Existierens« besitzt.

Die ursprüngliche Seinsweise, versteht sich, ist die verbundene. Ich bin eins. Mit dir und den anderen. Mit der Natur und dem Universum. Mit Gott. Ich muß nicht erst eins werden. Ich **bin** es. Die Frage ist nur, ob ich es weiß, erfahre und lebe. Dies ist die Seinsweise, der das Attribut Wahrheit zukommt. Ich täusche mich, wenn ich mich für getrennt halte. Insofern kommt der anderen Seinsweise das Attribut Täuschung zu. Aber auch: Wirklichkeit. Die Inder nennen es *Maya.*

Dennoch, so glaube ich, gibt es keinen Menschen, der immer nur ungetrennt leben kann. In der getrennten Seinsweise nehme ich dich als verschieden von mir wahr. In ihr trenne ich Subjekt und Objekt - obwohl mir inzwischen sogar die Theoretische Physik sagt, daß ich mich täuschen kann, wenn ich das tue. In ihr schreibe ich meine Bücher, denn ich kann sie nur schreiben und kann nur verstanden werden, wenn ich differenziere. Differenzieren ist nur ein anderes Wort für trennen. Selbst wenn in meine Bücher Erfahrungen des Verbundenseins und Einsseins hineinfließen - ich hoffe, daß dies geschieht -, sobald ich schreibe, schreibe ich als ein Subjekt, das ich zu sein glaube, über Objekte, die ich wahrnehme. Mich selbst, mein Einssein, kann ich nicht wahrnehmen, ich kann es nur **sein**. Was immer ich wahrnehme, ist getrennt von mir. Was immer ich wahrnehmend für mich selber halte - meinen Körper, meine Gefühle, meine Gedanken, meine Wünsche, mein Wollen, mein Ego, auch meine Schmerzen - kann »ich« nicht sein.

In der getrennten Seinsweise bin ich fokussiert - auf einzelne Gegenstände, Phänomene, Reize, Dinge, Gefühle, Gedanken ... Es ist wie beim Fernrohr: je genauer ich den Fokus auf ein entferntes Objekt einstelle, desto mehr muß ich ihn verengen. Ich nehme die Einzelheit zwar gesteigert wahr, kann aber das, was drum herum ist, kaum oder gar nicht mehr wahrnehmen. Je mehr ich fokussiere, desto mehr trenne ich mich vom Ganzen. Ein anderes Wort für »fokussieren« ist »spezialisieren«.

Der »Spezialist« **muß** getrennt sein. Eine Gesellschaft, die aus überdurchschnittlich vielen Spezialisten besteht und in der Spezialisten ein besonders hohes Ansehen genießen, kulminiert in Getrenntheit.

In der verbundenen Seinsweise gibt es keinen Fokus. Ich sehe das Ganze, sehe »alles« und - dies ist der Widerspruch, mit dem der logisch denkende Mensch seine Schwierigkeiten hat - nehme dennoch: nichts wahr. Denn nähme ich etwas wahr, ich trennte mich von ihm. Das liegt in der »Logik« des Wahrnehmens, die nicht die aristotelische ist. Ich nehme Sein nicht wahr, ich **bin** Sein. Ich **bin.** Bereits sprachlich ist

»Bin« in »Sein« enthalten; das eine ist nur eine grammatikalische Form des anderen. Sofern ich bin, bin ich Sein.

2

Genaugenommen trennt mich die Formulierung »Ich bin Sein« vom Sein, ja die Trennung beginnt bereits mit »Ich bin«. Die letztere trennt mein »Ich« vom »Sein«, die erstere trennt zusätzlich noch mein »Ich bin« vom »Sein«. Deshalb Wittgenstein: »Eine der am meisten irreführenden Darstellungsweisen unserer Sprache ist der Gebrauch des Wortes ›ich‹.« Indem die Sprache verschiedene Worte miteinander verbinden muß, um den **einen** Zustand des Einsseins zu bezeichnen, widerspricht sie dem Einssein. Sie suggeriert: da ist nicht **eines**, da ist zweierlei, dreierlei ... vielerlei ... Die Worte, sobald wir sie aussprechen, reden uns unbewußt ein, daß das Verbundensein eben die Täuschung ist, in der ich in der Getrenntheit lebe. Unsere Sprachen zementieren die Zerstückelung, die es zu überwinden gilt. Die übliche Subjekt-Prädikat-Objekt-Struktur der Sprachen trennt das Subjekt durch das Prädikat vom Objekt. Sie redet uns ein: Allenfalls, indem du etwas tust, kannst du Subjekt und Objekt verbinden. Jenseits davon gibt es keine Verbundenheit, kein Einssein.

Die Sprache bestätigt die *Maya,* unser Getäuschtsein, unsere irrige Weltwahrnehmung.

3

Eine spezifische Form der Fokussierung ist die Logik. Insofern sie - meist hochmütig - verbannt und verketzert, was unlogisch ist, schließt sie einen großen Teil des Geschehens aus und tut dennoch so, als sei das, was sie einschließt, bereits das Ganze. Logisch denken heißt im Grunde: Nur so viel hineinstecken, wie wieder herauskommt. In jeder logischen Aussage nistet die Tautologie. Daß der Teig, wenn du ihn in den Backofen schiebst, als Kuchen wieder herauskommt, überschreitet bereits Logik (wobei ich Logik nicht mit Erfahrung verwechseln darf; wir machen ständig völlig »unlogische« Erfahrungen). Alle unsere modernen Krisen - Klimawandel, Ozonloch, Waldsterben, Zusammenbruch menschlicher Immunität, Verkehrschaos, Gesundheitswesen, der Wahnsinn unserer Lebensmittelversorgung mit ihren ununterbrochen die gleichen Ladungen in entgegengesetzten Richtungen aneinander vorbeitransportierenden LKWs - sind Logik-gesteuert, ja in den meisten Fällen Logik-**gemacht**. Wenn wir bereits die alltäglichsten Querelen, Schwierigkeiten, Probleme - sagen wir einen Streit mit dem Partner - logisch nicht lösen können, ja, ihn meist noch verschärfen, wenn wir ihn allein logisch angehen (»Nun denk doch mal logisch!«), wie sollen wir dann die viel größeren Probleme, die heute anstehen, allein logisch lösen können?

Sinnvoll vielleicht, daß das Wort »Logistik« in wenigen Jahren »auf den Hund« - richtiger: auf die Straße gekommen ist: von Leibniz auf die Möbeltransport- und Umzugsindustrie. Welch ein Abstieg!

4

Bei Stephen Levine las ich den Satz: »Das Getrenntsein verursacht den Schmerz in unserem Leben.« Der Satz geht mir so unter die Haut, daß ich versuchen möchte, ihn ein wenig auszuloten. Daß Getrenntsein Leid verursacht, erkennen wir am Getrenntsein von einem geliebten Menschen. Wir meinen, der Akzent sitzt auf »geliebten Menschen«, aber natürlich sitzt er auf dem »Getrenntsein«. Die Wirkung des Getrenntseins wird nur deutlich am **Beispiel** des geliebten Menschen. Oder eines Gegenstands oder Ziels, die wir besitzen oder erreichen wollen, auch natürlich am Getrenntsein von der Erfüllung eines Wunsches. Alles spezifische Getrenntsein - von was auch immer - ist nur das Wahrnehmbar-Werden unseres Ur-Getrenntseins. In ihm läuft es zusammen wie Bäche und Flüsse in einem Strom - unser Getrenntsein vom Sein, vom Universum, von Gott. Von mir selbst. Vom »Ich bin«.

Dies uns deutlich zu machen ist vielleicht überhaupt der Sinn allen Leids und Schmerzes. Es gibt diesen ungeheuer großen, erschreckenden Pool von Schmerz in der Welt. Wir alle, sofern wir getrennt sind - und das sind wir ja meistens -, bekommen einen Teil davon ab. Wir meinen, es sei **unser** Schmerz. Aber es ist einfach **der** Schmerz. Der Schmerz der Welt. »Unser Teil« davon.

5

Sobald wir verbunden sind, beginnen die Versuche der getrennten Seinsweise, in die Verbundenheit einzubrechen. Am besten gelingt ihr das mit ihren beiden Lieblingswerkzeugen: dem Verstand (dem *mind*) und dem Ego. Ich habe bereits davon gesprochen: Der Verstand trennt mich vom Jetzt, das Ego vom anderen Menschen. Ich brauche ein hohes Maß an Achtsamkeit, an ständigem Auf-der-Hut-Sein, an bleibendem Gewahrsein und Bewußtsein, um dies zu umgehen (aber es sind ja der Verstand und das Ego, die »drum herumgehen« - um das Jetzt und um das »Ich bin« herum). Auch sie besitzen ein hohes Maß an Gewahrsein, um bei jeder sich bietenden Gelegenheit in mein bewußtes Einssein einzubrechen. Sie nutzen die Möglichkeiten dazu, die sich in Hülle und Fülle bieten - buchstäblich sich ständig anbieten -, mit Raffinesse und cleverness, und sie schaffen noch zusätzlich immer neue.

Unser Verstand ist *medium* und *conditioner* unserer Getrenntheit. Als Gott den Adam aus dem Paradies vertrieb, sagt eine jüdische Legende, gab er ihm als kleine Entschädigung den Verstand.

Dennoch bringt es nichts, Verstand und Ego zu verteufeln. Ich dränge sie dann nur ins Dunkle, vermehre dessen Kraft. Ich brauche sie im Licht. Ich brauche sie.

Eva Pierrakos - bzw. der *guide*, der sie seine Botschaften sprechen läßt - empfiehlt unserem Verstand, »für eine Weile eher das weibliche Prinzip auszudrücken. Bisher war er sehr dem männlichen Prinzip der Handlung, Dynamik, Kontrolle verbunden«. Sie weist darauf hin, daß uns dies nicht untätig und passiv machen würde, sondern im Gegenteil zusätzlich die Dynamik, Aktivität, Kraft und Informationsfülle des Seins erschlösse: Der Verstand nicht immer nur als Instrument unseres Egos, sondern des Universums, von dem der Ego-Verstand nur ein kleiner, abgespaltener Teil ist. Wenn er weiblicher wird, sich öfter mal auf Empfang und Verbundensein schaltet, wird er weniger abgespalten. Er täuscht sich dann weniger. Was sich täuscht, ist das Ego. Das Universum **kann** sich nicht täuschen.

6

Der frühe Mensch war verbunden. Zumindest erscheint er so aus unserer heutigen Sicht. Die Getrenntheit ist im Laufe der Entwicklung des Menschen gewachsen. Unter den neueren Denkern war Jean Gebser der erste, der über dies Thema gearbeitet hat. Seit ihm wächst unser Wissen hierüber. Alle paar Jahre erscheinen neue und wesentliche Werke hierzu - in den letzten Jahren etwa von Julian Jaynes, William Irwin Thompson, Ken Wiber ... Es ist deutlich: Dies ist **jetzt** zu erkennen ... Dies ist »dran«.

Indianer, australische *Aborigines,* viele Afrikaner und Inder sind immer noch ähnlich verbunden wie der frühe Mensch. Sie sind noch nicht, wie W. I. Thompson es ausdrückt, »in die Zeit gefallen«. Wenn in der Ponca-Sprache eines Indianerstammes in Oklahoma gesagt werden soll: »Mein Sohn ist krank«, wird dem Wortsinn nach gesagt: »**Ich** bin krank in bezug auf meinen Sohn.« Wenn Ponca-Leute sagen wollen: »Ich habe eine Schwester«, lautet die wörtliche Übersetzung dessen, was sie sagen: »Ich bin ge-schwestert.« Der Häuptling »regiert« nicht seine Leute, er »steht mit ihnen«. Gebetet wird nicht »zu« Gott, sondern »mit« Gott. Viel häufiger freilich zu Bäumen, aber eben nicht »zu«, sondern »mit« Bäumen, sie umarmend, sich eins fühlend mit ihnen, ihre Kraft empfangend.

Die Polynesier der Fidjis und anderer pazifischer Inseln haben ein Sprichwort: »Ein Kuß entwaffnet den Hai.« Der Hai ist kein Todfeind.

Sie reiten auf Haien! (Ich habe das selbst gesehen - schnorchelnd mit einem Polynesier im Roratonga-Atoll. Er schwang sich - schwungvoll und gar nicht behutsam - auf den Hai und ritt ihn - minutenlang. Es war ein mächtiger, starker Hai - länger, als der Polynesier groß war, und der war **sehr** groß. Vorher hatte er mit seinem Speer einen Oktopus gefangen und ihn ihm zum Verzehr hingehalten. Der Hai spielte lange mit dem aufgespießten Tier - ohne jegliche Gier -, bevor er ihn langsam in sich aufnahm. Der Polynesier fütterte ihn - wie wir einen Hund oder eine Katze.)

Der Jazzmusiker Oscar Pettiford (den ich Ende der fünfziger Jahre nach Baden-Baden geholt habe und der hier zwei Jahre mein Nachbar gewesen ist) hat einen Song über die Wolken geschrieben, die den Tamalpais-Berg bei San Francisco umkreisen. Er sagte: »Du kannst hören in meiner Musik, wie die Wolken den Berg liebkosen.« In der Sprache des Indianerreservats, in dem er aufgewachsen sei (ebenfalls in Oklahoma), hätten sie allerdings gesagt: »Die Wolken liebkosen die Erde.« Oscar legte Wert darauf: »Ob nun die Wolken den Berg oder ob du eine Frau liebkost, es ist immer das gleiche. Du liebkost die Erde mit.« Du liebkost. Punktum. Denn in der wahren Liebkosung wird das Subjekt eins mit dem Objekt.

7

Am tiefsten und am bewußtesten gelangen wir in die Seinsweise des Einsseins in der Meditation - was ja bedeutet: in der Verbundenheit mit dem Göttlichen, dem Sein, dem Universum, dem *Tao*. Meditation ist nichts anderes als dies.

Wenn ich im Einssein bewußt bin, bin ich angeschlossen an den unermeßlichen Strom, an den Ozean an Wissen, Weisheit und Liebe, über den das Sein verfügt. Allmählich - seit dem Beginn des Wassermannzeitalters - gelangen wir dahin, dies auch wissenschaftlich verstehen zu können. Die Quantenphysik hat gezeigt, daß jedes Elektron **alle** Informationen **aller** Zustände gespeichert hat, die es in Milliarden von Jahren durchlaufen hat. Dann muß also ein so hochentwikkeltes Wesen wie der Mensch, bestehend (nach den Berechnungen der Physiker) aus mehr Elektronen, als das Universum Himmelskörper besitzt, letztlich **alle** Informationen des Universums in sich tragen. Die Frage ist nur, wie ich an sie herankomme. Meditationserfahrene antworten: In der Seinsweise bewußten Einsseins. Des »Ich weiß« und »Ich bin«.

Noch deutlicher hat die moderne Chaostheorie unser Verbundensein gemacht. Man kennt die berühmte Erkenntnis: Ein Schmetterlingsschlag in Neuseeland, ja auf dem Saturn (wenn's dort Schmetterlinge gäbe) kann das Wetter in Baden-Württemberg verändern.

Wie sehr wir, trotz aller Getrenntheit, verbunden sind, wird auch bei einem Blick auf die Geistesgeschichte deutlich. Wer sich abendländisches Philosophieren vor Augen hält, von Heraklit und Pythagoras bis Marx und Hegel, und dazu - in diesem nicht genug zu bestaunenden Kontrapunkt - östliches Denken und Spüren von Lao Tse und den Veden über Buddha und Zen bis Ramakrishna und Yogananda, der kann doch eigentlich gar nicht anders als zu erkennen: Da ist ein einziges, riesiges, überdimensionales Wesen, das jahrhundertelang philosophiert hat, jeden folgenden Schritt so zwangsläufig aus den vorhergehenden ableitend, daß es verblendet ist und vermessen, anzunehmen, alle, die da gedacht haben, seien voneinander getrennte Wesenheiten. Als hätte jeder nur für sich selber gespürt, philosophiert, geschrieben und als habe sich der Zusammenklang, der schließlich entstanden ist, nur »zufällig« ergeben.

Selbst der rationalistischen Philosophiegeschichte bietet sich unabweisbar die Erkenntnis, daß all dieses Philosophieren ein Ganzes ist. Die Philosophierenden haben nicht nur dort aneinander angeknüpft, wo sie dies bewußt taten, sondern auch dort, wo sie überhaupt nichts voneinander gewußt haben.

Der Befund ist um so eindrucksvoller, als Philosophieren - zumindest abendländisches - eine Aktion der Getrenntheit und (von Ausnahmen abgesehen: Plotin, Spinoza, Heidegger und den paar anderen) des Trennens ist. Wie stark müssen wir **ein** einziges, denkendes, fühlendes, sprechendes, schreibendes, argumentierendes, handelndes Wesen sein, wenn sich dennoch sogar für die rationalistische Betrachtungsweise der Eindruck eines Ganzen nicht von der Hand weisen läßt!

Noch überzeugender deutlich wird der Eindruck des Ganzen bei einem Blick auf die abendländische Musik. Von der Gregorianik bis heute fließt und wächst alles so notwendig und folgerichtig aus- und wieder ineinander, als gäbe es ein überdimensionales geistiges und künstlerisches Wesen, »Musik des Abendlandes« genannt - einer riesigen räum- und zeitlosen Pflanze vergleichbar, die ständig neue Blüten treibt; jede Blüte »ist« ein Komponist. Insofern es immer wieder andere Blüten sind, ist jeder Komponist neu und einzigartig; insofern sie alle aus der gleichen Pflanze sprießen, gehören sie dennoch auf eine organische Weise zusammen.

Deutlich wird das auch daran, daß nahezu alles, was hier geschah und geschieht, antizipiert wurde. Bach hat die Chromatik der Spätromantik angebahnt. Mozart hat mehrfach Schubert vorausgenommen (zum Beispiel im Andante seines d-moll-Streichquartetts). Beethoven ahnt in seinen späten Quartetten bereits die Dichte und Expressivität der Bartokschen. Und zielt auf Gustav Mahlers »Symphonisierung« des Chorsatzes. Denn es ist ja nicht nur so, daß Mahler sich bei seiner Einbeziehung des Chors in symphonische Werke auf Beethovens Neunte bezog, viel stärker noch »springt« Beethoven plötzlich »hinein« in Mahler (etwa mit dem *Agnus Dei* seiner *Missa Solemnis* in die Chöre von Mahlers Achter). Der erste Satz von Schuberts Streichquartett Nr. 15 ist schon fast Bruckner (noch überraschender das *Agnus Dei* seiner Es-Dur-Messe von 1828, dem Sterbejahr). Bei Bach gibt es in der »Kunst der Fuge« eine Folgerichtigkeit und Genauigkeit, die die Musik erst drei Jahrhunderte später in der Serialität wieder erreichte. Was Richard Wagners Tristan-Harmonik für unser heutiges harmonisches Verständnis bedeutet, darauf ist oft genug hingewiesen worden. In der modernen Obertonmusik werden wir ständig an Gregorianik erinnert ... Man muß nur sein Sensorium dafür öffnen, dann entdeckt man überall diese beeindruckende Ganzheit und Einheit, die alles oberflächlich

Wahrnehmbare übergreift und überschreitet - wirklich wie geistige Pflanzen eines geheimnisvollen, unendlich fruchtbaren, tönenden Regenwaldes, der ein einziger Organismus ist.

8

Die Form der Getrenntheit, die uns die größten Schwierigkeiten macht, ist die Getrenntheit des Menschen vom Menschen. Ist uns das deutlich, daß wir uns der Natur - so fern wir ihr sind - immer noch relativ verbundener fühlen als unseren Mitmenschen? Wir wandern in der Natur, freuen uns über Berge und Täler, Bäume, Pflanzen und Blumen - genießen die Stille und unser Alleinsein, das Rauschen von Bäumen und Wind, den Gesang der Vögel -, und dann kommt eine Gruppe von Menschen. Sie gehen eine Weile vor uns her, reden laut miteinander, lachen, lärmen, wie Menschen es eben tun, und schon fühlen wir uns gestört, wünschen sie fort. Wir spüren das Göttliche in einer Blume, aber die Menschen, die wir da fortwünschen, sind ebenfalls göttliche Wesen - mehr vielleicht noch als Bäume, Pflanzen und Blumen. Wir haben Schwierigkeiten, das Göttliche in unseren Mitmenschen zu erkennen. Gewiß, wir haben überhaupt Schwierigkeiten, es zu erkennen. Aber relativ leichter erkennen wir es doch in der überwältigenden Schönheit der Schöpfung - des Sternenhimmels, des Meeres - als in den Millionen menschlicher Wesen um uns herum. Wir haben uns falsch programmiert - jahrtausendelang -, und das Programm ist genetisch geworden: Der Mensch ist nicht nur dein Nächster, er ist auch dein Feind. »Nächster« ist er allenfalls als der, den du kennst, die anderen sind eher »Fernste«: sind Feinde, sind uns unheimlich in ihrer Masse, wir fühlen uns von ihnen bedroht. Kein Wesen auf diesem Planeten ist mehr mit sich selber verfeindet als der *homo*. Keines hat schlimmer in seiner eigenen *species* gewütet als wir, wütet weiter in ihr.

9

Immer deutlicher ist in den letzten Jahren geworden, daß die meisten - vielleicht alle? - großen Erfindungen der Menschheit und die bahnbrechenden Erkenntnisse in der Seinsweise der Verbundenheit gemacht wurden. Bei Einstein, bei Max Planck, bereits bei Newton haben wir das gelesen: Sie hatten ihre Erkenntnisse »blitzartig«. Manche hatten sie im Traum. Manche in Verbindung mit einer Naturerfahrung. Fast alle weisen darauf hin, daß sie in dem Moment, in dem sie sie hatten, nicht »logisch« und schon gar nicht »kausal« - also in Getrenntheit als Subjekt über ein Objekt - über das Problem nachgedacht haben.

Aber nicht nur Erfinder und Weise sind angeschlossen an den Pool universalen Wissens. Jeder ist es. Jeder **kann** es sein. **Wir wissen.** Immer mehr Menschen haben in den letzten Jahren erfahren, daß jeder - oder fast jeder -, wenn er entsprechende Einführung erhält, kinesiologisch, mit Pendel oder Rute arbeiten kann. Wenn er/sie offen genug ist, sich darauf einzulassen, wird sie/er überrascht sein, wie sich der Horizont des Wahrnehmbaren dadurch erweitert.

Wer weiß? Das Pendel? Die Rute? Die machen's nur sichtbar. Wir besitzen immer noch das Wissen des archaischen Menschen, der - wie die Tiere - wußte: Diese Beere oder jener Pilz ist gut für mich. Das darf ich essen. Das muß ich meiden. Aber unser Kopf hat sich dazwischengeschaltet, uns mißtrauisch gemacht: Bist du auch sicher? Es könnte doch giftig sein. Woher weißt du, daß dies gut ist? Sei lieber vorsichtig. Das Mißtrauen macht sichtbar: Wir vertrauen nicht mehr uns selbst. Deshalb verkümmern die entsprechenden Fähigkeiten in uns immer mehr. Der Mensch traut sich nicht selbst.

Auch die Elektroakupunktur - Wega-, Bicomb-, Mora- und andere Testgeräte - macht sichtbar: **Ich** weiß. Denn natürlich ist es nicht das Gerät, das »weiß«, ob die vom Arzt oder Heilpraktiker in Erwägung gezogene Arznei hilft oder vielleicht sogar schädlich ist. Der Zeigerausschlag des Geräts macht es nur sichtbar, indem er die Verbindung zu der (genetischen? psychischen? spirituellen?) Instanz in uns herstellt, die weiß: Das kann mir helfen - jenes nicht.

Pendel, Rute, die verschiedenen kinesiologischen Verfahren, die Testgeräte erinnern uns daran, daß unser ursprüngliches Wissen - unser Ur-Wissen - immer noch da ist. Die Fähigkeit, mit ihnen arbeiten zu können, gehört genauso zum menschlichen Potential wie Riechen oder Schmecken. Aber sie paßte nicht ins rationalistisch-mechanistische Konzept. Deshalb wurde sie ausgeblendet, wurde uns die Mär, wir besäßen nur fünf Sinne, eingeredet. Indem wir - die meisten von uns - das geglaubt haben, haben wir unsere Wahrnehmungspalette reduziert. Haben auf eine wesentliche Seite des menschlichen Potentials verzichtet: auf ein Wissen, das aus größeren Tiefen kommt als das - gewiß ebenfalls unverzichtbare - äußere Wissen, das uns Intellekt, Logik, Kausalität, Mechanismus, Rationalismus etc. erschließen. All dieses Wissen ist wunderbar. Das Mißverständnis liegt darin, daß wir geglaubt haben, es sei das **einzige** uns zugängliche Wissen.

Daß es dabei in erster Linie ums Paradigma - also um etwas Theoretisches (freilich auch um Macht!) - geht, wird daraus deutlich, daß diese gleiche rationalistische Welt, wenn es um Geld geht, keinesfalls gewillt ist, auf die »obskurere« Seite unseres Sensoriums zu verzichten. Für Ölfirmen zum Beispiel - Texaco, Shell, Esso (also geradezu Exponenten rationalistisch-mechanistischen Denkens) - ist es selbstverständlich, Rutengänger und andere Sensible nach Öl und nach den Plätzen, an denen zu bohren erfolgreich sein könnte, forschen zu lassen. Sie sprechen zwar nicht darüber - als müsse man sich dessen schämen (so weit hat es das herrschende Paradigma gebracht!); sie tun es einfach. Weil sie erfahren haben: Das auf diese Weise zu erlangende Wissen ist sicherer, einfacher, direkter erhältlich als all die - viel aufwendigeren, kostspieligeren - »wissenschaftlichen« Verfahren, über die sie natürlich ebenfalls verfügen. Ähnlich Firmen, die Brunnen zu bauen haben: Natürlich haben viele von ihnen einen kompetenten Rutengänger zur Hand, der ihnen zeigt, wo sie graben oder bohren müssen. Es würde viel Geld kosten, falsche Schächte zu treiben. Soviel Geld ist dem Rationalismus sein Paradigma denn doch nicht wert.

Kein Esoteriker gebärdet sich in der Verteufelung dieser Dinge so gespalten, so irrational wie der Rationalist.

In Österreich, am Ende des Gasteiner Tals, bevor sich - nach Kärnten hin - die Wand der Tauern erhebt, wurden im Mittelalter tiefe Stollen in die Berge getrieben, um Gold und andere edle Metalle zu finden. Einige dieser Stollen wurden noch in diesem Jahrhundert betrieben. Der Bergführer, der sie dem Touristen zeigt, stellt selber die Frage: Woher wußten die Knappen (so nennen sich die Männer, die diese schwere, lebensgefährliche Arbeit getan haben), daß da Silber und Gold war? Es gibt kaum Stollen, die »umsonst« geschlagen wurden. In den meisten Bergen gibt es kein Gold. Nach der Wahrscheinlichkeitstheorie müßte es also sehr viel mehr vergeblich getriebene Stollen geben. Das Gegenteil ist der Fall. Die Knappen »wußten«, wo Gold und Silber zu finden sein könnte. Die Öl- und Wasser-Suchenden »wissen«. **Wir** wissen. Wenn wir ein Paradigma vorziehen, das uns von diesem Wissen abschließt und, um dies tun zu können, seine Quelle verteufelt, dann berauben wir uns selbst.

10

Weil die Sprache nur dieses eine Wort besitzt, verwende ich hier das Wort »wissen« für zwei völlig verschiedene Dinge: einesteils für das intellektuelle Verstandeswissen unseres Kopfes - ein Wissen, das sich unserer Getrenntheit verdankt -, andererseits für »Wissen« aus den tiefen Schichten unseres zwar verleugneten, aber doch unkündbaren Verbundenseins. Deutlich ist, daß es für dieses letztere »Wissen« auf Wachheit, Bewußtheit, Achtsamkeit ankommt. Die erleuchteten Weisen aller Zeiten und Kulturen erinnern immer wieder daran. Sie tun das nicht nur, um den einzelnen Menschen »wissen« zu lassen, es gibt noch einen weiteren Grund: Mit **unserer** Bewußtheit wächst das Bewußtsein des Universums. Wir - die Wesen im Universum, die Bewußtsein haben und in Bewußtheit wachsen - sind das Mittel (sind auch ein Mittel) des Universums, sein eigenes Bewußtsein - und damit seine Kreativität - zu mehren. Das Bewußtsein und die Kreativität des Universums sind wir - sich **auch** wir.

Auch Wissenschaftlern wird dies immer stärker bewußt. So fragt der amerikanische Kosmologe Timothy Ferris: »Sind wir frei Handelnde, die das Universum erkunden wollen, oder sind wir nur Werkzeuge, mit deren Hilfe sich das Universum selbst erkundet?«

In den letzten Jahren lernen wir immer mehr darüber, was in dem gigantischen Feuerball geschehen sein könnte, der das Universum im Moment seiner Entstehung vor Milliarden von Jahren gewesen ist. Immer mehr erfahren wir darüber, wie Sterne und ganze Sonnensysteme in Schwarzen Löchern verschwinden und neu erstehen, gewinnen immer tiefere Einblicke in die Schöpfungsprozesse des Universums. All dies geschieht als »Sprung«. Alle paar Monate gibt es neue Erkenntnisse. Millionen von Jahren: fast nichts! Jetzt: ständig neue Findungen.

Können wir nachspüren, welch ein gewaltiger Einschnitt dies in der universalen Evolution ist? Milliarden Jahre lang ist das, was da »oben« geschehen ist, nur einfach geschehen. Jetzt mit einem Mal ist ein Bewußtsein da, das **weiß**, was geschieht und geschehen ist. Höchstwahrscheinlich gibt es anderswo andere »Bewußtseins« - noch viel weiter entwickelte -, die dies ebenfalls wissen, aber auch dann ist mit dem irdisch-menschlichen Bewußtwerden dessen, was im Universum geschieht, *summa* und Kraft universalen Bewußtseins gewachsen. Bewußtsein **will** wachsen. Wir tragen **unseren** Teil dazu bei, daß es wächst. Das Universum hat bewußte Wesen entstehen lassen - hat sie geschaffen -, um durch sie sein eigenes Bewußtsein zu mehren.

Seit der Antike gibt es ein in philosophischen Werken immer wieder gespieltes Gedankenspiel: Wenn irgendwo im Wald ein Baum krachend umfällt, und es ist niemand da, der hört, daß es kracht, hat es dann überhaupt gekracht?

Ich habe dieses Spiel im »Dritten Ohr« in bezug auf das Hören mitgespielt. Jetzt aber vergrößert es sich, wird damit weniger Spiel: Wenn irgendwo im Universum ein neues Sonnensystem entsteht - oder eines in einem Schwarzen Loch verschwindet - und es ist kein Bewußtsein da, das weiß, daß dies geschehen ist, **ist** es dann überhaupt geschehen?

Das Universum braucht Bewußtsein, damit das, was in ihm geschieht, in der Intensität des Geschehens wächst. Es wird dadurch »wahrer«, gewinnt »Wahrheit«. Erst dann geschieht es **jetzt** - nämlich: in dem Moment, in dem es bewußt wird. Das ist das Jetzt, das die Zen-Weisen meinen. All die Lichtjahre, die uns von dem Geschehen da draußen im Universum trennen, sind nur ein *modus* unseres Getrenntseins, ein »Fall in die Zeit« (W. I. Thompson), ein in Zahlen (sogar dies! exakt!) ausdrückbares Maß unserer Täuschung, der großen *Maya*. Unwahrscheinlich, daß sich das Universum bei diesem Prozeß allein auf uns verläßt. Wir sind gerufen - geschaffen -, in dem wachsenden Bewußtwerdungsprozeß des Universums mitzuhelfen. Es muß andere - viele höhere - »Bewußtseins« geben, die ebenfalls dabei mitwirken.

11

Eben fiel das Wort JETZT. Immer mehr Physiker sind davon überzeugt, daß Zeit und Raum nur Krücken unseres Verständnisses sind. Die moderne Photonenforschung bringt das Universum in einem buchstäblichen Sinn auf den »Jetzt-Punkt«. Jedes Photon ist hier und jetzt, dort und morgen und überall. Physiker sprechen von »Überraum«, von »Tachyonenfeidern«, von »impliziter Ordnung« und *holomovement*. Der Nobelpreisträger John Archibald Wheeler hat sich, um seine Erkenntnisse und Berechnungen begreifbar zu machen, die Erkenntnisbrücke der »Wurmlöcher« ausgedacht. Wie sich der Wurm Löcher durch den Käse bohrt, so muß es Löcher durch das Universum, durch Raum und Zeit geben, durch die eine Information von den Grenzen des Universums, Milliarden von Lichtjahren entfernt, **jetzt** also nicht erst mit Lichtgeschwindigkeit, der eben noch unüberwindlichen Grenze - hier ist und hier effizient wird.

Inzwischen empfinden viele Physiker: Da sind nicht nur einige »Wurmlöcher«, einige Bewußtseinskanäle, die sich ein universales Bewußtsein gebahnt hat, Bewußtsein ist überall gleichzeitig und braucht keine Bahnen, keine Medien, keine »Löcher«.

Sir James Jeans: Das Universum ist »wie ein einziger riesiger Gedanke«. Und Eugene Wigner: »Die Wurzel des Quantenprinzips ist das Bewußtsein.« Auffällig auch, daß in den letzten Jahren sogar die Teilchen - das Photon vor allem - den Charakter von Bewußtsein annehmen. Viel mehr von Bewußtsein als von Materie, ja auch mehr als von Energie und Welle. Sie verhalten sich durchaus ein wenig »wie bewußte Wesen«. Die Physiker gebrauchen Worte für ihr Verhalten, die aus menschlichem Verhalten abgeleitet sind, das heißt, sie finden sich wieder in ihnen. **Wir** finden uns wieder in ihnen.

Also: Die Weisheit der Mystiker aller Kulturen und Epochen - von den Upanischaden bis Jakob Böhme -, daß alles ungetrennt eins ist, gilt radikal - nicht gleichnishaft, esoterisch, symbolisch. Nicht als Verständnisbrücke, sondern als die konkreteste Aussage über uns und die Welt, die uns möglich ist.

12

Nicht zufällig haben wir Schwierigkeiten mit der - oben versuchten - Pluralbildung des Wortes »Bewußtsein«. Letztlich gibt es nur **ein** Bewußtsein - das des Universums, des Seins. Unseres ist seins. Daß wir es für »unseres« halten, ist nur wieder Getrenntheits*modus*. Der Prozeß funktioniert in beide Richtungen: Das Bewußtsein des Universums wächst mit unserem, aber auch die Entfaltung unseres Bewußtseins und unserer Bewußtseins-Kreativität ist eine natürliche und selbstverständliche Folge der unendlichen und nie aufhörenden Entfaltung der unfaßbaren Bewußtheit und Kreativität des Universums. Die »Richtungen« sind Subjekt-Objekt-Zerlegungen, ebenfalls also Getrenntheits-*Modi*. »Richtungen« sind *Maya*. Das Geschehen ist eins im ungetrennten, zeit- und raumlosen Ganzen.

Auch sprachlich steckt »Sein« im »Bewußtsein«. So wenig es mehrere »Seins« geben kann, so wenig sind viele »Bewußtseins« möglich. Daß wir viele »Bewußtseins« wahrnehmen, ist - auch dies - Indiz unserer Täuschbarkeit.

13

Es geht noch weiter: Nicht nur unser Verständnis von Bewußtsein und unser Mangel an Bewußtsein, Achtsamkeit, Wachheit bilden eine Schwelle auf unserem Wege aus der Getrenntheit. Eine noch viel höhere Schwelle baut unser Verständnis von Leere, Stille, Schweigen, »Nichts« - alles Begriffe, die für den modernen westlichen Menschen negativ besetzt sind. Stille ist »eisig«, Schweigen »mörderisch«, »tödlich« (weshalb das Lärmproblem so unlösbar geworden ist), Leere und Nichts erscheinen als passiv: die Verneinung von allem, was der westlichen Menschheit wichtig ist.

Wir verneinen uns damit selbst. Denn wir **sind** Leere. Physiker haben errechnet: Wenn wir den menschlichen Körper auf die Größe des Empire State Building projizieren, dann ist die Masse, der »Inhalt«, der zu jedem von uns gehört, gerade nur so viel wie ein Wasserglas voll Staubkörner. Das ist die Materie in uns: Körnchen, einsam herumwirbelnd in einem leeren Nichts. In einem unvergleichlichen Maße sind wir viel, viel mehr Leere und Nichts als Inhalt, Fülle, Substanz, Geformtes. Wir machen also einen Fehler, wenn unser Wahrnehmungs-, Wissens- und Wissenschaftsdrang und -apparat fast ausschließlich auf Fülle, Materie, Teilchen, Substanz ausgerichtet sind - wir machen diesen Fehler schon sehr, sehr lange. Wir verpassen darüber das, was wir und das Universum wirklich **ist** (der Singular steht mit Absicht; ein Plural wäre irreführend).

Buddha, Lao Tse, die Zen-Weisen haben von der Bedeutung von Leere, Nichts, *Mu* (= nichts), *Wu Wei* (= nichts wollen, nichts tun) gesprochen. Ein westliches Religionsverständnis und Wissenschaftsdenken, das Religion und Spiritualität aus Büchern und Schriften verstehen will und nur selten auf den Gedanken kommt, die Essenz einer Religion selbst erfahren zu wollen, hat dies als »Weltflucht«, »Untätigkeit«, »Passivität«, »Negativität«, »Nein zur Schöpfung«, gar »Nein zu Gott« fehlinterpretiert.

Lao Tse: »Das Leere durchdringt das Dichteste.« »Mit *Wu Wei* - mit Nicht-Wollen und Nicht-Tun - gewinnt man ein Reich.«

In genau diesem Sinne sagt der Nobelpreisträger P. A. M. Dirac, daß »das Vakuum ein Plenum« - eine Fülle - sei. John Wheeler hat ausgerechnet, daß ein Kubikzentimeter Vakuum eine Energiedichte von 10^{115} erg besitzt. Das ist mehr Energie, als die gesamte Materie des Universums enthält. Die Erschaffung von Energie und Materie aus dem Vakuum ist in den letzten Jahren Aufgabe eines hochsubventionierten Forschungszweigs (in Japan und in den USA!) geworden.

Die Physiker können heute in ihren riesigen Partikelbeschleunigern Schöpfungsprozesse *en miniature* beobachten: wo eben noch »nichts« war, zeigt sich da plötzlich die Leuchtspur - zum Beispiel - eines Protons. Viele Kosmologen haben keinen Zweifel, daß Entsprechendes in den Dimensionen des Makrokosmos in den Schöpfungsphasen und -prozessen des Universums geschehen ist und weiter geschieht. Partikel springen aus dem Nichts in ihre Existenz - und können auch wieder aus ihr herausspringen, außer einer Veränderung des Feldes »nichts« hinterlassend. Das Nichts, die Leere schaffen sie. Das heißt: Das Vakuum ist kreativer als materielle Fülle. In letzterer schlägt sich gerade nur eine Spur der unfaßbaren, ungeheuren, ewigen, universalen Schöpferkraft der Leere nieder.

All dies geschieht nicht nur in Partikelbeschleunigern, es geschieht in dir und in mir. Es geschieht so deutlich, daß jeder, der einigermaßen offen ist, erkennen kann: »Nichts« ist kreativer als das Nichts, als die Leere, als Stille und Schweigen ... Damit wird verständlich: Je mehr wir selber in Leere, Stille, Nichts, Schweigen gehen - etwa in der Meditation -, desto unmittelbarer schließen wir uns an diese Kreativität und ihre Kraft an: desto stärker **sind** wir - das ist das Wort, auf das es ankommt -, denn es bezeichnet das Verbunden-**Sein** mit dem Universum, mit dem Sein, dem *Tao* ... Mit uns selbst und unserer eigenen Kraft und Kreativität.

Deshalb die aus allen Kulturen und Überlieferungen bestätigte Freude in der Erfahrung von Leere und Stille, in der Steigerung unserer Bewußtheit durch sie. Wir können auch selbst diese Erfahrung machen. Wir lächeln in der Meditation - sprechen vom Inneren Lächeln, dem Lächeln Buddhas, des Buddhas in uns, des Christus in uns. Da ist eine Instanz in uns, die freut sich und lacht: Jetzt bin ich verbunden. Jetzt komm' ich »nach Hause«. Jetzt bin ich da, wo ich hingehöre. Wir sind glücklich in diesem Zustand. So glücklich wie in der Liebe. (Was ist der Unterschied?) Mit dem gleichen Ekstasepotential.

Muß ich noch hinzufügen: Die Freude und das Glück solcher Momente sind Freude und Glück des Universums, mehren **seine** Freude und **sein** Glück -? Ich erhöhe seinen Zustand, sein *level,* sein Niveau an Freude und Glück durch meinen Beitrag dazu.

Das »Innere Lächeln«, die Freude, das Glück, das Genießen des Verbundenseins stellen sich ein, weil die Instanz in uns weiß: So werde ich glücklich. Und weil eine Erinnerung bestätigt: Da war ich glücklich. Denn natürlich haben wir all dies schon einmal erfahren. Deshalb »wissen« wir es.

Dieses »Feiern« des Einsseins ist die Ur-Feier. Im Grunde ist alles menschliche Feiern das Nach-außen-Verlegen dieser inneren Feier. Damit auch das Verdrängen und Vergessen der inneren Feier, eine Art Suspendieren: Jetzt brauch' ich's nicht mehr »innen« zu tun. Besonders deutlich in der Art der modernen zivilisierten Menschheit, Weihnachten zu feiern.

Umgekehrt kann aber auch das äußere Feiern uns zur inneren Feier führen. Das beginnt schon mit dem verbindenden Charakter, den alles äußere Feiern in einer Gemeinschaft besitzt. **Ein** Verbinden steht da für das **andere**: Das Sich-Verbinden mit den Menschen für das Verbinden mit dem Sein und dem Göttlichen.

14

Im Bewußtsein des Einsseins erkennen wir viele der sogenannten Großen Fragen der Menschheit als Scheinfragen. Zum Beispiel die alte Frage nach der menschlichen Willensfreiheit (in der so viele andere Fragen »nisten«). Insofern alles Sein ist, bin ich unfrei. Aber insofern mein Ich Sein ist, bin ich ebendies Sein, das entscheidet, also frei. Und wieder ein Aber: Insofern ich weiß, daß ich und das Universum Sein ist (Singular), ist alles getrennte Sein dem Einen Sein übergeben, bin ich also unfrei - und bin frei, insofern ich dies erkenne und weiß, will und ja dazu sage ... usw. *ad infinitum* ... Dein Wille geschehe. Auch mein Wille ist Sein Wille, sogar noch dann, wenn ich ihn mißachte.

Macht nicht letztlich jeder diese Erfahrung - sein Leben lang? Wir leben nicht nur, viel stärker gilt: Wir werden gelebt. Wir werden geboren - wachsen auf - münden in unseren Beruf hinein, ohne daß die meisten von uns sagen könnten, sie hätten ihn von Anfang an bewußt gewählt (allenfalls wählen sie ihn, **nachdem** die Steuerung in seine Richtung längst begonnen hat) - finden zu unseren Partnerinnen und Ehefrauen - zeugen, ohne oft genau zu wissen, wann wir es taten - haben Einfälle und Ideen auch und gerade dann, wenn wir nicht über das betreffende Problem nachdenken - und natürlich sterben wir nicht ... Wer tut das schon: Sterben als eine aktive Handlung? Wir **werde**n gestorben. Selbst wenn wir bewußt sterben, so ist dieses Bewußte nur eine zusätzliche Dimension, die gewiß wünschenswert ist, die uns doch aber nicht vergessen lassen darf: Selbst wenn wir sie nicht gewonnen hätten, wir würden ohnehin sterben, also genauer: gestorben werden. Wie wir am Anfang unseres Lebens geboren wurden. Und wenn eine Frau gebiert - mit all der Pression, dem Willen, der Aktivität, die dazugehören -, letztlich geschieht es **mit** ihr und **durch** sie: »Mir geschehe, wie Du gesagt hast.«

Allenfalls innerhalb der damit gekennzeichneten Wegmarken haben wir hier und dort Freiheit. Es ist reine Selbstüberhebung und, wie alle Überheblichkeit, Illusion, wenn wir trotz der Evidenz des vielen und starken Geschehens mit uns und durch uns meinen, wir steuerten es. Es ist Weisheit, dies zu erkennen - was demütig macht - und danach zu leben. Denn die Kraft, die **uns** lebt - uns zeugt, geboren werden, aufwachsen, Entschlüsse fassen, Ideen haben, lieben, zeugen, hassen, sterben läßt -, ist allemal größer als die so viel kleinere, die uns innerhalb dieser Grenzen dies oder jenes tun läßt, was den **Schein** der Freiheit erweckt oder auch - vielleicht? - wirklich Freiheit **ist.** Das ist die Weisheit Lao Tses, von der oben die Rede war: »Mit Nicht-Wollen gewinnt man ein Reich.« Denn in dem Nichtwollen steckt der Wille des »Reiches«, und der ist allemal überwältigend viel stärker als der eigene.

15

Es ist, als sei es ein Spiel: Mal sind wir getrennt, mal verbunden. Wenn wir ersteres sind, müßte da eigentlich ein Schiedsrichter sein, der »abseits« pfeift. In der Tat gibt es ihn, aber viele von uns über-hören ihn, haben ihn so lange überhört, daß er »eh nicht mehr pfeift«. Andere Namen für ihn sind: Höheres Selbst, *atman*, Innere Stimme, Buddha in mir, Christus in mir, Ge-wissen, »Ich bin« ...

Für die verbundene Seinsweise gibt es kein Abseits: »Wo mich mein Weg auch hinführt, ich war schon da.« Ich **weiß**.

Für die getrennte Seinsweise gilt: Wo mich mein Weg auch hinführt, ich war noch nie da - selbst wenn er mich immer wieder an längst bekannte Orte führt. Aber die verbundene Seinsweise »wächst«. Sie ist »dran«. Deshalb unser aller Vernetzung. Internet. Die weltweite computerisierte Kommunikation, die bereits Milliarden von Menschen verbindet; erstmals wird sichtbar: Wir **sind** verbunden. Als sei dies ein Trick des Seins, damit wir - endlich! - lernen, uns als Teile eines Ganzen - des Organismus »Menschheit« - zu fühlen. Und damit es auch unser Verstand begreift. Denn es ist ja erkennbar: Das ist ein einziges Wesen, das da in sich selber vernetzt ist. Wie ein Gehirn durch Neuronen und Nervenbahnen. Wie jeder einzelne Mensch durch Venen, Arterien, Nerven, Meridiane, Energieströme, aurische Bahnen ... Eben dieses Muster prägt sich im Internet und in unser aller Vernetztheit ab. Eins »spiegelt« das andere, und natürlich muß jeder »Spiegel« dem »Körper« entsprechen, der ihn jeweils trägt.

16

Noch einen Schritt weiter: Wenn alles eins ist, muß auch Getrennt- und Verbundensein eins sein. Sie stellen sich uns nur als Gegensätze dar. Beide sind, wie auch die Sprache deutlich macht, Sein - und es gibt, es kann nur ein Sein geben. Also ist das Getrenntsein nur eine Variante des Einsseins.

»Gott schied« Himmel und Erde, Wasser und Land, berichtet die Schöpfungsgeschichte der Bibel. Ähnlich die der Römer und Griechen. »Kaum hatte der Schöpfer alles durch klare **Scheide**linien gegeneinander abgegrenzt, da begannen die Gestirne, die bisher tief in der chaotischen Masse verborgen gelegen hatten, am ganzen Himmel zu erstrahlen«, berichtet Ovid (in der Übersetzung von August von Rode und Gerhard Fink). »Scheiden« ist nur ein anderes Wort für trennen. Scheiden, trennen, differenzieren und all das andere sind Schöpfungs*modi*. Gott **schuf,** indem er **schied**. Gott schied, indem er schuf.

17

Ein Ausklang zum Lächeln (und zur Erinnerung daran, daß mir dieses Thema »Getrennt und verbunden« deshalb so sehr am Herzen liegt, weil es ein Thema meines Lebens ist): Ich kannte eine erbärmliche Köchin. Aber ihr Mann sagte: »Sie kocht das beste Essen der Welt.« Trotzdem: Sie kochte wirklich erbärmlich. Ließ die Speisen anbrennen, vergaß sie zu salzen, hatte kein einziges Gewürz in der Küche.

Wer weiß es besser - ihr Mann, für den sie täglich kocht, oder ich, der nur manchmal zu Gast ist?

Was wäre sinnvoller: Daß ich ihren Mann von der Richtigkeit meiner Ansicht überzeuge (was eine Gemeinheit wäre)? Oder daß ich endlich anfange zu entdecken, was ihr Mann an ihrem Essen findet?

Wie könnte ich das entdecken? Wie hat ihr Mann es entdeckt? Ich nehme an: durch Liebe.

Wer ist hier getrennter - ich oder ihr Mann?

religio perennis

Alles, was der Mensch
im Äußeren an Vielfalt besitzt,
ist in Wahrheit das Eine.

Meister Eckehart

I

Es gibt die vielen Religionen - große und kleine, alte und neue, uns bekannte und exotische, monotheistische, animistische und polytheistische, lebendige, sterbende, schon gestorbene und neu entstehende ...

Und es gibt die *religio perennis:* die Ewige Religion, die immerwährende. Ein anderer Name für sie ist Spiritualität.

Religionen werden geoffenbart und/oder von Menschen geschaffen, wobei meist nicht erkennbar ist, wo das eine in das andere übergeht. Keine Religion ist denkbar ohne den Eingriff des Menschen - deutlich etwa in der Entstehung des Christentums: Jesus wollte keine neue Religion schaffen, er fühlte sich geborgen im Judentum, wollte es reinigen, erneuern, vertiefen. Erst seine Nachfolger - Paulus vor allem - machten aus seiner Lehre eine Religion. Sie fügten Griechisches, vor allem Platonisches und Gnostisches, Zoroastisches, Ägyptisches, auch ein wenig Indisches hinzu - und bereits damals begannen die Auseinandersetzungen über die rechte Auslegung und Auffassung und damit die Spaltungen.

Spiritualität, die *religio perennis,* braucht nicht geoffenbart oder geschaffen zu werden, sie ist in uns - in unseren Genen, in unseren Zellen, in unserem Geist. Sie ist - in dem Sinne, in dem C. G. Jung dies erklärt hat - Archetypus. Sie ist ein »Trieb« - im Sinne der Freudschen Trieblehre: Es gibt sie in Menschen aller Kulturen, Erdteilen und Zeiten. Man mag sie unterdrücken, verteufeln, abschaffen wollen. Es geht nicht. So wenig wie man Sexualität »abschaffen« könnte. Was im heutigen Rußland geschieht - nach sechzig Jahren Bolschewismus ein Wiederentdecken und Wiederbewußtwerden von Religion und Spiritualität ungeheuren Ausmaßes -, bietet ein beredtes Beispiel. Ein anderes, differenzierteres, bietet das heutige Westeuropa nach zweihundert Jahren Aufklärung, Rationalismus und mechanistischem Denken.

Spiritualität ist die Erahnung des Heiligen und Göttlichen, das allen Menschen gemeinsam ist. Sie ist in allen Religionen erkennbar, ist das, was in ihnen »schläft« - und oft schon tief eingeschlafen ist. Ich »weiß« Spiritualität - aus einem Wissen, das nicht das meines Verstandes ist.

Religionen werden geglaubt.
Spiritualität wird erfahren ...

Es vertieft unser Erkennen dessen, was Spiritualität - *religio perennis* - und was Religion ist, wenn wir die beiden einander gegenüberstellen. Dennoch dürfen wir das nicht tun, ohne zu vergessen, daß sie auch ständig ineinander übergehen und daß wir sie kontrastieren, um Unterschiede deutlich zu machen, die im allgemeinen verwischt werden.

Religion »verhungert« ohne Spiritualität. Deshalb wirkt sie in unserer Zeit so ausgemergelt.

2

In Varanasi, dem früheren Benares, gibt es den wunderbaren Tempel der **einen** Religion. An seinen Wänden stehen Worte von Christus und Buddha, von Zoroaster und Mohammed, aus der Bhagawadgita, den Upanischaden, dem Alten Testament und anderen heiligen Schriften ... Diese Worte bilden einen Akkord, sie klingen als **Eines** zusammen. Es ist, als hätten sie nie »auseinander geklungen«. Dies ist ein Tempel der *religio perennis;* es gibt ähnliche Tempel anderswo.

Im Grunde ist jeder Tempel, jede Kirche, jede Synagoge, jede Moschee, jeder Schrein, jede Pagode, jede Stätte göttlicher Verehrung ein

Tempel der Ewigen Spiritualität - viel mehr als der spezifischen Religion, der sie jeweils geweiht sein mögen. Viele Menschen fühlen das, wenn sie sie betreten - fühlen das Wehen des Heiligen, meinen es geradezu körperlich spüren zu können.

3

In der Evolutionsforschung schließen wir aus dem, was den vielen Formen des Lebens gemeinsam ist, auf seinen Anfang und Ursprung - auf das, was im Anfang war. So auch bei den Religionen. Die Fülle des ihnen Gemeinsamen macht deutlich: Sie fließen aus **einer** Quelle, haben sich lediglich im Lauf der Jahrtausende, ja - denn dies betrifft die Entwicklung des *homo* - in noch viel längeren Zeiträumen auseinanderentwickelt, so daß Genaueres über das ihnen Gemeinsame im Dikkicht ihrer Gedankengebäude und Dogmen nicht mehr - oder nur noch mit großem Gespür - erkennbar ist. Dennoch gelingt es immer wieder, zu ihrem Kern durchzustoßen und dort die Ewige Religion zu erahnen, zu erspüren, zu erkennen. In der uns überblickbaren Geschichte geschah das noch nie mit so großer Intensität wie heute. Wir werden uns der *religio perennis,* unserer uns allen gemeinsamen Spiritualität in einer Weise bewußt, die schon lange nicht mehr möglich schien; geahnt haben die Menschen es immer.

Die vielen Religionen verdanken sich der Getrenntheit des Menschen vom Sein - damit vom Göttlichen. Die Ewige Spiritualität geht zurück auf die Ära des noch verbundenen Menschen, der eins mit dem Sein ist.

Weil Religionen - zumal Kirchen und institutionalisierte Religionen - ihre Existenz der Getrenntheit des Menschen verdanken, geschieht es zwangsläufig, daß sich auch ihre Anhänger voneinander trennen - Menschen und Völker. Deshalb sind sie zum häufigsten Kriegsgrund in der Geschichte der Menschheit geworden.

Ja, sie sind auch heute noch häufigster Kriegsgrund. Nach einer Untersuchung der UNESCO wurden seit dem Zweiten Weltkrieg 145

Kriege geführt; bei 132 davon spielt die Prägung durch verschiedene Religionen als Kriegsgrund die entscheidende Rolle - sei es in Irland, im ehemaligen Jugoslawien, in der Golfregion, im Bereich der früheren Sowjetunion, in Kaschmir, in Afrika, auf den Philippinen ...

Andererseits: Weil sich die *religio perennis* der Verbundenheit des Menschen mit dem Sein und mit Gott verdankt, verbindet sie Menschen. Als Kriegsgrund scheidet sie aus. Ibn Arabi, der islamische Mystiker, ermahnt uns, nicht mehr »von meiner Religion und von deiner Religion« zu sprechen und dabei anzunehmen, daß »meine Religion natürlich besser sei als deine«: »Es gibt nur **eine** Religion: die Religion der Liebe.«

4

Religionen brauchen Sünde, die Idee der Verlorenheit des Menschen. Das schlechte Gewissen. Die Angst ... Die meisten klammern den Körper aus.

Spiritualität will Freude, Lust, Lachen, Ekstase. Sie bezieht den Körper ein.

Den Kern sowohl von Religion wie von Spiritualität bilden Gebet und Meditation.

Wenn ich im Gebet immer tiefer dringe, bete ich schließlich nur noch um Liebe und Licht, um das Verbundensein mit dem Göttlichen, um Gottes Lob und Preis. Dies aber ist **allen** Religionen gemeinsam. Wenn ich noch eine Stufe tiefer dringe, kann das Gebet in Meditation übergehen, und ich sage nur noch den Heiligen Namen Gottes. Gewiß, der ist in den verschiedenen Religionen jeweils ein anderer. Aber es gibt eine weitere Stufe, auf der man - wie zum Beispiel die Sufis des Islam es empfehlen - den Göttlichen Namen nicht mehr spricht, sondern sprachlos nur noch seine Anwesenheit im Herzen - oder im *hara* oder im Dritten Auge - spürt. Wenn dies geschieht, fällt alles ab, was Religionen ausmacht und unterscheidet, und es bleibt nur die reine Spiritualität, die *religio perennis*.

Auf diese Weise wird deutlich: Religionen bilden gleichsam den Mantel der Spiritualität. In ihrem Kern - im Gebet und in der Meditation, je tiefer sie führen - münden sie alle in die gleiche göttliche Quelle.

5

Wenn Spiritualität pervertiert, tendiert sie dazu, sich als Religion - oft auch als Sekte - zu konkretisieren, fast könnte man sagen: zu materialisieren. Sie begibt sich damit auf den Weg der Trennung vom Sein, obwohl sie sich doch dem Eins-Sein und der Sehnsucht nach ihm verdankt.

Je weniger die Verbundenheit - das ursprüngliche Eins-Sein - in einer Religion erkennbar und nachvollziehbar ist, desto fortgeschrittener ist der Grad ihrer Perversion. Auf ihrem Grunde aber bleibt die *religio perennis* erahnbar, spürbar - zum Beispiel im Bewußtsein des Lichts als eines Symbols des Göttlichen ... in der Dankbarkeit (zum Beispiel für die Ernte) ... in der Verehrung des Wunders der Natur - der Geburt - des Frühlings - der Fruchtbarkeit ... in der Bestattung oder Verbrennung der Toten und vielen damit verbundenen Ritualen ... im Bewußtsein der Führung und des Geschütztseins, in Situationen, in denen Schutz aller Erfahrung widerspricht ... im Erahnen und Erspüren von etwas Heiligem an den verschiedensten Orten und in den verschiedensten Situationen.

Und immer wieder - unzerstörbar - wird erkennbar: der Ewige Christus, der Ewige Buddha, der Ewige Prophet, der Ewige Meister ... nicht der historische Jesus von Nazareth und Galiläa, nicht der historische Königssohn Siddharta Gautama ... Das Ewige Licht. Die Göttliche Liebe.

Christus: »Ich war **vor** Abraham.« Also lange vor dem historischen Jesus. »Ich war, ich bin und ich werde sein.« Das »Ich bin« ist der ungetrennte Seinszustand, in dem keine Spaltung besteht - auch die nicht in Raum und Zeit und schon gar nicht in Vergangenheit, Gegenwart und Zukunft oder in Hier und Dort.

Christus sagte: »Ich bin der Weg, die Wahrheit und das Leben.« Viele Menschen stolpern über dieses Wort. Sie empfinden es als hochmütig. Wie kann er das gesagt haben, wo es doch offensichtlich auch andere Wege und Wahrheiten gibt? Was Christus wirklich gesagt hat, lehren die Meister - nämlich: »ICH BIN - Weg, Wahrheit, Leben.« Also: Das ICH BIN ist der Weg! Ist Wahrheit und Leben.

Wer Christus, den Ewigen Christus, auf diese Weise sieht und IN SICH ERFÄHRT, dem streift sich all das Äußerliche ab - das unvollständig berichtete Leben, die widersprüchlich überlieferten Worte, sogar sein Leiden und Sterben - es streift sich ab wie eine Haut und aufersteht das ICH BIN:

Das Christus-SEIN.
Das Mensch-Werden des Göttlichen
und das Göttlich-Sein des Menschen.
Das Licht und Liebe-Werden des Menschen.
Das Mensch-Sein von Liebe und Licht.
Das Gottes Sohn-Sein.
Sohn und Sonne Gottes,
auferstehe in mir!

Das hat Rumi gemeint, als er sagte (siehe das Motto des diese Gedanken vorbereitenden Kapitels »Woran ich glaube«):

»Das Wunder Jesu ist er selbst.
Nicht, was er sagte oder tat.«

Und es ist wichtig zu sehen, daß dieser Satz nicht von einem »Christen«, sondern von einem Sufi des Islam stammt.

Im Zen gibt es das schockierende Wort:

»Wenn du Buddha triffst,
schlag ihn tot!«

Denn diese Begegnung könnte dich ablenken von dem, was du selber zu werden und zu leisten hast. Dieser Satz gilt. Wenn du Christus triffst - man traut sich ja kaum, es auszusprechen -, schlag ihn tot! Kreuzige ihn. Denn nur dort sollte er sein, wo er hingehört: in dir! Als das Sein, das er ist: Liebe und Licht. Es ist möglich - mit großer Behutsamkeit möglich -, dies als den tieferen Sinn seines Kreuzestodes zu verstehen.

Was da zu kreuzigen ist, hat IN UNS zu geschehen.

6

Letztlich verdanken Religionen ihre Existenz ihrer Pervertierbarkeit; sonst wären sie Ewige Spiritualität geblieben. Sie sind pervertierte *religio perennis.*

Ein bedrückendes Zeichen ihrer Pervertiertheit und ihrer Korrumpierbarkeit ist ihr Drang zu herrschen oder, wo sie es nicht direkt können, das Bündnis mit den Herrschenden, das alle großen Religionen eingegangen sind - am befremdlichsten die beiden im eigentlichen Sinne herrschenden Religionen und Staatskirchen: Christentum und Islam.

Was das Christentum betrifft, so tue man dies nicht als eine Sache der Vergangenheit ab. Der Drang, herrschen zu wollen, ist immer noch tief verwurzelt in ihm - natürlich im Papsttum, aber auch in seinem Bündnis und direkten Draht zu bestimmten politischen Parteien, deren Benutzung zum eigenen Zweck. Auch in der Verketzerung von Sekten. An die großen Religionen wagen sie sich nicht mehr heran, um so undifferenzierter schlagen sie auf Sekten ein. Herrschen tut eine Religion auch als Staatskirche - wie es sie im christlichen Raum ausgeprägt gibt. Eine Staatskirche ist mit keinem Bild des durch Galiläa ziehenden, die Bergpredigt haltenden, am Kreuz sterbenden Jesus Christus vereinbar.

7

Ich versuche genauer zu sagen, was ich unter der Pervertiertheit institutionalisierter Religionen verstehe. Einfach ist es bei den Naturreligionen früherer Zeiten. Menschenopfer, die in Erstarren gebannte Dämonenfurcht und alles, was dazu gehört, sind leicht als Perversion der *religio perennis* erkennbar. Aber ein »Abweg«, eine »Fehlleitung« (dies bedeutet ja *per-vertere)* ist auch die Maskulinisierung des Götterhimmels - und natürlich auch seine Feminisierung ... ist die Ersetzung der Muttergottheit, um Feminität zu vermeiden, durch den »Heiligen Geist« ... ist die Dämonisierung von Sexualität... die Beraubung um Freiheit und Entscheidungsfähigkeit... ist die Behauptung, der Mensch sei von Grund auf verloren und nur der Glaube an eine bestimmte Gottheit könne ihn »erlösen« ... ist alles Drohende, Angsterregende, den Menschen in die Tiefe und ins Dunkel Stoßende ...

Besonders weit klafft die Kluft zwischen Spiritualität und institutionalisierter Religion in der Erfahrung von Sexualität. Der spirituelle Mensch erfährt Gott und sein Verbundensein mit dem Sein auch in der Liebe. Deshalb auch in der Liebesvereinigung, die für ihn etwas Heiliges hat. Nicht zufällig nannten die alten Brahmanen das Sex-Chakra - das zweite von unten - auch das Sakral-Chakra.

Gewiß kann es sehr spirituell sein, wenn ich für mich selber entscheide, daß ich mich der Sexualität enthalten möchte, um ihre Kräfte aufsteigen zu lassen, zu wandeln und für meinen inneren Weg und meine innere Arbeit zu nutzen.

Religion aber ist es, wenn dies - etwa den Priestern der katholischen Kirche - befohlen wird. Wenn Vorschriften, Drohungen, Strafen, etwa Verhütung, Abtreibung, sexuelle Praktiken betreffend, erlassen werden - gar von Männern über das Verhalten von Frauen. Wenn alles, was sexuell ist, in Dunkel und Sünde getaucht und verdrängt wird. Wenn es so weit kommen konnte, daß das Oberhaupt einer Kirche seine persönliche Sexualneurose auf die ganze Christenheit projiziert, ja am liebsten auf die Menschheit projizieren würde.

Spiritualität ist es, wenn ich - zum Beispiel - faste, um leichter und reiner zu werden und dadurch dem Göttlichen und Heiligen näher zu kommen und es **in mir** zu erfahren - wie es alle großen Religionsstifter und die erleuchteten und heiligen Menschen aller Kulturen immer wieder getan haben und wie es jeder einzelne auch für sich selber leicht erfahren kann, wenn er eine Weile fastet und meditiert.

Religion ist es, wenn verordnet wird: Ihr müßt fasten. Wenn ihr das nicht tut, gelangt ihr womöglich in ewige Verderbnis.

Es ist ein gleitender Übergang von Spiritualität zu Religion und von dort zu institutionalisierter Religion und Kirche. Deshalb ist die Unterscheidung so schwierig. Denn natürlich ist es sinnvoll und hilfreich, wenn weise, erleuchtete Menschen das Fasten empfehlen. Die Entartung beginnt erst dort, wo dogmatisch erlassen, wo befohlen und mit Strafe gedroht wird.

Überall gibt es diese Übergänge. Zum Beispiel: Religion bekämpft das Böse. Wie wir alle wissen und über die Jahrtausende immer wieder erfahren haben, mit geringem Erfolg.

Spiritualität erfährt das Böse als Irrweg und Entartung des Guten. Sie geht zurück an den Punkt, wo Gutes in Böses umgeschlagen ist, sucht den Grund dafür zu erkennen und dadurch einen Prozeß der Wandlung einzuleiten. Sie bekämpft nicht. Sie transformiert.

Sie erkennt das Böse, das Leid, das Dunkle in der Welt als notwendige Folge der Freiheit, deren notwendige Folge wiederum ihr Mißbrauch ist. Der Schöpfer - Gott - hat dem Universum, in dem wir leben, Freiheit »verordnet«. Er macht mit ihm das Experiment der Freiheit. **Wir** haben die Freiheit. Wir und alles Geschaffene haben sie und können deshalb Fehler, Willkürlichkeiten, Böses, Kriege, Katastrophen machen, beginnen, auslösen. Keines der geschaffenen Wesen nutzt diese Möglichkeit so ausgiebig wie der Mensch. Das Experiment läuft auf die Frage hinaus: Wird es trotzdem Wachstum und Höherentwicklung geben? Man kann dies als eine Frage empfinden, die Gott an das Universum stellt - vielleicht ganz besonders an den Menschen. Wenn sie zu verneinen ist, wird Gott - werden das Sein, das Universum - andere Wege finden, dennoch Wachstum und Höherentwicklung sicherzustellen. Durchaus auch ohne den *homo.*

Dennoch gibt es Führung, Leitung, Gnade ... Viele Menschen spüren sie sehr genau. Spüren sogar den Moment: Hier wurde ich geführt. Hier wurde mir Gnade zuteil. Trotz der Fehler, die ich in der mir gegebenen Freiheit gemacht habe.

8

Spiritualität kann ohne Religion sein. Aber Religion nicht ohne Spiritualität.

Dennoch haben die herrschenden Kirchen bei uns und anderswo alles getan, um - wie David Steindl-Rast sagt - die Spiritualität aus der Religion zu vertreiben. Das ist der Hauptgrund, aus dem sie gemieden werden. Eugen Drewermann stellt die Frage: »Warum hast du keine Religion?« und antwortet stellvertretend für die vielen Menschen, die in diesen Jahren die Kirchen verlassen: »Aus Religion.«

Dazu Karl Rahner, der große katholische Theologe: »Das Christentum der Zukunft wird mystisch sein, oder es wird nicht sein.« Aber es hat sich längst so weit von der Mystik entfernt, daß es kaum noch zu ihr zurückkehren kann, nach Jahrhunderten der Verleugnung und Verketzerung von Mystik - beginnend gleich dort, wo das Wort »Ketzer« - und damit die Sekten - begannen, bei den Katharern Südfrankreichs im 13. und 14. Jahrhundert.

»Ketzer«, »Katharer« meint ursprünglich: die Reinen. Die Kirche hat ganze Landstriche in unsäglicher Grausamkeit ethnisch bereinigt, um sie auszurotten. Ihrer Herr wurde sie erst, als zwei ihrer eigenen Orden - die Franziskaner und die Dominikaner - die katharischen Ideale der Armut, Bedürfnislosigkeit und Reinheit übernahmen. Ähnliches geschah ein paar Jahrhunderte später, als die Protestanten die neuen Ketzer geworden waren: Die päpstliche Gegenrevolution wurde erst dann halbwegs erfolgreich, als Rom die schwersten der von den Reformatoren beanstandeten Mißbräuche zumindest nach außen hin abstellte.

Seither hat sie den Vorwurf »Ketzer« im Sinne der Psychologie »auf

Automatik geschaltet«. Sie **braucht** Ketzer. Alle christlichen Kirchen brauchen sie. Eine moderne Variante von ketzerischen Bewegungen sind manche Sekten. Deshalb brauchten sie auch »Sekten«. Der Vorwurf damals des Ketzerischen, heute des Sektiererischen hat sich »bewährt«. Er ist herrlich geeignet, um von eigenen Schwächen abzulenken und in einer Zeit, in der die Kirchen immer weniger Aufmerksamkeit finden, dennoch beachtet zu werden. Kaum anzunehmen deshalb, daß sie so bald auf ihn verzichten werden.

9

Also Sekten: Mein Leben ist reicher geworden durch Sekten. Durch Pir Villayat Khans Sufi-Arbeit. Durch Maharishis Transzendentale Meditation. Durch Jahre der Arbeit und des Seins mit Osho und seinen *Sannyasins*. Medien, Kirchen, Gesellschaft haben uns so darauf programmiert, Sekten zu verteufeln, daß kaum einer noch in der Lage ist, genauer hinzuschauen und Unterschiede zu machen. Auf die aber kommt es an. Maharishi und Bhagwan-Osho haben Millionen von Menschen zum Meditieren geführt - so daß sich nun endlich auch die Kirchen um Meditation kümmern (was sie jahrhundertelang nicht getan haben). Maharishi hat der westlichen Welt die alte indische Heilkunst des *Ayur-Veda* erschlossen und dadurch vielen Schwerkranken geholfen. Die therapeutischen Techniken, die Osho und seine Mitarbeiter in Poona und Oregon geschaffen haben, gehören inzwischen zum Standardrepertoire von Psychologen und Therapeuten in der ganzen Welt - auch von solchen, die gar nicht wissen, wo die Methoden und Arbeitsweisen, mit denen sie täglich erfolgreich praktizieren, ursprünglich entwickelt wurden. Viele Sekten haben ein Element von Freude, Liebe, Leichtigkeit in ihre Form der Spiritualität gebracht, das den christlichen Kirchen mit ihrer Tendenz, den spirituellen Raum zu verdunkeln, lange gefehlt hat. Inzwischen gibt es das auch bei ihnen - etwa auf den protestantischen und katholischen Kirchentagen.

Das medizinische, ökologische, landwirtschaftliche und pädagogische Wissen, das die Anthroposophie erschlossen hat, wird längst erfolgreich auch von denen angewandt, die keine Ahnung von Rudolf Steiner haben. Ohne ihn gäbe es keine Demeter-Produkte.

Die Sufis mit ihrem tiefen mystischen Spüren retten geradezu das Bild des Islam und des Koran in diesen Jahren fundamentalistisch-islamischer Aggressivität. Und der tibetische Beitrag ist zwar in der Person des Dalai Lama sichtbar, aber getragen wird er von den ungezählten tibetischen Gruppierungen und erleuchteten Menschen, die in der ganzen Welt in einer wunderbar dienenden Weise spirituelle Arbeit tun - auf die ihnen eigene fröhliche Art. Auch westliche Menschen gehören zu solchen Gruppen, ja oft bestehen sie nur noch aus ihnen.

Wirkliche Spiritualität bedarf der bedingungslosen Dekonditionierung. Kaum einer hat sie so effizient geleistet wie Osho, nichts dem modernen Menschen Heiliges - *money,* Sex, Autos und all das andere - scheuend, um unsere Muster ins Wanken zu bringen. Deshalb schockierte er. Schonte nicht einmal die Glorie der eigenen Person, die ihm doch so sehr am Herzen lag.

Es gilt also zu differenzieren. Nicht »Sekte gleich Sekte« zu denken. Gar, wie »Die Zeit« es tat, die furchtbare japanische Aum-Sekte in die gleiche Ecke zu schieben - wie die Mormonen. Oder ein »Sekten-ABC« zu veröffentlichen und dennoch keine einzige der besprochenen Sekten konkret mit ihren Zielen und ihrer Arbeit vorzustellen. Ähnliches tun all die anderen auch - *tabula rasa* dreinschlagend. In unserem Land schlimmer als irgendwo anders. Gewiß, Sekten sind überall problematisch, aber in keiner Gesellschaft lösen sie so viel Wut, Aggressivität, so viele dunkle Ängste aus wie in der deutschen. Alles Verdrängte, nicht ausreichend Verarbeitete wird gebündelt auf sie projiziert: Terror. Macht. Gewalt. Ausbeutung. Unterdrückung. Sex. Geld ... All die ungelösten eigenen Probleme.

Wie wenig sicher, wie wenig in sich ruhend muß ein Volk sein, um auf so minimale Gruppierungen Abweichender so unproportional zu reagieren! Wie sehr muß es sich immer noch in Gefahr wähnen, irgendwelchen Ver-Führern aufzusitzen! Mit Neid schaut man auf die Lässigkeit, mit der in anderen Ländern mit diesem Problem umgegangen wird (wo dann – eben deshalb! – die wirklich gefährlichen Sekten, etwa die Scientology, um so effektiver bekämpft werden können).

Es gibt etwa vierzig Sekten in Deutschland. Die meisten haben achtbare spirituelle Ziele, über die es leicht ist, sich zu informieren. Ihre Mitglieder gehen still, dienend, voller Hingabe ihren inneren Weg, der nicht der der Masse ist. Aber bereits dies genügt, um Groll zu erregen. Wenn es um Sekten geht, leben wir im Mittelalter.

Unsere Welt wird immer multikultureller. Früher gab es »die« Religion - und jeder wußte, welche gemeint war. Heute gibt es - und **muß** es geben - viele Religionen, und keiner weiß mehr, welche gemeint ist. Auch dies ist eine Folge der Freien Marktwirtschaft und unser aller Entwicklung zu Einwohnern des *global village.* Wenn man in jedem Supermarkt Produkte aus der ganzen Welt kaufen kann, dann müssen eben auch geistige und spirituelle Produkte aus der ganzen Welt überall erhältlich sein.

Jahrhundertelang haben wir in Deutschland den Sekten das Leben so lange schwergemacht, bis die meisten nach Amerika flohen. Auf diese Weise sind die USA das sektenreichste Land der Erde geworden - Heimat der Sekten der Welt. Vielleicht liegt es daran, daß wir so wenig lernen konnten, mit Sekten umzugehen?

Das Verräterische ist die Pauschalität. Die Abwesenheit von Unterscheidung. Was sie verrät, ist die Projektion: Endlich ein Ziel! Zum Beispiel für den Vorwurf des Terrors. Gewiß, einige Sekten üben ihn in furchtbarer Weise aus, aber der Terror in bestimmten katholischen Orden und Gemeinschaften - in neuapostolischen oder bei *Opus Dei,* oft auch bei Jesuiten - ist ähnlich furchtbar. Die zu verlassen ist schwierig, kaum möglich. Aber Maharishi, Bhagwan-Osho, Yogananda, Muktananda, Gurumayi, Sai Baba und all die anderen, die einem in diesem Zusammenhang einfallen, ließen und lassen jeden gehen, der möchte. Betonen die Freiheit des Individuums - nachzulesen in all ihren Veröffentlichungen und vor allem: nachzuspüren in der Art, wie sie den einzelnen respektieren.

Gerade die Sekten aus dem indisch-tibetischen Raum - dem hinduistisch-buddhistischen Umfeld - sind Modelle an Selbstverantwortlichkeit. Dennoch sind gerade sie es, die besonders verketzert werden. Die Tatsache, daß meditiert wird, genügt. Was für eine absurde Zeitverschwendung in einer Gesellschaft, die jede Minute nützt, um ihrem Wachstumsfetisch hinterherzurennen! Und jeden, der das nicht tut, für einen Versager hält.

Auch darin bewähren sich Reife, Toleranz, Offenheit, die die Voraussetzungen einer multikulturellen Gesellschaft sind, daß wir - Gesellschaft, Medien, Kirchen, jeder einzelne - die vielen harmlosen Sekten gewähren lassen, auch wenn sie uns noch so verstiegen vorkommen. Sie so gewähren lassen, wie Christen sich wünschen, in einer ihnen so fremden und oft feindlich gesinnten Umwelt leben und wirken zu dürfen, wie es etwa der Islam oder der outback der australischen Aborigines sind. Die haben ja ähnliche Probleme mit den Christen wie wir mit unseren Sekten - aus den gleichen irrationalen Ängsten des Fremdseins, natürlich auch aus ähnlichen Projektionen heraus. Wir erwarten von ihnen, daß sie sie lösen. Ähnliches erwarten unsere spirituellen und religiösen Minderheiten von uns.

Die innere Kraft und Sicherheit, die wir gewinnen werden, wenn wir dieses Problem lösen, wird es uns um so leichter machen, die wirklich gefährlichen Sekten - solche, die kollektive Morde und Selbstmorde, Wirtschaftsverbrechen und Kriminelles begehen - souverän leerlaufen zu lassen. Ohne jene Hatz und Hektik, die automatisch entstehen, wo unterdrückte, eigene Anteile projiziert werden.

Für viele moderne - besonders für junge - Menschen ist es wichtig, einen **lebenden** Meister zu haben. Nicht einen, der vor zweitausend Jahren gelebt hat - so sehr viele von ihnen durchaus von Jesus erfüllt sind. Das ist für sie eine Hauptschwäche westlicher Religiosität, daß sie immer nur Meister, Heilige, Erleuchtete, von Gott erfüllte Wesen anerkannt hat, die nicht mehr in ihrem Körper waren - letztlich also immer zu spät. Mit den Toten konnten die - jeweils - herrschenden Kirchen und Religionen machen, was sie wollten. Je länger sie tot waren, desto ungenauer wurde das Bild.

»In meines Vaters Haus sind viele Wohnungen«, hat Jesus gesagt. Es ist nicht denkbar, daß er damit nur christliche gemeint haben könnte, denn das, was wir »Christentum« nennen, haben erst seine Nachfolger geschaffen. Denkbar allein ist, daß er gemeint hat, was für ihn und seine Jünger allenthalben sichtbar war: die Fülle der spirituellen Richtungen, Gruppen und Grüppchen, die zu seiner Zeit in der jüdisch-hellenistisch-römischen Welt ähnlich reich gediehen und blühten wie heute. Das ist ja etwas Gemeinsames, das uns Heutige mit der Zeit kurz vor und den zwei Jahrhunderten nach Christi Geburt verbindet - der Reichtum und die Fülle spirituellen und religiösen Geschehens in unzählbaren Gruppen und Formen. Damals entstand daraus das Christentum. Vielleicht entsteht aus der heutigen Vielfalt wieder so eine große Kraft?

Damals bildeten auch die Christen eine »Sekte«, ja viele verschiedene »Sekten«, die sich zum Teil stark voneinander unterschieden und sich nicht zu knapp bekämpften.

Jahrhundertelang lebten sie in kleinen Gruppen von Gläubigen und haben als solche - in der Zeit des Urchristentums - ihre größte geistige Kraft entfaltet, die ganze damalige Welt durchstrahlend und wandelnd. Keine spätere Kirchenmacht hat auch nur annähernd Ähnliches geschafft.

Anerkannte Religion, gar Staatskirche wurden die Christen erst im vierten Jahrhundert durch den römischen Kaiser Konstantin, der die Stadt Konstantinopel nach sich benannte. Aber sie wurden es nur deshalb, weil so viele Soldaten, die das an allen Ecken und Enden bedrohte und auseinanderfallende römische Weltreich von Germanien bis Persien zu verteidigen hatten, ohnehin längst Christen waren und der Kaiser Konstantin sich größeren Kampfwillen und Opferbereitschaft versprach, wenn deren Glaube der offizielle des Römischen Reiches wäre.

Nicht nur die Urchristen, auch die ersten Anhänger Buddhas und die kleinen Nomadengruppen, die sich zu Mohammed bekannten, waren im heutigen Sinne Sekten. Als solche durchdrangen sie riesige Räume - Buddhas Anhänger übrigens ohne einen einzigen Krieg die gewaltige

Distanz von Sri Lanka und Indien bis China und Japan: ein größerer zusammenhängender Raum, als selbst die aggressivsten Religionen - Christentum und Islam - je kriegerisch eroberten.

Es gilt, dies deutlich zu sehen: Die Kirchen, die die heutigen Sekten so unduldsam bekämpfen, sind selber »in der Kindheit der Kirche Jesu Christi« jahrhundertelang Sekten gewesen. Das müssen sie verdrängen, um ihre heutige Sektenfeindschaft praktizieren zu können. Das heißt, sie verdrängen ihre eigene Kindheit: **der** klassische Befund der Neurose. Daß auch Gruppen, Völker, Nationen, (Religions-)Gemeinschaften neurotisch sein können, ist längst bekannt. Unsere neurotischen Kirchen!

Sie bekämpfen die Sekten auf die gleiche Weise, in der sie damals bekämpft wurden: durch unterstellende, verallgemeinernde, nicht zu verifizierende Lügengeschichten. Sie verführten ihre eigenen Kinder, schlachteten sie, trieben Unzucht, sagten die Römer von den frühen Christen. Was heute die Kirchen - in diesem seltsamen Bündnis mit den Medien - über Maharishi, Bhagwan-Osho, Sai Baba, Kirpal Singh und andere Sektenchefs und ihre Gruppen verbreiten, geht in die gleiche Richtung.

Ob es unseren Kirchen paßt oder nicht - dahin geht die Entwicklung: zu mehr Sekten und weniger Kirchenmacht. Die Kirchen sollten in ihrem Wettern gegen die Sekten bedenken: Es könnte sein, daß sie bald selbst wieder Sekten sein werden. (Übrigens: Dies wäre ein Weg zu ihrer Gesundung!)

Der spirituelle Weg, den ein Mensch geht, kann immer nur der eigene sein - der selber gelebte und selber erfahrene. Niemand **ist** eine Kirche. Ein wenig ist jeder spirituelle Mensch (s)eine Sekte.

10

Alles Seiende wandelt sich. Religionen gehören zum Sein - befinden sich, wie alles, im ewigen Fluß des Seins. Die Idee oder Überzeugung, eine Religion auf dem Erkenntnisstand einer bestimmten Zeit - zum

Beispiel ihres Entstehens oder ihres Offenbarwerdens - halten zu wollen, führt zu ihrer Erstarrung.

Damit wird auch deutlich, daß in Zeiten, in denen Religionen ihren spirituellen und mystischen Hintergrund verleugnen oder vergessen, Fundamentalismus ein zwangsläufiges Abfallprodukt ist. Deshalb grassiert er heute - nicht nur im Islam, sondern auch im Christentum, zum Beispiel in den US-amerikanischen Südstaaten, oder im Judentum: im heutigen Chassidismus, der in seiner Fanatisierung und Unduldsamkeit nichts zu tun hat mit den weisen Chassiden des alten Osteuropas.

Fundamentalismus ist der verzweifelte - durch die Verzweiflung in die Irre geleitete - Versuch, wenigstens noch einen Zipfel der längst schon vertriebenen Spiritualität zu erhaschen.

Wir sollten freilich auch sehen, daß es Religionen gibt, die sich der Fundamentalisierung weitgehend entzogen haben - zweifellos der Buddhismus, bis zu einem gewissen Grade aber auch bestimmte Formen indisch-hinduistischer Religiosität, die von Spiritualität im Sinne dieses Beitrags kaum unterscheidbar sind. Natürlich auch einige christliche Gruppierungen. Im Islam vor allem die Sufis.

Die Steinbock-Fische-Ären waren große Zeiten der Religionen. Ein Hauptcharakteristikum des Wassermann-Zeitalters, das jetzt begonnen hat, ist die gewaltige, durch die Welt gehende Sehnsucht nach direktem Zugang zum Göttlichen - ohne den Umweg über spezifische Religionen. Und ist auch das Wissen, daß dieser direkte Zugang möglich ist. Deshalb die Sehnsucht nach der Ewigen Spiritualität, die heute durch die Welt geht, und ihr wachsendes Wieder-Bewußt-Werden, was so offensichtlich ist und von so vielen Menschen mit Überraschung beobachtet wird. Als könnten sie kaum glauben, daß dies gerade jetzt und gerade heute geschieht - nach all den Jahrhunderten von Aufklärung, Rationalismus, Mechanismus, Deduktionismus, Hinterfragung und Vertreibung des Göttlichen.

Diese Sehnsucht, dieses Wieder-Bewußt-Werden geschieht heute von überall her - durch Forscher und Denker, durch Weise und Schamanen, aus Sekten und New Age, durch zeitlose und modische Strömungen, durch erleuchtete Menschen und weniger Erleuchtete, sogar ein wenig aus den alten Religionen. Sie wußten schon, was sie taten, als sie sich auf Meditationen oder sofort auf das Wort »Spiritualität« gestürzt haben, sobald junge Menschen es wieder zu gebrauchen begannen, als gehöre es ihnen, den Kirchen. Vergessen wir nicht: Die Menschen, die es verwenden, um ihren bewußten und unbewußten Weg zur religio perennis zu bezeichnen, wollen mit diesem Begriff das, was sie erfahren und wissen, von den überlieferten Religionen abgrenzen. Viele von ihnen empfinden: Dort finden wir nicht, was wir suchen; dort wird es uns eher verstellt.

II

Ramakrishna und sein Schüler Vivekananda haben oft darauf hingewiesen: Wenn alles eins ist - wenn alles *Brahman* ist - dann müssen zwangsläufig alle Religionen eins sein. Sri Yukteswar, der Lehrer Yoganandas, hat Jahre seines Lebens damit verbracht, die beiden heiligen Bücher der Hindus und der Christen, die »Gita« (= Bhagawadgita) und die Bibel, immer wieder hintereinander zu lesen, um immer wieder festzustellen: Letztlich lehren sie das gleiche. Daisetz Suzuki, der japanische Zen-Philosoph, hat uns dies so wunderbar in einem Buch über Zen und Meister Eckehart gezeigt. Und man braucht hinterher nur noch Rumi, den Sufi-Dichter und -Weisen zu lesen, um dies auch noch auf die islamische Mystik auszudehnen. Yogananda zeigt die Übereinstimmung des christlichen »Vater, Sohn, Heiliger Geist« mit dem *Sat, Tarn, Om* in den heiligen Schriften der Hindus.

Es ist nur Täuschung, nur *Maya,* daß wir all dies als verschieden wahrnehmen. Viele moderne Hindus sind davon überzeugt, daß Christus eine Reinkarnation des Hindu-Gottes Krishna ist und deshalb auch am hinduistischen Götterhimmel einen Platz verdiene. Sie spielen gern mit der Ähnlichkeit der beiden Namen *Christus* und *Krishna,* der »Schäfer der Seelen«, weil in ihnen immer noch - über so viele Stadien der Auseinanderentwicklung hinweg - das ursprüngliche gemeinsame spirituelle »Klingen« erkennbar ist. Andere tun dies mit den verschiedenen und dennoch oft so auffällig ähnlich klingenden Namen der Göttlichen Mutter und der Göttlichen weiblichen Kraft - *Maya,* der Mutter von Gautama Buddha, und *Maria,* der Mutter von Jesus. Hierher gehört auch, daß kein heutiges Kirchenmitglied ein so bewegendes, so von tiefer Liebe und Freude erfülltes Buch über Jesus geschrieben hat wie der verketzerte Osho-Bhagwan (»Folge mir nach«). Auch unter den göttlichen Wesen und Propheten des Islam ist Platz für Christus, für Abraham, Moses und andere Gestalten der jüdisch-christlichen Geschichte. Wie ja überhaupt Judentum, Christentum und Islam aufs engste verbunden sind.

Schließlich: Sind wir nicht alle ein wenig Animisten, wenn wir mit tiefer Bewegung einen Sonnenuntergang sehen oder eine Blume bewundern oder im Donner eines Gewitters eine Kraft spüren, die uns ehrfürchtig macht? Oder das Wunder einer Geburt erfahren und miterleben?

Dies alles bedeutet: Der gemeinsame Grund ist noch immer erkennbar. Jeder halbwegs offene Mensch kann, wenn er sich darauf einläßt und nicht einseitig von einer einzigen Religion - sei es auch der des Rationalismus, der irrationalsten von allen - erfüllt ist, verschiedenen Religionen nachspüren und nachfühlen, als spüre er verschiedenen Liebesgeschichten nach. Auf ihrem Grund ist immer das gleiche Liebesverlangen spürbar.

So auf dem Grund aller Religionen immer das gleiche Gottesverlangen!

12

Immer deutlicher ist in diesen Jahren geworden, was religio perennis, Spiritualität, die Religion der Verbundenheit und des Einsseins, die Ewige Religion kennzeichnet. Ich will versuchen, es zu umreißen. Ich brauche acht Punkte dazu.

Ich, der ich dies tue, bin ein getrennter Mensch, bin ein Subjekt, das Objekte erkennt - subjektiv selbst dann, wenn es meint, irgend etwas objektiv erkennen zu können -, wissend, daß vor dem Bereich, um den es hier geht, Subjekt und Objekt verschmelzen, und dennoch in deren mir nicht vermeidbarem Gewahrsein. Das fließt hinein.

Aber ich bin auch ein Mensch in einem Strom, in einer Zeit, einer Ära, die der Ewigen Spiritualität neu gewahr geworden ist. Auch dies fließt hinein.

Dies sind die acht Punkte; das jeweils Entscheidende setze ich in Kapitälchen. Versteht sich, daß sie kein in sich schlüssiges Gedankengebäude ergeben müssen, aber: Wir **erinnern** sie. Sie kommen uns »irgendwie bekannt« vor - auch dann, wenn wir sie noch nie gehört haben. Es mag keine persönliche Erinnerung sein. Ist es eine »archetypische«? Ein »Wissen des Seins«?

1. ICH BIN EINS. Ich bin verbunden mit allen Menschen, mit allem Lebendigen, mit dem Sein, mit allem Geschaffenen, mit Gott.
2. GOTT IST. Es ist gleichgültig, ob ich ihn/sie Gott, Göttliche Kraft, *Tao,* Sein, Brahma oder *brahman,* Christus oder wie auch immer nenne. Er/sie ist heilig. Ist Licht. Ist in allem. Also auch in mir. Ich habe Ehrfurcht vor ihm/ihr. Sie /er ist Mutter /Vater.
3. GOTTES WILLE GESCHEHE - auch durch mich.
4. VERBUNDEN SEIN HEISST LIEBEN. Liebe heißt: Rücksicht, Hilfe, Achtsamkeit, Mitfühlen, Freundlichkeit, Fürsorge für alles Lebendige. LIEBE DIE MENSCHEN WIE DICH SELBST. Auch deine Feinde sind Menschen. Liebe auch sie. Gerade sie. Da erst bewährt sich die Liebe Seinen Nächsten lieben kann jeder.
5. ICH BIN. Ich bin Sein. Sein wandelt sich. ICH WEISS VON DER NIE AUFHÖRENDEN NOTWENDIGKEIT MEINER WANDLUNG AUF EINEM WEG, DER ZUR LIEBE, INS LICHT UND ZUM GÖTTLICHEN FÜHRT. Ich trage Verantwortung für die Richtung, in der sich die Welt wandelt - im Großen wie im Kleinen.
6. ICH TÄUSCHE MICH, wenn ich die Wesen, die Dinge, die Phänomene, die Natur, das Universum als von mir und voneinander getrennt wahrnehme. Diese Täuschung verdanke ich meinem Verstand und meinem Ego.

7. Der Tod ist kein Ende, sondern ein Übergang. Er ist die Nachtseite des Lebens. Leben ist nicht möglich ohne ihn. Er gehört zu ihm wie das Ausatmen zum Einatmen. Er gehört zum Atem des Lebens.
8. Achtsamkeit ist eine Form und eine Konsequenz von Liebe: Je achtsamer ich bin, desto mehr Raum schaffe ich in mir für das Göttliche und Heilige der Schöpfung, für sein Wirken in mir und in allem. Desto bewußter nehme ich mein Eins-Sein und mein Verbunden-Sein wahr.

Und immer bleibt das Geheimnisvolle. Das Unfaßbare. Das jeden Verstand Übersteigende. Die Ehrfurcht. Die Demut. Die Hingabe.

Meine Kreuzmeditation

Man kann diese Meditation allein oder in einem Kreis mit anderen Menschen machen. Ich schildere sie im folgenden als Gruppenmeditation, wie ich sie jahrelang in meinen Workshops und Seminaren durchgeführt habe. Deshalb gebe ich sie hier wieder: weil sie dort besonders tief erfahren wurde. Wer sie für sich allein machen will, kann die folgenden Angaben entsprechend variieren. Die Meditation besteht aus neun Phasen.

Sitzt im Kreis und gebt euch die Hände. Achtet darauf, daß dies in der richtigen »Polung« geschieht. Wer Batterien miteinander verbindet, muß darauf achten, daß jeweils der Plus-Pol der einen Batterie mit dem Minus-Pol der folgenden Batterie verbunden wird, sonst werden die Batterien kurzgeschlossen. Auch Menschen sind kleine Batterien mit Strömen, die die moderne Technik messen kann. Achtet deshalb darauf, daß eure linke (»weibliche«) Hand die Hand eures linken Nachbarn von unten empfängt. Die rechte (»männliche«) Hand erfaßt die Hand des rechts von euch sitzenden Nachbarn von oben. Die linke also empfängt, die rechte greift.

I

Schließe die Augen, werde still ... Atme bewußt...

Gestatte mir, daß ich dich für die Dauer dieser Meditation direkt anrede ... Nun spüre deine linke Hand geborgen in der Hand deines linken Nachbarn - und spüre gleichzeitig oder unmittelbar darauf, wie deine rechte die Hand deines rechts von dir sitzenden Nachbarn umschließt.

Einatmend nimmst du Energie von links auf, ausatmend gibst du sie nach rechts weiter. Tue dies eine Weile. Spüre, wie die Energie zu fließen beginnt. Nach einigen Minuten wirst du sie deutlich als Kraft, die in einer horizontalen Ebene fließt, wahrnehmen können. Bewahre dieses Bewußtsein.

2

Es gibt aber nicht nur das horizontale Fließen der Energie, durch die wir mit anderen Menschen verbunden sind. Es gibt auch einen vertikalen Energiefluß. Du kannst ihn dir als einen Lichtstrahl vorstellen, der dich von oben in deinem Kronenchakra trifft, durch dich hindurchgeht und dich in Richtung auf die Erde wieder verläßt. Versuche, dieses vertikale Fließen von Energie wahrzunehmen. Einatmend nimmst du sie von oben auf, ausatmend gibst du sie nach unten in die Erde hinein ab.

Vielleicht wird dir bewußt, daß du auf diese Weise deinen »Ort« in der Vertikalen - den Ort des Menschen - definierst: zwischen Himmel und Erde, zwischen oben und unten, zwischen Geist und Materie.

3

Du hast dich eine Weile auf dieses vertikale Fließen der Lichtenergie konzentriert, gewinne nun wieder das Bewußtsein des horizontalen Energieflusses zwischen dir und den anderen. Sei so bewußt, daß du von jetzt an bis zum Ende der Meditation beide Ströme wahrnehmen kannst, den horizontalen und den vertikalen. Tue das eine Weile.

4

Nun frage dich: Wo treffen sich Horizontale und Vertikale? Deine Antwort wird lauten: In mir. Versuche die Antwort zu präzisieren: Wo in dir? Die meisten Menschen werden antworten: In meinem Herzen. Andere sagen: In meinem *hara,* in meinem Bauch. Wieder andere: Im

Solarplexus. Noch andere: In meinem Dritten Auge. Finde heraus, wo sich die beiden Ströme **in dir** treffen ...

Du befindest dich nun auf einem Kreuz. Wenn du Christ bist, wirst du an das Kreuz von Jesus Christus denken. Wenn du es nicht bist, mache dir deutlich: Das Kreuz ist eines der ältesten Symbole der Menschheit. Schon der archaische Mensch hat es gekannt. Christus hat es uns nur wieder bewußtgemacht. **Sein** Kreuz ist eine alte Geschichte. **Dein** Kreuz ist eine jetzige Geschichte. Du erfährst dieses Kreuz täglich, ob du willst oder nicht. Jeder Mensch zeichnet es in den Raum - er braucht nur die Arme zu breiten. **Jetzt** erfahre es bewußt.

Spüre dem Wort »Symbol« nach. Du mißverstehst es, wenn du sagst, irgend etwas sei »nur« symbolisch. In dem wahren Symbol - und das Kreuz **ist** ein wahres Symbol - fällt das, was es bedeutet, und das, was es **ist,** zusammen. Das bedeutet das griechische Wort *symballein:* zusammenfallen.

Geh hinein in das Kreuz, so tief du kannst - in das, was es bedeutet, und das, was es ist. Versuche, gleichzeitig die Vertikale und die Horizontale strömen zu lassen - nimm beide Ströme mit dem Einatmen auf und gib sie mit dem Ausatmen ab, den horizontalen Strom an den Nachbarn, den vertikalen Strom an die Erde.

Laß dir Zeit für dieses Stadium.

5

Gehe noch einmal ganz achtsam dort hinein, wo sich Vertikale und Horizontale treffen - sei es dein Herz - dein *hara* - dein Solarplexus - was auch immer. Dieser Punkt ist deine Mitte. Sei in dieser Mitte. Mit dem Einatmen nimmst du Energie auf, die in deine Mitte strömt, mit dem Ausatmen gibst du sie ab.

6

Frage dich: Was strömt von oben nach unten? Die meisten Menschen antworten: Licht. Nimm dieses Licht wahr. Wenn es dir nicht als Licht bewußt wird, erfährst du es vielleicht als Energie - oder als die Kraft des Universums - oder als Göttliche Kraft. Als was du es immer erfährst : Nimm es achtsam und bewußt wahr. Gestatte mir, für den Fortgang dieser Meditation diese Energie Licht zu nennen. Wann immer ich »Licht« sage, setzt du dafür ein, was für dich stimmt.

7

Nun frage dich: Was strömt von links nach rechts? Wie magst du es nennen? Du spürst die Verbundenheit in dem Kreis, in dem du sitzt. Was verbindet Menschen am meisten? Könnte es Liebe sein? ... Laß diesen horizontalen Energiestrom als Liebe zu. Nimm Liebe wahr. Geh wieder tief hinein in den Ort, wo die beiden Ströme sich treffen. Das ist dein eigentlicher Ort - in der Vertikalen **und** in der Horizontalen: Wo Licht und Liebe einander begegnen. Dies ist **dein** Kreuz. Kein Kreuz des Leidens, sondern ein Kreuz aus Liebe und Licht.

8

Nun geh aus der Mitte des Kreuzes in seine Enden. Laß die Enden sich weiten - immer noch weiter - und weiter ... Spür, wie es dich in das Universum führt - dieses dein Kreuz aus Liebe und Licht. Laß dich führen - in die entferntesten Enden -, als sei es dein Führer und Fahrzeug; das **ist** es. Laß dich tragen von ihm. Spür, wie es dich mit **allem** verbindet. Wo du auch bist, ist dein Kreuz. Wo du und dein Kreuz sind, verbindet es dich mit Himmel und Erde in Liebe ...

9

Und nun atme ein: Licht - und atme aus: Liebe ... Wenn du willst, kannst du das eine in der Vertikalen, das andere in der Horizontalen tun. Dein Sammlungszustand erhöht sich dadurch, aber auch die Schwierigkeit der Konzentration. Nimm dieses Kreuz auch visuell wahr.

Laß dir Zeit. Atme ein: Licht. Atme aus: Liebe ...

Du tust das dein Leben lang - auch wenn du in Zorn oder Wut bist. All diese Gefühle sind nur enttäuschte, pervertierte Liebe. Du tust es auch dann, wenn du es unbewußt tust. Wenn du es aber bewußt tust, intensivierst du den Vorgang, verstärkst Liebe und Licht.

Bleibe dabei: Du nimmst Licht auf und gibst Liebe ab.

Tu das auch weiterhin, auch wenn du in wenigen Minuten diese Meditation beenden wirst: Du atmest Licht ein und atmest Liebe aus ...

Nach einer Weile löst du dich von deinen Nachbarn und spürst dennoch weiterhin die beiden Ströme. Nimm sie mit in deinen Alltag. Laß sie auch dort fließen - so bewußt du kannst.

Wenn es für dich stimmt, kannst du dich am Schluß dieser Meditation - dankbar die Hände zusammenlegend - verneigen.

In meinen Workshops tanzen wir dann meistens Mozart. Besonders gut geeignet ist das Klavierkonzert A-Dur, KV 488. Fast jede Plattenfirma hat davon eine Aufnahme. Ich nehme am liebsten die mit Alfred Brendel und der Academy St. Martin-in-the-Fields (auf Philips).
Tanze zuerst den langsamen Satz, das Adagio, wenn's geht (es geht, du mußt nur Vertrauen haben) mit geschlossenen Augen, und dann öffne sie beim Finale.

Auch wenn du, was Meditationen betrifft, Skeptiker bist, versuch's! Du wirst dich hinterher wunderbar fühlen.

Zen-Schlag

La Gomera, Kanarische Inseln, Januar 1992. Ich bin gewandert, sitze auf einer Klippe hoch über dem Meer, höre Johann Sebastian Bachs Magnificat, meditiere. Finde auf den Bananenplantagen, an denen ich vorüberkomme, ein paar Früchte, die schon weich genug sind, um gegessen zu werden.

Heimwandernd lege ich Strawinskys Violinkonzert in D in den *discman* (den ich sonst selten benutze), genieße das Gefühl des Hörens großer Musik in der Natur als etwas Besonderes, freue mich über die Anklänge an Bachs Konzert für zwei Violinen und Orchester in der gleichen Tonart. Damit sie noch spürbarer werden, gibt Strawinsky dem ersten Orchestergeiger einen Solo-Part, gewinnt dadurch zwei Solisten - wie bei Bach.

Aus einem Lagerhaus für Bananen hinter mir kommt ein riesiger Lastwagen - unfaßbar, daß er auf den schmalen Lavapisten der Insel fahren kann -, allein der Anhänger sechs oder sieben Meter lang. Er biegt im gleichen Moment um die Ecke, in dem auch ich um eine vorspringende Plantagenmauer gehe. Es sind große steinerne Mauern mit symmetrischen, arabeskenartigen Durchbrüchen - Relikte vielleicht der langen arabischen Besetzung Spaniens. Sie seien, hatte Jadranka ein paar Tage vorher gesagt, dazu da, um Bananendieben das Überklettern der Mauern zu ermöglichen. Hatte gleich ausprobiert, wie leicht man die Füße in die Ornamente setzen kann, um sich in die Höhe der Stauden schwingen und Bananen brechen zu können.

Dies erinnernd, Strawinsky hörend, Bach darin spürend, erwischt mich der Bananenschlepper genau an der Mauer. Zwar hatte der Zugwagen in weitem Bogen ausgeholt, aber der Anhänger rutscht an die Ecke, um die ich gehe. Mein Kopf wird eingezwängt zwischen Mauer und LKW. Ich lasse mich fallen, rutsche vor die mannshohen Doppelräder - im gleichen Moment bleibt das riesige Gefährt stehen. Ein paar Zentimeter weiter, und die Reifen hätten begonnen, mich zu zermalmen. Ähnlich oben am Kopf: nur wenige Zentimeter mehr, und mein Kopf wäre vom Anhänger zerdrückt worden wie eine reife Banane.

Ich schreie und zittere, doch es ist nur der Schreck. Ich habe Schmerzen an den Ohren, aber die mit Strawinsky-Musik gefüllten Kopfhörer haben sie geschützt. Die Hand, die den *discman* trug, blutet.

Der LKW-Fahrer, ein alter Kanarier, legt seine Hand auf meinen Kopf, spricht aufgeregt Worte, die ich nicht verstehe. Fühlt sich schuldbewußt. Aber auch ich hätte ja besser aufpassen, das Herausrutschen des Anhängers einkalkulieren können, war viel zu tief in der Musik.

Ich brauche eine Weile, bis ich aufstehen kann. Ich spüre, ich kann gehen, schwanke zurück ins Hotel. Der Fahrer sagt Entschuldigendes, fährt weiter. Zwei deutsche Rucksacktouristen begleiten mich. Sie erzählen, sie hätten in einem vom Meer ausgehöhlten Felsloch übernachtet - wohl unterhalb der Klippe, auf der ich das Magnificat gehört hatte.

Noch während sie neben mir gehen, kommt die Frage: Was soll mir gesagt werden? Ein absurder Unfall - mit riesigem Aufwand - aller menschlichen Erfahrung nach tödlich - dennoch nur mit ein paar Schrammen endend - warum?

Sofort kommt die Antwort: Du warst zu zufrieden mit dir. Sei wach. Wacher. Denke nicht, daß das, was du tust, reicht. Ich hatte in den Tagen zuvor stundenlang meditiert, viele Übungen gemacht, dachte, ich sei ein Stück weitergekommen, war stolz darauf.

Es war ein Zen-Schlag -jene Art Schlag, den der Meister dem Schüler gibt, wenn er einnickt oder ins Dösen gerät.

Ich komme erst ein paar Tage später dazu, den Vorfall aufzuschreiben. Ich spüre, wie dankbar ich sein muß - für beides: Dafür, daß ich geschützt wurde - in einer Situation, in der Schutz kaum noch wahrscheinlich war -, und für den Schlag.

IV.

Der Traum - ein Leben

Sind Sie schon einmal
mitten in der Nacht aufgewacht,
aus dem Bett gesprungen:
»Gardenie ist aufgeblüht!«
Licht angemacht,
zum Fensterbrett gelaufen:
Ja, sie **ist** aufgeblüht!
Wie macht die kleine weiße Blüte das?

Wiltrud Ehrenberg

Sigrun

Ich bin dankbar für meine Träume. Sie haben mich oft geleitet. Mir Entscheidungen erleichtert. Mich geschützt und gewarnt. Zum ersten Mal habe ich das im Sommer 1961 erfahren. Ich war damals 39, lebte sehr nach außen gerichtet, sehr unbewußt. Um so schwerer wiegt diese Erfahrung. Sie war wie ein Donnerschlag. Deshalb möchte ich sie berichten.

Ich lebte mit einer jungen, blonden, fröhlichen, quicklebendigen Freundin. Sigrun - so hieß sie - war eine Wilde. Als ich sie ansprach, nachdem ich sie eine Weile bei der Arbeit an der Rezeption eines Baden-Badener Hotels beobachtet hatte, sagte sie: »Sie hätten wohl gern, daß ich Sie angesprochen hätte.« Als ich sie auf eine Reise mitnehmen wollte und ihre Chefin ihr den Urlaub verweigert hatte, bat sie mich, sie sofort abzuholen, und kehrte nie wieder in diese Stellung zurück. Als ihre Mutter sie von Baden-Baden - und damit von mir - fortholen wollte, ging sie ins Nachbarzimmer und schnitt sich die Pulsadern auf.

Genauso war sie auch bei dem Ereignis, auf das ich hinsteuere und das ich berichte, weil es mir die Kraft und die Klarheit meiner Träume bewußtgemacht hat.

Ich mußte damals zwei Monate nach New York, um Filme für meine Fernsehreihe »Jazz - gehört und gesehen« zu produzieren. In dieser Zeit verliebte sich Sigrun in einen Kanadier. Sie hatte immer davon geträumt, in Amerika zu leben. Der junge Mann, Offizier der Kanadischen Luftwaffe, wollte sie mitnehmen. Sie willigte ein. Als ich von New York zurückkam, erzählte sie mir von ihrem Entschluß, aber sie fügte etwas Schockierendes an: Bevor sie ginge, wolle sie ein Kind von mir empfangen. Versteht sich, daß ich erschrocken war. »Wenn du mit diesem Kanadier gehst«, sagte ich, »muß er doch der Vater deines Kindes sein.« Sigrun: Nein, sie wolle ihr Kind von mir. Ich widersprach tagelang, sagte ihr, wenn sie später einmal mit ihrem Kanadier Streit bekäme, was ja in jeder Ehe geschähe, vielleicht Streit über ihr Kind, dann wäre sie in Versuchung zu sagen: Du bist ja gar nicht der Vater meines Kindes. Das könnte dann das Ende ihrer Ehe sein (die übrigens ein paar Jahre später ohnehin zu Ende ging). Sigrun bestand auf ihrer verrückten Idee. Sie habe schon ihre empfänglichen Tage ermittelt, dann wollte sie noch einmal mit mir Zusammensein. Ein paar Tage danach würde sie mit ihrem Kanadier nach Toronto gehen. Nach langem Zögern willigte ich ein. Ich würde nur die halbe Wahrheit sagen, wenn ich nicht zugäbe, daß mein männliches Ego geschmeichelt war.

Wir verabredeten eine Begegnung in einem Hotel in Frankfurt an dem Tag, den sie ermittelt hatte. In der Nacht, bevor ich dort hinfahren wollte, hatte ich folgenden Traum:

> Mein Haus brannte ab, und ich verbrannte in ihm. Die Flammen schlugen aus allen Fenstern. Ich war mitten im Raum, erlebte, wie meine Manuskripte, meine Bücher, meine Schallplatten verbrannten ... Es war ein Alptraum.

Schweißgebadet wachte ich auf und verstand: Du darfst nicht zu Sigrun nach Frankfurt fahren.

Ich gehorchte dem Traum, höre noch heute ihre enttäuschte und wütende Stimme, als sie mich anrief, fragte, wo ich denn geblieben sei, sie habe so lange auf mich gewartet. Ich sah sie erst zwanzig Jahre später wieder.

Seit damals weiß ich von der Kraft und der Weisheit der Träume. Ich begann, sie zu beachten. Dennoch vergingen noch weitere acht oder neun Jahre, bevor ich begann, sie aufzuschreiben. Auf meinem Nachttisch lag ein Block, in den ich den Traum sofort nach Erwachen notierte. Seit die kleinen Diktiergeräte auf dem Markt sind, benutze ich sie.

Ich habe folgende Erfahrung gemacht: Je sorgfältiger ich meine Träume beobachte, desto genauer werden die Informationen, die sie mir liefern. Ich habe das Gefühl, das Traumbewußtsein ist wie ein

Mensch. Wenn man ihm nicht zuhört, dann plappert es unwichtige Dinge vor sich hin. Wenn man es aber beachtet, dann achtet es auf das, was es sagt. Wenn ich nur einmal 8 oder 14 Tage »schlampig« mit meinen Träumen umgehe, dann werden sie in der Tat »schlampig«, babbeln »sinnloses« Zeug.

Vor dem Einschlafen lege ich mich auf den Rücken, verbinde mich mit meinem Höheren Selbst, spreche ein Gebet, und dann formuliere ich eine Frage zu dem Problem, das mich im Augenblick bewegt. Die Frage muß genau sein. Je sorgfältiger ich sie stelle, desto präziser ist die Antwort. Manchmal kommt sie nicht gleich - vor allem, wenn ich stark nach außen gekehrt lebe. Ich muß sie dann wiederholen - jeden Abend vor dem Einschlafen - vielleicht auch gelegentlich tagsüber in einer Meditation. Schließlich kommt die Antwort.

Manchmal ist die Antwort nicht klar, ich meine, sie nicht verstehen zu können, dann frage ich nach, bitte um einen weiteren Traum - so lange, bis ich verstanden habe. Wenn ich nicht verstehe, gehe ich davon aus, daß mein Traumbewußtsein meint: Finde selber die Antwort. Oder auch: Du überschätzt dieses Problem, es ist nicht so wichtig.

Immer wieder kommt es vor, daß eine Antwort ironisch ist. Ich muß ein sehr lustiges Traumbewußtsein haben, das es liebt zu schäkern, mich »auf die Schippe zu nehmen«, Späße zu treiben. Manchmal lache ich schon im Traum, erwache lachend oder lächelnd. Aber meist muß ich erst lachen, wenn ich hinterher den Traum zu verstehen suche.

Ich stelle mir das Traumbewußtsein solcher Träume wie den Schalk oder Narren an mittelalterlichen Höfen vor. Indem er sich lustig machte, sagte er die weisesten Dinge. Vielleicht ist diese Art Traumbewußtsein überhaupt der Archetyp des Narren. Augenzwinkernd schaut es mich an: Mich kannst du nicht täuschen.

Dennoch: Manchmal erwache ich schluchzend.

Ich halte wenig davon, einen Traum nach fixierten Modellen deuten zu lassen. Der Traum ist eine Botschaft meines Traumbewußtseins an mich. Das Traumbewußtsein ist weise. Es weiß also, was ich verstehen und was ich nicht verstehen kann. Wenn es gern möchte, daß ich seine Botschaft beachte, dann faßt es sie auch so ab, daß ich sie begreifen kann - jedenfalls mit einiger Übung und der entsprechenden Erfahrung.

Alle Gestalten, die in einem Traum vorkommen, sind Teilpersönlichkeiten oder Projektionen meiner selbst, auch dann, wenn ich zum Beispiel von Jadranka träume. Das ist dann nicht nur sie, sondern auch meine Projektion auf sie - **meine** Teilpersönlichkeit »Jadranka«. Manchmal auch ihr Schatten. Sehr oft meiner.

Ich halte es für riskant, bestimmten Phänomenen, Bildern, Erscheinungen eine fest fixierte Bedeutung zu geben. Ein Pferd mag für viele Menschen mit Sexualität zu tun haben, für mich bedeutet es Freude und Vertrauen. Schlangen müssen nicht für jeden die Schlange der Eva im jüdisch-christlichen Garten Eden sein, sie können auch ein Symbol geheimnisvoller, noch nicht bewußt gewordener Kraft oder unserer Häutungs- und Wandlungsfähigkeit sein.

Gute Therapeuten legen darauf Wert, ihrem Klienten nicht etwa eine Deutung aufzuschwatzen, sondern ihn selber die Deutung finden zu lassen - allenfalls Hilfestellung zu geben. Ein paarmal ist es vorgekommen, daß ich durch therapeutische Hilfe zu einer Deutung gekommen bin, die meiner spontanen und ursprünglichen widersprach. Immer habe ich dann die Erfahrung gemacht, daß meine eigene Deutung die richtigere ist. Dennoch kann ein Therapeut hilfreich sein - zumal dann, wenn der Traum Kindheitstraumata betrifft. Da kann man schon durch einfühlsame Hilfe in die richtige Richtung gelenkt werden. Aber auch da muß das Aha-Erlebnis der Deutung mein eigenes sein. Wenn es das nicht ist, vergiß die Deutung.

Rehatschek

In den Wochen, in denen ich meine Träume für dieses Buch sichtete, war mit einem Mal Rehatschek da - kaum noch sein Bild, aber sein Schrei. Rehatschek begegnete ich in den letzten Monaten des Krieges - im Frühjahr 1945. Ich hatte, nachdem ich wie durch ein Wunder aus Rußland zurück in die Heimat gekommen war, das Kommando über Flakwagen übernommen, die an wichtige Züge angehängt wurden - an Kurierzüge, Munitionstransporte, Züge mit hochgestellten Persönlichkeiten oder wichtigen Gütern -, um ihnen angesichts der alliierten Luftherrschaft über Deutschland wenigstens noch einen angedeuteten Schutz zu geben.

Ich saß in einem kleinen Stahlsitz neben den Vierlingsrohren des Geschützes, hatte Geschicklichkeit darin, die englischen *Spitfires* ins Visier zu bekommen, verfolgte meine eigene Leuchtspur, konnte genau sehen, ob ich traf - vor allem, wenn sie im Tiefflug auf uns herabstießen -, und dann durchkreuzte ich sie mit Geschossen, sah sie, wenn ich getroffen hatte, in einer feurigen Rauchwolke herabstürzen.

Meinen letzten Transport hatte ich von Bremen nach Wien zu begleiten. Nun wollten wir so schnell wie möglich nach Westen, um doch lieber von den Amerikanern als von den Russen gefangengenommen zu werden. Aber wir schafften es nur bis zum Bayrischen Wald.

Mit einem Mal kamen die Amerikaner nicht nur von Westen, sondern auch von Osten. Wir sprengten unsere Geschütze und wollten versuchen, uns bei Bauern zu verstecken. Wir krochen einen Berghang hinauf und lagen plötzlich in amerikanischem Maschinengewehrfeuer.

Wir ließen uns einfach bergab rollen. Nur einer wurde getroffen, blieb oben am Hang liegen - der Gefreite Rehatschek.

Wir waren in eine uns schützende Mulde unten am Berg gerollt und hörten sein Schreien lange durch die Nacht klingen. Niemand von uns konnte ihm helfen. Die kleinste Bewegung hätte genügt, um sofort wieder das Feuer auf uns zu lenken. Als es Morgen wurde, verstummte Rehatscheks Schrei. Wir verstanden: Er war tot.

Jahrelang - die ganzen fünfziger Jahre hindurch - habe ich in meinen Träumen diesen Schrei gehört. Er durchtönte sie wie im Mai 1945 die nächtliche Berglandschaft im Bayrischen Wald. Ich verstand, was er fragte - und was ich mich fragte: Warum hast du Rehatschek nicht geholfen? Er bestand auf Antwort.

Ich wußte damals noch nichts vom Umgang mit Träumen, aber gegen Ende der fünfziger Jahre kam ich von allein drauf: Ich stellte mir Rehatschek vor - »visualisierte« ihn - und sprach mit ihm. Ich erklärte ihm: Wir konnten dir nicht helfen. Ich erinnerte ihn an die offene Schneise, die von den Amerikanern eingesehen werden konnte und die wir hätten überqueren müssen, um zu ihm zu gelangen. Ich sagte ihm, wie gern wir ihm geholfen hätten.

Nach diesem Gespräch verstummte sein Schrei. Rehatschek verschwand aus meinen Träumen.

Jazz wird mir fremd

Traum, Juli 1983, DDR - alles ein wenig schäbig und ärmlich.

Berlin-Weißensee, der Ort meiner Kindheit. Woody Herman, der berühmte Bigbandleader, spielt mit seiner Band in der Parkstraße - der Straße, die zu meinem Elternhaus führt. An der Kasse Leute, die ich von früher her kenne. Aber sie kennen mich nicht. Keine Einladung - wie ich's gewohnt war. Keine Freikarte. Aber die Musik ist wunderbar. Hinterher am Ausgang begrüße ich Woody. Ich gehe strahlend auf ihn zu, ich kenne ihn gut (er hatte zum Jubiläum meiner hundertsten SWF-Fernsehsendung im Kurhaus Baden-Baden gespielt), aber Woody erkennt mich nicht, kann sich auch nicht erinnern, mich je gesehen zu haben.

Ich wache verletzt und erschrocken auf.

Ich habe Nada Brahma verloren

Traum, August 1983:

> New York. Eine dunkle, schmutzige Seitenstraße des Broadway, die ich kenne. Menschen auf der Straße. Viele tragen mein Buch »Nada Brahma - Die Welt ist Klang« bei sich. Ganze Koffer voll Bücher. Sie zeigen einander das Buch. Sind fröhlich. Ein richtiges Glücksgefühl. Alle mögen es.
> Wir - Vera, mit der ich schon lange nicht mehr lebe, und ich - gehen die Straße hinunter, kommen an einem Hotel vorbei, in dem ich einmal gewohnt habe, als ich mir nur billige Hotels leisten konnte, und gelangen in immer ärmlichere und dunklere Bezirke. Wir haben Angst. Irgendwo, schon am Hudson River, sehen wir einen Koffer im Schmutz - aufgerissen, zerfleddert, ein paar zerrissene Nada-Brahma-Bücher daneben; die Schrift ist kaum mehr erkennbar. Wir sind erschrocken, gehen weiter, kommen an einen Abhang, und da liegt wieder ein Koffer: aufgebrochen, kein einziges Buch mehr drin, im Staub noch ein zerrissener Rückteil des Umschlags. Auf dem Koffer erkennen wir die verschmutzten Buchstaben: J. E. B.

Aufweinend erwache ich. Mein Gott, was wird aus meinem Buch? Eben noch mochten es die Menschen, nun liegen nur noch ein paar Reste im Dreck.

Am Morgen danach: Aber ist dies nicht der Lauf der Welt mit den meisten Büchern? Soll mir der Traum dies bewußtmachen? Auch habe ich ja wirklich »Nada Brahma« verloren. Jeder Autor kennt dieses Gefühl: In dem Augenblick, in dem ein Buch erscheint, verliert er es. Wie eine Mutter ihr Kind, wenn es in die Welt tritt. Ich arbeite ja auch schon am nächsten. Ich müßte das eigentlich kennen - nach so vielen Büchern. Warum weinte ich auf? Liebe ich dieses Buch mehr als die anderen? Bin ich der Fährte, die »Nada Brahma« mir gewiesen hat, nicht weit genug nachgegangen?

In der Kuppel der Zirkuskirche

Traum, Ende Januar 1989:

> Ich bin in einer Kirche, die aber bald zu einem - Zirkus wird. Unten ist eine Masseurin, die mich behandeln möchte. Aber ich schwebe hoch oben in der Zirkuskuppel — und da schwebt auch noch ein zweiter. Wir machen einen richtigen, lustigen Clownakt da oben. Einer hängt am anderen, viele Meter über dem Boden der Zirkus-Kirche. Es ist deutlich, daß wir beide - ich sind. Unsere Beine strampeln, wir schauen in die Tiefe, haben auch ein wenig Angst, denken: Wie komm' ich da heil wieder herunter? Ich an dem anderen. Der andere an mir. Wir beide an uns. Wir erwägen, ob einer vielleicht dem anderen helfen könnte. Aber das ist gefährlich, könnte uns um so leichter in die Tiefe reißen. Wenn einer stürzt, stürzt auch der andere. So hängen wir also weiter da oben und strampeln und benehmen uns wie Clowns, deren Publikum nicht merken darf, daß sie Angst haben. Es ist deutlich: Wir schweben viel zu hoch oben in der Zirkuskuppel. Sind leichtsinnig dabei.
> Weiterhin wartet unten die Behandlerin. Vergeblich.

Aufwachend die Erkenntnis, daß es oft so in meinem Leben gewesen ist: Die Kirche wurde zum Zirkus. Der »Zirkus« zur »Kirche«. Der Jazz war für mich eine in den Zirkus versetzte Kirche. Paß auf, daß das nicht auch jetzt geschieht. Niemand kann mich im Zirkus behandeln. Niemand kann mir da helfen. Ich kann nur abstürzen. Daß ich mich selbst multipliziere, hilft mir nicht, im Gegenteil, es macht es gefährlicher.

Die Warnung bleibt gültig - auch für dieses Buch.

Zwei Selbstmorde

Traum, September 1984:

> Zwei Bäume. Ich klettere auf den einen. Um mich hinabzustürzen. Hohe, dürre Bäume. Kein Laub. Nur Äste, günstig aufeinanderfolgend, so daß ich leicht von Ast zu Ast steigen kann. Dennoch ist es schwer, in den Wipfel zu kommen. Weil ich schon so alt bin? Früher wäre es leicht gegangen. Schiebt mich jemand von unten? Mit einem Mal habe ich diesen Eindruck. Da ist noch ein anderer. Der schiebt mich.
> Schließlich sitze ich auf dem obersten Ast und schaue hinunter: Von hier also werde ich mich hinabstürzen.
> Nicht weit entfernt ist der andere Baum. Ich begreife: Auch von ihm muß ich mich stürzen. Warum von zwei Bäumen? Bin ich zwei?
> Unten steht jemand und beurteilt kritisch die Lage. Als erwäge er: Ob es auch geht? Ich spüre: Ich bin auch der, der da unten steht.
> Ich habe Angst. Nicht so sehr, mich hinabzustürzen, als auf den vielen Ästen einen Fehltritt zu tun. Ich frage mich: Warum denke ich nicht an mein Ende? An Gott? Bereite mich vor? Bete?
> Dann klettere ich wieder hinab. Unten steht Vera. Sie ist traurig. Sagt etwas, was sie vor ein paar Wochen wirklich gesagt hat: »Mein Herz gehört immer noch dir.« Ich spüre ihre tiefe Trauer. Spüre, daß es auch meine ist.
> Aber nun muß ich wirklich hochklettern, um es zu tun. Das erste Mal war ja nur Probe, um festzustellen, ob es auch geht. Ich weiß: Ich muß erst auf den einen, dann auf den anderen Baum. Und ich werde mich von beiden hinabstürzen.

Zwei Bäume. Zwei Selbstmorde. Wieder einmal: Bin ich zwei? Was geschähe, wenn sich nur einer von einem der beiden Bäume stürzte?

Zuviel Gepäck

Immer wieder, nun schon jahrelang, Träume über Gepäck. Zum Beispiel im August 1989:

> Ich reise mit der Bahn. Habe viel zuviel Gepäck dabei. Koffer. Kartons. Taschen ... Irgendwo muß ich umsteigen. Der Anschlußzug wartet nicht lange. Ich muß mit all den Sachen auf einen anderen Bahnsteig. Muß mehrfach gehen, erst zwei, drei Koffer tragen, sie in Sichtweite der anderen absetzen, dann die anderen holen - usw.... Schließlich habe ich die Hälfte meines Gepäcks im Zug verstaut, da fährt er schon ab. Ein Haufen Koffer und Kartons stehen noch auf dem Bahnsteig. Ich will sie nicht verlieren, springe vom Trittbrett, als der Zug schon ziemlich schnell fährt. Er verschwindet mit einem Teil meines Gepäcks.

Dies ist ein Alptraum. Ich bin in rasender Hetze und in Gefahr. Was wird aus meinem Gepäck? Als verlöre ich mit ihm einen Teil meines Lebens. Manchmal, wenn ich vom fahrenden Zuge springe, um mein Gepäck nicht zu verlieren, bin ich in Gefahr zu stürzen. Ich reise nicht mit. Ich komme nicht weiter. In manchen Träumen stehen am Bahnsteig alle paar Meter weitere Koffer:

> An einer Station steige ich aus, um etwas zu trinken. Als ich zurückkomme, ist der Zug bereits abgefahren. Ich frage einen Bahnbeamten: »Wohin fuhr er?« Er: »Hier war kein Zug.« Ich fahre mit dem nächsten Zug hinterher. Suche auf verschiedenen Bahnhöfen. Gerate immer mehr in Panik. Klettere in abgestellte Waggons. Spreche mit unfreundlichen Bahnangestellten ...

Wache verzweifelt auf, angstverschwitzt.

Trost

Traum, Juli 1989. In quälender Neurodermitis und Trauer. Ich fühle: Ich kann die Krankheit nicht mehr lange ertragen. Ein warmer Sommertag. Ich schlafe auf meiner Terrasse unter einem unbeschreiblichen Sternenhimmel.

> Ich bin mit meinem Vater auf Reisen. Wir sind auf einer Bahnstation. Wollen wandern. Er schickt mich noch mal zurück: Nimm das Liederbuch mit. Sieh dir den Text genau an. Er wollte ihn mit mir beim Wandern singen - wie er das gern tat.
> Ich gehe, um das Liederbuch zu holen. Treffe einen blinden Jungen. Bewundere die Sicherheit, mit der er geht. In einen schmalen Seitenweg einbiegt. Über einen tiefen Graben geht. Alles genau findet. Und denke an das Liederbuch.

Wache auf. Frage mich: Was könnte mein Vater mit »Liederbuch« gemeint haben? Weiß sofort: Paul Gerhardt. Denke, du kannst ja morgen mal nachschlagen. Aber es läßt mir keine Ruhe. Ich stehe auf, gehe im Dunkeln ins Zimmer, wo Jadranka schläft, weiß genau, wo das Buch liegt. Nehme es mit auf die Terrasse, mache die Taschenlampe an, denke: Schlag irgendwo auf. Mal sehen, was kommt. Ich tue das und lese:

»Auf den Nebel folgt die Sonn'.
Auf das Trauern Freud und Wonn'.
Auf die schwere bittre Pein
stellt sich Trost und Labsal ein.
Meine Seele, die zuvor
sank bis zu dem Höllentor,
steigt nun bis zum Himmelschor.«

Ich bin der blinde Junge. Ich finde den Weg. Gehe sicher. Über tiefe Gräben. Danke.

Schlüssel verloren

Wir holen die Träume aus der Quelle
wie Angler Fische aus dem Wasser.

Gisela Stelly

Selten hatte ich so intensive Traumerfahrungen wie um die Jahreswende 1989/90 in Cadro im Tessin. Ich dokumentiere sie, wie sie stattfanden.

I

Traum, 30./31. Dezember 1989:

> Ich bin Tankwart irgendwo in den USA, und dort (!) höre ich Aufnahmen des New Jazz Meetings Baden-Baden, des kleinen Experimentierfestivals, das ich von der Mitte der sechziger bis zur Mitte der achtziger Jahre alljährlich im November geleitet habe.
> Als ich aus der Tankstelle nach oben herauskomme - seltsamerweise also liegt sie unter der Erde, als sei sie eine Höhle (!) —, steht dort ein Gewehr - Sinnbild der Verteidigungssituation, in der ich mich inzwischen gegenüber dem Jazz befinde, aber gewiß auch der Aggressivität, die zu ihr gehört.

Erwachend, noch halb luzid, wird mir deutlich: Ich habe den Jazz in mich eingefüllt, als sei er eine Tankstelle, die mich aufzutanken habe. Ich »fuhr« durch ihn, durch seine Kraft.

So viele Jahre danach setzt sich mein Unterbewußtsein immer noch mit meiner Funk-, Jazz- und Fernseharbeit auseinander. Es gibt Dutzende ähnlicher Träume. Wie tief muß mir dies alles gegangen sein! Ich meine, es längst losgelassen zu haben, aber die Träume machen deutlich: Immer noch bin ich verhaftet.

2

Traum, 1./2. Januar 1990:

> Träumend singe ich die ganze Nacht weiter die Bachkantate, die ich am Morgen mit Jadranka gehört habe: »Singet dem Herrn ein neues Lied.« Die Zeile, die ich im Traum singe, ist: »Herrgott, dich loben wir...« und dann auch: »So leben wir das ganze Jahr im Segen.«

Stundenlang muß ich diese beiden Zeilen geträumt haben. Erwachend, noch luzid, verstehe ich: **Dann** leben wir das ganze Jahr im Segen, wenn wir Gott loben. Ich begreife das mit einem Aha-Effekt und muß lachen dabei. Es ist, als ob mein Höheres Selbst mir zulächelt: Hast du verstanden?

3

Traum, 4./5. Januar 1990:

> Ich umarme meine Mutter, streichle sie, kann nicht aufhören, das zu tun. Jadranka und Waldtraud, meine Schwester, sind dabei und sehen zu.

Dem Traum vorausgegangen war eine leise Verstimmung, weil Jadranka nicht so oft mit mir schlafen möchte und mich nicht so lange und so intim streichelt, wie ich es gern möchte. Also klar: Ich projiziere das Verlangen nach meiner fortgegangenen Mutter auf Jadranka.

Am nächsten Morgen erzähle ich Jadranka den Traum. Sie spricht voller Liebe mit mir: von den Enttäuschungen, Abweisungen, Bitternissen eines ganzen Lebens, die sie darin empfindet: »Alles beginnt mit deiner Mutter.« Aber ich empfinde auch: Damit spricht sie sich frei.

4

Traum, 5./6. Januar 1990:

Ich fahre Auto und drehe dabei ständig am Autoradio, schaue, welche Knöpfe ich drehen und drücken muß, ziehe den Wagen dabei dorthin, wohin ich blicke, nach rechts an den Straßenrand. Dort ist ein steiler Abhang. Im letzten Moment reiße ich meinen Wagen nach links, aber da überholt mich, scharf an mir vorbei, ein Mercedes. Ich hätte ihn fast gerammt.

Erschrocken wache ich auf und verstehe die Warnung. Ich mache das oft: während des Fahrens am Autoradio herumspielen.

5

Kein Traum, 9./10. Januar 1990:
Jadranka ist am 7. Januar abgefahren. Sie hat für mich vorgekocht. Die ganze Terrasse - es ist ja noch kalt - steht voller Töpfe mit vorbereiteten Gerichten. Ich will in den nächsten zwei Wochen zwei große Sendungen schreiben, die der Österreichische Rundfunk bei mir bestellt hat und die unter dem Titel »Muscheln in meinem Ohr« dann auch bei Zweitausendeins erscheinen sollen.

Ich empfinde die Arbeit als unschöpferisch. Sie geht mir schwer von der Hand. Ich habe das Gefühl, ich schreibe nur längst Verarbeitetes, längst Gesagtes, längst Veröffentlichtes. Die Pausen zwischen den einzelnen Absätzen, Sätzen, Worten werden immer länger.

Gegen Mittag spüre ich, ich muß in die Natur. Vielleicht könnte ich dort weiterarbeiten. Ich packe alles zusammen (aber vergesse sowohl den Schreibblock wie auch das Diktiergerät!), fahre nach Morcote, dem schönen Ort an einer der vielen Spitzen des Luganer Sees, will dort wandern, schlage die Autotür zu - und lasse den Schlüssel stekken. Der Ersatzschlüssel war in Baden-Baden geblieben.

Nach zwei Stunden des Telefonierens und Wartens kommt ein Garagenmann aus Melide. Er tut sich schwer mit dem Öffnen des Wagens, führt verschiedene Drähte durch die Gummiabdichtung, aber verpaßt immer wieder den Türgriff. Auch sind seine Drähte viel zu schwach, um den Griff bewegen zu können. Da komme ich auf den Gedanken, ihm Licht zu schicken. Ich tue das. Innerhalb von 30 Sekunden ist das Auto geöffnet - so professionell, als käme der Mann von der Mafia.

Ich fahre nach Lugano, um etwas zu essen. Dort, am Kongreßzentrum, denke ich, ich könnte mir schnell noch ein Hemd kaufen, das wir, als Jadranka noch da war, in einem Schaufenster gesehen hatten. Es hatte ihr so gut gefallen. Ich parke an einer verbotenen Stelle vor dem Mövenpick, gehe hinüber zum Geschäft, kaufe das Hemd, kehre zum Auto zurück und bemerke: Schon wieder ist der Schlüssel fort. Diesmal hatte ich ihn zwar mitgenommen, ja noch ausdrücklich daran gedacht, daß ich ihn nicht wieder steckenlassen dürfte, aber ich hatte den anderen Weg gewählt: ihn verloren.

Ich bin vorsichtig mit Schlüsseln. Nie verliere ich welche. Nun hatte ich zweimal in drei Stunden denselben Schlüssel verloren!!

Ich fahre mit dem Taxi in unser Haus zurück, rufe die Polizei und die Toyota-Werkstatt an. Beide vertrösten mich auf den nächsten Tag. Ich finde - obwohl ich noch eben auf dem verbotenen Mövenpick-Parkplatz vor dem unzugänglichen Auto höchst fahrig und aufgeregt gewesen war - sofort Ruhe, meditiere, bitte um Antwort: Was will mir diese seltsame Koinzidenz des zweimaligen Verlierens desselben Schlüssels sagen?

Ich bekomme zwei Antworten:

1. Du darfst die »Herzreise« - eine tiefe, meditative Übung, die ich in

meinen Gruppen und Workshops mache - nicht in einer Rundfunksendung bringen. Dafür ist sie zu intim. Überhaupt: Sei vorsichtig mit dem, was du schreibst.
2. Dir fehlt noch der Schlüssel zu dieser Arbeit. Warte. Finde Ruhe in dir, bevor du sie weiterführst. Sonst entsteht nichts Gutes.

6

Traum, 10./11. Januar 1990:

> In der Nacht nach dem Schlüsselverlust träume ich von einem Mädchen, mit dem ich im Bett liege - ein schöner, junger, weicher, entgegenkommender Körper. Aber es passiert nichts. Ich spüre: Ich liebe sie nicht. Sie mich auch nicht. Es ist Lüge, daß wir hier liegen. Wir tun nur so.

Klar die Bedeutung: Der Traum setzt meine zwei wichtigen Dinge - Arbeit und Sex - eins für das andere. Auch die Arbeit ist schön und verlockend - wie das Mädchen -, aber ich darf sie nicht tun, wenn Lüge dabei ist.

Nachdem ich dies verstanden habe, kommt noch ein kurzer Traum:

> Ich rutsche auf dem Geländer einer Wendeltreppe in einem hohen Turm herunter. Unten angekommen, frage ich einen Spaziergänger, ob dieser Turm einen Namen habe. Er antwortet, ohne stehenzubleiben, nur kurz, den Kopf nach rückwärts in meine Richtung wendend: »Pleite.«

Noch im Traum beginne ich zu lachen und wache davon auf.

Am nächsten Morgen packte ich die gesamte Arbeit fort und ging in die Tessiner Berge zum Wandern. Beim Wegräumen dachte ich wehmütig, wie schön doch das Mädchen ist, aber auch: Paß auf, damit dir dein Höheres Selbst nicht immer gleich mit teuren Rechnungen für verlorene Schlüssel kommen muß!

7

12./13. Januar 1990:
Natürlich zweifelte ich. Der Verstand meldete sich: Es war eben »Zufall«, daß ich zweimal hintereinander den Schlüssel verloren hatte - obwohl ich sonst nie einen verliere. So etwas kann vorkommen.

Auch stand ich ja unter Druck. Ich mußte die Arbeit für den Österreichischen Rundfunk fertigmachen. Vor dem Einschlafen bat ich um Klarstellung. Darauf kam folgender Traum:

> Ich sehe ein Ehepaar. Die Frau legt den Kopf in die Halsbeuge des Mannes, umarmt ihn liebevoll und sagt: »Wo immer du hingehst, ich gehe mit dir.« Bald darauf bin ich der Ehemann und sage ihr: »Wo immer du hingehst, ich gehe mit dir.«

Wer ist die Frau? Sie sieht wie eine Heilige aus - eine hohe, würdevolle Erscheinung mit langem, gescheiteltem Haar, das bis zur Hüfte herabhängt. Meditierend über den Traum verstehe ich: Sie ist mein Höheres Selbst. Das will mir sagen: Auch wenn du »Pleiten« baust, deine Schlüssel verlierst, keinen Schlüssel mehr zu deiner Arbeit hast, Fehler machst, ungeduldig bist: Ich gehe mit dir.

8

13./14. Januar 1990:
Eine Nacht später wollte sich die Instanz, die ich Höheres Selbst nenne, noch einmal in Erinnerung bringen.

> Ich träume, ich bin in den Bergen, fahre eine schwierige Bergstrecke mit einem Jeep. Der Wagen hat ein Mobiltelefon. Plötzlich klingelt es. Eine Frauenstimme meldet sich: Sie komme gleich. Ob ich mich freue? Wer sie sei, frage ich.
> Sie: Aber ich müsse doch ihre Stimme erkennen. Ich hätte sie doch erwartet.

Funkstille. Ich bin in Verlegenheit. Ich spüre: Wenn ich sie nicht erkenne, kann das das Verhältnis zerstören. Lange Stille.
Dann sie: Du wirst es schon sehen.

Ich wache lächelnd auf, aber ich bin mir nicht sicher, worüber ich lächele.

Am Morgen fahre ich ins Calanca-Tal - ein hohes, abgelegenes Bergtal, nordöstlich von Bellinzona. Mit einem Mal realisiere ich überrascht: Es ist genau die Landschaft, in der ich in der Nacht träumend mit dem Jeep herumgefahren bin. Ich wandere los und plötzlich ist ein Mantra da; es »rastet ein«: *So Ham* - das Mantra Muktanandas, des großen indischen Lehrers. *So* ist das Universum, *Ham* bedeutet: Ich bin. Also: Ich bin das Universum, bin Sein.

Ich meditiere es *Jappa,* das heißt beim Gehen - jeweils einige Schritte *So* und dann einige Schritte *Ham* im gleichmäßigen Rhythmus. Drei Stunden lang.

Es ist klar, wer anrief. Und es ist schlimm, daß ich's nicht gleich begriffen habe. Ich war genau in die Landschaft des Traumes gefahren. Aber ich war nie zuvor im Calanca-Tal gewesen, hatte es nie gesehen.

Von diesem Tag an habe ich monatelang *So Ham* meditiert. Besonders gut geht es, wenn man auf *So* einatmet, das Universum aufnehmend, und auf *Ham* ausatmet, dabei das So tief in sich hineinführend: Ich bin Sein. Ich bin Sein.

9

Traum, 14./15. Januar 1990:

Eine Kirche brennt. Es ist eine Kirche, die wichtig für meine Familie - vor allem wohl für meinen Vater - gewesen ist. Sie brennt ab - von oben bis unten. Sie enthält viele Kunstschätze. Jadranka und ich versuchen zu verhindern, daß das Feuer auf die Schätze übergreift. Einige wenige können wir retten. Alles andere verbrennt.

Erwachend habe ich ein gutes Gefühl: Laß doch das alte Zeugs verbrennen.

Als ich Jadranka am Telefon den Traum erzähle, muß sie lachen. Sie sagt: »Ich habe bestimmt nicht beim Löschen geholfen.«

10

15./16. Januar 1990:
Ich mache lange Wanderungen im Calanca-Tal und am Monte Gambarogno. Ich mache sie als stundenlange *Jappa*-Gänge mit meinem neuen Mantra *So Ham*. Als ich vom Monte Gambarogno herabsteige, kommt mit einem Mal das »Zwiegespräch zwischen Auge und Ohr«, das, wie ich meine, schönste, lockerste Kapitel von »Muscheln in meinem Ohr«. Ich notiere es auf ein paar Zetteln, habe aber ein schlechtes Gewissen dabei. Ich frage mein Höheres Selbst und mein Traumbewußtsein, ob ich damit nicht das Verbot, weiterzuarbeiten, verletzt habe.

In der Nacht kommt folgender Traum:

Ich bin in einer Schulklasse, sitze an einem Klavier. Neben mir andere Schüler. Auch sie haben Klaviere vor sich. Aber sie spielen nicht. Der einzige, der spielt, bin ich. Kadenzen rauf und runter, wie ich sie gern spiele.
Der Lehrer (also eine höhere Instanz) sagt: Wir stellen die Klaviere jetzt in einen anderen Raum. Alle sind dagegen, am meisten ich. Ich sage: Das ist eine undemokratische Entscheidung, uns die Klaviere fortzunehmen, wenn alle doch wollen, daß sie im Klassenzimmer bleiben.
Der Lehrer sagt: Ihr klimpert ja doch nur.
Ich - und einige andere: Nein, wenn er uns die Klaviere ließe, würden wir wirklich etwas Schönes spielen.

Der Lehrer gibt nach. Die Klaviere können bleiben. Er sagt noch: Ihr dürft aber nicht immerzu spielen. Ihr müßt auch zuhören (!).

Beim Aufwachen muß ich lächeln. Ich darf also wieder »spielen«. Aber nicht bloß Kadenzen, die ich ohnehin drauf habe, sondern »etwas Schönes«. Und ich muß lauschen.

Ich notiere: »Mein Gott, ist dies ein weiser Traum!« Das Klavierspielen bedeutet die Arbeit, die ich schreiben muß, die Schüler sind das Publikum, die Antwort ist präzis und klar.

Schön auch die Aufforderung des Lehrers, ich solle nicht soviel spielen, sondern zuhören. Wenn ich zuviel spiele - das heißt: schreibe -, kann mein Höheres Selbst nicht zu mir sprechen, es verstummt.

Es ist also deutlich: Ich darf schreiben, aber nur mit langen Pausen des Hörens und Lauschens in Stille und Schweigen. Den Schlüssel habe ich verloren, weil ich geglaubt hatte, ich könnte die große Arbeit in einem Zuge heruntertippen, jeweils von morgens bis abends an der Schreibmaschine sitzend.

Später am Tag stoße ich auf einen Satz, der in exakter Beziehung zum Traum steht: »Ich bin nicht der Musiker. Gott ist der Musiker.«

Meine Schwester Waldtraut wollte mich in Cadro besuchen. An genau diesem Tag ruft sie an: Sie müsse zum Zahnarzt. Sie könne nicht kommen. Alles paßt gut zusammen. Alleinsein, Stille ist nötig.

11

Traum, 18./19. Januar 1990:

Abiturientenprüfung. Ich habe nicht viel gelernt, aber ich weiß, ich werde es schaffen. Plötzlich fliege ich - als hätte ich Flügel - aus dem Fenster des Klassenzimmers hinaus. Die anderen bleiben zurück, machen sich Sorgen, ob sie die Prüfung bestehen, ich fliege einfach.

Ich fliege nach Norden - wohl nach Norwegen. Unter mir Fjorde, Meer, Seen, Berge, Wälder ... Eine »traum-hafte« Landschaft. Ein Flug, den ich schon öfter träumend gemacht habe. Ich kenne das, was ich sehe; erkenne es wieder. Das Flugzeug ist wie eine Straßenbahn. Nach einer Weile, in der ich das Gefühl des Fliegens und die Landschaft genieße - glücklich bin über das Hochgefühl -, kommt der Kontrolleur, will die Fahrscheine sehen. Ich habe ein ganzes Bündel zusammengehäufter Scheine in der Tasche, weiß nicht, welcher der richtige ist, geb' sie ihm alle, bitte dafür um Entschuldigung; er werde schon den rechten finden, sage ich. Er sieht sich das Bündel an, reicht es mir zurück, sagt lächelnd: »Sie sind alle richtig.« Verabschiedet sich freundlich.
Der Flug geht weiter. Die Landschaft wird immer schöner.

Glücklich wache ich auf. Ja, ich fliege. Und was die Fahrkarten betrifft, so begreife ich: Ich neige dazu, verschiedene Techniken der Meditation und der inneren Arbeit nebeneinander zu verwenden und von der einen zur anderen zu wechseln. Okay. »Sie sind alle richtig.«

12

Traum, 19./20. Januar 1990:

Satyrhafter Ausklang: Max Schmeling, der Boxer, mietet für seine Frau, die Schauspielerin Anny Ondra (die ein großer Star der Nazizeit gewesen ist, ein Idol meiner Jugend), ein kleines Theater. Da spielt sie ganz allein ihre Lieblingsrolle. Es ist keine öffentliche Aufführung, nur ein paar Kinder und zwei, drei Freunde dürfen zuschauen. Niemand sonst darf herein. Das Theater ist leer.
Irgendwo auf einer der hinteren Reihen sitzt der massige Schmeling und lächelt zufrieden und stolz. Einmal singt die Ondra ein Lied. Ich habe die Melodie komponiert.

Klar: Denk nicht an dein Publikum, laß es nicht herein - in dein Bewußtsein. Spiele - in meinem Fall: schreibe - zum Spaß. Nur gerade für dich. Es langt, wenn ein paar Kinder und Freunde es mitbekommen. Im übrigen: Laß los von dem Druck, den dir die Notwendigkeit macht, diese Arbeit zu vollenden. Es ist dein eigener, dir längst bekannter Druck. Sei locker, fliege, sei stille, lausche ... Warte.

Irgend jemand wird dann auch meine Melodie singen.

Die Nacht dieses Traums war die letzte, die ich damals in Cadro verbracht habe. Ich tat, was ich verstanden hatte. Ich ließ mir Zeit. »Muscheln in meinem Ohr« ist erst ein Jahr später fertig geworden, aber dann ging es locker und leicht, als rollten die Muscheln von allein ins Ziel.

V.

Wege außen

Das Leben, das ihr führt,
verbirgt das Licht,
das ihr seid.

Aurobindo

Was hülfe es dem Menschen,
wenn er die ganze Welt gewönne
und nähme Schaden an seiner Seele?

Jesus Der Christus

Mein Lernen

Ich übe nie.
Ich spiele immer.

Wanda Landowska

Ich habe ein getrübtes Verhältnis zum Lernen. Kein Studium, keine richtige Ausbildung. Dennoch habe ich mehrere Berufe (Radio-, Fernseh- und Schallplattenproduzent, Radiosprecher, Redaktionsleiter, Festivalchef, Journalist, Schriftsteller etc.) einigermaßen kompetent ausgeübt.

Auf der Schule habe ich nur widerstrebend gelernt. Ich spielte lieber im Garten, grub die Gänge meiner Höhle, spielte Klavier (übte selten, spielte immer). Am liebsten »döste« ich.

Als ich 13 oder 14 war, schickte mich mein Vater auf ein Internat der Brüdergemeine in Niesky in der Oberlausitz. (»Gemeine« muß es heißen, nicht »Gemeinde«. Das Wort »gemein« bedeutet ursprünglich: einfach, niedrig, allgemein. Das war ge-meint (!), wie auch der Ortsname »Niesky« deutlich macht, der, altslawisch, ebendies bedeutet. Erst später haben die Höhergestellten - **ihre** Gemeinheit! - die Einfachen als »gemein« im heutigen Sinne bezeichnet.)

Mein Vater sagte, er schicke mich dorthin, weil ich so schlecht in der Schule sei. Aber es gab andere Gründe, über die er nicht sprach (und die auch schon in dem ihm gewidmeten Kapitel angeklungen sind):

Er hatte Probleme mit mir, weil ich ihm bei jeder Gelegenheit widersprach.
Er hielt mich für besessen vom »Widerspruchsgeist«.
Er glaubte, ich brauchte eine strengere Disziplin.

Auf dem Heinrich-Schliemann-Gymnasium, das ich in Berlin besucht hatte, wurde im Religionsunterricht der »Mythus des 20. Jahrhunderts« von dem erbärmlichen Nazimythologen Rosenberg durchgenommen. Er meinte, auf einem Pädagogium der Brüdergemeine wäre ich der Indoktrination durch die Nazis entzogen (worin er sich täuschte).
Er war immer stärker im Widerstandskampf gegen die Nazis engagiert. Immer häufiger gab es Hausdurchsuchungen durch die Gestapo. Er wollte mich dem entziehen, wohl auch davor schützen.

In der Tat habe ich auf dem Internat sehr viel mehr gelernt als in den Berliner Schulen, aber was ich vor allem lernte, war: eine Landschaft er-fahren. Ich verfiel total dem Zauber der Oberlausitz, ihrer Heidelandschaft, ihrer Moore und Seen. Ich erlebte sie als etwas Heiliges. Vielleicht meine erste Erfahrung von Heiligkeit. (Nein, das war Orgelmusik von Bach in großen, hallenden Kirchenräumen.) Ich er-fuhr sie Fahrrad fahrend.

Meistens fuhr ich allein. Ich hatte keinen Freund, eine Freundin schon gar nicht. Zwei Mädchen umwarb ich - ohne Erfolg. Die eine durfte ich wenigstens auf dem Klavier begleiten, wenn sie Geige spielte. Wir waren gut mit einer Romanze von Beethoven - vielleicht, weil sie meinem Gefühl für dieses Mädchen entsprach.

Im Grunde war es mir recht, allein zu sein. Ich lag in der Heidelandschaft - auf Sand oder Erikabüschen - an die schmalen, lichten Birken der Oberlausitz gelehnt - jede ein Mädchen - lauschte dem Summen der Bienen - schaute zum Himmel - machte Gedichte.

Bei den Lehrern galt ich als »Träumer«. Stundenlang spielte ich Klavier. Einmal, als ich gerade in einer Improvisation schwelgte, kam mein Mathematiklehrer herein. Weil er den Kontrast zwischen meinem ständigen musikalischen und meinem geringen mathematischen Engagement für unangemessen hielt, gab er mir eine schallende Ohrfeige, die mich vom Klavierstuhl ans entgegengesetzte Ende des Übungszimmers beförderte. Mein Vater schrieb ihm einen empörten Brief.

Ich mochte Griechisch und Deutsch. Ich liebte die griechischen Götter und die Helden Homers, war gut in Mythologie. Sie leuchtete mir mehr ein als Christliches. Ich schrieb gerne Aufsätze.

Zwischen Görlitz und Niesky wurde eine Trasse der »Reichsautobahn« gebaut, der »Straße des Führers«. Wir bekamen die Aufgabe, unter dem Titel »Die Technik verändert das Antlitz der Erde« darüber zu schreiben. Mein Aufsatz wurde vor der ganzen Schule verlesen, gedruckt und an die Reichsjugendführung geschickt.

Ich war ein hervorragender Langstreckenläufer über tausend und dreitausend Meter. Bei nächtlichen Gepäck- und Geländemärschen, die wir aus »paramilitärischen« Gründen machen mußten, schaffte ich große Strecken. Manche Jungen brachen zusammnen, waren fortan als »Memmen« verschrien.

Ich galt als besonders ausdauernd - bin das wohl heute noch. In anderen Sportarten war ich eher mäßig, vor allem am Reck und am Barren. Mäßig auch in Latein und Mathematik. Klassenbester immer in Physik und Musik.

Wenn ich heute an meine Schulzeit zurückdenke, denke ich weniger ans Lernen als an: dösen, dichten, Landschaft erfahren, Klavier spielen, mich sehnen, ab und zu einem Mädchen nachschauen, begreifen wollen: Warum sind sie so anders?

Warum bin ich so anders?

Als 1939 der Krieg ausbrach, machten wir »Kriegsabitur«. Niemand bestand nicht, denn wir hatten ja die Chance, fürs Vaterland zu sterben. Die größere Hälfte meiner Mitschüler hat sie genutzt. Da wollte uns die Schule schnell noch etwas Gutes tun - Gutes in Form guter Zeugnisse.

An dieser Stelle muß ich, bevor ich weiter berichte, eine Lanze für das Humanistische Gymnasium und überhaupt für die Kultur der Schule und die Kultur in der Schule brechen. Ich kann gar nicht sagen, wieviel ich dem Griechisch-Unterricht verdanke. Sogar Jazz und Weltmusik.

Das Reisen. Das Hören und die Urtöne (die sowieso, denn sie kommen von Pythagoras her; die Griechen haben das Hören gefeiert wie kein anderes westliches Volk). Griechisch hat mich geöffnet. Weil Ilias und Odyssee für den Berliner Pfarrerssohn etwas Exotisches besaßen, haben sie mich in die Welt geführt. Mein Reisen begann mit dem Zeigefinger auf der Karte des Mittelmeeres, den Irrwegen des Odysseus und ihren diversen Möglichkeiten nachspürend. Wo könnte die Charybdis liegen? Wo wohnte Nausikaa? Wo die Circe?

Griechisch hat mich die Melodie des Sprechens und der Sprache entdecken lassen. Das eine nährte mein Radiosprechen, das andere mein Schreiben.

Griechisch ließ mich ständig Bögen von der *ratio* zur Imagination schlagen und damit erfahren, daß sie sich nicht widersprechen. Griechisch hat mich für »Kultur« sensibilisiert.

Für die Mehrheit der Ökonomen, der Industriellen und Techniker, die die moderne Welt prägen, ist Kultur etwas Zusätzliches, letztlich nicht Wichtiges. Sie hat keinen unmittelbaren Nutzen. Sie »trägt sich nicht« und »bringt nichts«. Sie läßt sich nicht in klingende Münze umsetzen. Aber stimmt denn das? Wir sind stolz auf den deutschen Erfolg nach dem furchtbaren Zusammenbruch des Zweiten Weltkrieges. Aber ähnlich wie sich der Erfolg Japans Zen verdankt (das ist oft bis in Einzelheiten dargelegt worden; ich habe es in »Nada Brahma« zu zeigen versucht), verdankt sich der deutsche Erfolg unserer deutschen und abendländischen Kultur. Was immer uns überlegen macht - Ingeniosität, Phantasie, Kreativität, Einfallsreichtum, Offenheit, Beweglichkeit des Denkens und Fühlens -, wird von dorther gespeist: aus unserer Kultur. Also aus Musik, Kunst, Literatur. Wir graben uns die Basis unseres Erfolges ab, wenn heute nach jeder unserer diversen Schulreformen die Kultur schlechter dasteht als vorher. Wir sind ein Kulturvolk, oder wir sind überhaupt nichts, allenfalls eine gefährliche Ansammlung von Menschen.

Die Ansicht, daß in der modernen Schule soviel Neues gelehrt werden müsse und deshalb kaum noch Platz für die »alte« Kultur sei, ist irrig. Ja, sie ist Selbstbetrug. Daß heute so viele Schüler am Computer ihren

Lehrern um Längen voraus sind, ist ein Indiz. Im Grunde sind sie ihnen in allem voraus, was »modern« ist - und wenn sie es nicht schon sind, werden sie es bald nach der Schule sein -, unabhängig davon, ob sie »Modernes« gelernt haben oder nicht. Wohin immer ihr Lebenswerk sie führen wird, wenn sie offen genug sind, werden sie es aufnehmen.

Die entscheidenden Worte eben waren »wenn sie offen genug sind«. Offen, beweglich, kreativ, phantasievoll macht sie Kultur - mehr als irgendwelche anderen Fächer. Auch hier wieder erinnere ich an die im Auftrag des Bundes erstellte, oft hinterfragte, immer wieder überprüfte und bestätigte Studie: Schüler, die in Musik gut sind, sind ihren Mitschülern auch in den meisten anderen Fächern - vor allem in Mathematik und den Naturwissenschaften, allgemein in Lern-, Kombinations- und Konzentrationsfähigkeit - überlegen.

Wenn wir in unseren Lehrplänen weiter dem Aktualitätsfetisch hinterherhecheln, der uns nur noch lehren und lernen läßt, was sich in Geld umsetzen läßt, werden wir eben auch das Nutzbare und Umsetzbare verpassen. Fachleute meinen, wir haben schon angefangen, das zu tun.

Was wir verwenden können, lernen wir in den weiterführenden Schulen. Meist lehrt es das Leben. Die Schule hat zu lehren, was wir nirgendwo anders lernen können - eben Kultur. Nur dort haben wir diese Chance. Wenn wir sie dort nicht ergreifen, ist es zu spät. Das gilt so extrem von keinem anderen Fach außer Schreiben und Lesen. Kultur wirkt »indirekt«.

Nicht nur gute Pädagogen, sondern auch Psychologen wissen: Alles »indirekt« Erworbene wirkt tiefer und prägender als das, dessen Nutzen von Anfang an offensichtlich ist. Außerdem: Das »Indirekte« ist wichtig für alle, das »Direkte« nur immer für diejenigen, die sich von einem Fach angesprochen fühlen und es später umsetzen werden.

Schule ist um ein Vielfaches ergiebiger, wenn sie das vermittelt, was eben nicht ohnehin später das Leben lehren kann.

Schließlich: Kultur - Musik, Zeichnen, Malen, Literatur, Dichtung - macht kreativ. Macht nachweislich kreativer als die »konkreten«, »nützlichen« Fächer, die allenfalls eine bereits latent vorhandene Kreativität weiter entwickeln können. Kultur **schafft** Kreativität. Das ist es doch aber, was der »Standort Deutschland« braucht, um »Standort« bleiben zu können: kreative Menschen! Das Weiterfließen des Stroms jener staunenswerten Kreativität in allen Bereichen, die ihn erst zu einem Standort gemacht hat. Dieser Strom ist, wohin er auch immer geflossen sein mag, im Quellgebiet von Kultur entsprungen. Die - sagen wir es ruhig offen - Kulturfeindlichkeit moderner Lehrpläne und fast aller Schulreformen der letzten Jahre hemmt Kreativität.

Ich schreibe dies auch deshalb mit so großem Engagement, weil ich zwölf Jahre lang mit einer Lehrerin verheiratet war. Ich habe in dieser Zeit viele, viele Lehrer kennengelernt und nahezu täglich erfahren, wie die Lehrpläne, die Erlasse, Anordnungen und Zwänge die sensibleren unter ihnen psychisch quälen und körperlich krank machen. Wer therapeutisch arbeitet, weiß: Aus keinem anderen Berufsstand kommen so viele Menschen zur Therapie wie aus dem der Lehrer. Was ist es, das sie krank macht? Ich meine: das Gefühl, gegen Windmühlen zu kämpfen. Die Vergeblichkeit. Das Bewußtsein: Das, was ich hier tue, hat nicht mehr genug zu tun mit den Vorstellungen und Idealen, um derentwillen ich Lehrerin und Lehrer geworden bin. Das daraus resultierende schlechte Gewissen: Ich verrate mich selbst. Die Frustration.

Wir haben Kultusminister, die sich der Partei, der sie ihre Stellung verdanken - und ihrem örtlichen Fußballverein - mehr verpflichtet fühlen als irgendeinem Kultur- oder Bildungsbegriff. Sie betrachten den sogenannten »Lehrkörper« unkörperlich: als sei er ein Computer, der auszuführen hat, was eingegeben wird. Sie wollen unmündige Lehrer und haben kein Sensorium dafür, daß sie auf diese Weise die Kinder und die jungen Menschen ebenfalls unmündig machen.

Und nun weiter »mein Lernen«: Ich war schon mit fünf, also ein Jahr zu »früh«, in die Schule gekommen, bei Kriegsausbruch war ich erst siebzehn. Zu jung, um gleich Soldat zu werden. Deshalb mußte ich in den sogenannten »Kriegshilfsdienst«. Ich konnte wählen: entweder zum Bauern aufs Land oder in eine Munitionsfabrik. Natürlich wollte ich das Land.

Ich kam auf einen riesigen, abgelegenen Hof im Warthegau, der heute zu Polen gehört. Der Bauer hieß Karge. Karg war dort alles. Das nächste Dorf lag vier Kilometer entfernt. Es war der Winter 1939/40 - der erste Kriegswinter. Berge von Schnee. Wochenlang keine Verbindung zur Außenwelt.

Ich war das einzige männliche Wesen auf dem Hof. Der Bauer, seine Söhne, die Knechte - alle waren eingezogen. Aber es gab junge Frauen. Ab und zu kam eine zu mir herauf - in meine Kammer im Kuhstalldach. Einmal sogar die Bauersfrau. Sie saßen auf meinem Bett, wenn ich schon drin lag, griffen nach meiner Hand, redeten freundlicher mit mir als während der Arbeit, aber ich begriff nicht, warum sie gekommen waren. Gegen Ende meiner Bauernzeit sagte eine: »Du verstehst nichts vom Leben.«

Ich betreute einen Kuhstall mit siebzehn Tieren. Es war noch kein technisierter moderner Stall mit Melkmaschinen und automatisierter Futter-, Kot- und Jaucheförderung. Ich fütterte die Kühe, machte sie sauber, mistete, gab frisches Stroh. Stundenlang saß ich auf dem Melkhokker und polkte - Kuh für Kuh - Krusten vertrockneter Exkremente von Hinterbacken, Eutern und Beinen. Es stank nach Ammoniak, Dung, schäumender Kuhpisse und säuerlicher Milch. Manchmal schlug mich ein Schwanz, naß noch von Urin oder Scheiße, trat mich ein Bein, warf mich und meinen Hocker in die stinkende Brühe. Ich wurde wütend, schlug die Kühe mit meiner Mistgabel. Spür das noch heute - diese ohnmächtige, unbeherrschte Wut -, fühl die Scham und die Reue darüber.

Ich stank nach Kuh. Nach Kot, Pisse, Milch, feuchtem, faulendem Stroh, aber - das roch ich gern - nach frischem Heu ... Es gab keine Duschen, kein fließendes Warmwasser. Bis ich meinen Blechkrug mit dem Waschwasser aus der Küche über den Hof getragen, die Leiter in meine Kammer erklommen hatte, war es nur noch eine laue Brühe, von der ich unterwegs die Hälfte verschüttet hatte. Ich bekam mich nicht sauber - mich, den gepflegten, gut riechenden Jungen.

Ich lernte dreschen, Mieten anlegen für Kohl- und Zuckerrüben, Pferde füttern, striegeln, aufzäumen, anspannen, große, mit Heu, Stroh, Rüben, Kartoffeln beladene Pferdewagen lenken. Ich saß stolz auf dem Bock und empfand die zwei Pferdestärken an meinen Zügeln stärker als je später das Hundertfache.

Ich griff den Hahn an den Füßen und Schenkeln, legte ihn auf den Holzbock, schlug den Kopf mit der Axt ab - ein Schlag genügte, durch stundenlanges »Brennholzmachen« hatte ich treffen gelernt -, aber dann ließ ich das sterbende Tier fallen, wohl auch aus Ekel, und schon flog der Reflex es aufs Dach. Da oben schlug es die Flügel, kopflos, im Tode noch hahnstolz, rollte in die Regenrinne, an der ich hochklettern mußte, um es nach unten zu holen. Noch schlimmer das Schlachten von Schweinen. Ich hab es verdrängt, kann nichts darüber sagen, erinnere nur eine blutige, spritzende, brühende, mich ekelnde Hölle.

Ich erfuhr Bauer-sein. Aber zwischendurch, auf den Kuhkot-beschmutzten Stufen des Stalls sitzend, schrieb ich »Penthesilea«. Meine »Penthesilea«, nicht die von Kleist. Ich schrieb sie in Hexametern; das schien mir, dem Homer-Geschulten, dem Thema angemessen.

Penthesilea, um kurz zu rekapitulieren: Das ist die skythische Amazone, die in den Trojanischen Krieg eingriff, ohne sich festzulegen für die trojanische oder die griechische Seite, nur um des Kampfes willen. Sie sah Achill kämpfen, den strahlenden Helden, bewunderte ihn, begann ihn zu lieben, umkreiste ihn, suchte im Kampf seine Nähe, forderte ihn heraus, stürzte sich in den Zweikampf mit ihm, hätte ihn fast besiegt, da besiegte er sie, sah dabei ihre Schönheit, worauf er sich von ihr besiegen ließ; nur so würde er sie lieben können. Sie aber, »halb Furie, halb Grazie«, zerfleischte ihn, »Küsse und Bisse« verwechselnd, die Raserei des einen steigernd in der Raserei des anderen. Versteht sich, kein 17jähriger kann »Penthesilea« schreiben, ohne das schöne Ungeheuer zu lieben. Wünschte ich mir so meine Freundin? Habe ich deshalb keine gefunden? Diese Idee von Liebe jedenfalls muß in mir gesteckt haben. Schreibend habe ich sie sublimiert. Das war das mindeste, was ich tun konnte. Auch dies war »Lernen«.

Als ich den Bauernhof verließ, sagte die Bäuerin: Wenn ich je wieder auf dem Lande arbeiten wolle, könnte ich wiederkommen. Sie wußte, daß dies nicht mein Schicksal war. Sie hatte die Bücher in meiner Kammer gesehen, mich bücherlesend ertappt - bei Kerzenlicht. Elektrizität gab's nicht unterm Kuhstalldach. Auch keinen Ofen. Die Wärme der Kühe umfächelte mich. Draußen war wochenlang zwanzig Grad Kälte.

Sobald ich lesen gelernt hatte, habe ich zu lesen begonnen - Berge von Büchern. Die meisten gab mir mein Vater. Ich denke, daß er die richtige Auswahl getroffen hat. Er bekam schnell heraus, daß ich die gar zu christlichen liegenließ. Später auch die, durch die er mich »aufklären« wollte, weil's ihm zu peinlich war, selber mit mir darüber zu reden.

Im Frühjahr 1940 immatrikulierte ich mich an der Technischen Hochschule Karlsruhe - um Physik zu studieren und um die kurze Zeit, bevor ich als Soldat einberufen werden würde, zu nutzen. Der Hochschulbetrieb verstörte mich tief. Ich konnte nicht begreifen, daß man in dieser Atmosphäre etwas lernen konnte. Daß ich trotzdem »studierte«, lag an den Büchern, die ich las - Bücher über Theoretische Physik, ohne je die mathematischen Grundlagen verstanden zu haben. Irgendwie mogelte ich mich hindurch. Das, was ich wissen wollte, begriff ich. Die Vorlesungen besuchte ich immer seltener. Für das Hinüberweisende, das Transzendierende der Theoretischen Physik, um dessentwillen ich Physik studieren wollte, war das erste Semester das falsche.

Einen großen Teil meiner Zeit verbrachte ich in der Oper - dem in der Nähe des Karlsruher Schlosses gelegenen alten, fürstlichen Badischen Staatstheater, das ein paar Jahre später durch Bomben zerstört wurde. Ich hatte kein Geld für Eintrittskarten. Aber ich hatte herausbekommen, wie man sich am Portier des Bühneneingangs, wenn er gerade beschäftigt war, vorbeimogeln und auf welchen Wegen man sich hinauf zum zweiten Rang schleichen konnte. Von dort oben verfolgte ich Proben. Versuchte zu verstehen, was ich über musikalische und über Regiearbeit wissen wollte. Es war wichtiger für mich, Proben zu sehen und zu hören als fertige Aufführungen. Sie spielten damals viel Wagner und Verdi in Karlsruhe, auch Mozart - das, was ich brauchte.

Manchmal schlief ich ein auf meinem Rangsitz da oben im leeren Opernhaus. Jahre später merkte ich: Das Entscheidende habe ich trotzdem mitbekommen. Irgendeine Instanz hatte dennoch gelauscht - vielleicht gar um so aufmerksamer.

Ich wollte das genauer wissen: Wer hört, wenn du schläfst? Auch wieder so eine Frage, die sich stellt, weil ich ihre Berechtigung selber erfuhr. Und auch wieder eine, von der Universitäten nichts wissen.

Zwei-, dreimal passierte es mir, daß ich irgendwo anstieß da oben und etwas herunterfiel - mit langem Nachhall in dem leeren Theater. Vielleicht ein Buch, ein Programmheft, das jemand liegengelassen hatte? Dann fraß sich der Kegel eines Scheinwerfers durch den dunklen Raum, huschte über die Ränge, von denen die Störung heruntergeklungen war. Eine Stimme - vielleicht des Regisseurs? des Dirigenten? eines Inspizienten? - hallte gespenstisch: »Wer ist da oben?« Ich versteckte mich hinter der Rangbrüstung.

Wenn ich die Oper verließ, waren meine »Ohren warm von den Melodien wie von einem Hut, der beim Ofen gehangen hatte« (Annie Proulx). Das waren sie mein Leben lang: warm von dem, was ich hörte. Dies ist eine Wärmequelle.

Dann rief die Wehrmacht. Mein Soldatentornister war immer der schwerste der Kompanie: weil ich so viele Bücher mitschleppte. Ich las bei jeder sich bietenden Gelegenheit, hörte auch in den Unterständen und Bunkern in Rußland nicht auf zu lesen - bei Kerzenlicht. Jetzt konnte mich nicht einmal mehr das Klavierspielen ablenken. Klaviere gab's nicht.

Lesen hat meine Seele geschützt vor dem Krieg. Lesen und selber schreiben. Ich fand nichts anderes. Ich suchte Freunde, aber wo immer ich war - in vielen verschiedenen Einheiten von West- bis Osteuropa -, meist war ich der einzige, der sich auf diese Weise abschirmte. Ich kam so viel herum, daß ich denke, man darf verallgemeinern: In jedem Zug, in jeder Kompanie gab es einen - oder zwei oder drei, selten mehr -, der nicht nur den Körper zu schützen versuchte. Oft wurde er deshalb verhöhnt, mindestens aber mit Geringschätzung betrachtet, manchmal schikaniert. Fast stets mußte er sich verbergen. Ich wage nicht weiterzudenken, was dies bedeutet. Die Taoisten - Dschuang Tsi - sagten es gnadenlos: »Wer sich nur nach außen wendet, geht als Gespenst um ... Wenn er trotz der Vernichtung seiner Seele körperlich weiterbesteht, so ist er doch nichts weiter als ein lebendes Gespenst.«

Rainer Maria Rilke half vielen von uns. Er mehr als irgendein anderer. Deshalb die hohen Auflagen, die die »Truppenbetreuung« damals bestaunte. Von den Kirchen - von den »Wehrmachtkaplänen« - kam nur das eingelernte Bekannte: Rilke aber schlug noch im Torso das Herz - und Torsos sahen wir viele:

»Denn da ist keine Stelle,
die dich nicht sieht:
Du mußt dein Leben ändern.«

Um dies einzuflechten: Ich meine, daß das Zerstören der Seelen der eigentlich zerstörerische Akt ist, der im Krieg geschieht. In Trümmern, Ruinen, zerstörten Körpern, Städten und Dörfern wird er nur manifest. Es ist ein gradueller Prozeß: ein allmähliches Schrumpfen der Seelen, je länger ein Krieg dauert. Auch Seelen werden Ruinen. Ich spekuliere das nicht, ich erfuhr es. Ich bin sicher, daß dies auch in den heutigen Kriegen geschieht.

Gegen Ende des Krieges begann auch mein spirituelles Lernen. Ein wichtiges Buch fand mich: Rudolf Steiners »Wie erlangt man Kenntnisse Höherer Welten?«. Ich weiß, Kenner werden abwinken und sagen: Heut' gibt es Besseres. Damals war dies »das« Buch. Ich arbeitete es sorgfältig durch wie damals kein anderes, machte die empfohlenen Übungen und Erfahrungen. Es war Frühling, wohl 1944, ich erinnere, wie ich stundenlang Knospen anschaute, das Leben in ihnen zu spüren, die Aura um sie - das »Licht« - zu sehen suchte, wie Steiner es beschrieb. Manchmal gelang es.

Nach dem Krieg, im Sommer 1945, hätte ich in Heidelberg studieren können. Als Mitglied einer von den Nazis verfolgten Familie war mir ein Stipendium angeboten worden. Aber ich wollte Radio in Baden-Baden machen (siehe das Kapitel »Mein Radio«). Indem ich mit nachtwandlerischer Sicherheit tat, was ich tun zu müssen glaubte, lernte ich mehr, als ich je durch ein Studium hätte lernen können. Auch hier wieder: Ich übte nicht, ich »spielte«. Vom ersten Tag an sahen die Franzosen in mir einen Radiofachmann. Mit welcher Berechtigung, weiß ich nicht, aber ich weiß: Wenn ich Fehler gemacht hätte, hätten sie mich schnell wieder hinausgeworfen.

Ich spürte, wir müssen Jazzmusik senden. Aber ich wußte wenig über Jazz - außer, daß er »entartet«, »jüdisch«, »verniggert«, »bolschewistisch« sei. Deutsche Universitäten und Musikhochschulen lehrten ihn nicht. Ich bat die Franzosen, mir Literatur aus Paris und New York zu beschaffen, was sie mit großem Entgegenkommen taten. Tagsüber machte ich Radiosendungen, abends und bis spät in die Nacht hinein las ich Jazzbücher und Jazz-Zeitschriften, »lernte Jazz«. Es war ein Studium von einer Effizienz, wie keine Schule es hätte bieten können.

Die beiden entscheidenden Worte dieses Kapitels sind »erfahren« und »lesen«. Das, was ich wissen mußte und wollte, habe ich nicht auf Schulen gelernt, ich er-fuhr es und/oder er-las es. Beides hat wunderbar funktioniert für mich - mein Leben lang. Mag man sich wundern, daß ich ein getrübtes Verhältnis zur reinen Lehre von Schulen, Hochschulen und Universitäten habe?

Mein Er-lesen ereignet sich seltsam: Es interagiert mit dem Er-fahren. Oft habe ich den Eindruck, ich speichere es erst dann, wenn ich es auch erfahren habe. Erst dann »klickt« es. Manchmal kommt das Lesen zuerst, oft läuft es umgekehrt: Ich erfahre es zuerst, und das Lesen verifiziert es.

Natürlich hatte ich deshalb zum Lesen gefunden, weil ich als Kind und Junge soviel allein war, also: getrennt von den anderen. Es hatte schon auf der Volksschule begonnen: Weil mich die anderen Kinder ablehnten und ich trotzdem Gesellschaft brauchte, fand ich sie in und durch Bücher. Ich fand Menschen durch sie. Fand lesend Liebe.

Isaac B. Singer, der wunderbare jüdische Erzähler, berichtet in seiner

Sammlung erlebter Geschichten »Eine Kindheit in Warschau«, wie er darunter gelitten hat, daß seine kindlichen Freunde ihn mieden. »Ich mußte mich an die Einsamkeit gewöhnen. Und wenn man allein ist, kann man nichts anderes tun als lernen ... Ich lieh mir Bücher, kaufte mir welche ... Ich lernte, las, schrieb ...« Er sagt, er habe Bücher gefunden, die »Wort hielten«. So ist es in meinem Leben gewesen.

Ein Wunder, über das ich mich zeitlebens nicht genug wundern kann: Das Buch, das ich unbedingt brauche, kommt zu mir. Als sei da ein Wind, der es weht. Einmal gab's mir mein Zahnarzt, mit dem ich nie über das Thema des Buches auch nur ein Wort gewechselt hatte, ein andermal fand ich's in einer Schublade meines Hotelzimmers. Ein deutscher Bäcker, den ich im Winter 1989 in einer abgelegenen Sauna in Max Frischs Montauk auf Long Island kennengelernt hatte, gab mir Eva Pierrakos' »Pathwork«, ein Buch und eine innere Arbeit, die mein Leben verändert haben. Der Bäcker war der einzige Mensch in dieser Sauna, der einzige auch, außer den Angestellten, in dem menschenleeren Hotel. Wie kam er auf die Idee, mir dieses Buch zu geben? Ein Engel?

Die Idee, ihn für einen Engel zu halten, kommt mir plausibler vor als der rationalistische Anspruch, die vielen »absurden« Ereignisse und Begegnungen in meinem Leben, die dennoch so offensichtlich ein Ziel angesteuert haben, einfach als Serie von Zufälligkeiten abzutun.

Engel **sind.** Auf der Rückfahrt von einem Kongreß in Bamberg Anfang 1996 kam ich an Balthasar Neumanns Maria-Limbach-Kirche im Steigerwald am Main vorbei: ein Rausch aus Licht, von Engeln durchschwebt. Mit einem Male **sah** ich es: Nicht einmal Balthasar Neumann - und all die anderen genialen Baumeister und Maler und Gestalter - war schöpferisch genug, um die Idee des Engels erfinden zu können - all die Tausende von Engeln, die nun schon zwei Jahrtausende lang durch den Raum unserer Kultur schweben - und noch viel länger durch andere Kulturen, die *apsaras* etwa - die Engel des Buddhismus - durch den riesigen indisch-hinduistisch-buddhistischen Raum von Sri Lanka herauf bis Ankor Wat und wieder herunter bis zum javanischen Burubudur. Menschen können sie variieren: den Erzengel Michael mit seinem Schwert oder die Engel Gott Shivas mit ihren großen Brüsten und noch größeren Gitarren oder die Stuck-Putten, die das Barock durchtanzen und durchspielen, aber sie können das nur tun auf so unendlich verschiedene Weise, weil Engel - jenseits von all diesen menschlichen Realisierungen - **sind** und sich ihr Sein durchprägt auf das, was Menschen daraus machen und durch sie erfahren.

Zurück zum Lernen, das für mich in so extremem Maße learning by doing gewesen ist. Indem ich etwas tat, lernte ich es: Radio. Jazz. Fernsehen. Schreiben. Sprechen. Konzerte und Platten produzieren. Festivals leiten. Auf meinen Workshops mit Menschen arbeiten. Ich habe Fehler dabei gemacht - viele bei meinen Festivals -, aber ich habe das auch bei anderen Menschen beobachtet: Wer etwas tut, weil er es tun **will** und tun **muß,** und einfach anfängt, es zu tun - dabei lernend, wie es gemacht wird -, gibt dem, was er tut, die Qualität der eigenen Erfahrung mit: den Reiz ebenjenes Abenteuers, das es für den Tuenden ist. Wohin führt mich das, was ich da mache? Wohin führt es die Menschen, die daran teilnehmen? Gar die, für die ich es tue? Was so entsteht, wird persönlicher. Immer ein wenig anders, als es die Profis machen. Es wird origineller. Gewinnt mehr Intensität. Es macht auch mehr Spaß - nicht nur dem, der es tut, auch den anderen.

Ein Beispiel ist mein Sprechen-Lernen. Zuerst einmal mußte ich mir meine »Berliner Schnauze« abgewöhnen. Indem ich das tat, bemerkte ich: Was ich sagte, gewann eine andere Qualität - obwohl ich doch meinte, das gleiche zu sagen wie vorher. Dieser Spur ging ich nach - unbewußt, halb bewußt, schließlich bewußt. Als Berliner tendierte ich dazu, sehr schnell zu sprechen. Ich »schaltete« schnell; das schlug durch auf das Reden. Allmählich merkte ich, wenn das, was ich sagte, nur »im Kopf geschah«, sprach ich besonders schnell. Der Weg vom Kopf zu den Stimmbändern ist kurz. Das Andere kann draußen bleiben dabei. Man kann brillant sein auf diese Weise. Ein Feuerwerk von Ideen entfachen. Aber ich merkte auch: Das Feuerwerk verrauchte - und verrauschte - schnell. Je stärker mich das, was ich sprach, selber betraf, desto mehr kam es nicht nur aus dem Kopf (der zwar immer beteiligt blieb), sondern aus tieferen Regionen. Heute würde ich sie Herz, Bauch, auch hara, vielleicht Solarplexus nennen. Dadurch wurde der Weg länger, er brauchte mehr Zeit, ich sprach langsamer, die Stimme wurde tiefer. Sie begann, nicht nur das, was ich dachte und sagen wollte, zu transportieren, sondern auch das, was ich fühlte und vielleicht gar nicht in Worte fassen konnte; sie transportierte **mich.** Mit meiner Stimme geschah etwas, das über das intellektuell Formulierbare hinausging.

Heute weiß ich: Es kann nur dann geschehen, wenn der Sprechende selber betroffen ist. Wie es mein Vater in seinen Predigten gewesen ist. Das ist wohl das Entscheidende: Er war mein Lehrer.

Ich sprach mit meinen Kollegen am Radio darüber. Sie sagten: Du hast es leicht, du hast diese Stimme. Aber ich glaube, das Entscheidende ist, zu fühlen, während man spricht, ohne dadurch in schiere Emotionalität abzurutschen. Das Gefühlte muß »stimmen«, dann »stimmt« es die Stimmbänder mit. Wer über alles sprechen kann, kann letztlich über nichts sprechen. Ich empfinde das bei vielen Moderatoren im Radio. Sie sind schnell und brillant, aber weil sie das, was sie sagen, selber nichts angeht, geht es auch mich nichts an.

Als Kind und als Junge muß ich es instinktiv gefühlt haben, heute weiß ich es: Meist geschehen die prägenden Dinge außerhalb von Schulen und Hochschulen. Heute erfahre ich das - zum Beispiel - bei neuen Erkenntnissen in der Medizin, Psychologie, Therapie, bei meinen Hör- und Klangforschungen. Wann immer ich in Schulen und Hochschulen und ihren Bibliotheken nach Material gesucht habe, bekam ich es nicht - damals beim Jazz, in den siebziger Jahren zum Beispiel bei meiner Erforschung der Frage, warum Frauen höhere Stimmen haben als Männer, in den Achtzigern bei meiner Arbeit mit den Planetentönen - meinen »Urtönen« -, in den Neunzigern auf meinem Weg in die psychischen Dimensionen des Hörens und Lauschens ... Also mußte ich selber die Antwort finden - meist, indem ich sie selber erfuhr.

Was Fahrrad fahrend in der Oberlausitz für mich begonnen hatte, habe ich mein Leben lang fortgesetzt: reisend. Ich habe mir die Welt er-reist und er-fahren und er-hört. In den USA habe ich Jazz, in Indien indische Musik, in Japan Zen gelernt. In Brasilien, auf Bali und Java, in Afrika und anderen Ländern lernte ich Musikethnologie - aber praktische! - und das, was wir heute »Weltmusik« nennen.

Es waren »Fahrten« in unbekannte Länder - auch dies wieder im wörtlichen und im übertragenen Sinne: in den Jazz und in das Wunder des Klangs und des Hörens, in die Musikethnologie und in die neuen Therapien, aber natürlich auch in viele Länder und in alle Kontinente - außer Arktis und Antarktis.

Es war, versteht sich, komplexer, als ich es hier darstellen kann - ein mühsamer Prozeß, der unendlich viel Energie und Disziplin gekostet hat: ein ununterbrochenes »Dran-Bleiben«. Aber ich meine, er hat mich weiter gebracht als Lernen und Studieren im üblichen Sinn. Und er hat Spaß gemacht, weil es immer eigenes Erkunden war - immer ein wenig wie das Mich-Vorschaufeln und Vordringen in den dunklen Gängen meiner Höhle und wie das Licht-in-sie-Legen ... Auch immer wie das Erklettern eines hohen Baumes.

Ist der doppelte Sinn des Er-fahrens deutlich geworden? Du kannst aus zweierlei Gründen reisen: um vor dir selber zu fliehen - und: um dich selber zu finden. Du er-fährst eine Gegend - ein Land, eine Musik, eine Wissens- und Erkenntnislandschaft - nur dann wirklich, wenn sie Selber-Erfahrenes wird, nur dann er-hörst du sie dir. Als eine *soundscape* (wie mein kanadischer Kollege und Freund Murray Schafer das nennt): das hörbare Pendant zur sichtbaren Landschaft. Das aber geschieht nur, wenn du sie **in dir** erfährst: wenn du dich dort in ihr findest, wo dir alles schon irgendwie bekannt vorkommt - von Anfang an -, nur noch vertieft und befestigt werden muß. Von welchem Anfang an?

So weit du auch reist, du reist zu dir.

Mein Radio

I

Radio begann früh in meinem Leben. Und endete spät. Die **eine** große Konstante. Alles veränderte sich, sie blieb. Von 1945 bis 1987. Ein Radioleben.

Alles begann in dem selten betretenen Wohnzimmer meines Vaterpfarrhauses, das einmal das Zimmer meiner Mutter gewesen war. Da stand auf einem kleinen, mit einer gehäkelten Decke behangenen Tischchen ein »Kristall-Empfänger« - ein Monstrum mit großen Stellrädern und einem winzigen Steinchen, über dem ein noch winzigerer Draht hing. Der Draht mußte das Steinchen an der richtigen Stelle treffen, dann ertönte in dem schweren, mit Schnüren zum Umschnallen versehenen Kopfhörer geheimnisvolle Musik. Ab und zu mußte man die Stelle auf dem Kristall verändern. Die kleinen Fingerchen des Vier- oder Fünfjährigen trafen den richtigen Punkt leichter als die großen Hände der Erwachsenen.

Ich stülpte den viel zu großen Hörer über den Lockenkopf und lauschte. Untrennbar verbunden von Anfang an: Radio und lauschen, dazu das Gefühl des Wunderbaren, des meinen Verstand Überschreitenden. Was höre ich da? Wen? Und wieso?

Später gab es Röhren und Lautsprecher. Die Volksempfänger der Nazis - von Goebbels, dem »Reichspropagandaminister«, »jeder deutschen Familie« verordnet. Hitlers Stimme: *his master's voice*. Was spielend mit dem Drähtchen über dem Kristall begonnen hatte, eskalierte. Ich spielte mit Röhren und Potentiometern, bastelte, experimentierte, sorgte für Kurzschlüsse, die das Haus matt setzten - aber mit einem Mal krächzte Musik. Ich hatte - ich war zehn oder elf - mein erstes Radio selbst gebaut.

Ich liebte Klingeln. Wir hatten ein »Klingelbrett«. Wenn irgendwo jemand klingelte, fiel eine Nummer herunter, und man wußte, aus welchem Raum das Signal kam. Ich sammelte Klingelbretter. Bald hatte ich ein halbes Dutzend beisammen und stellte sie an den verschiedensten Orten auf - in meinem Jungenzimmer, im Keller, in meiner Höhle und in einem Holzstoß, in dem - säuberlich übereinandergeschichtet - das Holz für den Winter gelagert wurde. Ich höhlte ihn aus, schuf mir einen Raum dort drinnen, in dem ich hocken konnte, und montierte eines meiner Klingelbretter. Ich verband die Klingeln mit Leitungen. Der Park der Stiftung war von Drähten durchzogen. Überallhin konnte ich Signale geben. Ich weiß nicht, ob jemand da war, der sie hörte. Ich baute Relais und verstand es schon als Zwölf- oder Dreizehnjähriger, sie so zu schalten, daß meine Klingeln rhythmisch klingeln konnten - unmittelbar hintereinander in Abständen, die ich steuern konnte. Viele verschiedene Töne erklangen: hohe, mittlere, tiefe, brummende, piepsende - manchmal alle zusammen. Es war ein Heidenspektakel. Ich perfektionierte das immer noch mehr, saß davor, staunte, verstand nur halb, was geschah, obwohl ich's doch selber gebastelt hatte, lauschte, als hätte ich ein neues Musikinstrument erfunden. Und das **hatte** ich. Für mich.

Die Klingeln waren die Vorläufer der Glocken, Gongs, Klangschalen, die ich später geliebt habe. Dreißig Jahre lang gestaltete ich an Heiligabend im Südwestfunk-Weihnachtsprogramm den »Ruf der Glocken mit den schönsten Geläuten der Dome, Kirchen und Kapellen im Sendegebiet des Südwestfunks«. Ich fügte sie zusammen, blendete sie übereinander, ließ sie zusammen erklingen und trennte sie wieder - wie als Kind die Klingeln meiner Klingelbretter. Heute, in meinen Workshops, manchmal auch auf Kassetten, spiele ich auf japanischen und tibetischen Klangschalen, die auf die Leiter der Naturtöne gestimmt sind. Wer nicht so genau hinhört, könnte denken, »es klingelt«. Als ich vierzehn war, ging in einem Krankenhaus unserer Stiftung (warum »unserer«? Es war die meines Vaters) die Klingelanlage entzwei. Sie mußte völlig neu gemacht werden. Der Elektriker schickte einen Kostenvoranschlag. Es war eine große Summe. Ich sagte meinem Vater: »Ich mach's für die Hälfte.«

Wochenlang zog ich mit Leitern, Drähten, Hämmern, Schraubenziehern und Zangen durchs Krankenhaus, hämmerte, bohrte, verputzte, schraubte auf Gängen, in Kranken-, Schwestern-, Arzt- und Behandlungsräumen. In einem der Zimmer lag ein schwerkranker Elektriker. Er beobachtete meine dilettantische Art, sah: Selbst seine Lehrlinge konnten das professioneller. Ich war ein Junge in kurzen Hosen, der Sohn des Herrn Direktors, der sich Dinge anmaßte, die er nicht gelernt hatte. Jedesmal, wenn ich das Zimmer betrat, machte er mich zornig auf irgendwelche Fehler aufmerksam. Ich: »Ich weiß, daß ich das anders mache, aber es wird funktionieren.«

Es funktionierte auch. Die Schwestern lobten mich. »Erstaunlich, was der Junge schon alles kann, dabei lernt er doch nur Latein und Griechisch.« Aber es funktionierte nur ein paar Monate. Dann begannen die Ausfälle, und die häuften sich. Ich verstand nicht, was ich falsch gemacht hatte. Der Elektriker, dessen Kostenvoranschlag abgelehnt worden war, mußte gerufen werden. Er war wütend, weil ich ihm das Geschäft fortgenommen hatte. Stellte fest, daß ich die Drähte des alten Klingelnetzes mit Leitungen aus einem nicht dazu passenden Metall verbunden hatte. Alle meine Lötstellen waren in kurzer Zeit oxydiert.

Der Elektriker sagte, er müsse sämtliche von mir gezogenen Leitungen wieder ausbauen. Er verlangte mehr, als er am Anfang verlangt hatte. Mein Vater tadelte mich nicht einmal. Nur: »Lerne daraus, daß nicht alles so einfach ist, wie du glaubst.«

Ich lernte es, bessere Radios zu bauen, belieferte Tanten und Oberschwestern, besserte dadurch mein Taschengeld auf. Ich war stolz, wenn ich in einem meiner Empfänger, die ich genauso dilettantisch gebaut hatte wie die Klingelanlage in der Parkklinik, ferne Sender hören konnte - holländische, polnische, tschechische, französische, englische, dänische Wortfetzen auffing; kam mir vor, als würfe ich ein unsichtbares Schmetterlingsnetz durch den Äther. Mein größter Fang war: Jazz. **Der** »Fang« meines Lebens. Ich weiß noch, welches die Musik war, die zündete: Benny Carters »Lazy Afternoon«. Bennys Saxophoneinstieg : ein Blitz in meinem Gehirn! Das nach mehr Blitzen verlangte. Die drei Minuten dieses Stücks haben alles verändert, was bis dahin für mich wichtig gewesen war. Carter, einer der großen Altsaxophonisten des Jazz, lebte damals in Holland und hatte mit einer Amsterdamer Band, den Rambiers, eine regelmäßige Sendung an einer holländischen Radiostation. Als ich ihn in den fünfziger Jahren in Hollywood besuchte, fragte ich ihn, wann das gewesen ist. Er: 1936. Da war ich vierzehn.

Ich begann, »Radio zu spielen« - wie andere Jungen vielleicht mit Autos -, durchzog das Pfarrhaus mit Leitungen, hängte Lautsprecher in verschiedene Zimmer und ein Mikrophon über meinen Flügel, benutzte ein selbstgebautes Radio als Verstärker und »sendete«. Ich spielte Beethovensonaten - die frühen, aber auch schon die *Appassionata* -, Wohltemperiertes Klavier, Chopin-Walzer, ich fantasierte und improvisierte und versuchte, was ich für Jazz hielt, zu klimpern. Ich war mein eigener Ansager: »Sie hören die Sonate opus 13 von Ludwig van Beethoven, komponiert 1796, genannt Pathetique, das Werk hat drei Sätze ... Am Flügel Joachim ...« Hinterher fragte ich die Hausbewohner - besonders eine geduldige Tante -, ob sie mich gehört hätten und wie es denn gewesen sei. Ich freute mich, wenn jemand eine »Sendung« von mir gut fand. Alle fanden sie gut.

Ich berichtete von den deutschen Triumphen auf der Berliner Olympiade 1936 nur um Minuten weniger schnell als die Reichsrundfunkgesellschaft. Ich schnitt die Nationalhymnen der einzelnen Länder auf Decelithfolien, aber ich brauchte fast immer nur die beiden deutschen, und die konnte ich auf dem Klavier spielen; die zweite war das Horst-Wessel-Lied. Bei jeder Gelegenheit waren sie fällig - alle beide. Jeden Tag ein paarmal. Sogar mein Vater, obwohl längst auf Widerstandskurs, war fasziniert. Aber er sagte auch: »Mit dieser Olympiade betrügen sie uns. Wir sollen denken, wir könnten die ganze Welt schlagen, weil wir sie auf dem Reichssportfeld schlagen.«

2

Ist es ein Wunder, daß ich Radiomann wurde? Aber es **ist** ein Wunder. Ich kam - im Sommer 1945 - aus amerikanischer Kriegsgefangenschaft und wußte nicht, wo ich hin sollte. Am liebsten wäre ich ins heimatliche Berlin gegangen, aber dort waren die Russen; es hieß, sie würden jeden, der bei den Amerikanern gewesen sei, noch einmal einstecken. Zögernd trampte ich nach Baden-Baden, dem letzten Ort, wo mein Vater in Freiheit gewesen war, bevor die Gestapo ihn verhaftet hatte. Alle größeren Städte in diesem Teil Deutschlands waren zerstört. Nur Baden-Baden nicht, deshalb hatten die Franzosen es als Hauptstadt ihrer *Zone Française de l'Occupation* gewählt. Die Hotels der Kurstadt wurden Verwaltungsgebäude der Militärregierung. Die Stadt war überfüllt: Tausende von Flüchtlingen, Ausgebombten, Heimatlosen, entlassenen Gefangenen, Vertriebenen ... Die Franzosen verfügten, nur diejenigen »Nichtortsansässigen« dürften bleiben, die eine Stellung bei der Militärregierung hätten. Mein Schulfranzösisch war gut genug, also verdingte ich mich als Dolmetscher im »Badischen Hof«, heute ein Steigenberger Hotel, damals Sitz der *Direction de la Justice* des französischen General Koenig, dem Amt, das mit der Verfolgung von Nazis und Kriegsverbrechern befaßt war.

Wenn ich sage »Dolmetscher«, dann ist das zwar wahr, aber es ist auch übertrieben. Ich saß in der Portiersloge und mußte die Gäste in die richtigen Büros dirigieren. Wenn ich dort nicht gebraucht wurde, harkte ich Laub im Hotelpark oder säuberte den Thermalbrunnen, der später ein Fernsehsignet des Südwestfunks wurde. Der »Badische Hof« - ein ehemaliges Kapuzinerkloster - ist das traditionsreichste Hotel Baden-Badens. Ich gehe gerne dorthin und genieße Küche und Ambiente. Gelegentlich komme ich mit Kellnern und Rezeptionisten ins Gespräch. Sie wundern sich, wie gut ich das Haus kenne, meinen: »Sie wohnen wohl oft hier?« - »Nein«, sage ich, »aber ich habe hier gearbeitet.« - »Sie, Herr Professor???« - Ich: »Ja. Als Portier.« Der Kellner sieht mich ungläubig an, aber ich erzähle ihm nicht, daß hier meine »Karriere« als Radiomann begann; ich erzähle es hier.

Die Franzosen hatten einen sechsten Sinn für Nazis. Sie konnten sie buchstäblich riechen. Mich mochten sie. Sie waren erstaunt, einen jungen Deutschen zu finden, mit dem sie Gespräche führen konnten, die sie für *raisonable* hielten, wunderten sich, daß da jemand aus einer Familie des Widerstands gegen Hitler kam und dennoch weder Jude noch Kommunist war. Eines Tages kam ich mit einem Colonel ins Gespräch. Er erzählte, er gehöre zur *Section de la Radio;* das sei die Abteilung, die den Rundfunk wieder in Gang bringen wolle. Ich meinte, daß das schnellstens geschehen müsse, denn die Amerikaner, Engländer und Russen hätten längst eigene Sender in ihren Okkupationszonen.

Ein paar Tage später fragte er mich, ob ich nicht Lust hätte mitzumachen. Es war die folgenreichste Frage meines Lebens. Man muß sich das vorstellen: Da ist ein Dreiundzwanzigjähriger, der während seiner ganzen Kindheit und Jugend »Radio gespielt« hat - und nun kommt ein französischer Offizier, der keine Ahnung davon hat, und fragt ihn genau das, was er - was sein Unterbewußtsein - unbedingt gefragt werden will: Sind Sie an Radio interessiert? Wollen Sie Radio machen? Komisch, daß er nicht gefragt hat: Wollen Sie Radio spielen?

Ich spreche ein paarmal in diesem Buch von Führung. Da wird sie sichtbar. Noch mal: Es scheint mir rationaler, von ihr zu reden, als von »Zufall«. Ich denke das oft: Rationalisten müssen sehr irrational sein, um alles das für rational halten zu können, was für sie, koste es, was es wolle (und es kostet viel!), rational sein muß.

Der Colonel - er hieß Perronet - lud mich in sein Auto und fuhr mit mir durch Baden-Baden. Wir besichtigten Hotels. Einige hatten Wehrmacht und Luftwaffe als Lazarette gedient. Die Fensterscheiben waren eingeworfen, die Türen eingedrückt, Berge von Dreck, stinkende, blutige Verbände ... Wenn ich heute gelegentlich in einem der gepflegten Baden-Badener Hotels bin, erlebe ich Einblendungen: So sah es hier 1945 aus.

Nach vielen Fahrten und einigem Zögern requirierten die Franzosen das Hotel »Haus Elisabeth« - hoch über Baden-Baden gelegen, am Ende der Moltkestraße, inzwischen längst abgerissen. Das sollte das neue Funkhaus werden. Am 1. August 1945 begann ich, dort zu arbeiten - als erster Angestellter des Südwestfunks, der noch nicht SWF hieß, sondern »Radio Baden-Baden - ein Sender der Militärregierung«.

Versteht sich, wir brauchten Musik, also: ein Schallarchiv. Wir waren im Nachteil gegenüber den anderen deutschen Sendern. Dort hatte es vorher »Reichssender« gegeben. Auf deren Archive konnten die neuen, von den Besatzungsmächten gegründeten Funkhäuser zurückgreifen. Nicht so in Baden-Baden. Es bedurfte der Unbefangenheit - vielleicht Naivität - einer Besatzungsmacht, hier eine Funkanstalt gründen zu wollen. Die viertgrößte Funkanstalt der Republik in der Kur- und Pensionärsstadt Baden-Baden - das ist immer noch eine Absurdität. Aber eine hübsche.

Mein Problem war: Wie komme ich zu Musik? Zu Schallplatten? Zu Tonbandgeräten, der neuen Erfindung, und Bändern? Die Firma, bei der sie erfunden worden waren, hieß Telefunken und lag am Gesundbrunnen in Berlin, im - oha! - französischen Sektor. Mein Colonel sorgte dafür, daß Telefunken Auftrag - man kann auch sagen: Befehl von der Militärregierung - erhielt, die ersten »Magnetophone« (so sagten wir damals), die überhaupt nach dem Krieg gemacht wurden, nach Baden-Baden zu liefern. Ich fuhr hin, ließ mir erklären, wie man damit umgeht, holte sie ab.

Die kleine, so oft zu spät gekommene *Grande Armee* des General de Gaulle hatte bei ihrem Vormarsch im Frühjahr 1945 Stuttgart besetzt. In Jalta, wo Roosevelt, Churchill und Stalin ihre »Zonen« aufgeteilt hatten, waren die Franzosen unberücksichtigt geblieben. Jetzt aber bestand de Gaulle auf einer *Zone Française de l'Occupation.* Die Amerikaner bewilligten sie zögernd, aber verlangten, daß Stuttgart auf keinen Fall dazu gehören dürfe. Die Franzosen wollten die Stadt nicht aufgeben. **Eine** Großstadt wollten doch auch sie haben. Es kam so weit, daß die US-Streitkräfte ihren französischen Alliierten mit Gewalt drohten, wenn sie sich nicht in den ihnen zugebilligten Schwarzwald zurückzögen. Sie haben ihnen wirklich ein Ultimatum gestellt. Am Abend, bevor es ablief und die *armee française* abzog, verlud sie das gesamte Schallarchiv des ehemaligen Reichssenders Stuttgart auf offene LKWs - Tausende von Platten. Sie taten das in Eile - was man den Platten, die der Südwestfunk in den ersten Jahren seines Bestehens sendete, noch jahrelang angemerkt hat.

Das war meine erste Aufgabe: diese Platten zu sichten, durchzuhören, zu ordnen. Zum Sichten gehörte auch: hellhörig zu sein in bezug auf »Nazistisches«. Natürlich kamen die Tausende von Märschen, Hymnen, Kampf- und Vaterlandslieder, die in der Nazi-Zeit den Äther gefüllt hatten, nicht in Frage. Aber Propaganda war eine subtile Kunst. Die hatten Goebbels und seine Leute so gut verstanden wie nie jemand vorher oder nachher: selbst in die harmlosesten Potpourris und Fantasien das einzuschleusen, worauf es ihnen ankam. Musik hat mehr Wege als Worte. Ich hatte gut zugehört. Ich wußte, worauf ich zu achten hatte, entwickelte eine ausgesprochene »Witterung«.

Wir waren zu dritt. Außer mir noch eine Sängerin und ein ehemaliger Croupier der Spielbank. Niemand sagte, daß ich der Chef sei, aber nach wenigen Tagen schien jeder davon auszugehen.

Die Platten waren noch sogenannte »78er«, die mehr als doppelt so schnell liefen wie später die Langspielplatten. Sie waren von innen nach außen bespielt. Eine Symphonie konnte aus acht, neun, zehn verschiedenen Platten bestehen. Außen gab es eine »Überblendrille«, die den Raum markierte, der auf der nächsten Platte noch einmal enthalten war. In dieser - stets nur sehr kurzen - »Überlappungszeit« mußte der Techniker von einer Platte auf die nächste blenden. Er mußte das in dem Augenblick tun, in dem er erreicht hatte, daß auf der auslaufenden Platte schlaggenau die gleichen Töne erklangen wie auf der anlaufenden. Man durfte nicht die geringste Schwankung hören. Heutige Tontechnikerinnen würden in Panik geraten, wenn sie das in jeder Sendung ein dutzendmal fehlerfrei zustande zu bringen hätten.

Die Menschen in Deutschland hungerten. Ich lancierte Anzeigen in den paar Zeitungen, die es gab: »Neugegründete Rundfunkanstalt sucht Schallplatten. Bezahlung in Naturalien.« Die Franzosen beschlagnahmten Wein - ausgerechnet in dem Dorf, in dem ich heute wohne: Varnhalt bei Baden-Baden. Wir tauschten Wein gegen Platten.

Aber auch wir, die - inzwischen 30 oder 35 - Mitarbeiter der neuen

Anstalt, hatten wenig zu essen. Das einzige, was es in diesem Herbst 1945 reichlich gab, waren Zwetschgen aus der Nachbarstadt Bühl. Wir holten sie kistenweise. Überall standen Körbe und Schüsseln mit Zwetschgen herum, aus denen ein säuerlicher Geruch in die Plattenregale strömte.

Es gab keine Butter, keine Margarine, kein Öl, aber die Apotheken hatten noch Lebertran. Das wurde eine meiner Spezialitäten: in Lebertran gebratene Kartoffeln. Die »Trantoffeln«, wie wir sie nannten, schmeckten höllisch, aber der halbe Südwestfunk (der immer noch nicht diesen Namen hatte) delektierte sich daran. Manchmal aß auch der elfjährige Sohn eines unserer Kontrolloffiziere mit - er hieß Jean-Pierre Ponelle, nachmals berühmt als Regisseur und Bühnenbildner. Er brachte Jazzplatten mit.

Im Kontrollrat in Berlin paktierten die Franzosen gelegentlich mit den Russen, um ihre Wünsche gegenüber Amerikanern und Engländern durchzusetzen. Die Russen hatten das zentrale Funkhaus der alten Reichsrundfunkgesellschaft in der Masurenallee besetzt, obwohl es im englischen Sektor der Stadt lag. Franzosen und Russen vereinbarten »Funkhilfe«. Die ersteren lieferten den letzteren Bandmaschinen aus der in ihrem Sektor gelegenen Telefunken-Fabrik, wir durften dafür Aufnahmen aus dem riesigen Archiv des Berliner Funkhauses kopieren.

Es gab einen Zug, der dreimal die Woche von Baden-Baden nach Tegel, dem Fernbahnhof des französischen Sektors in Berlin, fuhr. Den benutzte ich häufig. Flugverkehr gab es noch nicht. Unter dem Dach eines Ku-Damm-Kinos - ich kann heute nicht mehr erkennen, welches es gewesen ist, denn die moderne Glitzer- und Neon-Welt, die nun schon so lange dort strahlt, hat nichts zu tun mit der Ruinen- und Trümmerlandschaft von 1945/46 - richtete ich ein Studio ein, um »russische« Bänder umschneiden zu können. Wir arbeiteten in Schichten Tag und Nacht.

Die Russen unterstützten uns nur widerwillig. Zwar hatte das sowjetische Oberkommando in Berlin seine Zustimmung gegeben - ich trug sogar eine von einem russischen General unterschriebene Bestätigung darüber bei mir -, aber die unteren und mittleren Chargen wollten trotzdem bestochen werden. Die Franzosen schickten mir einen Güterwagen voll Wein - auch wieder den guten Varnhalter Riesling, der heute vor meinem Fenster wächst. Für jeden Koffer Bänder, den ich aus dem Funkhaus in der Masurenallee herausschleppte, mußte ich mit einem Koffer voll Wein ankommen. Ich war bekannt als »der Typ, der den Wein hat« - nicht nur bei russische Wachmannschaften, sondern auch bei deutsche Archivangestellte. Das erleichterte mir die Arbeit, denn Wein gab's nicht im Berlin des Winters '45/46 - noch dazu in so großen Mengen. Heute frage ich mich, ob noch irgendwo anders in der Welt ein großes Funkarchiv »auf Wein gebaut« worden ist.

Von Anfang an stand für mich fest: Ich werde Jazz senden. Viel, viel Jazz. Versteht sich, daß ich das Material dafür nicht in Deutschland finden konnte, wo die Nazis den Jazz zwölf Jahre lang als »Entartete Kunst« verketzert hatten. Ich fand es bei der Radio*diffusion Française* in Paris. Auch dort schnitt ich Platten um.

Als ich zu oft nach Paris fuhr, bestellten mir unsere Kontrolloffiziere einmal in der Woche eine Leitung. Jeweils in der Nacht von Montag auf Dienstag von 0.30 Uhr bis 5 Uhr früh wurden in Paris Jazzplatten abgespielt, die ich in Baden-Baden mitschnitt. Der SWF hatte noch bis in die 80er Jahre hinein einen Bestand der alten Pariser Überspielungen. Man kann sie an dem leisen, hellen, kaum hörbaren Pfeifton erkennen, der die Leitungen der französischen Post »auszeichnete«.

Komisch, ich schreibe das und denke, ich glaub's nicht. Die Franzosen sagten mir wenig. Ich hatte nichts Vernünftiges gelernt. Das meiste, was ich tat, machte ich »von allein« - als souffliere mir jemand, was ich zu tun hatte. Wie ging das? In zehn Monaten hatten wir ein Archiv, aus dem eine Funkanstalt monatelang senden konnte, ohne sich zu wiederholen.

3

Ich glitt in die neue Zeit, als läge ich in einem Strom und flösse mit. Ich fühlte die Frische des Wassers, empfand die Befreiung. Obwohl doch die Existenznot nicht gewichen war. Nie war man satt. Ein paarmal fiel ich um - einmal auch auf der Straße -, ohnmächtig vor Hunger. Ständig bohrte der Gedanke - ach, was, der Magen! -, wo treib ich was Eßbares auf?

»Existenznot nicht gewichen«, habe ich eben gesagt? Unsinn. Eben noch waren es Bomben, Raketen, Stalinorgeln, Granaten. Jetzt nur der Hunger. Die Angst war vorbei.

Wir wußten noch nichts vom Ausmaß der Verbrechen, aber daß die Nazis Verbrecher und Mörder waren und daß ein ganzes Volk - mein Volk - Teil hatte an ihren Verbrechen - das war mir bewußt.

Von Anfang an empfand ich das Politische an meiner Arbeit, so »musikalisch« sie war. Ich empfinde es mein Leben lang. Auch in meiner heutigen Arbeit. In einer Gesellschaft, die nicht mehr aufeinander hören kann und sich nicht mehr zuhört, ist die Aufforderung, »hörender« zu werden, eine politische.

Das »Nicht-Hören des Hörbaren« hatte schon in der Nazi-Zeit begonnen. Da saß ein Volk am Volksempfänger, hörte jede Woche die Reden, Bekundungen, Verordnungen der Herrschenden und hörte dennoch nicht, was sie bedeuteten: Mord, Verbrechen, Leiden, Not, Tod ... Schon damals gingen wir zu auf jenen Umgang mit dem Ohr und dem Hören, der im Fernsehen »enthalten« ist: hörend nur noch, was wir hören wollten und was zum Verstehen des Einfachsten, »Offen-Sichtlichsten« ge-hört, alles andere geflissentlich fort- und überhörend. Wenn alles dies nicht schon in den dreißiger Jahren unterschwellig »da« gewesen wäre, hätten wir in den fünfziger Jahren das Fernsehen nicht als eine völlige Selbstverständlichkeit annehmen können - als zögen wir uns ein längst für uns zugeschnittenes Kleidungsstück an.

4

Ende Oktober 1945 kam Heinrich Strobel nach Baden-Baden. Die Begegnung mit ihm wurde eine der prägenden meines Lebens. Zusammen mit H. H. Stuckenschmidt und K. H. Ruppel hat Strobel in den zwanziger und frühen dreißiger Jahren das hohe, eine ganze Ära repräsentierende Niveau einer Musikkritik geschaffen, von dem sich heutige Feuilletonleser keine Vorstellung machen können. Man muß nur zwei, drei Musikbeiträge aus der alten »Vossischen Zeitung« in Berlin lesen, um die heutige Öde ermessen zu können.

Strobel hatte eine jüdische Frau. Die Nazis hatten ihm nahegelegt, sich von ihr zu trennen, dann würden sie ihn unbehelligt lassen. Frau Hilde war klug, temperamentvoll, schön, aber auch wenn sie das nicht gewesen wäre - Heinrich Strobel war nicht der Mann, sie aufzugeben. Die beiden emigrierten nach Paris. Dort entwickelte sich Strobel zum Kenner *par excellence* der französischen Musik - von Rameau bis Messiaen. Seine Debussy-Biographie wurde ein Referenzwerk.

In Deutschland hat man traditionellerweise ein getrübtes Verhältnis zur Musik Frankreichs. Das wollte Strobel ändern - und er **hat** es geändert. Vor allem aber sorgte er dafür, daß die von den Nazis verketzerten Komponisten der Moderne wieder gehört wurden - Mahler, Hindemith, Strawinsky, Schönberg, Webern, Berg ... Er machte den Südwestfunk zur wichtigsten deutschen Musikstation. Er wurde Präsident der Internationalen Gesellschaft für Neue Musik - selten hatte sie einen aktiveren und effizienteren. Seinetwegen fand ein Weltmusikfest der IGNM (Internationale Gesellschaft für Neue Musik) in Baden-Baden statt. Er brachte die Donaueschinger Musiktage, die bereits in den zwanziger Jahren wichtig für die moderne Musik gewesen waren, wieder in Gang und machte sie zum weltweit bedeutendsten Festival seiner Art.

Strobel fand es gut, daß ich Jazz mochte. Kein Mensch je hat mir mehr bei meiner Arbeit geholfen als er - was um so bemerkenswerter war, als die Kritiker der »E-Musik« so demonstrativ wenig mit dem Jazz anzufangen wissen. In Donaueschingen ist das - alle Jahre wieder -

ein den Betroffenen wohlbekanntes Hochmutsritual: »E-Musikkritiker« schweigen über die Konzerte, in denen zunächst ich dreißig Jahre lang, heute Achim Hebgen, mein Nachfolger, die Elite und Avantgarde des Jazz präsentieren. Nur wenige - nur die besten, K. H. Ruppel zum Beispiel, als er noch lebte - schreiben darüber mit der gleichen Selbstverständlichkeit, mit der sie über die anderen Konzerte berichten.

Strobel nahm mich jungen Mann »unter seine Fittiche«. Oft saß ich neben ihm, wenn er in der Partitur die Aufnahmen des aus dem Baden-Badener Kurorchester weiterentwickelten SWF-Symphonieorchesters verfolgte. Ich werde nie vergessen, wie er mir Stücke erklärte, die ich nicht kannte - und gar nicht kennen konnte: von Berlioz, Debussy, Strawinsky, Schönberg, Hindemith, dann auch von Messiaen ... Noch heute gibt es für mich ein halbes Hundert Werke der großen symphonischen Musik, die ich nicht hören kann, ohne an das zu denken, was Heinrich Strobel mir dazu gesagt hat.

Strobel konnte wunderbar wütend sein, wenn er Fehler, Ungenauigkeiten, falsche Tempi, Schludereien, Sentimentalitäten entdeckte. Auch das habe ich von ihm gelernt - kritisch zu sein. Und Spaß an der eigenen Kritikfähigkeit zu haben. Innerhalb von drei Jahren machte er das Baden-Badener Orchester, das eben noch den Standard einer Kurkapelle gehabt hatte, zum besten Orchester für moderne Konzertmusik in der Bundesrepublik. Und natürlich wußte er, wer der beste Mann war, um es zu leiten - es fiel ihm nicht schwer, diesen Mann nach Baden-Baden zu holen: den großen Dirigenten Hans Rosbaud. Seine Baden-Badener und Donaueschinger Interpretationen wurden beispielhaft für eine ganze Generation von Musikern und Dirigenten.

Ein rundes Jahrzehnt habe ich an Heinrich Strobel gelernt, wie man arbeiten muß: wie man mit Künstlern verhandelt, die besten Interpreten gewinnt, neue und unbekannte Werke und Komponisten durchsetzt - auf der Klaviatur aller nur denkbaren Medien spielend: Festival-, Rundfunk-, Fernsehauftritte, Schallplattenproduktionen und Pressearbeit koordinierend - bald schon nicht nur in den Programmen des Südwestfunks, sondern überall, wohin mein Einfluß reichte; schließlich reichte er um die halbe Welt.

In der Arbeit mit Strobel begriff ich, was ich wollte: das für den Jazz tun, was er für die moderne Konzertmusik tat. Es war nicht ein Jazzmann, bei dem ich gelernt habe und der mich ermutigt hätte (bewahre!), es war dieser Mann der »klassischen« Musik.

Wir diskutierten über ein Pausenzeichen. Strobel wußte von Anfang an, was er wollte - den Beginn des Liedes der Drei Knaben aus Mozarts »Zauberflöte«. Ich setze den Text hierher, weil er ausdrückt, was wir damals empfanden und wollten. Und weil er deutlich macht, wie anders alles gekommen ist. Eben so nicht:

»Bald prangt, den Morgen zu verkünden,
Die Sonn' auf goldner Bahn!
Bald soll der Aberglaube schwinden,
Bald siegt der weise Mann.
O holde Ruhe, steig hernieder,
Kehr in der Menschen Herzen wieder,
Dann ist die Erd' ein Himmelreich
Und Sterbliche sind Göttern gleich.«

Wie viele hören diese Worte mit, wenn das Pausenzeichen des SWF erklingt?

Und natürlich diskutierten wir, wie die neue Anstalt heißen sollte. Ich war es, der daran erinnerte, daß es vor 1933 eine vom Sender Frankfurt betreute »Südwestfunk-Stunde« gegeben hatte.

Es gibt eine private Erinnerung an Heinrich Strobel, die mir lieber ist als all die beruflichen. Als ich zum erstenmal nach Paris fuhr, um dort Jazzplatten umzuschneiden, gab er mir Adressen und Empfehlungsschreiben, erklärte mir genau, wo im *Musée de l'Art Moderne* und im *Louvre* ich was finden würde und in welche Cafes ich gehen müsse, um Sartre, Simone de Beauvoir, Cocteau, Camus und all die anderen beobachten zu können. Aber dann sagte er: »Vergessen Sie nicht, zur *Place Fuerstemberg* zu gehen - zwischen der Seine und dem Boulevard Saint Germain. Wenn Sie wissen wollen, was wirklich Paris ist - das Paris der Pariser -, dort können Sie es erfahren.«

Die *Place Fuerstemberg* ist nicht mehr das, was sie in den vierziger Jahren gewesen ist, aber immer noch, wenn ich in Paris bin, gehe ich dorthin, sitze auf einer der Doppelbänke unter den großen Kandelabern vor den alten Häusern, in die die Frauen Berge voll frischen Gemüses und Körbe voll *baguettes* schleppen, vor denen die Kinder ihre Reifen- und Hüpfspiele spielen, und denke an Heinrich und Hilde Strobel.

Irgendwo dort in der Gegend müssen sich die beiden in den Jahren der deutschen Besatzung versteckt haben.

Als Strobel starb, am 18. August 1970, war ich in Japan. Ich las es in der Zeitung - in der *Asahi Times*, erst die Nachricht, ein paar Tage später einen Nachruf. Das war seine Reichweite: der Globus. Es gibt nicht viele deutsche Radio-Leute - vielleicht keinen anderen -, denen ein Nachruf in Japan geschrieben würde.

5

Wir hatten nur wenige Monate Zeit, um die neue Funkanstalt zu schaffen. Im Januar 1946 »sendeten« wir eine Woche lang in geschlossenem *circuit*, um zu sehen, ob wir es »konnten«. Wir konnten. Am 31. März 1946 gingen wir - bewußt den 1. April meidend, lachend darüber, als ob es dennoch ein Aprilscherz bliebe - »auf Sendung«. Die erste Sendung war »meine«: das Frühkonzert. Carl Maria von Webers »Aufforderung zum Tanz« das erste Musikstück, das der Südwestfunk gesendet hat. Und ein Tanz ist es geworden. Versteht sich, daß ich gleich am ersten Sendetag auch eine Jazzsendung brachte.

Ich möchte ein Loblied auf unsere Franzosen singen. Deshalb nenne ich sie: der Colonel Perronet als oberster Chef, die Commandants Ponelle (Kultur) und Hirn (Politik) und als technischer Leiter der Kapitän Thirion. Unsere Kollegen in den amerikanischen, britischen und sowjetischen Zonen sprachen von »Zensuroffizieren«. In Baden-Baden hatten wir den Eindruck, Zensur ist ein Fremdwort - und gewiß kein französisches. Die Prämisse war ohnehin klar: Nichts Nazistisches.

Nichts Nationalistisches. Nichts den Krieg Verherrlichendes. Da das nicht nur ihre, sondern auch unsere Prämisse war, war mehr nicht nötig.

Ein paarmal waren sie überempfindlich. Die Sendung mit Lyrik und Kammermusik, die ich jeden Sonntagmorgen gestaltete, nannte ich: »Das Unzerstörbare.« Der Titel mißfiel ihnen. Ich konnte damals nicht verstehen, aber ich verstehe heute, was in ihren Ohren da mitschwang. Ich nannte sie um: »Das Unvergessene.«

Wir alten Funkleute haben oft davon gesprochen: Was wirklich viel eher »Zensur« genannt werden kann, haben wir erst viel später unter deutschen Vorgesetzten kennengelernt: als Intendant Hilf in den achtziger Jahren Franz Alt als Moderator ausschalten wollte. Als mir in der Adenauer-Zeit in meine Darstellung südafrikanischer Apartheid hereingeredet wurde. Als die Intendanten Hammerschmidt und Hilf beflissentlich ihrer Partei dienten. Und nicht nur der, sondern - im Falle Hilf - auch zum Beispiel der Atomlobby: Da gab es »Zensur«.

Erstaunlich auch der personelle Instinkt der Franzosen. Wie macht man das - in ein fremdes Land kommen - in ein zerstörtes mit nur noch rudimentär erhaltenen Kommunikationswegen - ein paar Monate dort sein - und Leute finden wie Friedrich Bischoff (den schlesischen Dichter und ersten Intendanten), Heinrich Strobel, Herbert Bahlinger (den ersten Literaturchef) und all die anderen, die dann den Südwestfunk innerhalb weniger Jahre zur meistgelobten deutschen Funkanstalt gemacht haben -? Keine einzige personelle Fehlentscheidung! Und wie viele hat es später unter deutscher Leitung gegeben -!

6

Ich war zunächst zuständig für die ganze sogenannte »U-Musik«. Deshalb geriet ich in ihren Sog. Produzierte Schlager. Schrieb sogar selber welche. »Mein Herz, das ist ein Grammophon.« »Wolken am Himmel sind so wie unsere Sehnsucht.« Die Stars jener Jahre sangen sie. Bully Buhlan. Gitta Lind. Rene Caroll. Aber ich hatte das Gefühl abzugleiten. Im Grunde interessierte mich Jazz. Den wollte ich »groß machen«. Alles andere war Zeitverschwendung.

1947 oder '48 hatte ich mein erstes Buch über die Jazzmusik geschrieben: »Der Jazz - eine zeitkritische Studie.« Beziehungen aufzeigend zu Philosophie, moderner Kunst, Soziologie, Politik, Neuer Physik ... Wenn ich heute hineinschaue, schäme ich mich. Unreif. Liest sich wie ein Abiturientenaufsatz. Auf Grund dieses Buches luden mich die Amerikaner in ihrem mit Recht zu preisenden *Cultural Exchange Program* zu einer dreimonatigen US-Reise ein - im Frühjahr 1949. Eine ganze Generation von Journalisten, Schreibern, Intellektuellen hat wesentliche Anstöße durch solche Reisen und Einladungen erfahren. Lernte umdenken dadurch.

Zum erstenmal Amerika! Wir waren noch mit Propellermaschinen geflogen. 16 Stunden! Stops zum Auftanken in Irland und Neufundland. Die Maschinen hatten noch Bordküchen. Man wurde gefragt, wie man seine Steaks oder seine Eier haben wollte. Und dann öffnete sich eine neue Welt, von der wir in Deutschland damals keine Ahnung hatten. New York. Die *Fifty Second Street:* Die Musikstraße ... Washington. Empfang beim Präsidenten Eisenhower. Er saß nicht in seinem Schreibtischstuhl, sondern auf dem Schreibtisch, ließ die Füße herunterbaumeln. So redete er mit uns ... New Orleans. Das erste *jazz funeral.* Die *Tuxedo Band* - das älteste Orchester der Jazzgeschichte, 1898 gegründet ... Die *Southside* Chicagos: Die Bluesmusiker ... Grand Canyon! Eine junge Frau, die ihre Stellung in New York verloren und sich von ihrem letzten Geld einen Wagen gekauft hatte, um den nächsten Job in San Francisco zu finden, nahm mich mit bis Los Angeles. Tagelang schaute ich in den Filmstudios zu, in denen damals noch viel mehr gedreht wurde als *on location* ... In San Francisco lud mich gleich am ersten Tag ein Jazzfan, der doch - tatsächlich! - ein kleines Flugzeug besaß, zu *just a nice flight* über das Golden Gate und rund um den *Mount Tamalpais* ein ... Wo immer ich war, lernte ich Jazzmusiker kennen. Charlie Parker, Dizzy Gillespie, Benny Goodman, Duke Ellington ...

Zurückgekehrt empfand ich erstmals den »Hammer« meines eigenen

Landes. Verstärkt noch, weil ich »entmachtet« war. Ein Kollege hatte sich die Zuständigkeit für die Unterhaltungs- und Tanzmusik am Südwestfunk »unter den Nagel gerissen«. Mir blieb nur noch der Jazz. Es war ein Hieb. Wenn man's nicht selber merkt, muß man eben gestoßen werden. Danke.

Jetzt erst hatte ich meine Jazzredaktion richtig. Jahrelang dachte ich, es sei die erste der Bundesrepublik gewesen. Aber als wir in den sechziger Jahren in Perugia ein Treffen aller europäischen Radio- und TV-Jazzredakteure hatten, meinte der Kollege von der RAI, dem italienischen Rundfunk, es müsse überhaupt die erste in Europa gewesen sein - Modell für alle die anderen. Bis dahin war Jazz immer nur »nebenbei« von anderen Abteilungen betreut worden. »Wir haben alle die Ohren gspitzt und gehört, was du machtest.« Es war ja noch die Zeit der Mittelwelle, die soviel weiter reicht als UKW. Der Äther war leer. Ich bekam Hörerpost aus Israel. In Warschau kamen die Leute, die später hinter der politisch so wichtig gewordenen illegalen polnischen Jazzbewegung standen, jeden Dienstag zusammen, um gemeinsam »Jazztime Baden-Baden« zu hören. Ich veranstaltete die ersten Radiojazzkonzerte, die es in der Bundesrepublik gegeben hat.

Ich wunderte mich über meinen Erfolg. Woran lag er? Manche meinten: an meiner Art zu sprechen. Jedenfalls gab es Leute, die viel mehr vom Jazz verstanden als ich. Die schon in der Nazizeit illegale Jazzclubs geleitet hatten.

Dabei hatte ich am Anfang Probleme mit dem Sprechen. Ich berlinerte. Kein guter sound für das Badische Land. Fürs Rheinland, die Pfalz. Ich begriff: Ich muß mir meine »Berliner Schnauze« abgewöhnen. Schnellstens. In kurzer Zeit schaffte ich es. Aber immer noch, wenn ich am Flughafen Tegel ins Taxi steige, bin ich rückfällig und freue mich, mit dem Chauffeur meine Heimat»sprache« sprechen zu können.

Meine Freundin, die später meine erste Frau werden sollte - Mitarbeiterin der Hauptabteilung Wort -, hatte Anfang 1946 einen jungen Reporter und Sprecher eingestellt, der schon bei der Reichsrundfunkgesellschaft mit dabeigewesen, aber aus politischen Gründen an die Front abgeschoben worden war: Lothar Hartmann. Er wurde unser erster Programmdirektor - eine sagenhafte, verehrte Gestalt in der deutschen Medienlandschaft. Lothar beobachtete mich aufmerksam. Jahre später wollte er mich in der Programmdirektion haben, zum Sendeleiter machen, lockte mit Aufstiegschancen, vielleicht eines Tages zum Direktor. Ich spürte die Anerkennung, die darin lag, auch die Versuchung. Aber ich brauchte nur ein paar Tage, um sicher zu sein: Das wollte ich nicht. Ich wollte Sendungen machen. Selber am Mikrophon sitzen. Künstlerische Arbeit tun. Lothar lächelte, sagte: »Ich auch. Trotzdem sitze ich hier.«

Dennoch überließ ich mich nicht völlig der Faszination des Jazz. Ich schrieb Manuskripte für die literarische Abteilung. War zuständig für das gesamte Weihnachtsprogramm, betreute es, wie es wohl mein Vater getan hätte, wenn er - undenkbar! - in meiner Position gewesen wäre. Schrieb Artikel und Buchbesprechungen für eine Zeitschrift, die ein Major der französischen Besatzungsmacht herausgab. Der Major hieß Alfred Döblin, seine Zeitschrift war »Das Goldene Tor«. Als ich Arno Schmidts »Leviathan« (1949) pries - sein Erstlingswerk, Auftakt des großartigen Lebenswerkes, das damit begann -, warf mich der große Romancier, der inzwischen ein überzeugter Katholik geworden war, hinaus. Ich hatte geschrieben, für die Dichte dieses Buches gebe es »kaum ein Beispiel in der gegenwärtigen Literatur - allenfalls in Fachbüchern, in denen die Analytiker die Träume ihrer neurotischen Patienten beschreiben«.

Während der ganzen fünfziger und sechziger Jahre streckten andere Sender ihre Fühler nach mir aus. Lockten mit höheren Gehältern. Ich blieb dem Südwestfunk treu. Heute wundere ich mich darüber. Vielleicht hatte es wirklich mit »Treue« zu tun.

Adenauer war unzufrieden mit der ARD. Die Väter des Grundgesetzes hatten einen »staatsfernen« Rundfunk gewollt. Sie wußten noch selber aus Goebbels' Zeiten, wie verhängnisvoll sich »staatsnahes« Radio auswirken kann: Hitlers wichtigstes Propagandainstrument! »Staatsferne« schloß die Verpflichtung ein, kritisch gegenüber den Herrschenden, gegenüber Regierung und Parteien zu sein. Wir nahmen diesen Auftrag ernst. Immer häufiger erfuhren wir von des Kanzlers Wutausbrüchen über bestimmte Programme.

Schließlich gründete er - als seine Art eines »ARD-Korrektivs« - das »Freie Fernsehen« in Mainz. Es sollte seiner unmittelbaren Kontrolle unterstehen. Weil er niemanden von der ARD wollte, fragte er bei der BBC in London an, wen man ihm als Programmdirektor empfehlen könne. Die nannten - ausgerechnet - Ernest Borneman, Marxist und später als Sexualforscher weltbekannt geworden. Adenauer - ahnungslos - machte den Bock zum Gärtner. Die Medienwelt lachte sich ins Fäustchen.

Ernest war ein Freund. Er hatte sich in London als Jazzkritiker durchgeschlagen. Eine seiner ersten Amtshandlungen war: mich als Musikchef der neu gegründeten Anstalt verpflichten zu wollen. Für das Doppelte meines Südwestfunkgehalts. Dennoch widerstand ich auch diesmal. Zum Glück. Anderthalb Jahre später untersagte das Bundesverfassungsgericht dem greise gewordenen Kanzler seine Anstalt. Immer wieder liest man mal, dies sei seine größte Schlappe gewesen.

Aber ich hatte nicht bloß aus Treue zum Südwestfunk widerstanden, sondern aus Treue zum Radio. Zwar hatte ich damals längst meine eigene Fernsehreihe »Jazz - gehört und gesehen«, bekam Preise und Auszeichnungen dafür, aber ich erfuhr bei jeder Fernsehproduktion die Vergewaltigung des Auditiven durch das Visuelle. Wann immer zwei takes entstanden, wollten die Fernsehleute den nehmen, der am ansprechendsten **aussah,** nicht den, der am besten **klang.** Obwohl es sich doch um Musik handelte. Ständig verrät das Fernsehen das Hör- an das Sichtbare - nicht nur bei Musik. Ich litt darunter.

Ich wollte Radio machen. Das auditive Medium. Sah Fernsehen als Nebentätigkeit an, wollte mich nicht zu sehr hineinziehen lassen. Fühlte mich als einer, der für die Ohren arbeitet. Fühle mich noch immer als solcher, obwohl ich nun schon lange nicht mehr beim Radio bin. Begreife: Das war der Grund meiner lebenslangen Faszination durch das Radio. Ich habe Botschaften für Ohren.

Funk und Empfänger wiederholen, riesig vergrößert, was zwischen

Stimme und Ohr geschieht. Deshalb hatte ich auf so wunderbare Weise zum Radio gefunden. Was mich eigentlich interessierte, war - und ist - das Wunder des Flusses zwischen Stimmen - auch inneren - und Ohren. Im Lauf der achtziger Jahre begriff ich: Ich kann mich direkt in den Fluß legen, ich brauche kein Vergrößerungsglas mehr.

7

Ich schied mit einem Donnerknall aus dem Funk. Es war, schrieb eine Zeitung, »**der** Medienskandal des Jahres 1987«. Er baute sich über Jahre hinweg auf - in einem langen *crescendo,* das zu schildern ich weit ausholen muß.

Ich war, wie gesagt, mit der Idee der »Staatsferne« von Radio und Fernsehen aufgewachsen. Aber schon in den fünfziger Jahren begannen die politischen Parteien - mehr die CDU als die medienpolitisch ahnungslose SPD -, den Sendern in ihre Programme hineinzureden. Ich war einmal dabei, als ein hoher baden-württembergischer Politiker meinen ersten Intendanten, Friedrich Bischoff, sprechen wollte - 1954 oder '55. Bischoff - der in der Schlesischen Funkstunde Anfang der zwanziger Jahre der »Vater des deutschen Hörspiels« gewesen ist - führte gerade Regie (undenkbar, daß dies ein heutiger Intendant könnte!): Thornton Wilders »Unsere kleine Stadt«, mit den ins Bild hineingenommenen, die Situation der Entfremdung verdeutlichenden Fernsehkameras vielleicht das erste Meisterwerk in der Geschichte des deutschen Fernsehspiels. Er stand hinter der Kamera. Lässig ließ er dem Politiker ausrichten, er führe Regie und würde »nächste Woche zurückrufen«.

Bereits 1949 (!) hatte Dr. Haberer, Chef der Staatskanzlei von Rheinland-Pfalz (also ein Vorläufer des späteren SWF-Intendanten Wilibald Hilf, der eben diesen Posten unter Helmut Kohl innegehabt hatte), »gebührenden Einfluß auf Sendezeiten und Sendeprogramme«, ja sogar »auf die Verwaltung des Rundfunks« gefordert. Haberer wörtlich (man beachte das Deutsch - auch darin war er Hilfs Vorläufer):

»Andererseits« (ein Gedanke, der den Tatbestand des »Einerseits« erfüllt, findet sich nicht) »müßten dem Land und seiner Regierung jeweils Einfluß auf Verwaltung und Sendezeit eingeräumt werden, der die positive Staatsgesinnung ermöglicht und gewährleistet...«

Lothar Hartmann - mein erster Programmdirektor (ich habe ihn bereits erwähnt) - antwortete mit donnernder Stimme: »Hier also liegt der Hund begraben, hier soll der unabhängige Rundfunk einer Landesregierung in die Hand gespielt werden. Dagegen werden wir uns mit allen Mitteln wehren. Als positive Staatsgesinnung dürfte sonst nur noch das angesehen werden, was die jeweiligen Regierungen für richtig halten ... Ich kenne meinen Staatsvertrag. Danach haben Sie mir nicht in meine Programme zu reden. Ich halte mich daran. Ich erwarte von Ihnen, daß Sie dies auch tun.« Man beachte den Mut. Denn natürlich war Haberer der Stärkere. Undenkbar, daß heutige Programmdirektoren und Intendanten ähnliches sagen! (Und doch würde die gesamte Radio- und Fernsehlandschaft der Bundesrepublik - damit die Hörer und Seher - davon profitieren, wenn sie es täten.)

Wer deutsche Mediengeschichte kennt, weiß: Die Politiker haben sich nicht an ihre eigenen Staatsverträge gehalten. Sie gebrauchten den Geldhahn, verzögerten es bewußt, die Rundfunk- und Fernsehgebühren den steigenden Preisen anzugleichen, setzten die Anstalten auf diese Weise unter Druck. Im Lauf der Zeit wurde die Generation der großen deutschen Rundfunkmänner, die Radio und Fernsehen nach dem Zweiten Weltkrieg aufgebaut hatten - die Generation der Schnabel, Peter von Zahn, Friedrich Bischoff, Fritz Eberhard -, systematisch ausgedünnt. In den siebziger Jahren war es soweit, daß von den elf Intendanten nur noch einer vom Fach war. Die anderen waren in ihre Stellungen gehievt worden, um denen gefällig zu sein, denen sie ihren Job verdankten - ihrer Partei.

Der - nächst dem Bayrischen Rundfunk - »fügsamste« Sender wurde der Südwestfunk. Unter seinem Intendanten Hilf konnte es geschehen, daß, als 1982 Polizisten einen Demonstranten - Vater von drei Kindern - halb tot schlugen, diese Nachricht als »unwichtig« unterdrückt wurde. Überall sonst war sie die Top-*news* des Tages.

Schlimmer: Armin Mohler, der Wahl-Nazi, der »Auschwitz-Lüge« - milde gesagt - nahestehend, durfte im Südwestfunk seine Thesen verbreiten: Die Schandtaten in den KZs und die Morde der SS seien halb so schlimm, sie seien den Deutschen von den Alliierten untergeschoben worden. Ein SS-Scherge durfte im SWF unwidersprochen den Satz sagen: »Wir haben keine Verbrechen begangen.«

In all solchen Fällen - es gab weitere - engagierte ich mich mehr, als es einem Jazzredakteur zukommen mag. Immer mehr wurde ich zur Anlaufstelle, wenn irgend etwas im Hause schiefzulaufen drohte. Im Falle Mohler schrieb ich dem Programmdirektor: »Mohler verherrlicht die SS-Schergen, Mörder und Totschläger, die auch meinen Vater im Konzentrationslager ums Leben gebracht haben ... Deutsche Gerichte haben eben jene SS-Schergen verurteilt, die Mohler heroisiert ... Es geht nicht um die Frage der Meinungsfreiheit, sondern um eine Qualitätsfrage: Die Arbeiten Mohlers entsprechen, da historisch unrichtig, nicht den Qualitätsanforderungen, die an Skripte, die für eine Öffentlich-Rechtliche Anstalt sendbar sind, gestellt werden müssen ... Ich verwahre mich dagegen, daß die Diskussion auf die Frage >hie konservativ - hie liberal« zurechtgestutzt wird. Dies ist eine unzulässige Simplifizierung. Mein Vater stand >rechts<. Die Nazi-Mörder, die Mohler reinwaschen will, haben nicht nur Linke, sondern auch Liberale und Rechte gemordet - viele der besten **aller** politischen Richtungen ... Es wäre eine Verunglimpfung all derer, die am Kampf gegen die Unrechtherrschaft des Nationalsozialismus ums Leben gekommen sind, wenn Armin Mohler im Südwestfunk gesendet würde ...« Er **wurde** gesendet.

Ich informierte die Presse. In der »Zeit« disqualifizierte Fritz J. Raddatz Mohlers Sendung als »schlichtweg widerlich«, »perfide«, Wolfram Schütte in der »Frankfurter Rundschau« sprach von einer »journalistisch miserablen und essayistisch katastrophalen Arbeit«, Gert Heidenreich überschrieb seinen Beitrag: »ARD-Bräunungsstudio«.

Als sich der Programmausschuß des SWF-Personalrats an Hilf wandte und die Sendung als »Skandal« bezeichnete, befand Hilf, der Ausschuß sei »nicht zuständig«. Man stelle sich vor: Das war alles, was er zu sagen hatte - das Argument des Beamten, der er gewesen war, bevor er Intendant geworden war: »Zuständigkeit«. Kein Sensorium dafür, daß in solchen Fällen - wie gesagt, es gab mehrere - wir **alle** zuständig sind.

Hilfs Zuständigkeitsargument hat uns damals fast noch mehr empört als die Mohler-Sendung selbst. Existentielle menschliche Fragen wurden zu Verfahrensfragen abgewiegelt.

8

Ich greife voraus, weil mich selbst jetzt noch, dies schreibend, der Sog der Ereignisse mitzieht. Die »Wende« hatte schon vorher begonnen - unter Hilfs Vorgänger Helmuth Hammerschmidt, der in der zweiten Hälfte der sechziger Jahre aus dem Umkreis der Münchner CSU nach Baden-Baden berufen wurde.

Seine Taktik war es, ein Arbeitsklima zu schaffen, das denen, die mit der Idee eines freien, »staatsfernen« Radios und Fernsehens aufgewachsen waren, die Mitarbeit immer schwerer machte. Unsere Schreibtische wurden überflutet mit Verordnungen und Formularen. Immer stärker wurde die schöpferische Arbeit in die Abend- und Nachtstunden und in die eigene Wohnung abgedrängt, weil der Tag kaum ausreichte, den verwaltungsmäßigen und bürokratischen Forderungen Hammerschmidts zu entsprechen und all die Sitzungen zu besuchen, die er ständig anberaumte.

Viele seiner großen Programm-Macher haben damals den Südwestfunk verlassen. Horst Krüger zum Beispiel. Ich werde nie vergessen, wie er ging. »Jetzt kann man doch nicht mehr hierbleiben«, sagte er in dem ihm eigenen Ton edler Trauer, als ich ihn am Parkplatz zum letztenmal traf.

Ich hatte oft gedacht: Wäre ich doch einem der Abwerbungsangebote, die ich in den fünfziger und sechziger Jahren so reichlich erhalten hatte, gefolgt! Jetzt aber - das habe ich auch meinen Kollegen gesagt - stand Fortgehen für mich nicht mehr zur Debatte. Jeder, der ging, tat denen, die uns vertreiben wollten, einen Gefallen. Die warteten ja nur darauf, unsere Sessel mit gefügigeren Mitarbeitern besetzen zu können.

Hammerschmidt hat es mir offen gesagt: Er wolle, daß ich den Südwestfunk verlasse. Ich darauf: »Ich werde noch in diesem Hause sein, wenn Sie längst gegangen sind.« So ist es gekommen.

Der Südwestfunk hatte meine Treue - mein Mich-nicht-abwerben-Lassen - durch eine Sondervereinbarung belohnt, die es mir gestattete, ohne Rückfragen Bücher und Artikel zu schreiben, Platten und Festivals zu produzieren. Hammerschmidt versuchte mich zu entfernen, indem er diese Vereinbarung kündigte. Es kam zu einem Prozeß, in dem er mir Veruntreuung bei meiner Leitung des Jazzfestivals aus Anlaß der Münchner Olympiade 1972 - meinem schönsten Festival - anhängen wollte. Aber Olympia-Präsident Willi Daume bestätigte ihm die Korrektheit meiner Amtsführung. Und der Bundesrechnungshof erteilte mir ein besonderes Lob: Die einzige Kulturaktivität aus Anlaß der Olympiade, bei der nichts zu beanstanden sei, sei das Jazzfestival gewesen.

Hammerschmidt bemühte den Berliner Senat, das Kulturamt der Stadt München und Gott und die Welt, um mich zu belasten. Aber eben »Gott und die Welt« entlasteten mich. Selten in meinem Leben hatte ich so viele Freunde.

Fast zwei Jahre dauerte der Prozeß. Am Ende waren ihm all seine Unterstellungen widerlegt worden, meine Sondervereinbarung blieb gültig - damit er nicht ganz sein Gesicht verlöre, allerdings mit der kleinen Einschränkung, daß ich den Südwestfunk informieren müsse, wenn ich Bücher schrieb, Festivals leitete, Platten produzierte ... Das hätte er auch ohne den langen Prozeß haben können. Mein Anwalt hatte es gleich in den ersten Wochen der Auseinandersetzung angeboten. Bei Festivals hatte ich das ohnehin stets getan.

Der Prozeß war zermürbend. Dem Südwestfunk stand ein ganzes Justitiariat zu Gebote - drei Justitiare, Mitarbeiter, Sekretärinnen -, ich stand allein. Mir wurde untersagt, meine Schriftsätze an das Gericht in der Dienstzeit zu schreiben und von meinem Apparat aus mit den Anwälten, die mir die Funkunion gestellt hatte, zu telefonieren. Ein paarmal tauchten Argumente, die ich nur am Telefon und nirgendwo sonst geäußert hatte, in den Schriftsätzen des Südwestfunks auf. Ich hatte Grund anzunehmen, daß mein Telefon abgehört wurde. Sogar private Briefpost erreichte mich geöffnet. Mehrfach wollte ich aufgeben. Ohne meine damalige Frau Vera, die mir beim Formulieren und Telefonieren half und zu jedem Gerichtstermin mitkam und mir Mut zusprach, hätte ich es nicht geschafft.

Auch ohne Graf Dürckheim nicht, den großen Alten Herrn des Zentrums für Existentialpsychologie in Rütte. »Was ist Hammerschmidt für dich?« fragte er mich. - Ich darauf: »Ein Arschloch.« - »Gut«, sagte er, »dann schreib ihm das.« - Ich, erschrocken, das könne man doch nun wirklich nicht tun. - Er: »Du **mußt** ihm schreiben, was du von ihm denkst. Schreibe es, so genau du kannst. Und dann verbrenne den Brief.«

Ein andermal sagte er: »Hammerschmidt sitzt dort in der Ecke. Schrei ihn an. Schreie ihn **jetzt** an. Schreie, als ginge es um dein Leben. Du weißt, es **geht** um dein Leben. Es geht um deine Existenz.« Und dann mußte ich schreien - minutenlang -, bis ich heiser war. Ich fühlte mich tagelang befreit und erleichtert. Dürckheim: »Tu das einmal pro Woche. Wenn er es schlimm mit dir treibt, tue es täglich. Bis du gewonnen hast.« Er ließ keinen Zweifel: Ich würde gewinnen.

Mehrfach wurde ich krank. Wochenlang lag ich in Krankenhäusern und Sanatorien. Obwohl es offensichtlich der Prozeß war, der mich krank gemacht hatte, rechneten Hammerschmidt und seine Leute dem Gericht die Anzahl meiner Krankheitstage vor, um »belegen« zu können, daß ich nicht mehr arbeitsfähig sei. Hammerschmidt verdanke ich, daß eine Hepatitis, die ich mir auf einer Goethe-Instituts-Tournee in Asien zugezogen hatte und die sonst leicht wieder geheilt worden wäre, chronisch geworden ist. Dieser Intendant ist mir wahrhaftig »an die Leber gegangen«.

Aber er war nicht nur mein Problem. Die Wut auf ihn wuchs. Schon damals, Anfang der siebziger Jahre, kamen die Kollegen zu mir und erzählten mir ihre Sorgen. Es waren nicht nur politische, sie betrafen das

Arbeitsklima - unmögliche Organisationsstrukturen zum Beispiel, die allem widersprachen, was sich im Hause eingespielt hatte. Hammerschmidt hatte sie »verordnet«, um das Haus »transparent« zu machen. Für ihn transparent.

Ich dachte, jetzt, wo der Prozeß vorbei war, sollte ich mit ihm darüber sprechen. Aber ich bekam keinen Termin. Also ging ich zum Programmdirektor. Der sagte: Das betrifft Herrn Hammerschmidt. Da wurde es mir zu bunt. Viele von uns meinten: Wir können so nicht weiterarbeiten. Fast alle Redaktionen hatten mir Material geschickt. Ich machte noch zwei, drei weitere Versuche, mit dem Intendanten zu reden - alle vergeblich.

Immer dringlicher stellte sich mir die Frage: Wem habe ich treu zu sein? Diesem Intendanten? Oder dem Südwestfunk, den ich - so Intendant Bischoff - »mitbegründet« hatte, und der im Grundgesetz und in den Staatsverträgen verankerten Idee eines freien, unabhängigen Funks? Die Frage beantwortete sich von allein. Als ich und viele meiner Kollegen nicht mehr zweifelten, daß wir »den Fall Hammerschmidt« im Hause nicht lösen könnten, packte ich all das Material, das mir aus den verschiedenen Redaktionen gegeben worden war, in eine große Tasche und brachte es zum »Stern« nach Hamburg. Der verwendete nur die Hälfte davon. Aber es genügte. Der »Stern« hatte seinen Artikel so terminiert, daß er erschien, als Hammerschmidts Wiederwahl anstand. H. wurde abgewählt. Widerstrebend von eben denen, die ihn ein paar Jahre zuvor gewählt hatten.

Das halbe Haus wußte von meinem Erfolg. Mein Schreibtisch barst unter Batterien von Cognac-, Whisky- und Sektflaschen, unter Blumen, Konfektpackungen und Glückwünschen. Aber noch im Triumph spürte ich H.s Terror: Viele Angebinde waren - anonym gekommen. Ungezeichnete Karten hingen daran »Bravo« oder »Danke im Namen von vielen«.

H.s Nachfolger wurde der bereits erwähnte Willibald Hilf aus Kohls Mainzer Staatskanzlei. Durch das Haus lief der Slogan »Hilf hilf!« Ich hatte ihn geprägt. Das bereue ich sehr. Schon nach wenigen Monaten war klar: Jetzt wurde es schlimmer.

9

Ich möchte an dieser Stelle einflechten: Es geht nicht um die Partei. Friedrich Bischoff war CDU, Lothar Hartmann SPD. Beide waren wunderbare Chefs. Es geht um die Kompetenz. Hartmann hatte seinem Nachfolger Hammerschmidt gesagt: »Vergessen Sie nicht, daß Sie eine dienende Position übernehmen ... und daß man mit Macht oder paragraphierten Vorschriften nichts ausrichten kann.« Hans-Joachim Lange schrieb über Hartmann: »Jeder, der ihn gekannt hat, hat die Erfahrung gemacht, daß Güte verwirklicht werden kann, daß ein guter Mensch auf Erden wandeln und dennoch angesehen, erfolgreich und höchst wirksam sein kann.« Und Friedrich Bischoff war von Bernhard Rübenach als »**der** Mensch im Rundfunk« bezeichnet worden. »Magische Realität - damit hat er selbst einmal sein dichterisches Werk gekennzeichnet. Magische Realität - das ist auch nicht die schlechteste Charakterisierung für seinen Funk.«

10

Hilf galt in der ARD als der »programmfernste der Intendanten«. Unter den vielen Programmsparten, die es in einer Rundfunk- und Fernsehanstalt gibt, war keine einzige, von der er etwas verstand.

Hilf **war** sein Sprachstil. Ein papierenes Beamtendeutsch, dessen Hauptaufgabe es war, die Hohlheit des Schreibers zu verbergen: »Die Minderberücksichtigung von Mehrheitspositionen zugunsten der Verbreitung von Minderheitenpositionen ist ein Verstoß gegen das Gebot der Meinungsvielfalt.« Dies in einem Haus, das - gar nicht so lange her - einen sprachmächtigen Dichter zum Intendanten gehabt hatte, dem die deutsche Literatur die wunderbarste Schilderung eines Schneesturms verdankt, die sie kennt (in Bischoffs »Die Goldenen Schlösser«, von Alfred Kerr gefeiert: »Ich grüße dich, du junger Eichendorff!«).

Ich bin jetzt dabei, mich vorzuschreiben in das Jahr 1987, in dem ich den Südwestfunk »vorzeitig« verließ. Die erfolgreichste, meistdiskutierte Südwestfunk-Sendung war damals schon jahrelang Franz Alts »Report«. Alt rollte Mißstände auf, wo immer er sie fand. Das mißfiel den Herrschenden. Bundeskanzler Kohl hatte Hilf aufgefordert, das »Problem Alt« zu lösen. Versteht sich, daß Hilf nicht reagierte wie vorzeiten Lothar Hartmann, sondern genauso beflissen, wie er längst auch viel niedrigeren Chargen seiner Partei diente.

Noch stärker als Alt reizte Hilf dessen Mitarbeiter Wolfgang Moser, der in einem »Report«-Beitrag sorgfältig aufgezeigt hatte, wie viele Menschen im Umkreis von Atomkraftwerken krank werden, dahinsiechen, sterben. Unmittelbar nach der Sendung hatte ein Mitarbeiter der Kraftwerke-Union »Wetten« darauf angeboten, daß Hilf gegen Moser vorgehen würde. Eine Woche später geschah genau dies. So direkt war der Draht.

Das war der Moment, in dem es reichte. Nicht nur mir. Auch diesmal hatten wir versucht, was im Hause möglich war. Noch stärker als vor Jahren unter Hammerschmidt empfanden wir das, was wir unsere »Hilf-losigkeit« nannten. Wieder war klar: Nur eines kann helfen - Öffentlichkeit schaffen. Die meisten ermutigten mich, viele sagten: »Nur du kannst das tun.« Aber es kam auch das Gegenteil: »Bloß nicht das eigene Nest beschmutzen.« Eben dieses Argument schubste mich in die richtige Ecke. Ich dachte an Tucholsky, an Ossietzky und all die anderen »Nestbeschmutzer«, verkleinerte das, was in den zwanziger Jahren geschehen war, auf mich und den SWF und hätte nie gedacht, daß ich - auch nur von fern - in so gute Gesellschaft gelangen könnte.

Ich rief die »Zeit« an, Feuilletonchef Greiner sagte: Schreiben Sie es am besten in Form eines offenen Briefes. Eben das tat ich. Eine »Zeit«-Seite voll SWF-Zeit. Zum Beispiel:

»Sehr geehrter Herr Hilf ... Es geht längst nicht mehr nur um den Fall Moser. Es geht um uns alle. Es geht darum, daß eine öffentlich-rechtliche Anstalt, wenn sie einen Wolfgang Moser nicht ertragen kann, den Auftrag, unter dem der Öffentlich-Rechtliche Rundfunk und das Öffentlich-Rechtliche Fernsehen in dieser Republik angetreten sind, nicht mehr erfüllen kann. Um ihn angemessen erfüllen zu

können, brauchten wir nicht bloß einen, sondern zehn oder fünfzehn Wolfgang Mosers. Brauchten wir Schulen und Akademien, in denen junge Menschen jene Art Journalismus lernen, der so viele Millionen Menschen immer wieder an den Filmen der Baden-Badener ›Report‹-Redaktion fasziniert hat. - Denn, Herr Hilf, wir sollten stolz sein auf ›Report‹. Diese Sendung ist ein Aushängeschild für unser Haus. Wir haben ja nur noch wenige andere, denen so viel Beachtung gezollt wird ...
Viele von uns spüren an Ihren Entscheidungen immer wieder Ihre Industrie-Nähe. Vor Jahren stand Ihr Name als der eines Mannes, ›mit dem man gut im Gespräch ist‹, auf der Liste der Geld-Empfänger des Flick-Konzerns - mit der bekannten Abkürzung ›wg. Hilf.‹ Der ›Stern‹ nannte zwei Summen: DM 10000,- und DM 5000,-. Undementiert ...
Fernsehredakteure seien lediglich ›Funktionsgehilfen‹, ließen Sie einen Angehörigen Ihres Justitiariats vor dem Karlsruher Arbeitsgericht sagen. Dieser Ausdruck, Herr Hilf, ist eine Beleidigung für einen ganzen Berufsstand. Er erklärt die Geringschätzung, mit der Sie immer wieder mit SWF-Kollegen umgesprungen sind ... Vor allem aber erklärt er, warum Sie so viele Schwierigkeiten mit uns und wir mit Ihnen haben: Weil Sie mit Journalisten, also mit dem Berufsstand, auf den es in Ihrem Hause ankommt, nicht umgehen können ...
Darf ich Sie, Herr Hilf, daran erinnern, daß dem SWF einmal ein Mann vorstand - Lothar Hartmann -, der die Gremien in einer flammenden Rede daran erinnert hat, daß wir in der Bundesrepublik einen freien und unabhängigen Rundfunk hätten und daß Politiker und Parteien kein Recht hätten, diese Freiheit zu beschneiden? Können Sie den Gedanken nachvollziehen, daß es Ihre Pflicht wäre, jetzt und heute - in dieser Situation - eine derartige Rede zu halten? Kann man sich vorstellen, daß Willibald Hilf die Courage hätte, je so etwas zu tun?
Können Sie verstehen, was ich mit dem Wort »betroffen« zu Beginn meines Briefes meinte? Und daß ich jetzt dieses Wort durch die

Worte Trauer und Schmerz ergänze? Deshalb die Emotionalität meines Briefes, von der ich hoffe, daß sie in jedem Satz spürbar ist. Es sind die Emotionen eines Rundfunkmannes, der unserem Südwestfunk 42 Jahre lang - ein Leben also! - gedient hat. Viermal so lange, wie Sie ihm vorstehen ...«

Ein »Zeit«-Redakteur sagte mir, die »Zeit« habe mehr als dreihundert Briefe bekommen - fast alle zustimmend. Die großen deutschen Zeitungen griffen den Fall auf. Nie vorher oder nachher in meinem Leben habe ich für irgend etwas, was ich getan habe, so starke, warme, herzliche Zustimmung gefunden wie für diesen Artikel.

Hilfs Anwälte schrieben mir, sie erwögen, gerichtlich gegen mich vorzugehen.

Ich bin sicher, sie haben Absatz für Absatz meines Artikels geprüft. Sie fanden nichts, wo sie einhaken konnten, schrieben noch ein weiteres Mal, dann verstummten sie.

Dennoch war meines Bleibens nicht länger. Der Programmdirektor sagte mir freundlich: »Sie müssen verstehen, ich muß etwas gegen Sie tun.« Ich: »Wenn es ehrenrührig ist, werde ich prozessieren. Sie wissen: Den Prozeß verlieren Sie.«

Er sagte auch: »Sie klammern sich zu sehr an das, was früher gewesen ist. Die Zeiten haben sich geändert.« Ich kann diesen Einwand verstehen, aber ich halte ihn für gefährlich. Vergrößern wir ihn, um dies zu erkennen: Am 30. Januar 1933 kam Hitler an die Macht. Schlagartig galt: Die Zeiten haben sich geändert. Ist das alles, was ich dazu zu sagen habe? Kotau vor dem Götzen Zeit? Es genügt, wenn alle ihn machen. Warum ich?

Ich hatte jahrelang zuwenig Urlaub genommen, weil ich immer viel zuviel zu tun hatte. Wir einigten uns darauf, daß wir die vielen nicht genommenen Urlaubstage »großzügig« zusammenaddieren würden und ich das Haus entsprechend früher verließe. Meine Pensionierung hätte ohnehin wenig später angestanden. Es war eine faire Lösung; zumindest empfand ich sie als fair.

Ich hatte noch Zeit genug, zwei große Abschiedskonzerte zu machen

- ein Jazzkonzert in Tübingen, zu dem ich viele meiner Lieblingsmusiker einladen konnte. John McLaughlin unterbrach eine große internationale Tournee, um dabei sein zu können. Das Modern Jazz Quartet, das damals schon lange nicht mehr aufgetreten war, fand speziell aus diesem Anlaß wieder zusammen und spielte den »J. B. Blues«, den mir John Lewis dreißig Jahre zuvor auf den Donaueschinger Musiktagen gewidmet hatte. Das zweite war ein spirituelles Konzert in Freiburg und wies voraus auf die »Klangräume«-Konzerte, die ich später entwikkelt habe - auch auf das »Festival Spiritueller Musik«, das ich in der Schweiz gegründet habe. Es war mein erster in diese Richtung zielender Versuch.

Hilf aber blieb - noch ein paar Jahre. Dennoch traf ich jedesmal, wenn ich ins Haus kam, Kollegen, die meinten: Du hast uns geholfen. Franz Alt selbst sagte mir, mein »Zeit«-Artikel habe seine Arbeit und seine Redaktion »gerettet«. Schon das war es wert. Alle Kollegen, die ich befragt habe, haben gesagt, von da an hätte »ein anderer Ton« im Hause geherrscht, alles sei »menschlicher«, »sehr viel angenehmer« geworden. Einer sagte, Hilf »regiert plötzlich mit Samtpfötchen«, nannte es »eine Wohltat«. Der SWF war der »skandalreichste Sender der ARD« gewesen - alle paar Monate ein neuer. Das hörte auf. Und ein paar Jahre später hörte der SWF ganz zu bestehen auf. Daß ich hier so viel über ihn schreibe, geschieht auch deshalb, weil ich der einzige bin, der die ganze Zeit seines Bestehens überblickt - von 1945 bis 1998. Dies ist auch ein Text des Abschieds.

II

Ich hoffe, der Leser spürt, daß in meinem Engagement - und in der Art, in der ich es schildere - ein Plädoyer für den Öffentlich-Rechtlichen Rundfunk steckt. Nur dieser kann einen gesellschaftlichen und kulturellen Auftrag erfüllen, der einem Kulturvolk angemessen ist. Daß die anderen es nicht können, ist abendlich zu besichtigen. Dies freilich auch beim Öffentlich-Rechtlichen, aber dort doch nur deshalb und nur so lange, wie er den Privaten und dem Fetisch »Einschaltquote« hinterherläuft. Bisher mochte gelten, daß er das tun **mußte** - aus kommerziellen Gründen. Inzwischen haben ihn, was diese letzteren betrifft, die Privaten hoffnungslos abgehängt. Die Öffentlich-Rechtlichen bekommen jetzt nur noch 4,9 Prozent ihres Geldes durch Werbung. Damit sind die Fronten klar. Auf so wenig Geld ist leicht zu verzichten, um endlich wieder ein Programm machen zu können, das anzuschauen sich schon zwischen 20.15 Uhr und 23.00 Uhr lohnt.

Die sogenannte »Mischfinanzierung« muß weg. Wir brauchen ein Öffentlich-Rechtliches Fernseh- und Rundfunksystem, das **allein** aus Seher- und Hörergebühren finanziert wird und ohne Rücksicht auf Quoten seinem gesellschaftlichen und kulturellen Auftrag dient - dies nicht nur in den Dritten Programmen, sondern im Ersten und Zweiten. Ohnehin hatten sie uns getäuscht mit den Dritten. Die sind inzwischen nur noch »kleinere Erste«. Das, worauf es ankommt, kommt auch dort erst nach 22.00 Uhr vor - an vielen Abenden überhaupt nicht mehr.

Wir brauchen klare Fronten: Einerseits Programme, die **allein** durch Gebühren, und andererseits Programme, die **allein** durch Werbung finanziert werden. Wenn wir das haben, dann können die privaten und kommerziellen Stationen machen, was sie wollen und was im Rahmen von Sitte und Anstand gerade noch erträglich erscheint. Das, was die Masse des Publikums will, können sie ohnehin besser.

Wenn aber die Öffentlich-Rechtlichen weiterhin die Privaten lediglich imitieren, brauchen sie keine Gebühren mehr. Sie berauben sich dann ihrer Existenzgrundlage - und berauben uns, die gar nicht so kleine Minorität, dessen, worauf nicht nur wir, sondern dieses Land ein

Recht hat. Denn Kultur schafft ein Klima in einem Land, von dem auch die profitieren, die nicht an ihr teilnehmen. Wie auch 65 Morde pro Woche in den Fernsehprogrammen unseres Landes ein Klima schaffen, an dem alle partizipieren - ganz egal, ob wir diese Morde sehen oder nicht.

Da ist ein Widerspruch: Einesteils von »geistig-moralischer Wende« reden, die Werte der Familie und der Konservativität hochhalten wollen und andererseits und gleichzeitig ein Fernsehprogramm lancieren, das nahezu bedingungslos kommerziell ist, und politisch eher mit diesem letzteren sympathisieren. Bernhard Serexhe hat recht: »Die Politik droht zum Komplizen der Unterhaltungsindustrie zu verkommen.«

Aber auch die Öffentlich-Rechtlichen müssen mit sich selber ins reine kommen. Sie müssen erkennen, daß sie nur überleben können, wenn sie das Programm machen, das **nur** sie machen können und um dessentwillen sie »öffentlich-rechtlich« heißen. Sie werden auf Macht verzichten müssen. Wer weniger Menschen erreicht, hat weniger Macht. Aber sie werden eine Autorität und Souveränität gewinnen, die ihnen in einem tieferen Sinn Macht bescheren werden. Für ein solches Programm ist das Diktat der Einschaltquoten Terror. Terror muß weg.

12

Als Radiomann empfinde ich den Qualitätsverlust im Radio als fast noch unerträglicher als im Fernsehen. Die ständige Verminderung von Wortbeiträgen bei vielen Sendern (auch der ARD!) - oft maximal nur noch drei Minuten - macht Radio x-beliebig. »Wort« heißt nur noch »quasseln« - worauf in der Tat zu verzichten ist; kein Problem kann ausgeleuchtet werden; nicht mehr Fachleute sprechen, sondern Discjockeys und Moderatoren.

Das, was wir als das »Radiophone« bezeichnet haben und worauf wir so stolz waren, geht immer mehr verloren. Wir haben es in den fünfziger und sechziger Jahren zu einer eigenen Kunstform entwickelt - so differenziert wie das Komponieren anspruchsvoller Musik. Es war ein

»Kom-ponieren« mit Worten und radiophonen Techniken, in dem es (fast) alles gab, was es auch in der Musik gibt: die Polyphonalität auditiver Ebenen - Kontrapunktik - Serialität - auditive »Zooms« und »Schwenks« ... All das ist damals selbstverständliches Rüstzeug gewesen - bis in Unterhaltungssendungen hinein. Heute ist es allenfalls noch in schwierigen, abstrakten Hörspielen zu hören und kann von einem größeren Publikum nicht mehr wahrgenommen werden, ja, die maßgebenden Leute wissen nichts mehr von diesem Repertoire des »Funkischen« als einer Kunstform, sein völliges Verlorengehen und Vergessenwerden ist abzusehen.

13

In der ersten Hälfte der achtziger Jahre hatte der SWF meine »Nada Brahma«-Sendungen gebracht und 3000 Zuschriften erhalten - die größte Anzahl, die es je auf eine kulturelle Sendung gegeben hatte. »Nada Brahma« hatte dadurch ein eigenes Gewicht in meinem Leben gewonnen. Von überall her wurde ich plötzlich zu Vorträgen und Seminaren eingeladen. Ich spürte: Das wird jetzt mein Weg. 42 Jahre Jazz waren genug. Ich wollte nicht alt werden, indem ich etwas immer noch weiter tat, was ich ohnehin konnte - und was ich ja auch ohne den SWF-Posten mühelos hätte weiter tun können. Fast möchte ich sagen, ich bin Willibald Hilf dankbar, daß er geholfen hat, mich so abrupt in die neue Richtung meines Lebens zu katapultieren.

Jazz und ...

Keiner hat genug gelebt,
jeder zuviel.

Martin Walser

In einer Sache,
die schon überdacht ist,
wem könnten alle Umstände
so gegenwärtig sein
als jemandem selbst?

Ludwig van Beethoven

I Warum Jazz?

»Nichts ist intensiv genug, es sei denn, es ist Jazz«, hat Jean Cocteau gesagt. Das ist die neue Dimension, die der Jazz in die Musik - und nicht bloß in sie - gebracht hat: Intensität. Henry Miller nannte sie »Vitalismus«, andere sprechen von Kraft und Energie, die Jazzleute selbst von *power* und *drive.*

Wenn ich sage »nicht bloß in sie«, wohin hat er sie noch gebracht? In die gesamte Pop-Musik unserer Zeit - denn auch sie hat beat, *rhythm sections, blue notes* - all das, was mit dem Jazz begonnen hat - und überhaupt in das Lebensgefühl des 20. Jahrhunderts. Aber natürlich hat dieses auch auf den Jazz gestrahlt. Dies ist ein »Regelkreis«.

Intensität **ist** eine neue Dimension. Sie bedeutet nicht einfach nur **mehr** von dem, was vorher schon da war. Wir sagen, Jazz - oder allgemein: schwarze Musik - ist »intensiver«. Der Komparativ erweckt den Eindruck, Jazz sei im Grunde das, was die bisherige Musik auch war, nur ist er eben zusätzlich noch ein wenig intensiver. Dieser Eindruck täuscht.

Niemand hat den Raum, in dem Intensität geschieht, verständlicher erhellt als - Teilhard de Chardin. Er gebraucht das Bild des startenden Flugzeugs: Indem es seine Geschwindigkeit vermehrt, geht die Bewegung des Rollens in die des Fliegens über. Die Intensivierung schafft eine neue Qualität. Fliegen ist nicht nur einfach schnelleres, intensiveres, effektiveres Rollen. Es ist etwas anderes. Durch Intensivierung überschreiten wir - auch dies ein Bild von de Chardin - eine Schwelle, wir treten ein in eine andere Dimension - was auch quantenphysikalisch verstanden werden kann. *Natura non facit saltus* haben wir früher geglaubt. Die Natur springt nicht. Heute wissen wir: Sie springt **nur.** Das ist der eigentliche Sinn des Vermehrens von Intensität - zum Beispiel von Geschwindigkeit, Kraft, Lautstärke, persönlichem Engagement, Emotion: nicht einfach nur ein Mehr, sondern das Mehr als Medium, um eine Schwelle zu überschreiten. Einen anderen Raum zu betreten. Eine neue Dimension zu gewinnen. Einen Quantensprung zu machen.

Auf mein Leben bezogen: Habe ich deshalb Jazz gewählt? In diesem Kapitel möchte ich versuchen, die Frage zu beantworten. Was ich dabei erzähle, ist ein gut Teil deutscher (und ein Teil internationaler) Jazzgeschichte. Ich **muß** es tun, nicht obwohl, sondern **weil** ich beides bin - Täter und Beobachter.

2 Jazz durchsetzen?

Ich lese manchmal, Joachim-Ernst Berendt habe nach dem Zweiten Weltkrieg den Jazz in der Bundesrepublik »durchgesetzt«. Zunächst einmal: Wie macht das ein einzelner Mann: eine zunächst ja immer noch als »artfremd« (so war uns gelehrt worden) - jedenfalls als ziemlich fremd - empfundene, der überwiegenden Mehrheit der Bevölkerung kaum bekannte Musik in einem Land durchzusetzen? Keiner kann das allein. Allenfalls könnte man sagen, ich war **einer** von denen, die es getan haben. Auch mußte das Land natürlich offen für unseren Versuch sein. Offen, nachdem ihm zwölf Jahre lang gepredigt worden war, wie schädlich - wie »verjudet« und »verniggert«, wie »bolschewistisch« und »plutokratisch«, wie »entartet« (schon wieder diese Worte! So tief sitzen sie!) - diese Musik sei. Das waren ja die Attribute, die Goebbels - **der** Profi unter den Nazis - uns eingebleut hatte.

Was überhaupt heißt »durchsetzen«? Für mein heutiges Bewußtsein besitzt das Wort etwas Martialisches. Ich würde es jetzt nicht mehr gern auf meine Arbeit bezogen wissen. Damals war es wohl angebracht. Es bedeutet für uns: Den Jazz als ein Positivum ins öffentliche Bewußtsein zu bringen, für ihn zu werben, ihm ein Publikum zu schaffen und ihn im bundesrepublikanischen Kulturleben zu verankern. Wir brauchten bis Anfang der sechziger Jahre, um das zu schaffen. (**Wenn** wir es je geschafft haben!)

Wer ist »wir«? In Frankfurt erinnere ich Olaf Hudtwalker und Horst Lippmann, in Köln Dr. Schulz-Köhn, in Stuttgart Dieter Zimmerle, in Berlin Horst Lange ... Nicht viele, wenn man bedenkt: Wir waren damals ein 50-Millionen-Volk. Und wenn man bedenkt, wie reich die Szene in den Nachbarländern war - in Frankreich, der Schweiz, Holland, Dänemark ... Das gehörte zum Beglückendsten unserer Arbeit: Wir hatten - schneller als die meisten anderen - in der ganzen Welt Freunde.

Ich war 23, als ich anfing - im Herbst 1945. Hatte noch nie einen Zeitungsartikel geschrieben, nie eine Rundfunksendung gemacht. Nie ein Konzert produziert. Ich hatte nichts als ein behelfsmäßiges, zu früh gemachtes Kriegsabitur. Das einzige, was ich sehr gut gelernt hatte, war: mit 8,8-Kanonen auf Flugzeuge, Panzer und monatelang in die Stadt Leningrad zu schießen.

Aber ich hatte Glück - und weiß heute noch nicht, wie und warum ich es hatte. Ich war nicht der erste, der Jazz im Radio brachte. Die »Mitternacht in München« - die MiM (wie sie abgekürzt wurde) von Hanns-Ger Huber und Werner Goetze im Bayrischen Rundfunk - war zunächst sehr viel populärer als meine »Jazztime« im SWF. Unsere Sendungen wurden ja, wie schon in dem Kapitel »Mein Radio« erwähnt, auf Mittelwelle im damals leeren Äther ausgestrahlt. Wir konnten von Schweden bis Süditalien, von England bis Polen gehört werden.

Wir hatten nicht nur Erfolg. Wir spürten den Widerstand. Der Südwestfunk bekam Protestbriefe. In einem stand, ich solle aufpassen, wenn ich abends nach meinen Sendungen nach Hause ginge, sonst würden mir »ein paar gute deutsche Männerfäuste den rechten (!) Rhythmus beibringen« (Ausrufezeichen von mir).

Noch wichtiger wurden die Artikel. Fünfzehn Jahre lang schrieb ich nahezu täglich. Konnte gar nicht so viel schreiben, wie von mir verlangt wurde. Für Dutzende von Zeitungen und Zeitschriften, vom »Spiegel« bis zur Regenbogenpresse. In einigen hatte ich eine feste Kolumne.

Als ich 1985 mein in vierzig Jahren angesammeltes Jazzmaterial nach Darmstadt gab - ins sogenannte »Joachim-Ernst-Berendt-Archiv«, Grundstein des daraus entstandenen Jazz-Instituts -, konnte ich, die vielen Schränke ausräumend, nicht vermeiden, in den einen oder anderen meiner frühen Ergüsse hineinzuschauen. Keinen einzigen fand ich gut. Ein paarmal dachte ich, all diese Vereinfachungen, diese Faustschlag-Argumentationen - das kann doch unmöglich von mir stammen. Ich habe geschrieben, als sei ich Politiker - die Probleme auf faßbare Dimensionen zurechtzimmernd. Ich habe *public relations for jazz* gemacht. Ich **habe** Jazz »durchsetzen« wollen.

Die Artikel taten ihre Wirkung. Auch hier war ich nicht der einzige. Ich mochte sehr, was der Hamburger Kritiker Werner Burkhard schrieb. In Stuttgart verwandelte Dieter Zimmerle eine Artistenzeitung geschickt in das »Jazz-Podium« ... Nochmals: Wir waren wenige.

Von überall her gab es Anfeindungen. Oft dachte ich, ich schaffe es nicht. Aber ich - und wir alle, die diese Arbeit taten - wuchsen am Widerstand. Natürlich auch am Erfolg. An einer Welle von Zustimmung bei denen, auf die es ankam. Ich schwamm in dieser Welle. Fühlte mich von ihr getragen.

Ich suchte nach Hilfe. Zusammen mit der Frankfurter Gruppe um Olaf Hudtwalker gründeten wir die Deutsche Jazzföderation. Der Katzenjammer begann früh. Sie diskutierten und stritten sich über Vereinsrecht und Geschäftsordnungen, über Paragraphen und Klauseln, verschwendeten Zeit dafür, ob die Frankfurter Jazzleute mächtiger seien als ihre Kollegen aus dem Ruhrgebiet.

Ich wurde ungeduldig, sagte: »Spürt ihr nicht den Widerspruch zwischen unserer Musik und dem, worüber ihr redet?« Das war hochmütig, aber es stimmte. Auch die Musiker beklagten sich: »Die reden ja immer nur.«

Viel mehr als Jazzleute halfen mir Literaten, Feuilletonchefs, Schriftsteller, Intellektuelle ... Die begriffen, worum es ging: nicht nur um etwas Musikalisches, sondern um etwas Gesellschaftliches, im Grunde Politisches. Es ging darum, das Kulturleben - und damit das Bewußtsein - in unserem Lande welthaltiger, offener, toleranter, weniger national um sich selbst kreisend, weniger auf sich selber bezogen zu machen. Wir alle - in allen Bereichen, Künsten, Dimensionen - arbeiteten damals daran, aber (so Alfred Andersch, der all dies besonders wach beobachtet hat): »Über den Jazz wurde das, was wir wollten, besonders gut verstanden.« Wir erreichten Schichten, die auf andere Weise nicht erreichbar waren.

Durch die Hilfe der Intellektuellen erstrebte ich etwas, was mir besonders am Herzen lag: dem Jazz im Kulturleben unseres Landes den ihm gebührenden Platz zu geben. Dafür zu sorgen, daß er in den Programmen der Kulturringe, der Volkshochschulen, der Städtischen Musikveranstaltungen etc. angemessen präsent war.

Ich muß Wert darauf gelegt haben, meine Arbeit in der Bundesrepublik Deutschland zu tun. Als ich Anfang der fünfziger Jahre - mein »Jazzbuch« war gerade erschienen - nach Hollywood kam, bot mir Gene Norman - einer der ersten erfolgreichen Jazzimpresarios - einen Job an. Ich sollte die Leitung seiner Plattenfirma übernehmen. Es war - für einen jungen Mann, der aus Deutschland kam - eine kaum faßbare Chance. Auch eine Ehre. Aber ich brauchte nur eine Woche, bis ich nein sagte. Ich wollte in Deutschland arbeiten - was gewiß auch mit meiner Liebe zur deutschen Sprache zusammenhängt. Ich wollte schreiben. In Deutsch. Erst heute verstehe ich voll, wie richtig diese Entscheidung damals gewesen ist.

Im Lauf der Jahre verbesserte ich meine Art zu schreiben. Ich arbeitete Süßkinds »Sprachschule« durch, trieb stilistische Studien. Ich schrieb so viel, weil ich gern schrieb. Heute - mit all dem anderen, was ich außerdem noch geschrieben habe - ist deutlich: Ich bin mehr Schriftsteller als Jazzspezialist. Das Schriftsteller-Sein ist die Klammer. Aber ich »mündete« damals in den Jazz, weil ich ihn so mochte. Ihn kulturpolitisch für so wichtig hielt. Und natürlich auch, weil ich mit dem Schreiben über Jazz Erfolg hatte. Ich spielte mit Sprache - mit Stil, Form, Wörtern, Syntax - lauter Dinge, die den anderen Jazzschreibern herzlich gleichgültig waren. Der Welterfolg meines »Jazzbuchs« ist überhaupt nur durch seinen Stil und seine Form zu erklären - also mehr durch Schriftstellerisches als Inhaltliches. Wahrscheinlich ist es mein Stil gewesen, der die Menschen gewann - besonders die Intellektuellen.

Eindruck machte eine Kontroverse, die ich in der Zeitschrift »Merkur« mit Adorno ausfocht. Natürlich ließ mich der große Säulenheilige seine Herablassung in die Tiefen des Jazz - und in meine Tiefen - mit müder Geste spüren. Aber die Leser spürten das auch, und das schlug für mich zu Buche.

Erst hinterher bekam ich heraus, warum Adorno zeitlebens so wütend auf den Jazz war: weil er sich als Student in Berlin Anfang der zwanziger Jahre als Jazzpianist hatte ein Zubrot verdienen wollen und damit so völlig erfolglos gewesen war. Damals hatte er die Identität von Jazz und populärer Musik so verinnerlicht, daß er, der sorgfältig hinhörende Musikwissenschaftler, zeit seines Lebens nicht bemerkt hat, daß sich die beiden in ziemlich verschiedene Richtungen entwickelt haben.

Nicht einmal in den USA hat er es bemerkt, und die Tatsache, daß er dort - in dem Land, das er für das »Land des Jazz« hielt - so wenig akzeptiert wurde, trug noch zu seiner Antipathie bei. Man muß das deutlich sehen: Jede von Adornos Jazzattacken nach der Mitte der dreißiger Jahre war **auch** eine Attacke auf Amerika.

3 Polnisches Intermezzo

Es wurde 1957, bis der Deutschen Jazzföderation ihre große Stunde schlug: der Brückenschlag nach Polen. Föderationssekretär Werner Wunderlich - später holte ich ihn mir als Mitarbeiter und Stellvertreter an den Südwestfunk - war als Kriegsgefangener in Warschau gewesen, sprach fließend Polnisch, kannte viele polnische Jazzfreunde. Er regte an, daß eine Delegation der Deutschen Jazzföderation zum Polnischen Jazzfestival nach Sopot (Zoppot) fahren sollte. Wir reisten mit zwei Bands - einem den traditionellen Jazz vertretenden Ensemble und den »Frankfurt All Stars« um Joki Freund und Albert Mangelsdorff, von denen die Polen sofort richtig erkannten, daß sie auf der damaligen internationalen Szene einen eigenen Stil gefunden hatten - eine swingende »Unterkühlung« deutscher Romantik. Sie nannten das *Frankfurt Style.*

Als wir auf Planwagen ins riesige Zoppoter Waldstadion einfuhren, jubelten zehntausend Menschen. Zogen ihre Hemden aus, warfen sie in die Luft - traditionelles Zeichen polnischer Begeisterung. Als ich - von Werner Wunderlich übersetzt - zu sprechen begann, stockte mir die Stimme, ich mußte schlucken, staunte: So begrüßen sie uns - die ersten Deutschen, die nach dem Krieg in Polen auftraten - in einem Land, von dessen Einwohnern das Volk, zu dem ich gehöre und für das ich hier stand, dreißig Prozent getötet hat. Ich fühlte ein überwältigendes Einssein mit allen diesen Menschen. Nie zuvor - und selten nachher - hatte ich etwas Ahnliches in der Bundesrepublik erfahren.

Wir gaben Konzerte im ganzen Land. Überall die gleiche Begeisterung. Aber wir gaben sie **gegen** die Politiker aller drei von unserem Unterfangen berührten Länder: der Bundesrepublik, der DDR und Polens. Es war Adenauer-Zeit. Niemand in Bonn unterstützte uns. Im Außenministerium sagte mir jemand: »Sie reisen auf eigene Gefahr. Wenn Ihnen etwas passiert, werden wir Ihnen nicht helfen können. Sie müssen verstehen: Solche Unternehmungen sind für uns nicht wichtig genug, um politische Schwierigkeiten zu riskieren.« Wochenlang verweigerte die DDR die Durchreisegenehmigung. Ich antichambrierte drei Tage lang im Ostberliner Innenministerium auf unbequemen Holzbänken in zugigen Gängen. Schließlich war der zuständige Politkommissar (oder wie immer man diese Leute nannte) einverstanden, sagte aber, sie würden unsere Wagen versiegeln. Als wir die polnische Grenze passierten, wurden die Siegel entfernt, wir hatten das Gefühl, jetzt kommen wir in ein freies Land - zwar ein trügerischer Eindruck, aber vergleichsweise richtig.

Auch in Warschau gab es genug Politiker, die begriffen, daß unsere Konzerte ein Zeichen setzten, das ihnen nicht genehm sein konnte. Im Westen liest man oft, die »Entstalinisierung« jener Jahre habe mit den Aufständen in Łódź begonnen, die Polen sagen: Das eigentliche Signal kam vom Jazzfestival in Sopot. Jazz war überall in Osteuropa ein hoch aufgeladenes Politikum, war Freiheitssignal.

Polnische Politologen schrieben: Dies sei der erste freie kulturelle Austausch zwischen Deutschland und Polen seit 1933. Es scheint mir wichtig, dies festzuhalten: Dem bald schon so lebendigen, auch politisch so wichtig gewordenen Kulturaustausch zwischen den beiden Ländern - in Literatur, Film, Bildender Kunst etc. - spielte der Jazz die Ouvertüre.

Ich blieb Polen und der polnischen Jazzszene verbunden - bis in die achtziger Jahre hinein, fühle mich ihnen noch immer verbunden. Machte Platten mit der wunderbaren polnischen Lyrik dieses Jahrhunderts - all den Dichtern, die durch das Trauma »Deutschland« geprägt sind -, drehte Filme mit polnischen Musikern, wollte immer der erste sein, wenn es galt, eine neue Entdeckung aus Polen im Westen vorzustellen - allen voran den Trompeter Thomasz Stanko und den großen polnischen Geiger Zbigniew Seifert; ich hatte gerade begonnen, ihm auch in den USA den Weg zu bahnen, als er an Krebs starb. Die Polen waren mir dankbar, übersetzten meine Bücher in ihre Sprache, eins nach dem anderen, hatten Riesenauflagen damit, erklärten jedesmal, daß aber die Złotys, die ich dafür bekäme, unkonvertierbar seien. Mir war es egal.

Aber mir lag auch der Brückenschlag in die anderen osteuropäischen Länder am Herzen. Bereits 1958 brachte ich unter dem Titel »Jazz Greetings from the East« die erste westliche Platte mit Jazz aus der Tschechoslowakei, der Sowjetunion, Rumänien, Ungarn, Polen etc. heraus (auf Fontana-Philips) - zu einer Zeit, als alles, was östlich des »Eisernen Vorhangs« geschah, hinter einer Mauer aus Unwissenheit und Geheimnis verborgen war. In meiner Fernsehreihe »Jazz - gehört und gesehen« hatte ich eine über Jahre hinweggehende Folge mit Jazz aus dem europäischen Osten.

4 Widerstände

Man mußte naiv sein, um all dies ohne nennenswerte Vorbildung zu tun. Ich **war** naiv. Es gab Leute, die viel mehr vom Jazz verstanden als ich - zumindest sich in einzelnen Bereichen, Stilen, Spielweisen besser auskannten; mein Plus war immer der Überblick über den **ganzen** Jazz - von *Ragtime* bis *Free*. Das war es wohl auch, was mein »Jazzbuch« in den USA zu **dem** *textbook on jazz* gemacht hat - nun schon vierzig Jahre lang in seinen diversen Bearbeitungen. Seltsam: ausgerechnet das Buch eines Deutschen über diese amerikanischste aller Künste, die für das amerikanische Gefühl die völlige Antithese zur *German music* ist!

Ich dachte, ich **muß** diese Arbeit tun, weil niemand sie sonst tat. Von meinem Standpunkt aus war das richtig. Ich war der »Medienmann«. Aber es gab ein paar Jazzliebhaber, die die Arbeit im Kleinen taten, bescheiden im Hintergrund blieben, kaum in den Medien erschienen. Das schuf Konflikte, die zu verstehen ich mich noch immer schwertue. Es gibt eine Kluft, einen tiefen Widerspruch zwischen der Offenheit, Weite und Lockerheit der Jazzmusiker und der Enge und Starrheit der (meisten) europäischen Jazzschreiber. Sie haben Probleme mit dem Leben des Jazz. Das, worüber sie schreiben, und das, was sie leben, hat wenig miteinander zu tun.

In seltsam tückischer - letztlich doch stimmiger - Weise rekrutierten sich meine Gegner nicht so sehr in den Kreisen, die ich hatte überzeugen wollen - und zum großen Teil auch überzeugt hatte -, sie kamen im Gegenteil aus Schichten, die meiner Arbeit erst ihre Existenz verdankten und jetzt »Kollegen« waren. Ich war, so jung ich noch war, »Vater« für viele von ihnen - und wurde es um so mehr, je älter ich wurde. »Die Söhne revoltierten gegen die Väter ... Laß dir den Neid auf der Zunge zergehen«, tröstete mich ein Freund.

Aber auch folgendes ist geschehen: Kurz vor seinem tragischen Tod - es muß 1977 oder ‚78 gewesen sein - besuchte mich Jean Amery, der große Essayist. Bevor ich jetzt weiterschreibe, muß ich sagen, wie sehr ich ihn bewundere. Ich habe keinen Menschen kennenlernen dürfen, in dessen Leben und Werk Moral und Intelligenz, Ethos und Aufklärung so sehr zusammengehörten. Wir hatten uns stundenlang unterhalten, als Amery - mühsam ein wenig - das Gespräch auf ein Buch lenkte, daß er 1961 geschrieben hatte: »Im Banne des Jazz - Bildnisse großer Jazzmusiker«.

Es war auffällig, wie wichtig ihm das zu sein schien und wie - gleichzeitig - unangenehm es ihm war. Er besitze es nicht mehr, sagte er, habe es schon lange nicht mehr gesehen. Als ich erwiderte, daß ich es habe, bat er mich, es zu holen.

Am nächsten Morgen, als meine Frau die Whiskygläser forträumte, blätterte sie in Amerys Buch und bemerkte, daß der alte Herr auf die erste Seite die folgenden Worte geschrieben hatte: »Joachim-Ernst Berendt, dem Mann, der hier schändlich bestohlen wurde, herzlichst Jean Amery.«

Bis in die siebziger Jahre hinein - manchmal noch heute - erkannte ich mich und erkenne ich mich bemerkenswert oft in vielem, was über Jazz geschrieben wird, wieder. Aber - so weiß ich heute: Läßt sich nicht jeder anregen? Was wäre mein erstes »Jazzbuch« ohne den Franzosen Hugues Panassie, den ersten Jazzkritiker, den es gegeben hat?

Wenn ich heute an meine Jazzarbeit in den vierziger, fünfziger, sechziger Jahren zurückdenke, habe ich das Gefühl, ich schaue in einen sich rasend drehenden Strudel. Ich hätte Buch führen müssen. Aber dafür hatte ich keine Zeit. Irgendwo stand mal, ich sei ein »Kämpfer« gewesen, und es war wohl wirklich etwas »Kämpferisches« an dieser

Arbeit. Natürlich meinte der Kampf in erster Linie die Musik, aber - immer wieder: Er meinte auch das, wofür sie gesellschaftspolitisch stand.

Das, was den Jazz eigentlich kennzeichnet - die Personalität von Improvisation und Phrasierung, das Spiel mit verschiedenen Zeitebenen im Phänomen des *swing*, der Verzicht auf verbindliche Standards der Tonbildung -, trägt eine nicht mißzuverstehende Botschaft. Es bedeutet Toleranz, Offenheit, Freiheit, Individualität, Selbstverantwortlichkeit. Ich schrieb ausführliche Untersuchungen, um das zu zeigen, und machte damit auch deutlich, warum nicht bloß die Nazis, sondern alle Diktatoren - von links bis rechts, von Stalin bis Mussolini, von Peron in Argentinien bis zu den Generälen des japanischen Militarismus - Jazz nicht mochten. Mein Satz »Diktatoren swingen nicht« machte die Runde.

5 Gospels und Blues

Anfang der fünfziger Jahre hatte mich John Hammond, der wohl größte Entdecker und Förderer von Jazzmusikern, in eine Gospelkirche nach Harlem geschleppt - irgendwo in der Gegend der 125th street. Der Gottesdienst hatte kaum begonnen, da sang und schrie und tanzte ich schon mit, als hätte ich immer dazugehört. Von solcher Art Christentum hatte ich keine Ahnung gehabt. Sie widersprach allem, was ich aus meinem elterlichen Pfarrhaus mitgebracht hatte. Erst später lernte ich, daß auch die Urchristen in den Katakomben Roms in ihren Gottesdiensten ekstatisch getanzt hatten.

Kaum zu Haus, ging ich an die Vorbereitung eines Buches, das zum ersten Mal Spiritual- und Gospelgesänge im Notenbild, im englischen Text und in deutscher Übersetzung vorstellte. Unmittelbar darauf tat ich das gleiche mit Blues. Ich rang um die Übersetzungen. Rang auch mit der Bluesform, von der Jean Cocteau gesagt hatte, sie sei - mit ihrer zweimaligen Frage und der darauf gegebenen Antwort (oder dem dagegen gesetzten *statement*) - eine der großen Formen in der Geschichte der Literatur, gleichberechtigt etwa der des Sonetts. Ich bat renommierte Übersetzer, mir zu helfen. Die Nymphenburger Verlagshandlung, die die Bücher herausbrachte, stellte eine Verbindung zu Eva Hesse her, damals die *first lady* unter den deutschen Übersetzern. Sie hatte - versteht sich, wunderbar - Ezra Pound übersetzt. Genauso übersetzte sie Gospels und Blues. Es wurde edle Literatur daraus. Ich dachte, ich kann das nicht drucken, veränderte dieses und jenes, erfuhr vom Schrei ihres Protestes: Ich hätte ihre Texte derb und ungeschlacht gemacht. Aber Gospels und Blues **sind** derb und ungeschlacht.

Zwischen 1955 und 1962 entstanden fünf Bücher mit Gospels und Blues, das schönste in Zusammenarbeit mit dem Flötisten und Graphiker Horst Geldmacher als »Jazzbilderbuch« (»O Susanna« bei Kiepenheuer & Witsch). Dafür gewannen wir - Günter Grass als Übersetzer. Endlich meinte ich, den Übersetzer gefunden zu haben, nach dem ich jahrelang gesucht hatte, aber Grass war stracks unterwegs zur »Blechtrommel« - auch bereits zu den »Hundejahren« - und nicht gesonnen, mit bluesigen Schlenkern Zeit zu verlieren.

Durch diese Bände öffneten sich die Schulen. Gospelchöre entstanden. Bald gab es mehr als dreißig in der damaligen Bundesrepublik. Die Musiklehrer schrien nach Material. Ich machte meine Platten »Was ist Jazz?« für den Musikunterricht - die erste Ende der fünfziger (für Telefunken), die zweite Anfang der siebziger Jahre (für MPS, später von Zweitausendeins übernommen); letztere wird in manchen Schulen noch heute verwendet.

Ich spürte aber auch, daß das, was sich da mit Gospels und Blues drapierte, mit echtem Gospel und Blues wenig zu tun hatte. Ausgerechnet im *Angola State Prison,* dem berüchtigten Gefängnis in Louisiana, in dem so viele Bluesmusiker »einsaßen«, kam ich auf die Idee, alljährlich Bluesfestivals durchzuführen und die führenden Bluesmusiker - viele von ihnen damals noch obskur und unbekannt - in Europa auf großen Tourneen von Stockholm bis Rom und von London bis Warschau vorzustellen. Ich gewann Horst Lippmann und Fritz Rau für die organisatorische Betreuung der Tourneen, die jeweils in Baden-Baden begannen. Dort erarbeiteten wir das Programm und zeichneten eine Sendung für meine Fernsehreihe »Jazz - gehört und gesehen« auf. Ein paar Jahre später folgten die Gospelfeste, das erste 1965 in der schönen romanischen Kirche von Alpirsbach im Schwarzwald. Mick Jagger von den Rolling Stones hat zu Fritz Rau gesagt: Durch unsere Bluesfestivals seien er und die Stones zum Blues gekommen. Ohne diese Begegnung mit dem Blues hätten sie nie zu ihrer Musik gefunden.

6 Wandel

Ich lebte mit dem sich wandelnden Jazz - was vielleicht auch daran lag, daß, als ich 1945 anfing, gerade der Moderne Jazz - der sogenannte *Bebop* - entstanden war. Die Älteren hatten Schwierigkeiten mit ihm - wie so oft mit dem Neuen in einer Kunst. Verteufelten ihn als »Un-Jazz«, gar als »Ende des Jazz«. Ereiferten sich, stritten darüber. Sprangen erst Jahre später auf den inzwischen schon laufenden Wagen - auch meine deutschen Kollegen. Ich fing gleich damit an, war von Anfang an begeisterter Fürsprecher des Neuen. Einer meiner ersten Gänge, als ich 1949 zum ersten Mal nach New York gekommen war, war zu »Bird« - zu Charlie Parker - gewesen, dem meistgenannten Musiker des musikalischen Umbruchs. Die Darstellung des neuen Jazz in der ersten Ausgabe meines »Jazzbuchs« war die erste überhaupt, die in einer Jazzgeschichte erschien.

Wenn ich heute die erbitterten Auseinandersetzungen zwischen »Traditionalisten« - Wynton Marsalis, Stanley Crouch und den anderen - und andererseits der Avantgarde, etwa Lester Bowie, in der amerikanischen Presse verfolge, denke ich ständig: Das kenne ich doch schon.

Vielleicht habe ich damals »ein Programm eingeworfen«. Als - ein paar Jahre später - der Jazz *cool* wurde, war ich der erste Europäer, der mit dem Wortführer der *cool generation,* dem blinden Pianisten Lennie Tristano, Kontakt aufnahm. Ich entdeckte meine Liebe zur coolness, die schon in der Stummfilmzeit mit Buster Keaton und in den dreißiger Jahren mit dem Tenorsaxophonisten Lester Young begonnen hatte: dem ersten, der lange vor der kühlen Ära das Wort *cool* auf den Jazz bezogen hatte (und cool **gelebt** hatte!). Ich holte viele der »kühlen« Musiker nach Europa - Lee Konitz, Chet Baker, das Modern Jazz Quartet - sowie Musiker des unmittelbar darauf entstandenen *Westcoast Jazz,* schließlich auch Tristano, der wegen seiner Blindheit nur schwer zum Reisen zu bewegen war.

Ein paar Jahre später produzierte ich die erste deutsche Platte des freien Jazz (Gunter Hampels »Heartplants«) - und überhaupt die ersten Platten des sich bereits wieder wandelnden Jazz, die damals in Deutschland entstanden - mit Alexander von Schlippenbach, Manfred Schoof, Albert Mangelsdorff und anderen ... Und als der Aufbruch und Ausbruch des freien Spiels sich beruhigte - kontemplativer und spiritueller wurde -, schuf die Musik in mancher Hinsicht das Sprungbrett zu dem, was ich heute tue, etwa der Schaffung des bereits erwähnten »Festivals Spiritueller Musik«, das ich 1991 in der Schweiz gründete: ein »neuer Festivaltyp«, wie die Presse meinte.

Anfang der fünfziger Jahre hatten der Gitarrist Billy Bauer und der Altsaxophonist Lee Konitz Duos gespielt, in denen sie auf die obligate Rhythmusgruppe - auf Baß und Schlagzeug - verzichteten. Es war eine Verinnerlichung: Das rhythmische Geschehen wurde in die Melodielinien mit hineingenommen. Die Jazzwelt horchte auf - überall, aber nirgends interessierter als in Deutschland. Sofort entstanden hier ähnliche Aufnahmen - etwa im Duo zwischen dem Gitarristen Attila Zoller und dem Posaunisten Albert Mangelsdorff: Vielleicht hing es mit meinem Hang zur coolness zusammen, daß mich diese Art zu spielen in wachsendem Maße interessierte. Ich machte viele derartige Aufnahmen - etwa im Zusammenspiel des Tenorsaxophonisten Hans Koller und des amerikanischen Bassisten Oscar Pettiford, die ich beide nach Baden-Baden gezogen hatte, aber vor allem immer wieder um Attila Zoller. Im Laufe der Jahre wurde diese Art des unbegleiteten Zusammenspiels in Soli, Duos und Trios zu einem kammermusikalischen *stamp* des deutschen Jazz ... bis ich es 1972 auf meinem Festival aus

Anlaß der Münchner Olympiade wagen konnte, das erste Konzert der Jazzgeschichte zu präsentieren, in dem **alle** Beteiligten unbegleitet spielten: Ornette Coleman, John McLaughlin, Gary Burton, Chick Corea, Albert Mangelsdorff ... Auch die erfolgreiche Plattenfirma ECM gewann durch ihre von keiner Rhythmusgruppe begleiteten, kammermusikalisch wirkenden Platten einen Teil ihrer Identität.

7 Durchbrüche

Es gab drei »Durchbrüche«. Den ersten erzielte ich, als es mir gelang, das Goethe-Institut für Jazz zu interessieren. Das hatte jahrelang gedauert. Immer wieder hatte Eckhart Peterich, Präsident des Instituts und Autor der klassizistischen »Sonette einer Griechin«, gemahnt: »Meine Herren, vergessen Sie nicht, wessen Namen wir im Titel unseres Instituts führen.« Als klaffe zwischen Goethe und Jazz ein Widerspruch. Aber die Presse - die Feuilletonchefs - halfen mir. 1964 durfte ich mit dem Albert-Mangelsdorff-Ensemble drei Monate lang durch Asien reisen. Es sollte ein Versuch sein, aber es wurde ein so großer Erfolg, daß der Jazz von da an für lange Zeit im Programm der deutschen Kulturinstitute verankert war. Von nun an reiste ich fast jährlich nach Asien - allein, Vorträge haltend, oder mit deutschen Jazzgruppen. Ich schuf Zentren für »Goethe's Jazzarbeit«: in Bangkok, Surabaya, Manila, Kuala Lumpur - Zentren, die auch dann aktiv blieben, wenn wir nicht dort waren. Und deren Unterstützung kaum Geld, nur ein wenig Aufmerksamkeit gekostet hat. Ich verstand nicht, warum die Institutsleitung sie in der zweiten Hälfte der siebziger Jahre wieder einschlafen ließ - aus Nachlässigkeit und Interesselosigkeit, wie mir schien, auch aus einem sehr deutschen Überlegenheitsgefühl gegenüber all diesen Kulturen heraus, aus Hochmut letztlich.

Den dritten Durchbruch ziehe ich vor. Ich brauchte fünfzehn Jahre für ihn: das Land Baden-Württemberg zur Stiftung eines jährlichen Jazzpreises zu bewegen. Versteht sich, daß es damals längst überall Film-, Literatur-, Lyrik-, Bildende-Kunst-Preise gab. Daß es keinen

Jazzpreis gab, hielt ich für eine Diskriminierung des Jazz. Erst Anfang der achtziger Jahre schaffte ich es. Es war wirklich ein Durchbruch: Denn bald folgten weitere Jazzpreise und Jazzausschreibungen in anderen Ländern und Institutionen.

8 Berliner Jazztage

Der wichtigste Durchbruch wurde der zweite: die Gründung der Berliner Jazztage, des nachmaligen Jazzfests Berlin - auch dies, wie die erste Goethe-Instituts-Tournee, im Jahre 1964. Um es zu finanzieren, brachte ich einen Verbund von Bund, dem Land Berlin, den Berliner Festwochen, sämtlichen ARD-Anstalten und - in loser Allianz - dem ZDF zustande. Als das geschafft war, sagte mir der WDR-Intendant von Bismarck, der mir wesentlich geholfen hatte: »Ich hoffe, Sie sind sich darüber im klaren, daß es etwas Vergleichbares nur noch bei den Bayreuther Festspielen gibt.« Dieser Satz war mir fast so wichtig wie das ganze Festival. Denn damit hatte ich, was ich wollte: Akzeptanz, Gleichberechtigung für den Jazz.

Ich hatte vorher ein paar Jahre lang in Essen - in der dortigen Grugahalle - »geübt«, wie man Festivals macht. Der Finanzchef der Essener Jazztage, Ralph Schulte-Bahrenberg, hatte dadurch viel Geld verloren. Ich fühlte mich deshalb - nicht vertraglich, aber moralisch - an ihn gebunden. Ich hatte ihm gesagt, daß ich wieder mit ihm arbeiten würde, wenn ich eine bessere Möglichkeit fände, ein Festival zu machen, damit er seine Verluste wieder einspielen könne. In Berlin hatte ich diese Möglichkeit. Also holte ich ihn als organisatorischen Leiter in diese Stadt. Aus heutiger Sicht weiß ich, daß das ein Fehler war. Aber ich weiß auch, wenn ich ein zweites Mal in eine ähnliche Lage käme, würde ich wieder so handeln. Das war ein Hauptgrund für meine Schwierigkeiten im *jazz business*-. daß ich moralische Verpflichtungen ebenso ernst nahm wie vertragliche.

Trotzdem möchte ich die Erfahrung, ein großes internationales Festival geleitet zu haben, nicht missen. Es war mir wichtig, daß es eine kurze Erfahrung blieb. Ich hatte das Gefühl: Wenn ich länger dabei bliebe, ich nähme - um es biblisch auszudrücken - »Schaden an meiner Seele«.

Es war die Zeit des *Civil Rights Movement,* der Freiheitsbewegung der Schwarzen in Amerika, die schnell auch die Weißen ergriff und dann über Berkeley nach Paris und Berlin überschwappte. Ich kannte Martin Luther King. Er schickte mir ein Geleitwort für mein erstes Berliner Fest:

> »Jazz ist triumphierende Musik. Viel von der Kraft unserer Freiheitsbewegung kommt von ihm. Er hat uns gestärkt mit seinen machtvollen Rhythmen ... und hat uns Ruhe gegeben mit seinen reichen Harmonien ... Und nun wird Jazz in die Welt getragen. Denn der besondere Kampf des Schwarzen in den USA ist verwandt dem universalen Kampf des Menschen überhaupt. Jeder hat den Blues. Jeder sucht Sinn. Jeder will lieben und geliebt werden. Jeder will Glück. Jeder sehnt sich nach Glauben. Musik - und ganz besonders der Jazz - ist ein Schritt zu alledem.«

Jahrelang war das Berliner Fest »mein liebstes Kind«. Nirgendwo sonst konnte ich in so kurzer Zeit - in nur acht Jahren - so viele mir am Herzen liegende Ideen verwirklichen. Und vor allem: Die Jazztage in Berlin waren von Anfang an so erfolgreich, wurden weltweit so stark beachtet, daß ich der internationalen Wirkung meiner Realisierungen sicher sein konnte. Hier konnte ich 1967 das erste Weltmusikfest des Jazz machen: Begegnungen des Jazz mit den großen außereuropäischen Musikkulturen ... Hier begannen viele bahnbrechende Festivalpräsentationen der amerikanischen Jazzavantgarde. Der Trompeter Don Cherry zum Beispiel konnte sich hier zum ersten Mal mit einem großen Orchester vorstellen ... Hier wurde zuerst in Europa in einem euphorischen Konzert, bei dem die halbe Berliner Philharmonie tanzte, die damals neue brasilianische Musik des Bossa Nova vorgestellt. Gab es zum erstenmal auf einem Festival *Jazz meets India ...* Hier konnte ich jedes Jahr mindestens einem deutschen bzw. europäischen Musiker so weit zum Erfolg verhelfen, daß er von da an »durchgesetzt« war ... Bedeutende amerikanische Musiker, die sich eine Zeitlang zurückgezogen hatten - Ornette Coleman, Charles Mingus, Gil Evans - wählten Berlin, um ihr Comeback zu signalisieren - und sofort wurde dies auch international verstanden ... Hier hatte ich die Mittel, aufwendige Kompositions- und Gruppenaufträge zu vergeben, durch die die Musiker Ideen realisieren konnten, die im üblichen Jazzgeschäft unrealistisch schienen - Ideen, die anderen Festivalleitern und Produzenten so utopisch schienen, daß sie sich nicht daran wagten.

Der Londoner »Melody Maker«, damals die maßgebende europäische Zeitschrift der Branche, charterte eine Boeing, um seine Leser nach Berlin zu befördern. *See the World's Greatest Jazz Event!* Auch die Japaner kamen mit Chartermaschinen. Nat Hentoff, einer der führenden US-amerikanischen Kritiker, schrieb, die Jazztage seien *»Europe's, if not the World's leading Jazz Festival«.*

Ich habe jahrelang gezögert, all dies zu erzählen. Aber ich meine, ich **muß** es tun. Ich meine auch, daß alles, was damals von Berlin ausging, weniger von mir getan wurde, als **durch** mich geschah, als wäre ich lediglich der Katalysator. Ich hatte oft das Gefühl, ich brauchte nur meine »Antennen« auszufahren, dann kam ganz von allein das Richtige zu mir.

Aber es ist für mich auch eine dunkle Zeit gewesen. Je größer der Erfolg der Jazztage, je regelmäßiger die Konzerte - meist weit im voraus - ausverkauft waren, je größer die Zustimmung aus dem Ausland, vor allem den USA, dem nun einmal wichtigsten Jazzland, desto stärker wuchs der Widerstand bei meinen Kollegen. Ich litt unter der Berliner Presse, unter ihrer so befremdlichen »Provinzialität«. Das ist ja oft schon beklagt worden: Berlin - die einzige Weltstadt ohne welthaltige Presse. Die großen deutschen Zeitungen werden in Frankfurt, München, Hamburg gemacht.

Von Anfang an hatte ich gewußt, eines Tages würde ich die Leitung »meines« Festes aufgeben. Ich hatte es gewußt, weil es immer so war in meinem Leben: Ich wollte immer weiter. Ich habe eine Sache »angeleiert«, und wenn sie dann lief, schaute ich nach Neuem aus. Um keinen Preis wollte ich Funktionär meiner eigenen Unternehmungen werden. So war es bei der Gründung der Deutschen Jazzföderation, an der ich anfangs aktiv, später nur noch am Rande interessiert war. So wurde es - ein paar Jahre später - bei der Internationalen Jazzföderation, für die die Polen, Italiener, Engländer und Skandinavier - die Mehrheit - mich zum Präsidenten haben wollten; dennoch schlug ich die Wahl aus. So war es bei einer Zeitschrift, dem »Jazz Echo«, die ich gegründet hatte. So war es beim *American Folk Blues Festival*. Nicht nur Tun war mir wichtig, sondern auch Weitergehen. Die einzige Arbeit, die ich während des größeren Teils meines Lebens - von 1945 bis 1987 - durchgehalten habe, war die Rundfunkarbeit. Aber auch die habe ich ja losgelassen.

Es gab viele Gründe, die Berliner Jazztage aufzugeben. In den Jahren, in denen ich sie leitete, war ich als Kritiker und Schriftsteller praktisch von der Szene verschwunden. Ich spürte den Interessenkonflikt, meinte, ich dürfte nicht über Festivals, Konzerte, Platten anderer Produzenten schreiben, solange ich selber welche machte. In den fünfziger Jahren hatte ich jährlich ein neues Buch geschrieben, in der Zeit, in der ich die Jazztage leitete, entstand nur ein einziges. Als Autor war ich praktisch von der Szene verschwunden.

Vor allem aber wollte ich nicht mehr im Dschungel leben. Mit Dschungel meine ich die Mafia des Jazzgeschäfts und das Intrigantentum meiner Neider und Kritikerkollegen, für die ich längst »zu viel Macht« besaß. In meinem Rücktrittsschreiben im Sommer 1971 an den damaligen Berliner Senator für Wissenschaft und Kunst, Prof. Stein, gebrauchte ich die Worte »Mißgunst und Neid«. Der gab mir das Schreiben zurück: »Das akzeptiere ich nicht. Wir brauchen Sie.« Schließlich machte er zur Bedingung, daß ich meinen Nachfolger ein Jahr lang »einarbeiten« sollte. Es war ein Fehler, das akzeptiert zu haben. Stein wollte, daß ich unbedingt auch künftig »besondere Konzerte und Ideen« - er erwähnte meine Weltmusikprojekte - für Berlin realisieren sollte. Die zuständigen Senatsmitarbeiter und mein Nachfolger - der Schweizer Pianist George Gruntz, den ich bei dieser Gelegenheit dem Senat vorstellte - waren dabei, als Prof. Stein das sagte. Gruntz antwortete, er akzeptiere das nicht nur, er lege sogar Wert darauf. Ich begriff nicht, daß er das nur sagte, um den Posten zu bekommen.

Heute weiß ich: Es gibt Situationen, in die der Konflikt von Anfang an eingebaut ist. Ich bin oft in meinem Leben in solche Situationen hineingestolpert. Es tat weh, daß mein Schweizer Nachfolger versuchte, mich menschlich zu diskreditieren. Mir haben Sätze, die Martin Walser zu vergleichbaren Situationen in seinem Leben gesagt hat, geholfen. Walser weist darauf hin, »wie beschränkt der Spielraum von all dem ist, was Meinung heißt«. Dann sagt er: »Meine Meinungsäußerungen zogen Gegenmeinungen nach sich, die noch schriller waren. Das heißt aber: In meiner Meinung muß auch schon etwas Schrilles gewesen sein ...«Und schließlich: »Was heißt das, wenn du Statthalter einer Meinung bist? Das hat bei mir zu dem Satz geführt, nichts sei ohne sein Gegenteil wahr.« Genau dies habe ich damals erfahren. »Statthalter«, gar Hofhalter einer Meinung - das bin ich ja wahrhaftig auf der Jazzszene gewesen.

Mein Schweizer Nachfolger und ich »spiegelten« einander. Je mehr wir das taten - und auch: je stärker es die Öffentlichkeit tat -, desto verzerrter wurde das Bild. Schließlich gab es nur noch verzerrte Bilder, nach denen er und ich und die Beteiligten sich informierten; nach denen wir »richteten«. Wahrheit ist auf diese Weise nicht zu finden. Die, die einander Spiegel sind, sehen und erfahren nur das im anderen, was sie von sich selber kennen und bei sich selber erfahren haben. Das gilt auch für andere Konflikte, die ich damals hatte - etwa wenn ich meine eigenen Sprach- und Stilvorstellungen an die Manuskripte anderer Jazzautoren anlegte.

Es war Zeit - höchste Zeit -, Berlin loszulassen. Erleichtert wurde mir das dadurch, daß sich, je schwieriger es für mich in Berlin wurde, um so häufiger der Ausgleich einstellte: Einverstandensein, kollegiales Zusammenschwingen, Freude, Harmonie bei den anderen Festivals und Festival-Konzerten, die ich leiten durfte - dem Jazzfest aus Anlaß der Münchner Olympiade 1972 (wohl meinem schönsten Festival), auf der Weltausstellung in Osaka 1971, dem *German Japanese Jazz Meeting Tokyo 1970* (in Zusammenarbeit mit dem Goethe-Institut), schließlich »Jazz and World Music« in New York 1983, meinem »Nachzügler« ...

Dennoch: Es gibt so etwas wie den »Typ« eines Festivalchefs. Die Amerikaner George Wein und Norman Granz etwa verkörpern ihn, auch Claude Nobs vom Montreux Festival. Ich habe diesem Typ nie entsprochen. George Gruntz entspricht ihm.

Aber auch seine Zeit ging zu Ende. Nach ihm kam - Anfang der neunziger Jahre - Albert Mangelsdorff: der Musiker, mit dem ich in meinem Leben am engsten zusammengearbeitet habe. Ihm sind die Ideen und Ideale meiner Festivalgestaltung bewußt. Ich weiß - er hat mir das gesagt -, daß er sie vertritt und - im Rahmen der immer geringer werdenden finanziellen Möglichkeiten - weiter realisieren wird. Das ist auch an seiner Art der Programmgestaltung zu spüren - einer Art, Festivals zu gestalten, die heute leider immer seltener wird.

Ich wünsche dem Jazzfest Berlin ein langes Leben - nicht nur, weil es »mein Kind« ist. Ich wünsche jedem Jazzfestival ein langes Leben.

Schließlich habe ich nicht nur das Berliner Jazzfest losgelassen, sondern den ganzen Jazz. Als ich das tat - Mitte der achtziger Jahre -, glaubte ich, jüngere Kritiker würden die Aufgaben übernehmen, die ich bis dahin wahrgenommen hatte. Ich dachte, das würden gerade die jungen Leute sein, die so vehement gegen mich protestiert hatten. Ich finde es schade, daß sie nur protestiert haben, aber nicht ihrerseits kreativ geworden sind.

Jede kulturelle Szene braucht eine Art »Autorität«, möge sie nun Reich-Ranicki oder Adorno oder Joachim Kaiser oderoderoder ... heißen. Eine solche Autorität fehlt heute der deutschen - in mancher Hinsicht auch der internationalen - Jazzszene. Gewiß vermisse ich sie, weil ich selber eine gewesen bin, aber ich weiß - und es wird mir auch immer wieder gesagt: Die Jazzszene braucht sie.

Die Richtung freilich, in der ich mich entwickeln wollte, war mir bewußt seit der Mitte der sechziger Jahre, also bevor ich das Berliner Fest niederlegte: immer weniger »Manager« zu sein und wieder mehr zu schreiben. Nicht nur über Jazz.

9 Satchmo und ...

Es hat in all diesen Jahren wenige Kritiker, Manager, Veranstalter gegeben, die mein Haus betreten hätten. Aber die Musiker kamen. Wurden Freunde. Kommen noch heute. Hier eine Geschichte, die für viele ähnliche steht:

1961 produzierte ich in New York eine Serie von Fernsehsendungen mit Benny Goodman, Duke Ellington, Eddie Condon, Louis Armstrong ... Satchmo kam zuletzt. Es war eine mühsame Produktion. Die amerikanischen Kameramänner begriffen nicht, was mir von meiner Arbeit in Deutschland her selbstverständlich war: daß die Bildschnitte auf den beat genau auf den Wechseln in der Musik - etwa von einem Solisten zum nächsten oder zum Ensemble - zu sitzen haben. Daß man nicht Präzision von den Musikern verlangen könne, wenn sie von den Kameraleuten und Bildmischern nicht genauso geleistet würde. Wir hatten weit über die vorgesehene Zeit hinaus gearbeitet. Alle waren erschöpft. Als wir endlich fertig waren, war plötzlich das Studio leer. Nur die Cutterin und ich waren zurückgeblieben, weil ich mit ihr besprechen wollte, wie ich die Sendung geschnitten haben wollte. Wir hatten etwa eine Stunde miteinander geredet, als sich plötzlich die ins Studio führende Fahrstuhltür öffnete, und herein kommt - Satchmo. Ob er etwas vergessen habe, frage ich. »Ja«, sagte er, er habe vergessen, mir »Auf Wiedersehen« zu sagen. Tat dies - *Bye bye* -, bestellte all seinen Fans in Germany schöne Grüße und verschwand.

Ich empfinde Dankbarkeit gegenüber vielen Musikern - lebenden und verstorbenen. Dankbarkeit für ihr Vertrauen, das oft Freundschaft geworden ist - eine Freundschaft, die bei vielen von ihnen auch dann lebendig blieb, als ich ihnen keine *gigs* (so nennen die Musiker ihre Auftritte und Verpflichtungen) mehr geben konnte. Ich meinte, es genügt nicht, das »Dankeschön« immer nur persönlich zu äußern, denn auch sie haben mir ja ihr Vertrauen und ihre Freundschaft öffentlich bewiesen. Hier deshalb ein paar Namen, die mir besonders am Herzen liegen. Ich nenne sie, wie sie mir einfallen, und es ist möglich, ja wahrscheinlich, daß ich viele vergesse.

John Coltrane. Albert Mangelsdorff. Charlie Mariano. Wolfgang Dauner. Max Roach. Clifford Brown. Dizzy Gillespie. Karin Krog und John Surman. Tony Scott. Shinichi Yuize (der Altmeister der japanischen Koto). George Russell. Don Cherry. John Handy. Die indischen *master musicians* Ali Akbar Khan, T. A. S. Mani, Prakash und Vikash Maharaj und die Sängerin Rama Mani. Karl Berger. Gunter Hampel und Jeanne Lee. Nathan Davis. Carmell Jones. Johnny Dyani. Eddie Sauter. Oliver Nelson. Joachim Kühn. Philip Catherine. Edu Lubo, Baden Powell, Sylvia Teiles. Der Altmeister der tunesischen Musik Salah El Mahdi. Die Polen Krzysztof Komeda, Zbigniew Seifert und Urszula Dudziak. Memphis Slim. Willie Dixon. Sunnyland Slim. Sonny Boy Williamson. Sun Ra. Joe Venuti. Japser van t'Hof. Bernd Konrad. Günter Baby Sommer. Okay Temiz. David Friesen. Andrew Cyrille. Cecil Taylor. Paco de Lucia. Die indonesischen Meister Bubi Chen und Jack Lesmana. Hideo Shiraki. Terumasa Hino. Masahiko Sato. Aki Takase. Alphonse Mouzon. Charles Mingus. Helen Merrill. Willem Breuker. Jo Anne Brackeen. Stephane Grappelli. Larry Coryell. Stu Martin. Jaco Pastorius. Barre Phillips. Alexander von Schlippenbach. Hampton Hawes. Bill Evans. Archie Shepp. Manfred Schoof. Eric Dolphy. Paul Winter. Paul Horn. Lee Konitz. Attila Zoller. Stan Getz. Gil Evans. Dexter Gordon. Ben Webster. Don Byas. John Lewis. Milt Jackson. Percy Heath. Connie Kaye. Kenny Clarke. Jim Hall. John McLaughlin ... Und: Louis Satchmo Armstrong.

10 Jazz überschreiten

Dies ist kein Jazzbuch. Ich kann nicht alles erzählen. Sonst verlören die Jazz-Kapitel jede Proportion zu dem, was sonst in diesem Buch steht. Es war nicht nur das Jazz-Durchsetzen. Es gab auch das Jazz-Überschreiten - auch dies von Anfang an. Wachsend, je mehr sich das Durchsetzen erübrigte. Das Wörtchen »und« hinter dem Jazz wurde immer wichtiger: »Jazz und Lyrik«, »Jazz und Weltmusik«, »Jazz und Moderne Kunst«, »Jazz und Alte Musik«, »Jazz und Moderne Konzertmusik« ... Das »und« schlägt Brücken.

Überschreiten heißt nicht: den Jazz hinter sich lassen; es bedeutet: noch einen weiteren Schritt tun. Viele Jazzfreunde haben mir diese Schritte übelgenommen, sie wollten den »reinen« (ein fragwürdiger Begriff, auf den ich im Kapitel über »Weltmusik« eingehe) Jazz.

»Jazz und Alte Musik« war das erste - Mitte der fünfziger Jahre: eine Monate währende Tournee, mehr als zweihundert Veranstaltungen, in denen wir die Fülle der Gemeinsamkeiten zwischen dem Jazz und der Alten, vor allem der Barock-Musik aufzeigten. Wir: das waren Dr. Tröller von der Mannheimer Musikhochschule, das Wolfgang Lauth Quartett (Mitte der fünfziger Jahre die bekannteste deutsche Jazzgruppe) und ich. Es war damals etwas Neues, Überraschendes für das Publikum, wenn es erfuhr - und gleich die Beispiele dafür mitgeliefert bekam -, wie viele Beziehungen es zwischen dem Jazz und - zum Beispiel - dem geheiligten Johann Sebastian Bach gibt.

Das Gegenteil - »Jazz und Moderne Konzertmusik« - machte ich auf den Donaueschinger Musiktagen, »**dem**« Festival für Neue Musik, dessen Jazzkonzerte ich dreißig Jahre lang - von 1954 bis 1986 - betreuen durfte. Ich regte Komponisten der Konzertmusik an, Werke des »Brückenschlages« zu versuchen - Rolf Liebermann zu seinem vielgespielten »Concerto für Jazzband und Symphonieorchester«, das wir in Donaueschingen 1954 uraufführten, Wolfgang Fortner zu einem Klavierkonzert, Penderecki zu seinen »Actions«, Karl Amadeus Hartmann, Bernd Alois Zimmermann und Boris Blacher und andere.

Noch wichtiger war mir dieser »Brückenschlag« von der Seite des Jazz her: In Kompositionen, die ich bei Heinz Kießling, Don Cherry, Alex von Schlippenbach, Gil Evans, Oliver Nelson, Dave Brubeck, Manfred Schoof, Eddie Sauter, Mathias Rüegg und anderen in Auftrag gab.

Das erfolgreichste dieser Unterfangen wurde »Jazz und Lyrik«, später umbenannt in »Dichtung und Jazz«, schließlich in »Musik und Dichtung«. Ich spreche darüber in einem gesonderten Kapitel.

11 Gesellschaft ändern?

Es ist viel darüber gedacht und geschrieben worden, ob Kunst eine Gesellschaft ändern kann. Dem herrschenden Klima unserer Tage entsprechend wird heute diese Frage meist negativ beantwortet - was gewiß auch bequemer ist; es befreit von Verantwortung. Ich gehöre der Generation an, die nach dem Zweiten Weltkrieg mit einer ungeheuren Emphase moderne Kunst »durchgesetzt« hat - so stark, wie sie es auch in den zwanziger Jahren, vor der Nazi-Zeit, nicht gewesen ist. Alfred Andersch, Jean Amery, Hans Paeschke und andere haben gezeigt, welch große gesellschaftliche Brisanz und Wirkung dies gehabt hat - etwa in der Adenauerzeit, als wir nach den Zerstörungen des Krieges vorrangig damit befaßt waren, unsere materiellen Lebensgrundlagen zu sichern und deshalb auch zu überschätzen. Weltoffenheit, Toleranz, Individualität, Freiheitsbewußtsein - im deutschen Mittelstand keine hochentwickelten Tugenden - sind dadurch gewachsen.

Schauen wir auch ruhig, wie es außerhalb Deutschlands gewesen ist: Jeder Pole, jeder Tscheche, jeder Ungar und Rumäne, jeder Sowjetbürger hat gespürt und selber erfahren - die Jazzfreunde oft auf ihre existenzbedrohende Weise -: Diese Musik bedeutet nicht nur etwas Musikalisches, sie hat politischen und gesellschaftlichen Rang.

Kunst **kann** eine Gesellschaft ändern. Auch früher schon. Deutlich zum Beispiel in der Zeit der Aufklärung. Die strahlte hinein bis in die Verhaltensweisen der Bürger und Handwerker - bis in die Französische Revolution! Was wäre sie ohne die Aufklärung? Und natürlich hat die Musik, die dem deutschen Volk in der Nazi-Zeit durch die damals vorherrschenden Trichter der Lautsprecher von morgens bis nachts ein-ge-trichtert wurde, die deutsche Gesellschaft tiefgehend beeinflußt.

Kunst **kann** eine Gesellschaft ändern. Gerade die moderne Kunst - und in ihr besonders der Jazz - hat das, was auf diese Weise möglich ist, vorbildlich geleistet. Aber ich kann nicht erkennen, daß sie das heute noch tut.

Die Gesellschaft läßt sich ändern, aber sie sagt auch: Halt! Deutlich wird das an dem »Stop!«, den sie der Zwölfton- und seriellen Musik geboten hat - und an der Tatsache, daß die Komponisten dieses Verkehrslicht befolgt haben. Im deutschen Sprachraum hat Heinz-Klaus Metzger ein besonders feines Gespür für die Beziehungen zwischen Musik und Gesellschaft. Ich zitiere: »Interpretiert man die Wiener atonale Revolution vom Beginn des Jahrhunderts, beruhend auf Schönbergs tief jüdischer Erfindung der Gleichberechtigung der Töne ... als imaginär vorweggenommenen Überbau einer fällig gewesenen Revolution der Wirklichkeit, ... dann versteht man, warum die Neue Musik noch immer so eigentümlich in der Luft hängt und der sozialen Basis enträt.« Metzger sagt, man verstünde, aber er sagt nicht, was verstanden worden ist. Ich möchte es sagen: Wenn die radikale Gleichberechtigung der Töne der musikalische Überbau für die radikale Gleichberechtigung sämtlicher Glieder einer Gesellschaft ist (und ich zweifle nicht, daß das so ist), dann hat die Gesellschaft »Stop!« gesagt, weil sie aus einer inneren Weisheit heraus weiß: Der völlige Verzicht auf Hierarchien ist nicht möglich. Er kann genauso mörderisch wirken wie Despotie, ja, er **ist** Despotie.

All dies schlägt auf den Jazz durch. Kapitalismus - auch der gemäßigte, den die meisten von uns vorziehen - hat viel mit Unterscheiden zu tun. Mit der Freiheit, Unterschiede machen zu dürfen. Deshalb auch mit jener Individualität, um die es dem Jazz geht - mehr als notierter abendländischer Musik.

Im Jazz stimmt der Überbau. Er **ist** der Überbau für das, was wir von einer modernen Gesellschaft - oft vergeblich - erwarten: Freiheit, Individualität im Bezogensein auf ein Ganzes, im Dienen dem Ganzen - und dies in einer Intensität, die körperbezogen ist und Spaß macht.

Deshalb ist der Widerstand, den der Jazz auslöste, nie so elementar gewesen wie der, der geradezu zur Aura der modernen atonalen und seriellen Musik gehört. Deshalb ist er auch nicht mit einer solchen Wucht ins Leere gelaufen. Jazz ist humane Musik.

Auffällig ist, daß das Geschick der Gesellschaft wächst, eine Kunst oder eine Musik, die die Gesellschaft hinterfragt oder ändern könnte, zu neutralisieren. Sie neutralisiert, indem sie akzeptiert. Der schwierige, hochdifferenzierte, Generationen währende Prozeß zwischen dem Ja und dem Nein, wie er sich zwischen dem Jazz und der Gesellschaft des 20. Jahrhunderts abgespielt hat, ist heute nicht mehr denkbar.

Auch die Rockmusik war ja zunächst durchaus gesellschaftskritisch - in den sechziger Jahren. Innerhalb eines Jahrzehnts war sie neutralisiert. Indem sie angenommen, in der Umarmung erdrückt wurde.

Inzwischen geht's noch viel schneller - etwa bei Rap, Hip Hop und all dem, was morgen schon kommen kann. Da liegen die Fristen, die sich Musik und Gesellschaft gegenseitig setzen, bei zwölf bis 18 Monaten. Viele, ja die meisten dieser Trends beginnen als ein engagierter, oft zorniger, ja wütender Aufstand gegen die Gesellschaft. Je wütender er ist, desto schneller läuft er ins Leere.

Die Musiker, zumal die Schwarzen mit ihrer gesteigerten Sensibilität, durchschauen den Mechanismus und eskalieren ihn. Gesellschaftskritik wird zum Trick, um erfolgreich zu werden. Sie gehört zum Spiel.

Die Zeit, in der bestimmte Kunst- und Musikrichtungen verboten werden »mußten«, weil ihre gesellschaftsverändernde Wirkung gar zu brisant war, liegt weit zurück. Verbote sind nicht mehr nötig. Der Geschmack der Gesellschaft ist das totalitäre Regime, das sie sich selber verhängt.

12 Noch mal: Warum?

Noch mal Cocteaus Wort, nichts sei intensiver, es sei denn, es ist Jazz. Mein Leben war ein Suchen nach Intensitäten. Von Kindheit an. Im Schmerz. Im Verletztsein. Im Protest gegen den Vater. In der Liebe. In der Sexualität. In meiner Art zu arbeiten. Zu reisen. Zu leben. In der Suche nach Antworten. Nach Spiritualität.

Intensität meint immer die eigene. Meint immer dich selbst. Jazz, Liebe, Arbeit - all dies - kann immer nur Anlaß, Medium, Auslöser sein. Wenn **du** nicht intensiv bist, nutzt nichts anderes - auch das Größte nicht. Der Jazz schon gar nicht. Im Gegenteil: Dann fällt er dir auf die Nerven. Intensität zielt auf das Selbst, um - das ist ihr Sinn -

über es hinausweisen und hinausführen zu können. Deshalb »macht sie uns an«. Jeder Psychologe weiß das: In jeder intensiven Selbsterfahrung »schläft« das »Jenseits davon«, das »Trans-«. Alle Intensität - auch alle Ekstase - läuft darauf hinaus. Habe ich deshalb Jazz gewählt? Und ihn deshalb verlassen? Und werde deshalb nie aufhören, ihn zu lieben.

Aber es gibt noch ein anderes Warum. Das habe ich zu benennen versucht, als ich 1982 sechzig wurde und vor den 200 Menschen, die gekommen waren, mit mir zu feiern, eine Rede hielt - antwortend einer in Bluesform gebrachten *hommage,* die Dieter Zimmerle vom »Jazzpodium« hielt: »Mein Sechzigster erinnert mich an den Sechzigsten des Jazz. Wenn wir einmal davon ausgehen, daß Jazz um 1900 entstand, dem Geburtsjahr von Louis Armstrong, dann wurde er um 1960 sechzig, als der Free Jazz kam: Eine Befreiung, ein Aufbruch in Neues Land, eine Zeit des Protestes, des Zorns, des Widerstandes, eine Ära neuer Jugend, ein neues Atemholen ...

Ihr habt mich hier heute abend gefragt: Warum hast du Jazz gewählt? Und es ist wahr: Ich hätte 1945 vieles tun können: studieren. Zwar Rundfunk machen, aber eben nicht Jazz. Andere Musik. Literatur. Politik. Aber es trieb mich zum Jazz. Mit einer Kraft, die ich nicht beschreiben kann. Ich **wollte** Jazz machen. Nichts war mir wichtiger. Immer wieder lockten andere Wege. Hohe Angebote köderten mich zum Fernsehen, wo ich zwar Musik, aber gewiß keinen - oder kaum - Jazz hätte machen können. Aber ich wollte Jazz. Ich habe ihn gewählt. Und ich glaube, ich habe ihn deshalb gewählt, weil Jazz nicht erst 1960, als er sechzig wurde, sondern von Anfang an, von New Orleans an, in all seinen Formen, Stilen und Spielweisen eben das gewesen ist, was ich gerade über den Free Jazz gesagt habe: eine Musik, die aufbricht in Neues Land, Musik der Jugend, des Protestes, des Widerstandes, der Befreiung, eines ungeheuren musikalischen Atemholens.« Nur deshalb konnte er die gesamte populäre Musik dieses Jahrhunderts nähren.«

Inzwischen ist deutlich: Er wird auch noch die des nächsten Jahrhunderts nähren.

Weltmusik und Welt-Musik

»Der Musik auf den Grund hören. Herausfinden, was allen Musikkulturen der Erde gemeinsam ist. Das **Eigentliche** der Musik finden.« Karl Berger hat das gesagt, der Heidelberger Pianist und Vibraphonist, der um die Wende der sechziger zu den siebziger Jahren in Woodstock, der Festivalstadt, die erste Weltmusikschule geleitet hat. Es sind Sätze, die auch meine eigene Weltmusikarbeit auf eine - zu differenzierende - Formel bringen.

I

Meine erste Weltmusikproduktion habe ich 1962 gemacht - ein Trio japanischer Koto-Spielerinnen und das damals führende japanische Jazzensemble zusammenführend -, eine Co-Produktion des Südwestfunks und der Fernsehgesellschaft Fuji TV in Tokyo. Das Ensemble, das auf diese Weise entstand, wurde jahrelang immer wieder präsentiert und hat eine Welle ähnlicher Gruppen ausgelöst - erst in Japan, dann auch in anderen Ländern.

In Djakarta, Kuala Lumpur, Bombay, New Delhi, in Tunesien, in Afrika und Brasilien versuchte ich ähnliches. Eine ganze Plattenreihe entstand: *Jazz meets the World.* Die erste Weltmusikreihe, die es gegeben hat. 1967 kam das erste Weltmusikfest hinzu - im Rahmen der Berliner Jazztage in der Philharmonie in Berlin. Ich holte die Musiker, die ich auf meinen Reisen kennengelernt hatte, aus Japan, Indonesien, Indien, Tunesien, Trinidad, Brasilien, Westafrika ...

2

Der erste Anstoß zur Weltmusik, glaube ich, kam von Yusef Lateef - einer der ersten amerikanischen Jazzmusiker, die Moslem - nicht *Black Muslim* - geworden waren: bereits in den fünfziger Jahren. Aber der wichtigste - der, den die Welt gespürt hat - kam von John Coltrane - um 1960/61. Ich hatte damals nächtelange Gespräche mit ihm. Er und seine Musik haben mich auf den Weg gebracht. »Trane«, wie wir ihn nannten, hatte auf seinen Platten Indisches und Arabisches anklingen lassen, aber er verstand - und gab das auch zu - wenig von diesen Musikkulturen. »Wir müssen hinfahren«, sagte er. Aber er war eingespannt in seinen Welterfolg, in Verträge und Verpflichtungen, war bereits gesundheitlich angeschlagen.

Also fuhr ich. Ich könnte auch sagen: Ich wurde gefahren. Ich mußte es einfach tun. 1962 die erste große Reise - drei Monate lang. Dann zwölf Jahre lang jedes Jahr eine. Es war mir egal, wer mich schickte: die Zeitschrift »twen« (die war die erste!), Radio und Fernsehen, das Goethe-Institut - egal auch, wer mich einlud: das indonesische Kultusministerium, um in Djakarta ein Jazzfestival organisieren zu helfen, die Elektronikfirma Pioneer, die Weltausstellung Osaka ... Heute wundere ich mich, wie leicht sich das alles zusammenfügte.

3

Erst in der zweiten Hälfte der Sechziger begannen wir, den Terminus »Weltmusik« zu verwenden - vielleicht Karl Berger zuerst, vielleicht Don Cherry, vielleicht ich ... wer weiß. Mit einem Mal »zündete« er. Daß ein Vierteljahrhundert später die Plattengeschäfte von Weltmusik überquellen würden, ahnte keiner. Im Gegenteil, wir fühlten uns allein. Kritiker fielen über mich her. Als verriete ich die Grundfesten der Musik, verfälschte die »reine« Botschaft des Jazz. Die gleichen Kritiker - ich könnte die Namen nennen -, die heute auf den Terminus »Weltmusik« nicht verzichten können. Ihr übliches kurzes Gedächtnis.

4

Was überhaupt ist »rein« am Jazz? Die unreinste Musik je. Von New Orleans an. Das gerade ist das Faszinierende an ihr. Wir ebneten ihr nur den Weg dorthin, wohin sie ohnehin wollte. Wie die Entwicklung bestätigt.

Was überhaupt ist »rein« an jeglicher Musik? Die große Musik des Abendlandes: ein einziger Mischmasch. Schon die Gregorianik! Nicht zu denken ohne Islamisches, Ägyptisches, Früh-Christlich-Hellenisch-Jüdisches ... Sequenzen, Responsorien der Kopten, auf die sich Papst Gregor berief ... Deren gesammelter Vorstoß über Spanien, Sizilien, Rom, Südfrankreich, Byzanz schuf »unsere« Musik. Und das nicht bloß damals. Bachs und Beethovens Ohren überallhin. Mozarts *alla turca.* Debussys Gamelan. Messiaens und Stockhausens Indien ...

Was ist »rein« am Humanen? An uns? Kelten, Germanen, Römer, Slawen, Mongolen ... Wer nennt die Völker, die uns ausmachen?

Wer immer gereist ist, weiß: die interessantesten Menschen, die schönsten Frauen: Mischlinge, Eurasier und Eurasierinnen. Das Wunder von Trinidad: Inder, Javaner, alte und neue Kreolen, Franzosen, Engländer, Afrikaner - alles zusammen! Und was für Gesichter! Die aufregendsten, schönsten, lebendigsten!

»Rein«: Der Minderwertigkeitskomplex derer, die's sind. Noch schlimmer: Derer, die es nicht wissen, daß sie es nicht sind, und es gern sein möchten. Die Stilisierung der eignen Beschränktheit. Ein Euphemismus für »zu«.

5

Berlin 1967 war nur der Anfang. Ich machte World Music Meetings und Festivals, wo immer ich konnte. Mein alljährliches *New Jazz Meeting* in Baden-Baden wurde zur Hexenküche, in der wir neue Verbindungen, neue Ideen, neue Platten ausbrüteten. Was immer sich als gut und aufregend erwies, machten wir auch anderswo. Auf der Weltausstellung in Osaka. Im Lincoln Center in New York. Auf der Olympiade in München ... Für die Donaueschinger Musiktage führte ich Perkussionisten aus der ganzen Welt zusammen - Afrikaner, Brasilianer, Steelband-Spieler aus Trinidad, Japaner, Amerikaner, Europäer ...

Die Musiker kamen mit Begeisterung. Ich brauchte nur anzurufen. Hatte die höchste Telefonrechnung am Südwestfunk, aber nur einen Winz-Etat. Wir hatten nicht viel Geld. Weltmusik war noch kein Geschäft. Aber die Musiker hatten Gespür: Hier passiert was Neues, da will ich dabei sein. Am Anfang ging manches daneben, aber je öfter ich's tat, desto besser gelang es.

6

Wir spürten, waren total erfüllt davon, daß unsere Arbeit und unsere Musik Grenzen »über-spielte« - in jeglichem Sinne! Oft genug unsere eigenen. Der viel zu früh verstorbene Colin Walcott, ein Prototyp des damals entstehenden »Weltmusikers«, sagte, daß wir auf unserem immer kleiner werdenden Planeten nur überleben könnten, wenn wir »Weltbürger« würden, und daß die Musiker diesem Typ des Weltbürgers ein gutes Stück näher seien als die meisten anderen, ja daß sie ihn vorausnähmen. Daß das so war - und so ist -, erlebte ich täglich im Umgang mit all diesen Musikern. Sie kamen aus vielen verschiedenen Kulturen, konnten oft kaum miteinander reden - in Worten -, aber wie »redeten« sie musikalisch miteinander! Sie »schwangen zusammen«, hatten intensive, liebevolle Kommunikation, waren verbunden wie eine einzige große Familie. Sagten das auch immer wieder: *We are a World Family.*

7

Daß wir auf dem richtigen Wege waren, machten uns gerade die Gegner deutlich. Zunächst einmal waren das die Musik-Ethnologen der Universitäten und Hochschulen. Wir nannten sie die »Reinheitsapostel«, aber hatten bald Anlaß, diesen Begriff auf andere Kreise zu erweitern, vor allem natürlich auf Kritiker, die immer erst hinterher hören, was not tut.

Wir spürten auch das faschistoide Element darin - manchen gewiß nicht bewußt, aber mit der Faschistoidität ist es ohnehin so, daß sie am liebsten und leichtesten unbewußt einkriecht. Um so wirksamer ist sie.

Je weiter wir kamen, desto deutlicher konnten wir hören, wie wenig stimmig die Argumente unserer Gegner waren. Musikalische Differenzierungen wurden nicht, wie sie behauptet hatten, abgeschliffen, »niedergemacht« (wie einer von ihnen schrieb), sondern kristallisierten sich immer stärker heraus. Je originärer ein Beitrag war - ein javanischer, nigerianischer, japanischer -, desto verbindlicher wurde er auch für die anderen. Die Musik wurde authentischer, nicht weniger authentisch. Heute braucht niemand mehr das Wort Jazz vor die Weltmusik und vor das Treffen mit ihr zu setzen. Und dennoch war es der Jazz - waren es die Jazzer -, die den Weg als erste beschriften. Ihn geöffnet haben.

Nicht zu vergessen: Auch das Nicht-Authentische verdient seinen Platz - als *humanum.* Als Mittler und Medium. Menschen brauchen es. Es ist menschlich, es angenehm zu finden - und gar zu leicht Hochmut, es zu verachten.

8

Theoretikern, Wissenschaftlern, Ethnologen sind die Unterschiede zwischen den Kulturen wichtig. Musiker interessieren sich zuerst einmal für ihre Gemeinsamkeiten. Und entdecken darüber, daß die Unterschiede ephemer sind, aufgesetzt. Der Pianist McCoy Tyner, der Klavierpartner Coltranes: »Was ich sehe in der Musik, ist etwas Totales

... Die Musik der ganzen Welt ist miteinander verbunden.« Der 1995 verstorbene Don Cherry: »Die Musik, auf die es ankommt, ist in der ganzen Welt die gleiche.« Oder der große indische Sarodspieler Ali Akhbar Khan: »Du kannst westliche oder östliche Musik machen, im Grunde machst du immer nur **eine** Musik.«

Diese Ansicht wird durch die harmonikale Grundlagenforschung voll bestätigt. Überall sind es die gleichen Proportionen (das ist nur ein anderes Wort für Intervall), die der Musik aller Völker und aller Kulturen zugrunde liegen - Proportionen, die letztlich durch die Ganzzahligkeit der Obertonreihe bestimmt werden: durch physikalische Befunde also, an denen kein Musiker - und kein Theoretiker der Welt! - etwas ändern kann. Er mag an ihnen »rütteln«, sie leicht verschieben, letztlich ändern kann er sie nicht. Was von diesen Befunden abweicht, wird »zurechtgehört« - ein Phänomen, das seit der Barock-Zeit bekannt ist; unsere temperierte Stimmung verdankt sich ihm. Die »Disposition des menschlichen Gehörs«, sagt Rudolf Hase, der all dies besonders gründlich erforscht hat, »zwingt uns dazu, Abweichungen auf eben jene ganzzahligen Quanten (!) zurechtzuhören, zu denen nicht nur die Musik der Welt, sondern auch unsere Ohren unabweisbar tendieren.«

Sogar von der Musik, die europäischen Ohren am fremdesten klingt, der chinesischen, gilt: Sie verdankt sich eben jener Naturtonleiter, der sich auch die westliche - und alle! - Musik verdankt. Nicht zufällig war es ein Chinese, der die temperierte Stimmung als erster »erfunden« hat - Prinz Chu Tsae Yü im Jahre 1595. Er berechnete sie auf neun Stellen genau - fast hundert Jahre bevor 1691 Andreas Werkmeister in Europa das gleiche - aber viel weniger genau - tat. Noch erstaunlicher ist die folgende Koinzidenz: Derselbe Prinz Chu Tsae Yü entdeckte den Quintenzirkel, ein Jahr bevor Simon Stevin ihn in Prag berechnete. Verblüffend die Kürze der Abstände: Fast zwei Jahrtausende - von Heraklit und Pythagoras an, ja von noch früher her: von den alten brahmanischen Musikdenkern Indiens im 2. Jahrtausend vor Christus an - steuerte menschliches Musikbewußtsein auf diesen Punkt zu - und dann wurde er im Abstand von einem Jahr erst in China, dann in Europa erreicht: Rupert Sheldrakes morphologisches Feld! Die Zeit war »reif« - wie jetzt für uns mit der Weltmusik.

Was eben von Tonschritten gesagt wurde, gilt noch stärker von Rhythmen. Auch hier läuft alle Musik der Welt auf die gleichen ganzzahligen Verhältnisse hinaus, ohne die Rhythmus nicht elementar empfunden werden kann. Denn: Er muß körperlich nachvollzogen werden können. Herzschlag und Lungentätigkeit, Puls, Atem, Knochenlänge, Körpermaße tendieren zu ganzzahligen Verhältnissen - den gleichen, die es in Rhythmen und harmonikalen Progressionen gibt - den gleichen »Quanten« wie auf der Saite des Monochords.

9

In alldem klingt an, was wahrscheinlich der eigentliche Grund ist, aus dem so viele Musiker, mit denen ich damals zusammengearbeitet habe, immer wieder davon sprachen - und mit wachsender Sicherheit weiter darüber sprechen: Ihre Reisen in andere musikalische Kulturen sind in Wirklichkeit Reisen in ihr eigenes Inneres. Karl Berger lehrte in Woodstock: »Es ist alles in dir. *Listen into yourself.* Hör in dich selber hinein. Da findest du die ganze Musik.«

Besonders eindrucksvoll hat dies der amerikanische Perkussionist Mark Nauseef - auch er ein Prototyp des Weltmusikers - erkannt. Zu einer seiner Platten sagte er Mitte der siebziger Jahre, sie handle davon, daß ein Mensch in einen tiefen Wald - eine Art Urwald - eindringe. Je weiter er komme, desto deutlicher höre er Musik. »Mit einem Mal wird er überwältigt von einem unheimlichen Gefühl der Vertrautheit - als kenne er das alles genau. Als habe er diese Musik schon früher gehört.«

Auf der dazugehörigen Platte verwendete Nauseef Balinesisches, Indisches, Afrikanisches, Arabisches. Als ich ihn befragte, sagte er: »Der Wald ist mein eigenes Unbewußtes. Es ist alles in uns selbst. Es ist immer nur Wieder-Erkennen und Wieder-Finden.«

Ähnlich der swingende Jazzschlagzeuger Ed Thigpen, ein Mann der älteren, konservativeren Jazzgeneration. Als der südindische Perkussionist T. A. S. Mani auf dem *World Music Meeting* der Donaueschinger Musiktage 1984 einen schwierigen $^{11}/_{8}$-Rhythmus erklärte, wie es ihn häufig in indisch-karnatischer Musik, aber im Jazz (bei Dave Brubeck, Don Ellis) allenfalls mal als Experiment gibt (die Elf zu unterteilen in 3-3-3-2 - ein für die amerikanische und schwarze Tradition ziemlich ungewöhnliches Verfahren), da sagte Ed, nachdem er eine Weile zugehört und dann zögernd und mit wachsender Sicherheit mitgespielt hatte: »*It's funny,* aber irgendwie habe ich das alles gekannt. Als sei es schon immer in mir gewesen. *Who knows?*«

Ein Längst-schon-Kennen und Wieder-Erkennen hat bereits derjenige Musiker empfunden, der die ganze Weltmusikbewegung ausgelöst hat (wenn er auch noch nicht zu ihr gehörte): der große John Coltrane. Was er, als er Ende der fünfziger Jahre indische und arabische Musik zum ersten Mal hörte, wirklich zu hören vermeinte, war »eine Musik, die in mir selber verborgen war. Ein *trip into your inner self.*«

Vielleicht ist dies überhaupt die überzeugendste Motivation der Weltmusikbewegung: die Entdeckung musikalischer Archetypen. An dieser Stelle ist es sinnvoll zu erinnen, daß das Wort *Archetyp* nicht, wie heute oft zu lesen, von C. G. Jung in die wissenschaftliche Diskussion eingeführt wurde, sondern von - dem Astronomen Johann Kepler im 16. Jahrhundert. Der aber verwendete es in eben dem Zusammenhang, von dem hier die Rede ist: die »Harmonie der Sphären« sei »archetypisch« der Seele des Menschen eingeprägt: *verissimo Harmoniae Archetypo qui intus est in Anima.* »Der allerwahrste harmonische Archetyp ist in der Seele.« Daß er harmonisch empfunden wird, »bewirkt die Seele durch die Vergleichung mit dem Archetypus« (Kepler).

Simpler sagt es Stockhausens klassischer Ausspruch: »Jeder Mensch hat die ganze Menschheit in sich.«

10

Aus all diesen Gründen ist Weltmusik, wie sie sich uns seit den sechziger Jahren öffnet, der musikalische Entwurf einer Utopie. Zu sagen, Utopien seien eben doch nur utopisch, ist Wortgeplänkel. Utopien **werden** realisiert - in den Köpfen und in den Herzen derer, die sie denken und fühlen. Und spielen.

Utopien - von Plato über Swift bis Bloch - sind Visionen des Überlebens. Also aktuell für uns Heutige. Dringend gebraucht.

Es muß - gerade in den ersten und entscheidenden Jahren der Entwicklung und gerade auch angesichts der Widerstände, die sich uns entgegengestellt haben - eine Vision gewesen sein, die uns trieb - egal ob unbewußt oder bewußt. Ersteres zuerst, letzteres später.

Utopien sind vorwärts gerichtet, weisen in die Zukunft, kennen wenig Geborgenheit. Als den entgegengesetzten Begriff könnte man »Heimat« nennen: konservativ, rückwärts gerichtet, voller Sehnsucht nach Geborgen-Sein. Weltmusik kommt aus einer Heimat und kehrt in sie zurück. »Heimat« ist ihre Kraftquelle. Weltmusik ist ein Wunder: Sie schafft es, den Widerspruch aufzuheben, der uns ständig zerreißt. Sie versöhnt Utopie und Heimat. Das ist der verborgene Grund ihrer Faszination und ihres Erfolges.

11

Aber der Weltmusik-Begriff weist weiter, als es der heutige Sprachbegriff ahnen läßt. Welt ist mehr als Erde. Welt heißt Universum, Kosmos. Das Auf-den-Grund-dessen-Hören, was aller Musik gemeinsam ist, hat mich weitergeführt: zu den Bongo-Rhythmen der Pulsare, den Clustern in der Musik der Sonnenwinde und des Erdmagnetismus, den enharmonischen Verwechslungen in den Klängen, die das Riesenmolekül unserer DNS spielt - all dies inzwischen ja durchaus auch Musik für menschliche Ohren. Daß sie dies geworden ist - hörbar für uns alle -, impliziert eben das Wort und das Phänomen, um das es hier geht:

Welt-Musik. Endlich wörtlich.

Immer weiter öffnet sie sich. Auch auf unserem Planeten - schon wieder uns nahe: Musik der Wale. Der Wölfe. Der Fledermäuse und Flughunde. Der Vögel. Die Musiker lauschen. Hören sie, entdecken sie, fühlen das Gemeinsame, sind betroffen, beziehen sie ein. Olivier Messiaen. Rautavaara. Takemitsu. Paul Winter. Judy Collins. Viel mehr wird noch kommen.

Auch ich ging weiter. Zu dem, was ich Urtöne nannte: den Tönen unserer Erde, der Sonne, des Mondes, der Planeten. Ich erfuhr ihre Kraft - jahrelang an mir selbst, bevor ich es wagte, damit an die Öffentlichkeit zu treten. Inzwischen verwenden sie Therapeuten, Analytiker, Psychologen in der ganzen Welt - mit ihren Klienten und in Gruppen - und bestätigen die Wirkung, ja vertiefen das Wissen um sie, tragen neue Erkenntnisse bei. Es müssen schon Hunderttausende sein, die die Urtöne »verwenden« - sie meditieren - und immer wieder erfahren: die Yin-Kraft des Mondes, den Yang-Strahl der Sonne, Erdung und Sammlung durch den Erdenton, die geballte Sexualität des Venusklanges ... Und die überwältigende Größe des »Elfer-Klanges«, des Gesamtklanges sämtlicher relevanter Himmelskörper unseres Sonnensystems von innen Merkur bis ganz außen Pluto. Klang **des** Teiles des Universums, in dem wir »zu Hause« sind.

12

War ich damit am Ende der Reise? Ende der siebziger Jahre hatte ich angefangen, Seminare zu geben - zunächst voller Musik aus allen Kulturen der Menschheit -, von Bach bis Bali. Dann mit Musik aus dem Universum. Heute spiele ich nur noch wenige Klänge und Rhythmen. Immer mehr Stille. Das Schweigen zwischen den Tönen. Das Hineinlauschen in die Abstände zwischen ihnen. Und in das, was aus dem Schweigen entsteht.

»Es gibt Melodien und Lieder, die bestimmte Rhythmen betreun« Jazz und Lyrik

I

Wenn ich an »Jazz und Lyrik« denke, denke ich zuerst an Gert Westphal. DEN Sprecher. Dreißig Jahre lang haben wir Platten und Sendungen zusammen gemacht. Mir fallen Zeilen ein, die er gesprochen hat - ihr sound noch eher als ihre Bedeutung. Die früheste, an die ich mich erinnern kann, stammt aus dem »*Salut au Monde*« des großen Amerikaners Walt Whitman:

»Alle Wahrheiten warten in allen Dingen.«

Gert Westphal sprach das eingebettet in eine aufsteigende Blues-Phrase von Coleman Hawkins, dem »Daddy des Tenorsaxophons«. Ich hatte lange gesucht, um die richtige Phrase zu finden, obwohl ich von Anfang an gewußt hatte: Ich finde sie bei Coleman Hawkins. Es sollte klingen wie ein *statement:* Die Wahrheiten warten. So klang es.

Es war unsere erste gemeinsame Produktion - Anfang der fünfziger Jahre. Ich hatte nur mal versuchen wollen, ob so etwas geht - große Dichtung und große Jazzmusik. Es gab das noch nicht. Auch nicht in den USA. Dort machten sie es erst um 1960 herum: *Jazz and Poetry.* Seit diesem ersten Versuch wußte ich: Es geht. Und: Gert Westphal ist mein Sprecher.

Ein paar Jahre später schlug er zu:

»Es gibt Melodien und Lieder,
die bestimmte Rhythmen betreun.
Die schlagen dein Inneres nieder,
und du bist am Boden bis Neun.«

Es gibt auch Stimmen, die bestimmte Rhythmen betreun. Gert »betreute« damals die Rhythmen - und die Melodien - von Dave Brubeck und Jay Jay Johnson zu Texten von Gottfried Benn. Es wurde unsere erste gemeinsame Platte. Der Liebhaberpreis des Originals lag Mitte der achtziger Jahre bei 300,- DM (inzwischen gibt es eine Neuausgabe auf CD - bei Litraton Hamburg).

Dabei hatten wir gar nicht gewagt, an Platten zu denken. Wir arbeiteten für den Südwestfunk, doch sofort erschienen so viele Artikel über »Jazz und Lyrik«, daß Sigi Loch - damals bei der Firma Philips - anfragte, ob man so etwas nicht auch mal auf Platten versuchen könne.

Von da an »mußten« wir jedes Jahr eine Platte machen.

2

Jazz ist ja in erster Linie *sound.* Gert bezieht den *sound* wie ein Haus - und dann wohnt er darin, ach, was sage ich - er wohnt nicht, er residiert. Ein Schloßherr. Gert liebt Schlösser. Von ihrer Zinne ruft er, unterstützt von dem trommelnden Joe Morello:

»Kommt, reden wir zusammen,
wer redet, ist nicht tot.
Es züngeln doch die Flammen
schon sehr um unsre Not.«

Auf unserer Gottfried-Benn-Platte residiert Gert im *sound* von Paul Desmond, dem »Lyriker des Altsaxophons«, und staunt mit Dave Brubeck, der an dieser Stelle wie ein Vogel über das Klavier huscht:

»Ich habe mich oft gefragt und keine Antwort gefunden,
woher das Sanfte und das Gute kommt,
weiß es auch heute nicht und muß nun gehn.«

Gert sagte das, als käme er nie wieder und als habe er Paul Desmond gleich mitgenommen.

Als er wiederkam, bezog er - ich glaube 1960 oder '61 - den sound von Miles Davis. Und das war nun wirklich ein Schloß. Er möblierte es mit Texten eines jungen Mannes, der Ende der fünfziger Jahre Volontär in meiner Südwestfunk-Redaktion gewesen war: Hans Magnus Enzensberger. Der junge Enzensberger!

»Wie eine Meuterei bricht das Glück
wie ein Löwe aus!«

Ich sehe ihn noch heute auf dem Boden meiner Redaktion liegen und solche Sachen sagen und dazu lachen - und mit den Füßen aufstampfen. Wohin hat er das alles fortgesteckt?

Und dann bettelte er:

»Laß mich heut Nacht in der Gitarre schlafen -
in der verwundeten Gitarre der Nacht.«

Die Gitarre, in der Gerts Stimme am schönsten schlief, war die von Attila Zoller mit seinem Zauber-*soumd*. Aber das entdeckte ich erst ein Jahr später, als Attila in meiner Wohnung spielte und ich kurz vorher Gert zugehört hatte.

Unsere Platten erschienen inzwischen als Beilage der Zeitschrift »twen«, die damals ein neues, noch immer nachwirkendes »designerisches« Bewußtsein etabliert hat. Ich hatte von der ersten Nummer an zu ihr gehört, und bald war uns klar: »Jazz und Lyrik« muß dort hinein. Um dieser Platten willen wurde die twen-Plattenreihe geschaffen, in der später auch vieles andere erschien.

3

Gedichte bestehen aus Zeilen - Zeilen wie Sprossen. Ich hangele mich von Sprosse zu Sprosse durch eine dreißigjährige Arbeit. Die nächste Sprosse war:

»Und ich preise die Erde -
Wider mein besseres Wissen!«

Gert predigte das wie ein Gospel-*preacher* auf Chicagos Southside. So war auch die Musik: die kohlrabenschwarze *Big Soul Band* des Tenorsaxophonisten Johnny Griffin - auch er ein Mann, der sich oft in unsere Baden-Baden *Jazz clique* einreihte. Die »Sprossen« dazu stammten von Peter Rühmkorf, der von da an bleibend der Faszination von »Jazz und Lyrik« verhaftet blieb.

Mir schienen die beiden Zeilen so wichtig, daß ich dachte, es wäre gut, wenn Gert sie noch mal wiederholen würde. Die Wiederholung mußte genau in eine Kadenz von Griffin hineinpassen. Damit das klappte, mußte der ganze Text um elf Sekunden schneller gesprochen werden. Ich fragte Gerd: »Kannst du das schaffen?« Er brauchte nicht mal eine Probe. Machte es einfach um die erbetenen Sekunden geschwinder. Ein einziger take. Auf die Sekunde genau.

All das hat mit Professionalität zu tun. Ich erfuhr es in der Gegenprobe, als ich Gert untreu wurde. Ich dachte, ich kann doch nicht immer mit dem gleichen Sprecher arbeiten. Versuchte andere - berühmte Namen darunter. So berühmt, daß ich sie hier nicht nennen möchte, denn ich mußte ihnen simple Texte von Allen Ginsberg oder Ferlinghetti Zeile für Zeile erklären. Die Erfahrung mit den anderen war hilfreich. Wie in einer guten Ehe: Die Sicherheit, den Richtigen gefunden zu haben, wuchs dadurch. Es war eine monatelange, diffizile »Uhrmacherarbeit«, Musik und Texte so ineinander zu passen, daß sie »flossen«. Die Hauptarbeit fand nicht im Studio statt, sondern zu Haus am Plattenspieler, wo ich unsere »Collagen« und »Montagen« mit der Stoppuhr in der Hand zusammenfügte.

Ein Journalist schrieb, ich mache diese Arbeit, weil ich eben »nicht nur ein Mann der Musik, sondern auch einer des Wortes« sei - »von beidem im gleichen Maße fasziniert«. So genau hatte ich es damals selber nicht sagen können.

4

Ja, in den ersten zehn Jahren von »Jazz und Lyrik« arbeitete ich mit »Collagen« und »Montagen« aus bereits vorliegenden Platten und Südwestfunk-Aufnahmen großer Jazzmusiker. Dave Brubeck. Miles Davis. Johnny Griffin. Bück Clayton. Lionel Hampton. Art Blakey. Horace Silver. Max Roach... Es war ein Arbeitsprinzip, das uns auch deshalb am Herzen lag, weil Gottfried Benn, dem wir uns auch weiterhin verbunden fühlten, so weise Worte über das Prinzip der »Collage« gefunden hatte.

Allmählich wuchs unser Bedürfnis: Die Musiker müssen im Studio sein. Der erste, den wir einluden, war - ich glaube 1962 oder '63 - der Gitarrist Attila Zoller. Zu Texten von Heinrich Heine. Meine schwierigste Auswahlarbeit, weil Heines Werk so riesig ist. Bei dieser Produktion wurde mir zum ersten Mal deutlich, wie Gert eine ganze Geschichte erhellt durch die Art, wie er ein einziges Wort ausspricht. Etwa das Wort »lachte« in dem Lied von der Spitzbübin, die einen Dieb zum Liebsten hat:

»Um sechse des Morgens ward er gehängt -
um sieben ward er ins Grab gesenkt,
sie aber schon um achte
trank roten Wein und - lachte.«

Oder den Namen »Israel ...?«, aber ich erzähle der Reihe nach: Ein edler, junger, schöner, unbekannter Ritter hatte Donna Clara - Edeldame am spanischen Hof - verführt. Zwischen den Umarmungen und Küssen schimpfte sie über »die gottverfluchten Juden«. Hinterher, als es geschehen und sehr gut gewesen war, fragte sie nach seinem Namen: »Ich, Señora, Euer Geliebter, bin der Sohn des vielgelobten, großen Schriftgelehrten Israel von Saragossa.« Gert sprach das, als sei die Schadenfreude seine (und das war sie). Und Attila verwandelte dazu Flamenco in schwarze Musik. Kein schwieriger Wandlungsprozeß.

In unserer Heine-Platte (inzwischen ebenfalls auf CD bei Litraton Hamburg wieder aufgelegt) versteckte ich einen reichen Schatz deutscher Volks- und Kunstlieder: all das, was bei Heine mitschwingt - auch viele der wunderbaren Lieder, die Schubert, Schumann, Karl Löwe zu Heine-Gedichten komponiert haben. Ich schrieb die Noten auf kleine Zettel, die ich Attila Zoller hinlegte, damit er sie an der genau richtigen Stelle in seine Musik einflechte - als sekundenschnelle Zitate und Allusionen.

Ein Kritiker meinte, es würde ein »intelligentes Preisausschreiben« sein, die Dutzende von Anspielungen, die ich in unsere Heine-Platte hineingeheimnist hatte, herauszufinden - nicht bloß zu spüren: Ich hab das doch irgendwo schon mal gehört, sondern genau zu sagen, woher jedes einzelne Zitat stammt.

Ich habe bei vielen »Jazz und Lyrik«-Platten mit kommentierenden Zitaten gearbeitet. Ich mochte das Moment von Ironie, das sich dadurch gerade bei gewichtigen Passagen »einschleichen« konnte. Bei keiner unserer Platten war der Fundus dafür so unerschöpflich wie bei Heinrich Heine. Die »Liedseligkeit« seiner Lyrik - hier konnte sie endlich einmal nicht nur »beim Wort«, sondern »bei der Musik« genommen werden. Auf eine verborgene Weise ist Heine ja selber Zitierender.

Zum Schluß der Heine-Platte - zu seinem selbstgeschriebenen Grabgesang - hatte ich mir eine Verbindung des mittelalterlichen deutschen Volksliedes »Gesegn dich Laub, gesegn dich Gras« mit dem bekannten Trauermarsch aus Ludwig van Beethovens Klaviersonaten vorgestellt. Ich gab Attila die Noten, sagte: »Versuch, einen Beethoven-Blues draus zu machen«, er schaute kurz hinein, sagte: »Ist schon einer«, und spielte die *marcia funebre* so, als habe ein Jazzmusiker sie komponiert.

Keine unserer Produktionen hat uns einen solchen Riesenschritt weiter in Richtung einer eigenen Dramaturgie für »Jazz und Lyrik« gebracht wie die Heinrich-Heine/Attila-Zoller-Platte. Alfred Andersch sprach von einer »neuen, ganz eigenen Kunstform«. Sogar Thomas Mann ging in seinem Briefwechsel auf unsere Platten ein. Die Zeitschrift »Der Deutschlehrer« empfahl sie für den Unterricht, um »die Schüler an große Literatur heranzuführen« (warum nicht auch an große Jazzmusik?).

5

Inzwischen lief »Jazz und Lyrik« so gut, daß sich die Plattenfirmen um uns rissen. Electrola lockte uns von Philips und »twen« fort. Wir begannen dort mit einem Spaß: Erotische Lieder aus der Zeit des Barock zu »verjazzter« Musik von Georg Philip Telemann. George Gruntz schrieb die Arrangements, der Geiger Jean-Luc Ponty und der Flötist Emil Mangelsdorff waren unter den Solisten. Am Schluß, nachdem Mars die Venus unter einem Obstbaum geliebt hatte, flüsterte sie:

»J'espère que vous êtes content.«

Gert sagt das so, daß wir alle, die wir hinter der Glasscheibe standen, laut *oui* schrien und schon fast den Regler zugezogen hätten, als Jean-Luc - auch er zufrieden, aber eher deshalb, weil er endlich mal ein paar Worte in seiner Muttersprache zu hören bekommen hatte - einen befriedigt aufstöhnenden Geigenschlenker hinterdreinschickte - eine jener gestrichenen Streicheleinheiten, durch die er ein paar Jahre später berühmt geworden ist.

6

Eine »Jazz und Lyrik«-Platte (inzwischen nannten wir's »Dichtung und Musik«) mußten wir zweimal machen. Karl Dedecius, der - wie kaum ein anderer in diesem Jahrhundert - die Lyrik einer fremden Sprache zu unserer eigenen gemacht hat, weist immer wieder darauf hin: Das heutige Polen hat die wohl reichste lyrische Szene im Europa dieses Jahrhunderts. Und jeder ihrer Dichter und Dichterinnen ist geprägt vom Trauma Deutschland und den Katastrophen, die wir über ihr Volk gebracht haben.

Mitte der sechziger Jahre machte ich für Electrola eine erste polnische Platte - mit Musik von Komeda, dem wunderbaren Komponisten, der so viele der damals vieldiskutierten polnischen Filme mit jener ironisch-wehmütigen Musik versehen hat, die ihnen ihren Zauber gab. Der polnische Rundfunk sendete die Platte im Original: Das erste Mal nach dem Kriege, daß die deutsche Sprache fast 45 Minuten lang im Radio in Polen zu hören war.

»Am Tag des Weltendes
summt um die Kapuzinerkresse eine Biene,
flickt der Fischer das glitzernde Netz.
Springen im Meer die lustigen Delphine...
und die Haut der Schlange ist golden, wie sich das gehört ...
Am Tag des Weltendes
gehen Frauen unter Sonnenschirmen übers Feld,
schläft der Säufer am Rasenrand ein ...
Der Klang der Geige hängt in der Luft,
und die Sternennacht huscht vorbei ...
Nur der grauhaarige Greis, der ein Prophet sein könnte,
doch er ist keiner, denn er hat anderes zu tun,
sagt beim Anbinden der Tomaten:
Es gibt kein anderes Ende,
es gibt kein anderes Ende.«

Ich hatte gedacht, daß Komeda zu Czesław Miłosz' berühmtem Gedicht eine tosende Weltuntergangsphantasie schreiben würde, aber er schrieb einen - zarten Walzer, der sich taumelnd dreht und dreht und dreht, als könne er über den Tag des Weltendes hinaustänzeln.

15 Jahre später - Anfang der achtziger Jahre - baten das Internationale Musikinstitut und das Deutsche Poleninstitut Darmstadt um eine Neubearbeitung. Die Zeile, die mir da unter die Haut ging - und noch geht - ist eine ganz gewöhnliche:

»Meine süße europäische Heimat.«

Gert legte soviel Süße in diese Zeile, daß man sie schmecken konnte. Was man »schmeckte«, war dies: Nicht nur für Czesław Miłosz, auch für ihn ist die europäische Heimat eine süße. Ich habe ihn manchmal mitnehmen wollen in andere »Heimaten« - bei meiner Nada Brahma-Tournee (auch da war er mein Sprecher!) ins japanische Zen, zu Buddha, nach Indien, ins Tibet. Er kam mit, aber immer blieb spürbar, wohin er gehört - mit einer Sehnsucht, die von Süße weiß: in seine europäische Heimat.

7

»Jazz und Lyrik« glückte deshalb so gut (wie ich meine), weil Gert Westphal - swingt. Wie ein Musiker. Am tollsten swingte er zu dem alten, mit Louis Armstrong verbundenen Evergreen »*When you're smiling*« in Hermann Hesses Schelmenstück:

»Frühe schon zum Klassiker berufen
fühlte sich der Jüngling Emil Bums.«

Gert spricht - ich hätte fast gesagt, er »spielt« - das Duo mit dem verstorbenen amerikanischen Klarinettisten und Saxophonisten Bobby Jones, und ich bin nicht sicher, wer mehr swingt - Gert oder Bobby.

Diese Hermann-Hesse-Platte, die heute wohl unsere meistverkaufte ist (»Hesse Between Music« auf Wergo-Spectrum), enthält einen sprachlichen *parforce*-Ritt: die Einswerdungserfahrung eines im Lago di Lugano ertrinkenden Menschen, der, als er - gleich am Anfang - zum ersten Mal untergeht, endlich weiß, wo er ist:

»Er war im All.«

... und der in der durchbruchartigen Erleuchtungserfahrung so vieler sterbender Menschen erkennt:

»Wie gut, daß auch diese Erkenntnis nun zu ihm kam:
Daß es keine Zeit gab.
Von allem, was der Mensch begehrte,
war er immer nur durch Zeit getrennt.«

All dies zu Peter Michael Hamels aufwühlender Verwandlung eines indischen Raga in große europäische Orgelmusik, in der es - auf dieser langen Reise von Indien nach Europa - nirgendwo einen Bruch - oder auch nur die Andeutung eines Übergangs - gibt:

»Ungeheuer brausten die Ströme dahin!«

Was ich versucht habe in dreißig Jahren »Jazz und Lyrik«, hat Walt Whitman gleich in unserer ersten gemeinsamen Sendung gesagt:

»Nun will ich nichts tun als lauschen ...
Ich höre Jubellieder ...
Das Orchester wirbelt mich weiter, als Uranus fliegt ...
Und das nennen wir Sein.«

1997 kam der Nachzügler: Rainer Maria Rilke. Von Anfang an hatte ich eine Platte mit seinen Gedichten machen wollen, aber immer wieder dachte ich: »Ich schaff es noch nicht. Warte noch ein Weilchen.«

Rilke hatte mich durch den 2. Weltkrieg begleitet. Im Rußland-Feldzug - in den Wolchow-Sümpfen vor Leningrad - hatte ich immer ein, zwei Rilke-Bändchen im Tornister. Er hat mich gerettet vor der Rohheit der Zeit.

Gert Westphal meinte: Jetzt kannst du selber sprechen. Ich versuchte es. Der belgische Gitarrist Philip Catherine, der polnische Flötist Krzysztof Zgraja und der Pianist Vladislav Sendecki, ebenfalls aus Polen, halfen mir. Die CD »Seelenlandschaften« mit Poesie von Rilke (Bauertonprogramm) wurde ein so großer Erfolg, daß Sendecki und ich wochenlang auf Tournee gehen mußten. Am schönsten war es, zu Franz Schuberts Lied »Der Tod und das Mädchen« Rilkes Gedicht vom »Tod der Geliebten« zu sprechen, noch schöner, zu »Autumn Leaves« die Herbstgedichte Rilkes. Doch darüber mehr am Schluß dieses Buches.

Gert Westphals Brief

»Lieber Joe, laß Dir nichts einreden, ich weiß es besser: Er setzt nicht Zäsur, der runde Geburtstag. Oder nur eine, die wir andern brauchen, nicht der Betroffene. Genauer, wie Du es gern hast: der uns, die andern, betroffen macht, auf daß wir innehalten, Zäsur setzen, Atempause machen, feiern. Dir zur Feier. Uns zur Feier. Die Zeit anhalten, um danke zu sagen für Deine Gegenwart, oder doch für den auch schon beträchtlichen Teil davon, den wir mit Dir verbringen durften und - siehst Du, daß da keine Zäsur ist? - weiter verbringen wollen.

Wie aber die Zeit anhalten zur Feier eines, der nicht nach Uhrzeit zu messen ist, weil: *he gets time?*

Du warst schon da, als ich zum Südwestfunk kam. Ich habe Dir und Deinen Musikern oft und heimlich zugehört im benachbarten Studio mit - gibt es den? - glücklichem Neid. Ihr konntet, was ihr machtet. Vergleichsweise machte ich, was ich konnte.

>Jazztime Baden-Baden !< Heute weiß niemand mehr, was das damals bedeutete. Wie das alles >zum ersten Mal< war! Endlich: Jazz in Deutschland! Deine informativen, klugen, eleganten Kommentare. Du hast sie begonnen. Du hast sie wieder abgeschafft, als es Dir an der Zeit schien. *You got time.*

Donaueschingen 1954! Wie hab ich das genossen. Kann heute noch nicht durch die Landschaft der Baar fahren, ohne daß die Bilder von damals blitzlichtern. Das Jazzorchester Edelhagen integriert im Sinfonie-Orchester unter Hans Rosbaud! Der Jazz endlich dort, wo er hingehörte: an die Spitze der Avantgarde. Um den Preis, der verlorene Haufen zu sein.

Dann jedes Jahr ein Buch! Und jedes Jahr eines, das Perspektiven freilegte, das ordnete, informierte, warb, das *up to date* war, ohne in jeder modischen Kurve mitzuschlingern. Des Kaisers neue Kleider waren für Dich nie wohlfeile Textilien. Als Autor bist Du so wach wie besorgt. Du machtest ›ein Fenster aus Jazz‹ schon mit den Büchern, die noch nicht so hießen.

Dann unsere gemeinsame Arbeit: ›Jazz und Lyrik‹, mit der wir, dank Dir, Deiner musikalischen Besessenheit, Deiner literarischen Bildung in den frühen Fünfzigern begonnen haben. Heute sind unsere Platten Dokumente. Wie war ich glücklich, als Du mir für meine Art zu spreche, *swing*, Phrasierung und Intensität eines Jazzbläsers bescheinigtest. Mit welcher Sensibilität hast Du aber auch dirigiert und zugehört!

Weiß noch, wie ich mich bei der Vorbereitung zu Hause ratlos mit einem Heine-Gedicht herumschlug, nicht wußte, welches Tempo anzuschlagen ... Sagte meine Frau: >Ruf doch den Joe an. Der weiß schon jetzt, wie du's sprechen wirst.<

Du bist ein Magnet. Wen hast Du uns alles ins Haus, ins Programm gebracht! Du hast dem Südwestfunk eine Internationalität gewonnen, für die er stolz auf Dich sein kann. Hoffentlich ist er's.

Du bist aus Deinem »Fenster aus Jazz‹ gestiegen und bist in die Welt gegangen, sogar als man Dich borniert daran hindern wollte. Du warst nie ein Verwalter. Du warst ein Entdecker, ein Motivator, hast Deine Gesundheit drangesetzt, um dort zu sein, wo Du gebraucht wurdest. Wo Du heute sein mußtest, damit wir übermorgen davon ernten konnten. Du hast im richtigen Augenblick nie gefehlt.

Dabei warst Du immer bei Dir. Hattest Zeit. Auch für Freunde. Du warst in meiner ›Iphigenie‹ und schwänztest die verordnete Abendruhe des Sanatoriums, das Du - diszipliniert, wie Du bist - jährlich absolviertest. Wer kam, wenn ich mit Oskar Werner ›Torquato Tasso‹ spielte? Wen traf ich in Zürich in der ›Ariadne‹? In Stuttgart in der h-moll-Messe? Nicht die zuständigen Kollegen. Aber Dich. *You got time.* Ob Du da gerade anderswo fehltest?

... Du gehst immer weiter. Wir nur brauchen die Atempause. Dir zu danken und uns zu Dir zu beglückwünschen. Wir verschnaufen heute. Du beginnst morgen wieder. Und so fort.

Dein Gert zum 20. Juli 1982.«

Apropos Musikwissenschaft – eine Polemik und eine Anregung

I

Schon in dem Wort *Musikwissenschaft* nistet der Widerspruch. Wissenschaft: das ist das Denken und die Forschungsweise, die mit Descartes begannen. Alles untersuchen, was untersuchbar ist. *Nihil est sine ratione:* Basis des abendländischen Wissenschaftsdenkens. Zwar hatte Nikolaus von Kues schon im 15. Jahrhundert darauf hingewiesen, daß dieser Satz mehrschichtig verstanden werden muß; daß das *nihil* und das *est* - das Sein - zu akzentuieren seien, denn dann würde deutlich: Das **Nichts ist** in der Tat ohne Ursache. Und das Sein auch. Neuerdings haben Heidegger und Heisenberg daran erinnert, aber die Wissenschaftler verstanden ihn immer nur auf die platteste Weise eindimensional: Nichts ist ohne Ursache. **Weil** da eine Ursache ist, **deshalb** ist da auch eine Folge - möglichst immer nur diese eine.

Andererseits Musik: Das Wunder der Töne und Klänge, der Melodien und Harmonien, der Rhythmen und Metren, der Formen und Farben, des Lauten und Leisen, das Mysterium der Stille. Zwar gibt es auch da *ratio* - von Bach bis Boulez -, und die Musikwissenschaftler stürzen sich auf sie, weil allein sie faßbar ist, deshalb meinend, sie sei es, auf die es ankomme, aber das Entscheidende - das Wunder, das Mysterium der Musik - geschieht jenseits von ihr. Dort ist die »Ursache«. Die *ratio* - die eigentliche -, die nichtrationale: das Sein.

Wie geht das zusammen - Musik und Wissenschaft?

Das rationalistisch-mechanistische Denken begann in der Physik - mit Galilei, Newton, Bacon... Ein paar Jahrhunderte lang hat es sich hervorragend bewährt. Wir verdanken ihm unseren Lebensstandard. Deshalb haben die anderen Wissenschaften es übernommen. Erst die Naturwissenschaften: Biologie und Chemie, dann auch die Geisteswissenschaften. Obwohl die ja eigentlich hätten merken müssen: Da stimmt was nicht. Einige haben es auch gemerkt - Goethe etwa in seiner Naturanschauung —, aber die wurden überstimmt (obwohl zum Beispiel die Erfinder und Entwickler der Polaroid-Photographie darauf hingewiesen haben: Mit Newtons Farben- und Lichtlehre kann nicht erkärt werden, was hier geschieht, aber mit Goethes ganz leicht). Zuletzt übernahmen sogar die Theologen und - zuallerletzt - die Musikwissenschaftler die rationalistischen Dogmen; die letzteren erst im 20. Jahrhundert.

Seit der Quantentheorie wankt dieses Denken. Raum, Zeit, Materie, Subjekt und Objekt verloren ihre Konturen. Wendepunkt war Heisenbergs Unschärferelation 1927. Beobachter und Beobachtetes können nicht mehr getrennt werden. Man tröstete sich ein paar Jahre lang damit, das gelte nur für den Mikrokosmos, aber dann erhielt der russisch-belgische Physiker und Chemiker Ilya Prigogine seinen Nobelpreis 1977 nicht zuletzt dafür, daß er die Brücke vom Mikrokosmos in die Welt unserer unmittelbaren Wahrnehmung schlug. In wachsendem Maße wird deutlich: Die Quantenphysik »springt« in den Makrokosmos - in dissipativen Strukturen, bei kohärenten Zuständen, in der Lasertechnik, mit Biophotonen etc.

Wieder hatte die Physik Modellfunktion. Ein neues wissenschaftliches Denken bildete sich. Der Funke sprang über auf andere Wissenschaften ,. Der »Paradigma-Wechsel« bahnte sich an.

Beschleunigend wirkte die wachsende Erkenntnis, daß uns das rationalistisch-mechanistisch-reduktionistische Denken zwar viele Vorteile gebracht hat, uns jetzt aber in immer neue Krisen führte, uns eine »Panne« nach der anderen bescherte - die bald mehr waren als Pannen, nämlich: unser Weiterleben bedrohten ... Wir haben drei Jahrhunderte Zeit gehabt, bis das mechanistische Denken der Physik auch all die anderen Wissenschaften ergriffen hatte. Diesmal haben wir nicht soviel Zeit, um Quantenphysik, Unschärferelation, systemisches Denken, Erkenntnisse über Selbstorganisation und dissipative Strukturen und all das damit Zusammenhängende in den anderen Wissenschaften - und in unserem Alltagsleben - wirksam werden zu lassen.

Manche Wissenschaften tun sich besonders schwer. Etwa die Schulmedizin. Obwohl es doch gerade für sie eine Erlösung vom rigiden Funktionalismus ihrer alltäglichen Praxis sein müßte, wenn sie die Verbundenheit von Subjekt und Objekt, Beobachter und Beobachtetem in ihre tägliche Praxis hineinnehmen würde.

2

Wird vielleicht auch diesmal wieder die Musikwissenschaft die letzte sein, die den Wandel der Paradigmata erkennt, berücksichtigt, auf sich anwendet -?

Ich nehme sie als erstarrt wahr. Fast nichts bewegt sich. Seit Adornos »Philosophie der Neuen Musik« - etwa 1960 - keine wesentlich neue Idee! Alle anderen Wissenschaften haben in den letzten 35 Jahren Perioden intensivster Lebendigkeit und umwälzender Neuerungen erarbeitet und durchlebt. Nicht so die Musikwissenschaft.

Es gibt eine große Gruppe moderner Musikwissenschaftler, die sich auf Adorno beziehen, als wiese dies ihre Wissenschaftlichkeit aus. Diese Bezogenheit ist um so irreführender, als seine Prognosen falsifiziert sind. Nichts, was Adorno über den Fortgang der musikalischen Entwicklung prophezeit - und sehnlichst gewünscht! - hat, ist eingetreten. Die heutige kompositorische Praxis bewegt sich, bis auf wenige Ausnahmen, diametral entgegengesetzt zu seinen Voraussagen.

Indiz ist die Sprache - der von Hegel und Marx herkommende, wesentlich von Adorno gebildete Jargon der Frankfurter Schule. Er hat das Denken und Schreiben von Generationen von Musikwissenschaftlern und Soziologen verwüstet. Eine Sprache - um sie zu paraphrasieren -, die die Sinnlichkeit von Musik widerruft; von ihr kann sie nicht handeln - selbst dann nicht, wenn ihre Aussagen sachlich richtig zu sein scheinen.

Kein Zweifel, Adorno hat diese Sprache meisterhaft beherrscht. Die, denen sie zum Jargon geworden ist, beherrschen sie nicht. Oft wendet sich das, was sie sagen und schreiben, in sich selber zurück. Wenn man es in einfache Sätze bannt, werden Pleonasmen daraus -

»weiße Schimmel«. Die Gespreiztheit der Sprache verschleiert, daß denkerisch und erkenntnismäßig zu wenig passiert. Die Soziologie, noch vor wenigen Jahren eine blühende Disziplin, ist darüber eine sterbende Wissenschaft geworden. Die Gefahr besteht, daß Adomosches Sprechen und Denken auch die Musikwissenschaft erstickt.
Die durch Adorno zur Mode gewordene Sprache entzieht den, der sie schreibt, liest und - oft mit Recht - für wahr hält, den Konsequenzen dessen, was sie besagt. Sie hebt Schreibenden und Verstehenden auf ein Podest, das nicht steht, wo gelebt wird - in genau dem Sinne, in dem sich Adorno entzog, als seine Studentinnen bei den Protesten und Demonstrationen in Frankfurt 1967/68 selbstverständlich davon ausgingen: Er ist einer der Unseren - und er sich als eben dieser versagte. Der Protest, mit dem sie ihn daraufhin bedachten, war einer der klügsten, geistreichsten, genauesten und liebenswürdigsten, die es je gab: Die Studentinnen entblößten die Brüste. Hätte der kluge Mann ihre Botschaft verstanden und damals an sich und in sich (der Zeitpunkt war ja geeignet) die Diskrepanz zwischen Lehre und Leben erfahren - mit jener Wahrhaftigkeit und Konsequenz, die er bei Webern gelernt hatte und an ihm pries -, er wäre verstummt. (Und er verstummte - denn er starb bald darauf.)

3

Das ist meine These: Weite Zweige der modernen Musikwissenschaft verstellen Musik. Ihre Aufgabe wäre das Gegenteil.

Gewiß - Adorno war ein faszinierender Denker. Aber viele Musikwissenschaftler sind so auf ihn und die jüngste Vergangenheit ihrer Disziplin fixiert, daß sie kaum noch zur Kenntnis nehmen, daß ihre Wissenschaft eine der ältesten ist. Sie begann mit Pythagoras, gleich dort also, wo abendländisches Denken begann. Ihren ersten Höhepunkt fand sie bei den Sufi-Denkern des Islam. Ihre Grundlagen stehen in den Upanischaden des alten Indiens. Moderne Musikwissenschaftler wissen zu wenig davon. Sogar Hans Kayser ist noch tabu für viele von ihnen, und dessen Erkenntnisse über die harmonikale Struktur des Universums sind doch nun wahrhaftig bahnbrechend gewesen. Wenn man sie darauf aufmerksam macht, tun sie so, als läge all dies unter ihrem Niveau. Also: Sie schämen sich ihrer Basis. Deshalb haben sie keine.

Ich meine - und viele junge Musiker meinen es auch -, daß Pythagoras, die Sufis und die frühen indischen Weisen dem Geheimnis - dem Wunder - dessen, was in einer Musik geschieht, näher waren als die meisten modernen Musikwissenschaftler. Die Ausbildung an den meisten Universitäten und Hochschulen geht an all dem vorbei; sie meidet es bewußt. Zu viele ihrer Professoren sind weit weg von jeglicher erklingenden Musik, hören und spielen selber kaum welche, haben wenig Beziehung zu Musikern und ihrer spezifischen Lebens- und Seinsweise.

In der Musikwissenschaft, wie sie sich heute darstellt, wird es immer riskanter, sich auch nur ansatzweise mit dem Eigentlichen, mit dem Mysterium einer Musik zu befassen. Dissertationen, in denen dies dennoch versucht wird, werden abgelehnt. Etablierte Musikwissenschaftler, die es versuchen, werden belächelt, als hätten sie sich auf einen Irrweg begeben. Tun sie das mehrmals, werden sie als Wissenschaftler nicht mehr ernst genommen.

Die Naturwissenschaftler - vor allem die Physiker - können sich immerhin darauf berufen, daß sie mit dem rationalistisch-mechanistischen Denken in der Vergangenheit große Erfolge gehabt haben. Die Musikwissenschaft hatte mit diesem Denken wenig Erfolg. Trotzdem scheint sie kaum gewillt, es abzulegen.

Ein junger Musikwissenschaftler, der dieses Kapitel gelesen hat, bevor es in Druck ging, sprach von der »Tragik«, dem »Mißverständnis«, »an dem eben das Wort Wissenschaft schuld ist, das glauben läßt, man käme auf rationalem Wege zu einer Erkenntnis über Musik«. Dieser »tragische Irrtum ... verhindert, daß das Hören offen bleibt, weil der Verstand schon weiß, was passiert, und deshalb das Hören behindert.«

Der Verstand will verstehen. Und das Verstehen tut, was das Wort sagt: Es verstellt. Wer von einer Musik sagt, er verstehe sie nicht, offenbart dadurch, daß er den Zugang auf dem falschen Weg sucht. Musik will nicht verstanden, sondern erfahren werden. John Cage ging noch weiter: In seinem Text gegen den »Vormarsch des Verstehens« erläuterte er die Vorzüge, »angesichts der Kunst unwissend zu bleiben«.

Man kann auch sagen: Musikwissenschaftler sind Opfer. Sie wurden - und werden - vergewaltigt von einem Denken, einer Gesellschaft, einem System, dessen Aufgeklärtheit sich für fähig hält, die Welt und das Leben, den Menschen und die Kunst rational zu begreifen. Sie sind so erfüllt von diesem Glauben (der in der Tat ein Glaube ist, etwas Religiöses und Dogmatisches besitzt), daß sie, obwohl er doch ständig zu unbefriedigenden oder gar falschen Ergebnissen kommt, nicht merken, daß dies nicht möglich ist. Deshalb ist das Syndrom der Musikwissenschaft auch ein Syndrom anderer Wissenschaften; natürlich aller Kunstwissenschaften, aber ich meine, daß es in der Musik besonders offensichtlich wird. Die Literaturwissenschaft beispielsweise kommt - weil sie Sprache auf Sprache beziehen kann - zu relativ relevanteren Ergebnissen.

4

Für mich hat Musikwissenschaft, wie sie sich heute darstellt, drei schwerwiegende *handicaps.* Das erste ist die Spiritualität fast aller großen Komponisten der abendländischen Musik, ja überhaupt fast aller großen Musiker aller Kulturen. Spiritualität transzendiert Religiosität. Sie ist die bei weitem stärkste Motivation in der Entstehung großer Musik - von Monteverdi und Bach bis Webern und Coltrane, in außereuropäischer Musik ebenso stark. Wissenschaft, wie sie an den meisten Universitäten und Hochschulen betrieben wird, hat keinen Zugang dazu, ja hält beides - Religiosität und Spiritualität - für »Aberglauben«, verpaßt also die wohl wichtigste Schubkraft im Schaffen bedeutender Musiker. (Ich spreche im Zusammenhang mit den Kritikern - nächstes Kapitel - ausführlich darüber.)

Zweitens sind Musikwissenschaftler zu stark auf die Technik fixiert, die ein Komponist anwendet. Technik ist ein Vehikel des Komponierens. Sie **dient** dem schöpferischen Prozeß, sie transportiert ihn. Wenn **ein** Fahrzeug nicht zur Verfügung steht, nimmt man ein anderes. Man kann auch sagen: Sie kanalisiert und strukturiert Kreativität. Schönberg schrieb große Musik, unabhängig von seiner Kompositionstechnik, ob er nun spätromantisch oder zwölftönig oder in einer Mischung aus beiden komponierte - vielleicht, wie im Fall seiner Orchestervariationen, gar ein wenig klassizistisch. Und dennoch bleibt »Schönberg« stets spürbar. Ähnlich bei Alban Berg oder Webern. Ob Strawinsky klassizistisch oder, wie in seinen letzten Werken, seriell oder, wie zu Beginn seiner Laufbahn, »rustikal-russisch-archaisierend« komponierte, alles, was er machte, trägt den Stempel seines Genies.

Für den Hörer - und für das Urteil der Geschichte - ist Technik vielleicht eine interessante, aber stets doch nur eine zusätzliche, sekundäre Information. Entscheidend sind die Ingeniosität, die Kreativität, die Originalität, die Fülle und Intensität der Einfälle eines Musikers. Und ganz gewiß ist sein Weltbild wichtiger als seine Technik. Weil Musikwissenschaftler sich schwer tun mit alledem, stürzen sie sich zu sehr auf Technisches, benutzen es gar als Kriterium, was es zuallerletzt ist. Es führt in die Irre (wie in dem im nächsten Kapitel angeführten Hindemith-Beispiel).

Das dritte *handicap* - auch dies eine Adorno-Hypothek - ist das immer noch weitergeschleppte *dictum*, daß eine wirklich moderne Musik, wenn sie nicht zwölftönig, seriell, »atonal« sei, als Kunst zweitrangig sei. In den fünfziger und sechziger Jahren neigte auch ich in diese Richtung. Damals bestand Grund dazu. Was immer innerhalb der herkömmlichen Funktionalharmonik möglich schien, hatten Klassik, Romantik, Impressionismus offenbar doch erschöpft. Inzwischen quillt die musikalische Szene über von einer neuen Musik, die alle Kriterien des Neuen und Zeitgenössischen erfüllt und dennoch »harmonisch« ist: von Reich und Glass bis Schnittke und Part, von Henze und Messiaen (sie freilich damals schon, aber doch eher angesiedelt in einer Nische) bis Peter Maxwell Davies und John Adams, von Hans Otte bis Peter

Michael Hamel und Edison Denissow undundundund... Und natürlich bis zur neuen Obertonmusik, die überhaupt das erste ganz und gar »Neue« in westlicher Musik seit der Serialität ist.

Jetzt ist die Serialität in die Nische verbannt und kümmert dort als nicht mehr häufig begossenes Pflänzchen.

Dieser Entwicklung gegenüber sind die Etiketten der Musikwissenschaft unangemessen: *postmodern, neo-romantisch, neo-klassizistisch* ... Die meisten der heutigen jungen Komponisten verfügen über die **ganze** Musik. Wollen sich nicht mehr diktieren lassen: Dies gehört dorthin und dies hierher, dies ist erlaubt und jenes nicht. Lachen über die ihnen aufgeklebten *labels*, die es dem, der sie verwendet, erleichtert, »außen vor« zu bleiben. Jedes *label* kaschiert eine Verlegenheit. Bezieht sich auf Landkarten, nicht auf die wirkliche Landschaft.

5

Logik, Stringenz, Zwangsläufigkeit, Folgerichtigkeit, Sparsamkeit, Rationalität, Kausalität, Klarheit, Kontrolle, Aufgeklärtheit, Durchsichtigkeit waren große Kriterien in der Musik des 20. Jahrhunderts. Inzwischen wissen wir nicht nur aus der Musik, wohin sie führen können, nachdem wir sie an einem »Material« ausprobiert haben, das sich ähnlich anbot wie Töne, nämlich der Natur. (Sind Töne nicht Natur?) Wir haben geglaubt, all diese Kriterien seien auch ihre. Seit es die Chaosforschung gibt, ist einsehbar: Wir - in unserer Überheblichkeit - haben unsere Kriterien auf die Natur projiziert. Sie will nichts von ihnen wissen, und es scheint, daß sie gerade deshalb auf jene ungeheure Weise schöpferisch ist, die alle Fassungskraft menschlicher Gehirne übersteigt. Können wir daraus für die Musik und die Wissenschaft von ihr lernen? Müßten wir die Kriterien nicht längst revidieren?

Wir haben etwa zweimal 18000 Haarzellen in unseren Innenohren. Prof. Spreng von der Universität Erlangen hat unter dem Elektronenmikroskop erkannt: Sie stehen da ausgerichtet nebeneinander in mehreren Reihen wie die Tonsoldaten in den Gräbern aus der Han-Dynastie in Xi'an in China. Wenn eine Zelle durch ejnen Ton angesprochen wird, richtet sie sich auf - wie ein strammstehender Soldat, der das Kommando, das an ihn gerichtet wird, aufnehmen will und sich bereit macht, es auszuführen (was im Falle der Cortischen Zellen heißt: es weitergeben an das Gehirn). Das Interessante ist dies: Nicht nur die Zelle des Grundtones richtet sich auf, sondern auch die Zellen der Obertöne: Oktave, Quinte, zweite Oktave, Quarte, Terzen etc. ... Spreng sagt: Es sieht aus, als warteten sie schon darauf, daß gleich auch sie angesprochen werden. Als machten sie sich bereit - in den Tausendstel Mikrosekunden, auf die es hier ankommt -, weil sie wissen: Jetzt komme ich an die Reihe. Das heißt also: Unser Ohr **will** harmonikal hören. Spreng sagt: Wenn sie dann nicht »an die Reihe kommen«, knicken sie zusammen, als ob sie enttäuscht seien.

Er weist darauf hin, daß die Zellen nicht auf diese Weise reagieren könnten, wenn es nicht »etwas Muskelartiges« in ihnen gäbe. H.-P. Zenner von der Universität Tübingen und andere Forscher haben diese kleinsten Muskeln nachgewiesen. Muskeln haben mit Willen zu tun, in diesem Fall deutlich mit dem Willen zum Aufnehmen der Schwingungen möglichst in harmonikalen Abläufen. Es ist ein »Wille« von immerhin 30000 kleinsten *mikro*-Muskeln im Kern unseres Hörvorganges.

Können wir wirklich so überheblich sein, solche Erkenntnisse nicht ernst zu nehmen? In einer Zeit, in der wir in wachsendem Maße erkennen, was wir durch das Nicht-ernst-Nehmen ähnlichen Wissens in unserer Umwelt angerichtet haben?

Ich gehöre einer Generation an, die darüber gelächelt hat, wenn jemand von der Musik etwas Heilendes erwartete. Jetzt aber - nach allem, was dies Jahrhundert angerichtet hat - macht es Sinn, eben dies von ihr zu erbitten. Und mit einem Male sind auch die Komponisten und Spieler da, die es zu geben vermögen; sind auch die Erkenntnisse da, **wie** es gegeben werden kann. Eine ganz neue Wissenschaft ist darüber entstanden. Musikwissenschaftler nehmen keine Notiz von ihr. Lächeln über sie, wenn sie darauf angesprochen werden.

6

Kaum ein Thema in diesem Jahrhundert, das der Musikwissenschaft so sehr am Herzen lag wie: »Musik und Gesellschaft«. Auch mir in meinen Arbeiten über Jazz war es wichtig. Die Forscher haben bedeutende Erkenntnisse dazu und dadurch gehabt. Könnte es sein, daß sie anderes darüber vernachlässigt haben? Macht es nicht Sinn, nach allem, was wir in den selbstgemachten Krisen unserer Zeit erfahren, zu fragen, ob jetzt nicht ein anderes, größeres, existentielleres Thema an der Reihe wäre - nämlich »Musik und Natur«? Ist nicht jetzt schon erkennbar, daß dies ein Thema des 21. Jahrhunderts werden wird: »Mensch und Natur«? Können wir nicht erkennen, daß andere wissenschaftliche Disziplinen längst damit begonnen haben, in ihrem Bereich entsprechende Konsequenzen zu ziehen? Wann die Musikwissenschaft(ler)?

Ich bin mir darüber im klaren, daß ich mit vielen dieser Fragen einen großen Teil auch dessen hinterfrage, wofür ich in meinem Leben leidenschaftlich gekämpft habe. Aber ist es nicht nötig, das zu tun, wenn uns so deutlich, wie das in diesen Jahren geschieht, vor Augen geführt wird, daß wir in die Irre gegangen sind?

Nimmt es wunder, daß angesichts dieser Situation viele Musikwissenschaftler - vor allem viele junge - unter ihrer Wissenschaft leiden? Viele nehme ich als frustriert, unfroh wahr. Bei einigen von ihnen - noch häufiger bei ihrem Derivat, dem Musikkritiker - kann ich nicht finden, daß sie Musik genießen, gar lieben. Ja ich kenne Kritiker, die den Eindruck erwecken, sie hassen Musik.

Wenn Komponisten - Wolfgang Rihm über das kompositorische Handwerk oder Dieter Schnebel über Franz Schuberts späte Klaviersonaten - schreiben, spüre ich Liebe. Musikwissenschaftler tendieren dazu, die Liebe wegzustecken.

7

In mancher Hinsicht hat die Musikwissenschaft der letzten zwei oder drei Generationen versucht, Marxismus auf die Musik anzuwenden - wie ja Entsprechendes auch in anderen Wissenschaften getan wurde. Das hat wichtige Erkenntnisse gebracht, auf die wir auch künftig nicht verzichten sollten.

Marxismus in der Musik heißt: Gleichberechtigung der Töne. Die Praxis hat gezeigt, daß es ihr ähnlich geht wie der Gleichberechtigung unter Menschen: Sie hinterfragt sich und hebt sich auf. Sie pervertiert und »kippt um«. Selbst den Komponisten, die sie radikal anwenden wollten, sind Hierarchien eingeschlüpft - unbewußt oder gewollt. Und wenn sie sich nicht in die Kompositionen einschlichen, brachten die Hörer sie ein - manchmal selbst dort, wo kaum welche zu finden waren: Sie »hörten zurecht«. Immer deutlicher wurde: Das Ohr **will** Hierarchien (wie Zenners und Sprengs Forschungen beweisen). Es besteht auf ihnen. Wie auch der Mensch.

Die Gleichberechtigung war eine schöne Idee - wie in der Gesellschaft so in der Musik. Viele von uns hängen ihr noch immer mit Sehnsucht an. Man kann sagen, daß dem »Sieg« des Kapitalismus auch in der Musik die Durchsetzung der »Reichen« und »Mächtigen«, also der »herrschenden« Töne entspricht - Tonika und Dominante und der von ihnen diktierten Hierarchien. Für viele von uns ist dieser Sieg unbefriedigend; oft ist er einfach nur langweilig.

Aber es wird ja auch deutlich, daß der »Sieg« des Kapitalismus keiner gewesen ist. Der Kommunismus ist nur als erster gestürzt. Die Zähmung des Kapitalismus durch das Soziale mißlingt immer offenbarer: aus Gründen der in ihm angelegten Globalität, die nur funktioniert, wenn nichts mehr gezähmt wird. Viele von uns erschrecken vor dieser Spielart des Kapitalismus, spüren, daß sie etwas Selbstzerstörerisches besitzt.

Kein System funktioniert, wenn es nicht durch eine Gegenkraft gebändigt wird. Man kann diese Kraft »Ethos« oder »Verantwortung« nennen. Wo sie vorhanden ist, funktioniert **jedes** System. Im idealen Fall: Wo sie stark vorhanden ist, sind Systeme überflüssig.

Die Gegenkraft ist in der Musik sehr viel spürbarer und stärker präsent als in Ökonomie, Gesellschaft und Politik. Sie ist nahezu gleichbedeutend mit dem Genie der Komponisten und Musiker, das ohne musikalisches Ethos und musikalische Verantwortung als Genie nicht wahrgenommen werden kann. Diese Gegenkraft hat uns auch in den Jahren, in denen die Idee einer absoluten, »seriellen« Gleichberechtigung schon fast triumphiert zu haben schien, wichtige und bleibende Werke beschert - wie auch dort, wo hierarchische »Herrschaft« sich durchsetzt.

8

Kapitalismus und Marxismus waren die beiden polaren Kräfte im 20. Jahrhundert. Beide laufen auf relativ simple - um nicht zu sagen: primitive - Strukturen hinaus. Können wir nachvollziehen, daß sie unter dem Niveau sensibler und anspruchsvoller Menschen sind? In der Natur gibt es sehr viel Differenzierteres, das - wie ich meine - den Ehrgeiz des Wissenschaftlers wie des Künstlers wie des Intellektuellen ungleich stärker anregen und herausfordern könnte. Einen hervorragenden Platz nehmen dabei die dissipativen Strukturen Prigogines, nehmen Selbstorganisation, Autopoiese und systemisches Denken ein.

Ilya Prigogine hat gezeigt, daß Störungen, Fluktuationen, Turbulenzen, die ein System bestürmen, dieses eher befestigen und kräftigen, solange sie nicht über eine gewisse Grenze hinausgehen. Überschreiten sie diese Grenze, »kippt« das System um. Es entsteht Chaos, das aber kreativ ist, denn chaotische Systeme tendieren dazu, neue, noch »höhere« Ordnungen und Strukturen aus sich heraus neu zu erschaffen. Sie tun das in - dies wurde ein Schlüsselwort - »Selbstorganisation«.

Dissipative Strukturen sind allgegenwärtig. Nicht nur in Physik und Chemie. Auch in der Gesellschaft (zum Beispiel bei der Bildung von Lichterketten, bei einem sich auflösenden Verkehrschaos, bei einem sich herausschälenden Konsens, in Sitzungen, Versammlungen etc.).

Und natürlich in der Musik. Dieses letztere zu untersuchen, könnte durchaus ein paar Generationen von Musikwissenschaftlern in Atem halten. Selbstorganisation ist auch hier ein sehr viel stärker herausforderndes Konzept als alles, was der Musikwissenschaft bisher am Herzen lag (und vielleicht unter dem Gegenbegriff »Fremdorganisation« zusammengefaßt werden kann).

Ich meine, daß dieser Ansatz von hoher Faszination ist. Und daß auch übrigens die in noch größerer Erstarrung versandete Soziologie durch Prigogines dissipative Glockenschläge zu neuem Leben erweckt werden könnte.

9

Wenn die Musikwissenschaft diesen Weg geht, wird sie sehr viel Wesentlicheres über das Wunder musikalischer Schöpfungen herausbekommen, als wenn sie sich weiter auf Strukturen und Formen, auf Biographisches und Historisches reduziert - was ja, gemessen an dem, was Musik ist, wirklich nur *minimalia* sind; durch solche *minimalia* aber hat Musikwissenschaft sich im wesentlichen definiert.

Ich habe Marco Bischof (der durch sein erfolgreiches Buch über Fritz A. Popps Biophotonenforschung bekannt wurde) die folgende Frage gestellt (in einer Publikumsdiskussion auf einem Bamberger Kongreß 1996): Was können Sie als Fachmann der Physik damit anfangen, wenn ich postulieren würde, daß der musikalische Schöpfungsvorgang - gleichermaßen in der Komposition wie in der Improvisation - sich an dem für die Forschungen Prigogines so wichtigen Punkt des »Übergangs« ereignet, an dem ein Ungleichgewichtssystem, das eben noch die Entropie anzusteuern schien, umschlägt in kohärente Ordnung?

Bischof: »Damit kann ich sehr viel anfangen.«

Wie der Grad der Kohärenz in der Physik ein Gradmesser für das Potential und die Dichte der Information ist, so kann er das in der Musik sein. Damit auch für Qualität - sei es des Laserlichts, sei es einer Kompositon.

Das eigentlich kreative Moment ist der Phasenübergang oder der Umschlag von einem ungeordneten in einen geordneten Zustand. In ihm »geschieht« Schöpfung. Ich meine, daß es sich geradezu aufdrängt, diesen Befund auf die Musik anzuwenden. Um so mehr, als viele der in der Physik auf diese Weise entstehenden Systeme und Strukturen rhythmisch schwingen und/oder sich harmonikale Ordnungen in ihnen abbilden. Die Musikalität ist also dem Vorgang von Anfang an inhärent - wie sie ja bereits der Quantelung inhärent ist. Auf den Gedanken, daß es eben keine »Zwischenstufen«, keine gleitenden Übergänge gibt, sondern daß Materie, Licht, Teilchen, Energie von Zustand zu Zustand - von Quantum zu Quantum - »springen«, ist Max Planck bekanntlich beim Stimmen seiner Geige durch die »Quantelung« der Teil- und Obertöne auf den Violinseiten gekommen. Marco Bischof weist darauf hin, daß auch die Schrödingersche Wellengleichung die Zustände von Materie und Licht »nach dem Vorbild der Akustik« behandelt, »nur daß hier nicht Saite oder Luft das schwingende Medium bilden, sondern das Vakuum, der leere Raum ... Somit beschreibt die Quantentheorie Licht und Materie wie die Musik eines verborgenen nichtmateriellen Musikinstruments, nämlich des Raumäthers.«

Hier in Einzelheiten zu gehen - so gründlich, wie das die Physiker in ihrem Bereich tun -, deren Anregungen mit der gleichen Offenheit annehmend, wie die Wissenschaften in den letzten drei Jahrhunderten die Anregung, die Welt und ihre Phänomene mechanistisch zu betrachten, aufgenommen haben, kann uns staunenswerte Dimensionen eröffnen. Es kann uns musikalische Strukturen auf eine viel tiefere Weise verstehen lassen als das - damit verglichen - oberflächliche, wenn auch oft durchaus aufschlußreiche In-Beziehung-Setzen von Takten, Teilen, Perioden und Abschnitten. Natürlich könnte - und sollte - das mit der gleichen mathematischen Genauigkeit geschehen, die ja auch sonst musikologischer Betrachtung nicht fremd ist. Je genauer und offener (was kein Widerspruch sein sollte) das geschieht, desto eher wird uns das »soziologische Stadium der Musikologie« als vergleichsweise primitiv erscheinen.

Beispiele: In Johann Sebastian Bachs gewaltiger Chaconne aus der d-moll-Partita für Violine allein gibt es die erstaunliche Koexistenz von Fuge und schon geahntem Sonaten-Hauptsatz (eher der romantischen als der strengen Haydnschen Variante). Was dieses Werk so aufregend macht, ist die Gleichzeitigkeit zweier verschiedener Kohärenzzustände und die ständigen Übergänge zwischen ihnen - manchmal so schnell, daß die Musik zu fluoreszieren scheint.

Wer's in der Physik nicht versteht, kann es hier hören und begreifen: In der Dissipativität steckt, insofern sie eine bestimmte Ordnung »wählt«, sich für sie »entscheidet«, bereits eine Urform von Bewußtsein (wie Erich Jantsch, durch den der Begriff der »Selbstorganisation« bekannt geworden ist, so überzeugend gezeigt hat).

Oder später in der Dodekaphonie und Serialität: Wo da selbst dort, wo sie verweigert wird, Funktionalität anklingt, geschehen Übergänge von einer emotionalen Kraft, die - etwa bei Webern, bei Berg - als Aktivwerden einer kritischen Masse verstanden werden können. Auch als Phasenübergänge zweier Arten von Kohärenz - einer menschen-gemachten (der Serialität) und einer kosmos-gewollten (der harmonikalen) -, beide sinnvoll und notwendig, wie gerade durch das Aufregende, das in ihrer Begegnung geschieht, hörbar wird.

Für das neue physikalische Denken sind Kraft und Energie nicht mehr so stark wie für die Newtonsche Physik (und für das Bewußtsein noch immer der meisten Menschen) an Materie und Fülle gebunden. Ein Vielfaches mehr an Energie kommt für dieses Denken aus dem Vakuum, aus der Leere (siehe dazu auch das Kapitel »Getrennt und verbunden« in diesem Buch: Nobelpreisträger John Wheeler hat errechnet, daß ein Kubikzentimeter Vakuum mehr Energie enthält als die gesamte Masse des Universums). Was Vakuum und Leere für die Physik sind, sind in der Musik Stille und Schweigen. Aber sie sind auch die Leere Lao Tses und das Nichts Buddhas und des Zen und das Sunyata der Veden - dort seit Jahrtausenden als Energie- und Kreativitätsquelle immer wieder neu erfahren. Es ist offenbar, daß die moderne Musik ein sehr viel wacheres Verhältnis zu Stille und Schweigen besitzt als die herkömmliche - alle stilistischen Unterschiede übergreifend von Webern bis Nono, von John Cage bis Part, von Ligeti bis Rihm, von Rautavaara bis Takemitsu, von Lutoslawski bis Adriana Hölszky bis... Das Umkreisen der Stille, weil man sie nur so hörbar machen kann, ist das eigentlich Verbindende all dieser Komponisten und vieler ihrer Werke. Sie kommen aus allen möglichen Schulen - von »seriell« bis »post-modern«, von »neo-klassizistisch« bis »minimal« -, es ist fast nur die Präsenz von Stille, die ihnen gemeinsam ist. Sie geht durch ihre Werke wie eine schweigende tönende (kein Widerspruch!) Brücke. Als sei es das Schweigen, was eigentlich gemeint ist. Als »dockten« die Töne und Klänge an Stille an - etwa im Hölderlin-Streichquartett (»Stille, An Diotima«) Nonos (Deutsche Grammophon), in Gielens »Schalen der Stille« nach Pablo Neruda (Intercord), in Rihms »Gesungene Zeit« (Deutsche Grammophon). Doch begann all dies schon 1909/11 mit Weberns Streichquartetten und Bagatellen opus 5 und 9 (Sony), zu denen der Komponist an Schönberg schrieb: »Zuerst ein Wort: Engel. Daher kommt die Stimmung. Die Engel im Himmel. Der unfaßliche Zustand nach dem Tode.«

In Nonos »Prometeo« (EMI Classics) gibt es Stellen, in denen man das Wachsen - das **Leben** - der Stille buchstäblich hören zu können meint. Dieses Wachsen - das Hören des Wachsens: **das** ist die Musik. Sie ist für den, der sie zu hören weiß, ein tönender Wegweiser in eine andere Welt. Als bezöge sie ihre Energie bereits von dort. Christoph Bitter, SWF-Musikchef in den achtziger Jahren - Luigi Nono (und überhaupt der modernen Musik in der Bundesrepublik) engstens verbunden -, ist nach dem Anhören des »Prometeo« gestorben. Als habe der ihn begleitet auf seinem letzten Weg. »Uns ist gegeben die schwache Kraft, um in der Stille die leere Dauer zu setzen«, heißt es im Text, und die Gegenstimme singt: »Aber sie genügt, um eine Epoche herauszusprengen aus dem Verlauf der Geschichte.« Wenn das Ringen in der Musik des 20. Jahrhunderts nötig war, damit solche Werke sich herauskristallisieren konnten, dann ist es nicht umsonst gewesen - auch und gerade für die, die unter diesem Ringen gelitten haben.

Wie tief dieses Bewußtsein von Stille und ihrer Kraft geht, wird dadurch deutlich, daß es auch Interpreten ergriffen hat. Bei Anne-Sophie Mutter gibt es ein äußerstes »Stille-*pianissimo*«, das den Eindruck erweckt, sie »hole« das, was sie spielt, direkt aus dem Schweigen und liefere es auch dort wieder ab. Als habe sie es sich nur aus der Stille »geborgt«. Ich glaube nicht, daß diese Dimension bei früheren Geigern Klang geworden ist. Ich finde sie ähnlich in Yo-Yo Mas Spiel der Cello-Solo-Suiten von Bach. Und in ganz viel moderner Perkussionsmusik, beginnend bereits vor Jahren bei den *Percussions de Strasbourg*.

Daß dieses Bewußtsein von Stille - von Lao Tses *Wu Wei* - eine Dimension erschlossen hat, die die Disziplin übergreift, macht die Tatsache deutlich, daß es auch im avancierten Jazz hörbar wird - etwa im Art *Ensemble of Chicago*, im *World Saxophone Quartet*, bei dem Flötisten James Newton (der berühmten Aufnahme im *Echo Crater* in New Mexiko), bei Jan Garbarek, Keith Jarrett und vielen anderen. (Es ist leicht, die Parallelen zu alledem in der modernen Malerei, zum Beispiel in deren Monochromie, zu finden.)

Noch hörbarer wird all dies in dem riesigen Randbereich, von dessen Ausgedehntheit sich das Konzertestablishment keine Vorstellung macht: bei Obertonsängern und Obertonchören, in der Assimilation ethnischer Musik, auf zahllosen neuen und alten, exotischen und neu erfundenen, ständig weiterentwickelten und variierten Instrumenten (zur Zeit alle paar Monate eine neue Erfindung!), Sandawa-, Soma- und anderen Monochorden, Didgeridoos, gestimmten Klangschalen, Wassertrommeln (zum Beispiel westafrikanischen aus Kürbis), Nasenflöten (philippinischen, balinesischen, indianischen), Bambussaxophonen, Bambusklarinetten, den diversen Shenai-Variationen, Ocean drums, Waterphonen (in denen Wasser ständig den Resonanzraum verändert), Udu drums (entwickelt aus Gatams, der Tontrommel der indisch-karnatischen Musik), Schwirrbögen, Schleuderrohren, Schnekken- und Muschelhörnern (zum Beispiel tibetischen oder polynesischen), Maultrommeln (aus Bambus oder Metall), Klangsteinen (wie sie als wohl erster Elmar Daucher in so wunderbarer Weise geschaffen hat - und schon entstehen sie überall!), Shakuhachis und Kotoharfen, die alles übertreffen, was es im alten Japan gegeben hat, Tamburas, die klingen wie nichts, was wir aus der traditionellen Musik Indiens kennen, Äolsharfen (im weiten Raum zwischen dem alten Ägypten und modernen elektronischen Modellen), Windharfen (zum Beispiel der auf dem Eselsberg in Ulm) - samt all den klingenden Räumen, die dazu gehören: prähistorische Höhlen und Wasserspeicher unter modernen Großstädten, Kathedralen und Krypten, Grabkammern in Pyramiden und unter Mausoleen ... Viel zu selten kommt jemand auf den Gedanken, solche Instrumente mal auf einem der etablierten Festivals zu präsentieren. Diejenigen, die sie gestalten - meist gestandene Musikwissenschaftler -, wissen oft gar nicht, was für ein Reichtum sich da geöffnet hat und weiter öffnet. Hier wird in ähnlicher Weise in neue Klangdimensionen vorgestoßen, wie es um die Jahrhundertwende - der Wende zum 20. Jahrhundert - im Aufbruch zur »Neuen Musik« geschah.

Viele der Klänge, die auf diese Weise entstehen, spielen mit Stille, als sei die ihr eigentliches Instrument. Sie »umzingeln« Schweigen, weil es allein so »dingfest« gemacht werden kann. Dieses »Umzingeln« schafft einen Ort im Raum des hörend Erahnbaren, der ein topos der Musik im Übergang zum 21. Jahrhundert ist - quer durch all ihre Arten und Unarten. Es ist, als ob Hören mit einem Mal weiterführt als früher: in diesen Raum, und wenn man dort ist, dann beginnt es erst eigentlich. John Cage: »Das Hören hat die Eigenschaft, daß man etwas hört und dann feststellt, daß man es nicht mehr hört, sondern etwas ganz anderes.« Das ist das Staunen, was diese Musik auslöst: Was ist das Andere?

Bereits Hegel hat in seiner Naturphilosophie auf die geheimnisvolle Verwandlung von Materialität in Immaterialität beim menschlichen Gehör hingewiesen: »Die Geburt des Klanges ist schwer zu fassen. Das spezifische Insichsein, von der Schwere geschieden, ist, als hervortretend, der Klang; es ist die Klage in der Gewalt des Anderen, ebenso aber auch sein Triumph über dieselbe...«Im »Dritten Ohr« schrieb ich von der »Fähigkeit des Ohres zu transzendieren«. Im »Spiegelkabinett« des Hörens ist das Potential der Transzendierungen unendlich: »Im Grunde hängt es nur davon ab, wo ich die eine enden und die andere beginnen lasse. Vielleicht ist alles nur eine einzige, die sich überschreitet und überschreitet und überschreitet, sich spiegelt und spiegelt und spiegelt: Hörbares in Unhörbares, Fühlbares in Hörbares, Additives in Logarithmisches, Meßbares in Unmeßbares, Physikalisches in Physisches in Psychisches, Sinnliches in Übersinnliches, Materielles in Lebendiges, Körperliches in Geistiges, analoge Schwingung in digitale Information, Zeit in Raum, Vergangenheit in Zukunft und beide in Gegenwart, Dreidimensionales in Mehrdimensionales, Aperiodisches in Periodisches, Symmetrisches in Asymmetrisches, Mysterium in Zahlen - und meist auch jeweils umgekehrt.«

Das Ohr stellt die Frage des Zen: »Was hörst du dann?« Und fragt, sobald die Antwort gegeben ist, weiter: »... und dann? ... und dann? ... und dann?« Im Grunde benutzt es das, was es hört - Worte, Musik, Lärm, Vogelgesang, Meeresrauschen... - nur als Anlaß, um hören zu können. Nicht **was** es hört, ist das Primäre, sondern **daß** es hört: Hören als Sein.

Das ist auch die Forderung der modernen Kunst. Wer ihr nicht nachkommt, den quält sie. Sei hörend. Ganz und gar hörend. Solche Art hören verlangt Bewußtsein. Bewußtsein löse hier - wie in spiritueller Arbeit - Identifikation auf. Sie weiß in jeder Sekunde: Hier bin ich, dort ist das Gehörte.

John Cage hat mehrfach von der großen abendländischen klassischen und romantischen Musik gesagt: »Sie stärkt das Ego. Das Ego ist nämlich sozusagen die Behausung, in der diese Gefühle und Gedanken wohnen. Indem man sich auf sie konzentriert, konzentriert man sich auf sein Ego und trennt es damit vom Rest der Schöpfung...«

Die große Musik der Romantik entstand in vollkommener Identifikation ihrer Schöpfer mit ihren Schöpfungen und den Emotionen, die mit ihnen verbunden waren. Je weiter sie fortschritt, desto bedingungsloser wurde die Identifikation - deutlich hörbar etwa bei Wagner oder Mahler mit ihren gigantischen Egos. Das spricht nicht gegen sie. Im Gegenteil, dadurch wird ihre Musik interessant. Dennoch lautet der Auftrag an die menschliche Weiterentwicklung: Durchschau deine Identifikation. Erkenne gerade an deinen Gefühlen: Hier ist dein Selbst

- dort sind die Emotionen. Das wird um so schwerer, je größer der Aufwand an Gefühlen ist. Der Anspruch wird um so größer, aber die Aufgabe auch. Ich meine nicht, daß es nötig ist, deshalb den »Halleluja«-Chor aus dem »Messias« abzulehnen, wie Cage es mit so großer Emphase tat.

Ich meine, daß dem »Phasenübergang« von der Stille in das gerade noch - und gerade schon - Hörbare all die anderen Übergänge, von denen ich gesprochen habe, implizit sind. Dies ist der Übergang, der die anderen »ausbrütet«. Hier - noch mal - springt Schöpfung ins Sein.

Zum Schluß noch der Hinweis: Übergang, Umschwung, Sprung - auch als Aktivwerden einer kritischen Masse, die eben noch ohne Belang zu sein schien und nun plötzlich, gerade nur um eine winzige Stelle stärker geworden, unvorstellbare Energien auslöst und ganze Systeme wandeln kann - sind nicht nur in der Physik - und nicht nur in der Musik - das eigentlich Kreative, Aufregende, Faszinierende, Interessante, Bewegende. Auch im menschlichen Leben geschieht oft das eigentlich Entscheidende in - wenn man so will - den »Phasenübergängen« Prigogines: Bei der Geburt vom Embryo zum Baby. In der Pubertät vom Kind zum Mädchen und Jungen. Ein paar Jahre später wird dann der im modernen männlichen Leben meist verpaßte Übergang vom Jungen zum Mann beziehungsweise vom Mädchen zur Frau fällig - und deren sie so sehr wandelnder Übergang zur Mutter. Weiter der Übergang des Klimakteriums, auch des männlichen, in dem nicht nur sprachlich, wenn er angenommen und eben nicht »übergangen« wird, die Klimax, der Höhepunkt, eines Lebens stecken kann. Schließlich am Ende der größte unserer »Übergänge«: das »Hinübergehen« vom Leben des Greises, in dem die Entropie auf so offensichtliche Weise wächst, zum Tode, in dem sie umschlägt in die »höhere Ordnung«.

Mein Kritikersyndrom

Das Beobachtete ist der Beobachter.

Krishnamurti

I

Fast alle großen Komponisten sind tief spirituelle Menschen - von Claudio Monteverdi und Johann Sebastian Bach bis Mahler, Schönberg, Webern, Alban Berg, Messiaen, Ligeti und darüber hinaus. Spiritualität ist die wichtigste Triebkraft in der Musik innerhalb und außerhalb des Abendlandes - so wichtig wie außer ihr nur noch die Liebe. Ja, wenn man die beiden gegeneinander abwiegt, ist zu erkennen: Das Erahnen der Transzendenz, der Glaube an Gott, sein Lob und seine Verehrung haben noch mehr große musikalische Werke motiviert als die Liebe.

Nicht nur religiöse Werke können spirituell sein. Auch Symphonien, Sonaten und Streichquartette sind es: Beethovens späte Quartette, Schuberts posthume Klaviersonaten, Alban Bergs Violinkonzert ... Mahlers gesamtes symphonisches Werk kreist um Sterben und Auferstehung. Wagners »Götterdämmerung«, »Parsifal« und »Tristan« werden mißverstanden, wenn ihre Spiritualität nicht gehört und gesehen wird. Nonos Spätwerk klopft an die Pforten des Transzendenten (was viele seiner Verehrer seltsame Haken schlagen läßt).

Auf der anderen Seite die Kritiker: In der überwiegenden Mehrzahl sind sie areligiös, agnostisch, atheistisch - ohne jegliches Bewußtsein von Spiritualität und Religiosität, im Gegenteil erfüllt von dem Hochmut, hoch und mutig über allem zu stehen, was auch nur im geringsten spirituell und religiös wäre (was ja zwei verschiedene Dinge sind, aber oft wissen sie nicht einmal dies). Einer von ihnen nannte Messiaen »konfessionell«: einen Komponisten, der alle Konfessionen - von den Upanischaden und von Buddha bis Jesus Christus - transzendiert!

Wie wollen Kritiker dem Werk der großen schöpferischen Komponisten gerecht werden, was maßen sie sich an, darüber zu schreiben, wenn sie (fast) alle auf dem spirituellen Auge blind und dem spirituellen Ohr taub sind?

Ich weiß - es gibt Ausnahmen. Dennoch ist die Diskrepanz unübersehbar. Ich frage mich, wie man das macht - wie man es **wagt** -, über Musik zu schreiben, wenn man zu den entscheidenden Triebkräften im Werk großer Komponisten nichts zu sagen weiß, ja sie ablehnt. Ich spüre Zynismus darin - der auch in der Sprache spürbar wird - einer, zugegeben, oft brillanten, glitzernden Sprache. Verpuffend wie Feuerwerk. Ein Sich-Verstecken hinter der eigenen Aggressivität. Ein Benutzen der Musik, um zu blenden. Fast nichts bleibt außer der Leere, dem Verpassen des Eigentlichen.

Musikkritik ist darüber beliebig geworden. Ich habe noch Kritiker gekannt, die Wesentliches zu sagen wußten - und dabei spannend zu lesen waren. H. H. Stuckenschmidt, Heinrich Strobel, K. H. Ruppel... In den USA gibt es sie noch immer. In Deutschland, von Joachim Kaiser abgesehen (der wie ein Nachfahre in unsere Zeit reicht): nichts. Ich hörte Boulez dirigieren in Straßburg. Versteht sich: grandios. Ich traf einen bekannten deutschen Kritiker. »Schreibst du darüber?« fragte ich. - »Was willst du noch schreiben?« winkte er ab, »ist doch alles schon gesagt.« Drei Tage später las ich sein vier Kolumnen langes Feuilleton über eben dieses Ereignis.

Solche Kritik dient nicht. Sie macht die Musik **sich** dienen.

2

Traum in Innsbruck, November 1992:

Ein Kritiker verreißt eine Zirkus- und Clowngruppe im Radio - mit wenigen bösen Sätzen, aber so tödlich, daß deren Karriere damit besiegelt scheint. Als der Kritiker aus dem Studio kommt, schieße ich auf ihn zu, schreie ihn wütend an: Ob er keine Verantwortung kenne, Menschen auf so böse Weise ein Todesurteil für ihren Beruf zu sprechen: »Sie vernichten Menschen. Sie haben kein Recht, das zu tun.« Der Kritiker wehrt sich, wird schließlich ein wenig betroffen, ich lasse ihn einfach stehen und gehe mit Jadranka durch eine öde Industrielandschaft. Irgendwo steht der Clown. Er hat gehört, was ich dem Kritiker gesagt habe. Er lächelt mir traurig zu.

Meine ganze Betroffenheit von der Art, wie Kritiker mit Menschen, mit Musik, mit Kunst umspringen, schwingt in diesem Traum. Aber ich bin nicht nur der, der den Kritiker anschreit. Persönlichkeitsanteile von mir stecken auch in dem Clown. Und - in dem Kritiker. Deshalb bin ich so engagiert, komme immer wieder auf das Thema »Kritik« zurück - auch in diesem Buch.

Dazu folgender Fall: Ausgerechnet zu seinem 100. Geburtstag, als aller Anlaß war, Hindemith zu feiern, hatte Heinz-Klaus Metzger, ein bekannter deutscher Musikschriftsteller, in der »Zeit« dessen Lebenswerk buchstäblich »verrissen« - abgesehen von ein paar Werken, die er großmütig (ja, ich empfand auch den Hochmut und die Anmaßung dieser Kritik!) passieren ließ. Er hatte dies unter Kriterien - nämlich denen der Wiener Schule - getan, die eben gerade nicht auf Hindemith angewandt werden können, ja gegen die er bewußt aufgestanden ist. Das ist ja gerade Hindemiths große Leistung, daß er als erster - lange vor all den anderen - gezeigt hat, daß auch nach Schönberg-Berg-Webern große Musik geschrieben werden kann, die von deren Kompositionsprinzipien unabhängig ist.

Ich finde es aufschlußreich, daß mich der Fall so berührt. Denn natürlich tat er das, weil es auch mir selbst immer wieder geschehen ist, daß ich unter Kriterien »verrissen« wurde, denen sich meine Arbeit von Anfang an widersetzt hat und von denen - wie etwa im Fall der »Weltmusik« - inzwischen feststeht, daß sie nicht darauf angewandt werden können, ja, sie sind durch die Weltmusikbewegung obsolet geworden; in diesem Fall die Kriterien der herkömmlichen Musikethnologie.

3

Als ich die Berliner Jazztage leitete, kamen Kritiker aus der ganzen Welt. Sie lobten mich in höchsten Tönen, sprachen vom »Modell« eines Festivals, aber die deutschen - zumal die Berliner - Kritiker rissen mich in Grund und Boden. Ich war - und ich bin immer noch - verletzt von vielem, was Kritiker mir angetan haben. Manchmal dachte ich, sie machen mich »fertig«. Heute weiß ich, es ist ihnen nicht gelungen. Mein »Jazzbuch« wurde trotzdem das meistverkaufte Musikbuch der Erde. Meine Weltmusik-Arbeit hat eine ganze Bewegung ausgelöst, ähnlich später meine Hörarbeit oder mein Tanzen klassischer Musik. Meine Platten bekamen Preise in der ganzen Welt (aber keinen einzigen in Deutschland).

Eine Teilnehmerin eines meiner Workshops im Schloß Elmau im Frühjahr 1994 sagte beiläufig, sie habe - Anfang der achtziger Jahre - den Verriß meines Buches »Nada Brahma« in der Zeitschrift »Psychologie heute« gelesen, sei damals sofort in eine Buchhandlung gelaufen und habe sich das Buch gekauft. Seitdem verfolge sie alle meine Arbeiten und sei mit mir gegangen auf diesem ganzen Weg. Der Verkaufschef des S. Fischer Verlages sagte (als hätte ich Trost nötig - wahrhaftig, das hatte ich): In den Wochen, nachdem Wilhelm Liefland mich in der »Frankfurter Rundschau« und Siegfried Schmidt-Joos im »Spiegel« attackiert hätten, sei die Verkaufskurve meiner Bücher steil nach oben gegangen. Dies ist kein »weites Feld« (wie Günter Grass bestätigen wird), sondern ein enges dichtester Verkettung. Die Sprache spricht nicht umsonst von »Wellen von Angriffen«. Wellen haben Tiefs und - Hochs, sie senken nicht nur, sie heben auch den, der in ihnen schwimmt.

Ein Freund sagte mir: »Eigentlich müßtest du deinen Kritikern dankbar sein. Die Leute merken schon, da läuft was zwischen dir und den Kritikern, das mit deiner Arbeit wenig zu tun hat.«

Der Leser spürt die Bitternis. Es wäre unaufrichtig, wenn ich sie verbergen würde, aber es wäre unvollständig, wenn ich es dabei belassen würde.

4

Der Befund könnte nicht so einhellig sein, wenn er nicht ein Syndrom wäre. Wo liegt die Ursache? Ich nehme an, sie liegt in meiner Biographie. Es bedeutet ja wenig, wenn ich über all diese psychischen Dinge schreibe, sie aber nicht auf mein Leben beziehe. Wie also beziehe ich mein Verhältnis zur Kritik und ihr Verhältnis zu mir auf das, was ich erkannt habe?

Wenn man Vater und Mutter zu Hause erlebt, erlebt man zwangsläufig zwei Pole. Damit auch zwei verschiedene Meinungen. Ich habe immer nur einen Pol erfahren. Nur der galt: der meines Vaters. Versteht sich, daß mein Verhältnis zur Kritik etwas damit zu tun hat.

Ich denke, in dem Kapitel dieses Buches, das meinem Vater gewidmet ist, ist deutlich geworden: Er hat seinen »Schatten« auf mich (aber ich auch meinen auf ihn) projiziert. Er kritisierte mich ständig: scharf und genau. Jahrelang lief das meiste, was sich zwischen uns abspielte, auf Kritik hinaus - er an mir, ich an ihm. Jeder Psychologe weiß, wenn so etwas in einer Kindheit mit Intensität geschieht - noch dazu mit unserer! -, wird es »Muster«, reproduziert es sich.

Ich mußte mir also jemanden aussuchen, der in meinem Leben die Funktion übernahm, die in meiner Kindheit mein Vater innehatte. Nicht schwierig zu finden: die Kritiker. Sie fanden mich. So etwas geschieht ja in einem Pingpong-Prozeß - schon wegen der Projektion. Das Wort kommt nicht umsonst aus der Optik. Spiegel projizieren und reflektieren. Ich fand **mich** in den Kritikern - auch den Teil von mir, den ich selber nicht erfüllt habe. Sie fanden sich in mir - den Teil von ihnen, der sie selber gern geworden wären.

5

Als ich als Junge in Berlin Furtwängler dirigieren und Wilhelm Kempff spielen hörte, floß ich über. Es waren Erfahrungen so tief wie Liebe. Ich konnte genau sagen, was so überwältigend gut war, manchmal auch, was schlecht war. Ich glaubte, es so genau sagen zu können, daß ich es aufschrieb. Es waren Fingerübungen. Ich dachte, wenn ich groß bin, werde ich Kritiker.

Ich habe Hunderte von Kritiken über Jazzkonzerte und Jazzplatten geschrieben, aber ich tat es nebenbei - regelmäßig nur sieben, acht Jahre lang, bin nie im eigentlichen Sinne Kritiker gewesen. Vielleicht wäre ich genau die Art Kritiker geworden, die ich heute ablehne - hochmütig, zynisch, rücksichtslos über die Karriere von Menschen verfügend, wachsend in Selbstwertgefühl, wenn sie jemanden »fertig«machen können. Diese Seite also muß in mir sein. Ich versuchte, sie unter Kontrolle zu halten. Dennoch klappte ich sie ein paar Mal auf - am heftigsten in einem zornigen Essay über das Jazzspiel von Friedrich Gulda (den ich als Beethoven-Interpreten so sehr bewundere). Kaum war er erschienen, machte ich mir Vorwürfe: Das darfst du doch nicht. In der zweiten Auflage meines Buches (»Ein Fenster aus Jazz«) tilgte ich das Gulda-Kapitel.

Meine Idee von Kritik ist: Sie hat zu helfen. Hat Verständnis für das Werk eines Künstlers oder einer musikalischen Richtung zu schaffen. Mein Vorbild waren die großen - meist jüdischen - Kritiker der zwanziger Jahre, die der modernen Kunst auf den Weg geholfen haben. Das wollte ich für den Jazz und seine Musiker tun. Wenn ich eine schlechte Platte zur Besprechung bekam, verriß ich sie nicht, sondern legte sie einfach beiseite, ging nur dann auf sie ein, wenn es um Exemplarisches ging.

In den sechziger Jahren habe ich - auch wegen des Interessenkonflikts mit meinen sonstigen Tätigkeiten - aufgehört, Kritiken zu schreiben. Hatte also mit etwas aufgehört, was von Jugend an tief in mir angelegt war. Als ich vielleicht endlich ein guter Kritiker hätte sein können - all das hätte zeigen können, was ich von Kritik verlange -, schrieb ich keine mehr. Ist Kritik auch deshalb ein Thema meines Lebens geworden? Spüre ich, daß ich es aufgab, bevor ich es selber mit Leben erfüllt habe?

6

Weil meinem Kritikersyndrom ein Vater-Sohn-Verhältnis zugrunde liegt, macht es Sinn, daß sich meine Kritiker oft zu mir in einem Sohnesverhältnis befanden. Meine heftigsten »Feinde« wurden diejenigen, die zu Beginn ihres Schreibens meine getreuesten Schüler gewesen waren. Ein Beobachter zitierte Aischylos: »Wer unbeneidet lebt, ist nicht beneidenswert.«

Es waren meist »Söhne« ohne das Wissen, das Kritiker »klassischer« Musik haben. Jazzkritiker sind, Verzeihung, meist eher Amateure als Profis, haben oft nicht einmal musikalisches Basiswissen; viele können nicht Noten lesen - meinen, das sei nicht wichtig, weil Jazz improvisiert sei -, unterschlagen, daß Jazzmusik über komponierte Themen in fixierten Arrangements improvisiert wird. Ein Kritiker von solcher Ausbildung, der auf das Überlegenheits- und Hochmutpotential stößt, das sich ihm - uns allen - zwangsläufig mit der Kritikerposition öffnet, wandelt auf Glatteis.

1971 legte ich die Leitung der Berliner Jazztage nieder. Bald darauf schrieb S. Schmidt-Joos im »Spiegel« einen Artikel gegen mich, dessen sachliche Punkte rundheraus falsch waren, ja, was schlimmer war, der mich einfach »moralisch fertigzumachen« versuchte, die »Grenze zwischen Kritik und übler Nachrede« überschreitend (wie Wim Wenders - auch er ein Betroffener - das nennt). Ich dachte: Das ist das Ende. Schon wenige Wochen später merkte ich: Keiner der maßgebenden Leute bei Senat und Festwochen, kein Funk- und Fernseh-Chef glaubte, was da stand - und ich bin sicher: Sie haben alle den Artikel gelesen. Aber sie kannten mich, meine Arbeit und Arbeitsweise und wußten: Das geht nicht zusammen. Schnell fand ich Hilfe - beim Evangelischen Pressedienst (epd), beim Programmdirektor der ARD, beim Berliner Senator für Kunst und Wissenschaft und anderen.

Schmidt-Joos und die anderen waren ursprünglich Freunde. Freunden hilft man. Genau das habe ich getan. Auch dies ist mein Trauma: »Der Freund, der zum Verräter wird.« (Siehe den Beitrag »Verrat« über meinen Schulfreund Siegfried am Anfang dieses Buches.) Auch dies also habe ich »auf Automatik geschaltet«.

7

Viele - die meisten - von denen, die mich attackierten, hatten mich noch eben »vergöttert«. Ich wäre unaufrichtig, wenn ich nicht zugäbe, daß mir das gutgetan hatte. Genau das, was mir guttat, hatte für die »Szene« plötzlich einen *haut goût* gewonnen: als benützte ich es - und damit die Szene - zu meiner persönlichen Glorie. Da klinkte sie aus. Sie hatte unrecht mit ihrem Verdacht, ich täte, was ich getan habe, **nur** deshalb, aber sie hatte recht, insofern ich es **auch** deshalb tat. Das Unterscheiden zwischen dem »nur« und dem »auch« überstieg ihre Möglichkeiten - und meine. Bei ihnen verhinderte es der Neid, der zur Wut geworden war, bei mir Glorie und Hochmut, auf beiden Seiten die Emotion, die allemal Projektion signalisiert: blendet, den Blick verdunkelt - auch wieder auf beiden Seiten. Wo Wut auf Hochmut, Neid auf Glorie stoßen, zischt es. Musik ist dann nicht mehr zu hören. Nur noch ein mißtönender Wust. Ihn durchdringt keine Analyse - zumal dreißig Jahre danach. Nur die Vergebung. Sie ist ein Prozeß, in dem »Ich vergebe« und die Bitte um Vergebung - Aktiv und Passiv - nicht zu trennen sind.

Ich habe Jahre gebraucht, um dies zu erkennen - habe keine Ruhe gefunden, bis ich es erkannt habe. Werde ich es aber leben können? Wirklich in jeder Situation?

8

Etwas weiteres kommt hinzu: Mit keinem Menschenschlag fühle ich mich so verbunden, mit keiner Art Menschen so wohl wie mit Musikern - ob es nun Jazzmusiker oder »Klassiker« oder Gamelan-Spieler aus Bali, Perkussionisten aus Afrika oder Koto-Spieler aus Japan sind.

Die einzigen wirklichen Freunde, die ich hatte und habe, habe ich unter ihnen gefunden.

Aufschlußreich scheint mir: Immer wenn ich Freund eines Musikers gewesen bin, war ich ein wenig auch selber Musiker. Nur so ist mein Verhältnis zu ihnen zu erklären. Ich sprach mit ihnen, als sei ich einer der Ihren. Legte Wert darauf, das zu tun, fand Befriedigung darin.

Wenn ich Platten produzierte, war ich immer auch selber ein wenig einer der Spielenden (was freilich von allen erfolgreichen Plattenproduzenten gilt; anders geht's gar nicht. Sie müssen in die Denkweise und Psyche der Spielenden »hineinkriechen«, in ihnen fühlen und leben). Deshalb habe ich diese Arbeit getan - Platten aufgenommen, Festivals geleitet, Rundfunk- und Fernsehaufnahmen gemacht: weil ich bei dieser Tätigkeit immer selber »wie« ein Musiker handeln konnte. Weil ich auf diese Weise das wieder »einholen« konnte, was ich (in dem Kapitel »Ich und ich« habe ich bereits darüber gesprochen) hinter mir gelassen hatte, als ich immer weniger Klavier spielte, obwohl doch die ganze Verwandtschaft gemeint hatte: Der wird Pianist.

Ich hatte es richtig erkannt: Ich wäre nie ein hervorragender Pianist geworden, aber wahrscheinlich bin ich ein ganz ordentlicher Schriftsteller und Produzent geworden - und auf diese Weise eben doch, was mein Kindheitswunsch war (lange bevor ich »Kritiker« werden wollte): ein wenig Musiker. Wenn ich also Widerstand dagegen empfand, Musiker zu »verreißen«, dann auch deshalb, weil ich mich mehr auf ihrer Seite als auf der der Kritiker fühlte.

Die Komplikation liegt darin, daß man als *producer* nicht mehr auf einem Instrument spielt, sondern - gleichsam - »auf« Menschen: »auf« den Musikern. Bevor noch die Musiker spielend herausfinden, daß die Zusammenstellung, in die man sie geführt hat, »stimmt«, muß der Produzent es selber wissen - lange bevor das Musizieren beginnt. Sonst könnte es teuer werden.

Ich habe diese Tätigkeit so gerne getan, daß ich, als ich Platten für die Firma MPS produziert habe, oft, wenn nicht genug Geld zur Verfügung stand, lediglich mit einer Nominalgage einverstanden war - nur weil ich unbedingt die Idee, die ich gehabt hatte, realisieren - selber hören! - wollte. Manche Firmen, für die ich gearbeitet habe, haben das ausgenutzt.

Ich glaube, es geht vielen Produzenten so: Wir hören die Musik schon vorher. Wir **müssen** sie vorher schon in uns hören. Sonst machen wir Fehler.

Kritiker haben mich oft wegen meiner guten Beziehungen zu den Musikern beneidet. Waren mir böse deshalb. Meinten - und schrieben auch -, ich gäbe die notwendige Distanz auf. Wozu Distanz? Nähe ist nötig.

9

Auf der deutschen Jazzszene hatte ich damals niemanden, mit dem ich über all dies sprechen konnte, aber meine ausländischen Kollegen sprachen mir Mut zu: Arrigo Polillo in Italien, Shoichi Yui in Japan, Dan Morgenstern und Bob Palmer in den USA: Sie wiesen mich darauf hin, daß ähnliches auch in anderen Ländern geschehen sei - in Frankreich im Aufstand gegen Hugues Panassie, den Papa der Jazzkritik, in den USA im Zorn auf Leonard Feather - nirgendwo freilich in dem rauhen Ton der deutschen Szene.

Das Treffendste sagte Alfred Andersch, der mich so oft herangezogen hatte, um seine Hörspiele und Hörfolgen mit Musik zu versehen: »Ist es nicht notwendig für jemanden, der in der Bundesrepublik im Jazz etwas werden will, sich mit Ihnen auseinanderzusetzen? Ist dies nicht das Mittel - das einfachste und naheliegendste -, Identität zu bekommen? Würden Sie sich denn wohlfühlen, wenn sie jedermanns Jazz-Fetisch wären? Das ist doch die Alternative. Es gibt doch das oft genug: daß jemand, noch bevor er stirbt, zur allseits verehrten Mumie seines Fachgebietes wird. Würde Ihnen denn das gefallen?«

Nein.

Auf der Bühne

Schon früh stand ich auf »Bühnen« - auf kleinen Podien zuerst. Ich produzierte etwas und präsentierte es. Radio im Vaterpfarrhaus. Orgelmusik und Singen in Vaters Kirche. Klavierspielen für Verwandte und Freunde. Im Internat redigierte ich sogenannte »Stubenzeitungen« voll kindlicher Gedichte und Episoden, in denen wir uns gegenseitig und unsere Lehrer »auf die Schippe« nahmen. Auf Schulfesten trug ich sie vor.

Als Soldat: Wann immer ein Fest zu gestalten war - im »Reichsprotektorat« Böhmen und Mähren, wo ich meine Rekrutenzeit verbrachte, in Frankreich, in Rußland -, war ich treibende Kraft.

Die Schlüsselepisode ist dies: In den letzten Monaten des Krieges, im Frühjahr 1945, fiel ich in amerikanische Gefangenschaft. Hitler hatte den »Werwolf« ausgerufen. Auch Jungen und Greise wurden zum Kämpfen verpflichtet. Den vorrückenden Alliierten blieb nichts anderes übrig, als die gesamte männliche Bevölkerung des zu besetzenden »Reiches« gefangenzunehmen. Sie waren nicht vorbereitet darauf, wußten nicht, wohin mit den vielen Menschen. Mich erwischten die Amerikaner im Bayerischen Wald, wo ich meine Geschütze gesprengt hatte, schnallten mich und ein paar Kameraden mit ein paar Riemen auf das Oberdach eines Panzers und brachten uns in rasender Fahrt quer durch Deutschland in eines der riesigen Lager, die sie an den Weinhängen der Mosel errichtet hatten (errichtet? Stacheldraht drumrum, ein paar Wachtürme, MPs drauf, fertig). Wir lagen - mehr als 100000 Menschen - unter freiem Himmel an den steilen Hängen, rutschten während des Schlafens nach unten, versanken, weil es tagelang regnete, im Morast und bekamen fast nichts zu essen - in den ersten Wochen nur alle paar Tage mal einen Löffel Ei- oder Milchpulver. Viele wurden krank. Ruhr brach aus. Täglich starben 300 bis 400 Menschen. Oft waren ihre Leichname schon halb im Schlamm versackt, bevor jemand merkte: Da liegt ein Toter.

Wir wurden von befreiten KZ-Häftlingen bewacht, die ihren begreiflichen Haß auf das Volk, das sie auf so furchtbare Weise eingesperrt und gequält hatte, an uns - den »Soldaten des Führers« - ausließen, üble Typen darunter - eher kriminelle als politische Gefangene. Sie schlugen uns mit ihren schweren Koppelschlössern und wienerten ihre Schaftstiefel mit der amerikanischen Butter, die für unsere Verpflegung bestimmt war, hatten vor den Kistenverschlägen, in denen sie wohnten, Berge von Konservendosen aufgeschichtet, die wir nicht bekamen.

Ich wundere mich heute selbst darüber, aber im Elend dieses Lagers gründete ich ein Lagerkabarett und -varieté. Unter den Hunderttausend, die die Alliierten zusammengekarrt hatten, fand ich erstklassige Kräfte - Filmstars, Equilibristen, Clowns, Jongleure von der Berliner Scala, dem damals führenden Unterhaltungstheater, Musiker aus dem von Goebbels gegründeten »Deutschen Tanz- und Unterhaltungsorchester« ... Ich rekrutierte und gestaltete das Programm - es wurde ein »Weltstadtprogramm« im talwärts rutschenden Schlamm der Moselberge. Ich war das »Nummerngirl«, verband die einzelnen »Akte« mit selbstgemachten Versen, die nicht nur lustig waren, sondern voller verschmitzter Aggressionen gegen die Bewacher steckten, die uns auf so schlimme Weise quälten und dahinsiechen ließen.

Wir müssen gut gewesen sein, denn bald wurden wir in benachbarte Lager gebracht, um auch dort aufzutreten. Sogar für die Amerikaner durften wir spielen - die erste Gelegenheit meines Lebens, mein dürftiges Schulenglisch anzuwenden. Sie gaben uns Sonderverpflegung, damit wir Kraft hatten weiterzumachen.

Für unsere Auftritte hatten wir ein einfaches Podest zimmern dürfen. Die Amerikaner gaben uns Verpflegungskisten dafür. Darunter schlief ich - auf Kartons, in denen Eipulver verpackt gewesen war. Eines Nachts holten mich unsere KZ-Bewacher in ihren Verschlag, schrien mich an, jetzt würden sie mir Grund geben, mich über sie zu beklagen, schlugen mir zwei Zähne aus, traten mich ins Geschlecht und stießen mich in ein tiefes Loch, das gerade so breit war, daß ich in ihm stehen konnte. Tagelang stand ich dort in meinem eigenen

Schmutz und einer Mischung aus Grundwasser und Urin - hoch über mir ein kleines Stück Himmel, aus dem es ununterbrochen regnete. Ich wäre gestorben in diesem Loch; wahrscheinlich war das die Absicht. Aber es gab einen amerikanischen Lagerkaplan. (Kaum was zu essen, aber einen Pfarrer!) Der hatte einen unserer Auftritte gesehen, war hinterher zu uns gekommen, interessierte sich für uns. Ich hatte ihm erzählt, daß mein Vater als evangelischer Pfarrer und Mann des Widerstands im KZ Dachau ums Leben gekommen war.

Dieser Mann vermißte mich bei den weiteren Auftritten unserer Lager-Bühne. Er ließ nach mir fragen. Den Bewachern blieb nichts anderes übrig, als mich zu ihm zu bringen. Sie drohten mir, sie würden mich »totschlagen«, wenn ich sagte, was geschehen war. Doch genau dies tat ich. Ich wurde sofort in ein anderes Lager gebracht und - wenige Tage später entlassen.

Ich erzähle das so ausführlich, weil die kleine und für mein späteres Leben unwichtige Episode (abgesehen davon, daß ihr glückliches Ende mir das Leben gerettet und eine längere Gefangenschaft erspart hat) deutlich macht, wie elementar der Trieb, auf einer Bühne zu stehen und zu Menschen zu sprechen, in mir sein muß. Es gab Tage, an denen ich mich kaum noch auf meinen Beinen halten konnte - und dennoch entwickelte ich die Aktivität, in dem riesigen, morastigen Gebiet Spieler, Artisten, Sänger, Musiker zu finden und ein Programm auf die Bühne zu bringen, das sich sehen lassen konnte. Sogar die Bühne selber zu zimmern.

Ich meine, das ist ein Muster. Ich habe vieles Verschiedene in meinem Leben gemacht. Von Orgelmusik über Jazz bis zu Festivals spiritueller Musik und Vorträgen und Seminaren des Lauschens nach innen ... Aber immer stand ich - in wörtlichem oder im übertragenen Sinn - auf »Bühnen«. In all das Verschiedene, was ich getan habe, spielt ein Moment von »Unterhaltung« hinein - so verborgen es sein mochte; im Lauf meines Lebens wurde es immer verborgener.

Von daher erklärt sich die auffällige Ungereimtheit: Ich schreibe Bücher und mache Platten, die eigentlich ja nur ein kleines Publikum - eine sogenannte »Minorität« ansprechen, und bin hinterher überrascht

- aber strebe dies natürlich auch an -, wenn ich unerwartet viele Menschen erreiche. Als 1949 der S. Fischer Verlag mein erstes »Jazzbuch« haben wollte, fragte mich die alte Dame Fischer, die damals noch das Steuer in der Hand hielt, ob ich eine Beteiligung oder eine Pauschale haben wollte. Ich konnte mir damals nicht vorstellen, daß es viele Menschen geben würde, die ein Buch über Jazz lesen wollten, und wählte die Pauschale: 2000 (in Worten: zweitausend) DM! Bereits die erste Ausgabe des »Jazzbuchs« verkaufte 450000 Exemplare.

Oder 35 Jahre später: Als der Bauer-Verlag meine »Urtöne« - die Töne der Erde, der Sonne, des Mondes, der Planeten zur Meditation - haben wollte, fragte ich ungläubig zurück: Glauben Sie, daß das jemand kauft? Heute gibt es die »Urtöne« in der ganzen Welt.

Oder zwischendrin meine Jazzsendungen: ein Minoritätenprogramm! Aber der Südwestfunk war stolz - und ich auch: In all den Jahren hatten wir die höchsten »Einschaltquoten« unter den Jazzsendungen der Bundesrepublik.

Ich möchte den Mechanismus, der da irgendwann in meinem Leben eingerastet ist, genauer durchschauen. So etwas beginnt ja meist in der Kindheit. Da war also ein Vater, von dem ich Zuwendung und Wärme wollte - um so mehr, als die Mutter nicht da war -, sie nicht bekam und dennoch darauf bestand, sie zu bekommen. Damit dies klappte, mußte ich ihn umwerben - ihn »unterhalten« -, durchaus manchmal so wie ein Untertan einen Herrscher, den Fürsten der absolutistischen Zeit. So war's ja zu Haus: »Absolutismus« herrschte.

Wie aber umwarb ich ihn? Gewiß nicht mit irgend etwas Offensichtlichem, das jedem gefällt. Dafür war er nicht der Mann. Das hätte er nicht angenommen, hätte es von sich gewiesen als seiner nicht würdig - aber natürlich gesagt: »Es ist deiner nicht würdig.«

Ich mußte, um angenommen zu werden, Ausgefallenes, Spezielles, Besonderes, Intellektuelles geben - für die »Minorität«, die er gewesen ist - und die ich dann später in meinem Leben nur noch ein wenig vergrößern mußte. Ich wundere mich, dies erkennend, selbst, wie das funktioniert hat. Und **wie** es funktionierte! Mit welcher Stringenz!

Das ist erst die Hälfte. Warum steht einer auf Bühnen - sei es als Pop- oder Hollywood-Star auf denen, die die Welt bedeuten, sei es auf den kleineren, auf denen ich stand? Am Beispiel des Schauspielers ist das oft untersucht worden: um Beifall zu bekommen. Beifall bedeutet Zuwendung, Wärme, Liebe. Sich baden in ihnen - meist deshalb, weil dieses Bad damals, als es fällig gewesen wäre - in der Kindheit -, nicht oder viel zu selten stattfand. Nun sucht man ein Leben lang danach, ersetzt es mit dem, was die Bühne so bietet und was natürlich nicht das ist, was damals entbehrt wurde. Muß deshalb immer mehr davon haben. Sucht-Verhalten entsteht. Keine offensichtliche Sucht nach Heroin oder Alkohol, eher eine subtile, kultivierte, mit der diejenigen, die sie haben, je größer sie ist, um so brillanter umgehen können. Es gibt noch viel überzeugendere Beispiele dafür, als mein eigenes Leben sie bietet.

Ich weiß, wie sehr ich den Beifall, die Zuwendung, die Anerkennung genossen habe - mich wirklich in ihnen badete - sie als Streicheleinheiten empfing, mindestens im übertragenen, als ich jünger war, auch im wörtlichen Sinne. (Ich werde in dem Abschnitt »lieben« darüber sprechen.)

Je klarer ich den Mechanismus durchschaue, desto entschlossener bin ich, ihn auszuschalten. Ich weiß: Das Durchschauen kann bereits das Ausschalten einleiten. Ich lebe mein Leben, kann das, »was da geschieht«, sicher nicht radikal »abdrehen«. Aber ich kann verhindern, daß es überbordet. Es tat das - zum Beispiel - in meinen Seminaren. Der Job des Gruppenleiters kann einer der größten Ego-Trips sein, die irgendeine Tätigkeit bietet. Ich darf - ich will - mir das nicht mehr antun - zumindest so lange, bis ich sicher bin, daß ich den Fluß, der da seit siebzig Jahren fließt, unterbrochen habe. Die Menschen sagen: Du hast so vielen etwas gegeben, du mußt das doch weiter tun, sprechen von Verantwortung und Aufgabe. Aber viele sind durch meine Gruppen und Workshops gegangen, die selbst psychische und therapeutische Arbeit machen und Gruppen leiten. Sie geben die Arbeit weiter. Inzwischen tut das Jadranka.

Alptraum für Goethe

Traum, Juli 1992:

Wir kommen irgendwo auf einem Airport an - eine Gruppe von Musikern und ich. Hektische Hetze. Nach einer Weile merke ich, es ist Singapur. Die Band ist das Albert-Mangeldorff-Quintett, mit dem ich in den sechziger Jahren so lange auf Tournee war. Wir haben einen Haufen Gepäck - Instrumente, Verstärker, Boxen, die vielen Koffer und Kästen, die zum Schlagzeug gehören ... Wir diskutieren, ob wir sie gleich zum Konzertort bringen oder doch lieber erst ins Hotel gehen sollen. Ich neige dazu, sie in die Halle, in der wir auftreten sollen, zu transportieren. Dann kann alles vorbereitet werden und ist fertig, wenn die Musiker zum Konzert kommen. Die Musiker aber wollen lieber erst ins Hotel, um sich auszuruhen. Ich setze mich durch -gegen Widerstand, den ich als feindlich empfinde. Wir finden Taxis, haben Mühe, alles zu verstauen, rasen los.

Ich spürte die Eile. Wir haben nicht mehr viel Zeit. Bald wird unser Konzert anfangen. Wir wissen nicht, wer der Veranstalter ist. Schauen, während wir durch die Stadt fahren, die Plakatflächen an, ob wir Werbung entdecken. Wir sehen nichts, schließen daraus, daß wir einen schlechten Veranstalter haben und wenig Menschen kommen werden. Wir sind beunruhigt ... Ich finde einen Zettel, der mich erinnert, eine örtliche Radiostation anzurufen, die ein Live-Interview haben will. Der Agent, der den Zettel geschrieben hat, macht darauf aufmerksam, daß das wichtig sei. Viele Leute entschließen sich erst im letzten Moment, ein Konzert zu besuchen. Deshalb kann Radio am Tag der Veranstaltung eine Hilfe sein. (Ich erinnere: All dies ist ein Traum - von alptraumartiger, drückender Intensität. Mein Herz schlug, mein Atem ging schneller - auch noch beim Aufwachen.)

Aber weiter: Ich bitte den Taxifahrer, an einer Telefonzelle zu halten. Der Fahrer deutet auf den Verkehr, ist sicher, daß es keine Zelle gibt, an der er parken kann, fragt, ob er einen Umweg machen darf. Die Musiker sagen nein. Sie brauchen Zeit, ihre Instrumente aufzubauen; vor allem der Schlagzeuger braucht mindestens eine Stunde. Wir müssen mit dem sound check fertig sein, bevor die Menschen kommen.

Dieser Traum war jahrelang reales Geschehen für mich. Er ist schnell erzählt, aber er ging durch die ganze Nacht. Als ich am Morgen beschloß, ihn aufzuschreiben, bemerkte ich, ich hatte schon in anderen Nächten von ihm geträumt, also wollte er unbedingt in mein Bewußtsein dringen. Noch während des Frühstücks spürte ich die wohlbekannte Hetze: Kommen wir rechtzeitig an? Werden genug Menschen kommen? Werden wir die Gage ordnungsgemäß bekommen? Oder wieder betrogen werden? Wo werden wir schlafen? Wird das Hotel in Ordnung sein?

Ich habe das in der ganzen Welt erfahren - in Europa, Indien, Thailand, Vietnam, Malaysia, Indonesien, in Afrika, in Nord- und Lateinamerika ... Aber ich erfahre es ja nun schon jahrelang nicht mehr. Meine letzte große Tournee war 1975 - drei Monate Asien mit dem Manfred-Schoof-Quintett für das Goethe-Institut. Habe ich es so verinnerlicht, daß es mir, zwanzig Jahre später, Alpträume bereitet - mit allen dazugehörigen Details?

Vielleicht hilft es, den Traum aufzuschreiben. Deshalb läßt uns die Trauminstanz, die in uns wohnt, ja träumen: um uns bestimmte Dinge bewußt zu machen. Der Traum will sagen: Du kannst nicht alles verdrängen, was du früher gemacht hast. Es ist ein ganzes Leben, in dem du in dieser Weise gelebt hast. Jahrelang jährlich eine, oft zwei, drei Tourneen. Am intensivsten: die monatelangen Reisen »für Goethe«.

Ich erinnere mich - es muß 1972 oder '73 gewesen sein: In Kuala Lumpur/Malaysia war's 45 Grad heiß, Luftfeuchtigkeit 98 Prozent. Am nächsten Tag traten wir in Seoul/Korea auf: 18 Grad Kälte. Wir waren zu acht unterwegs. Sechs wurden sofort krank. Aber das Konzert fand statt. *The show must go on!*

In Ceylon hatte »ein Goethe« (so nannten wir die Institutsleiter) vergessen, die Plakate aushängen zu lassen. Er brachte uns zum Konzertort, klappte den Kofferraum auf und entdeckte - die Plakate! Ich mietete einen Lautsprecherwagen, fuhr durch den Universitätscampus, kündigte das Konzert an, hatte einen Dolmetscher neben mir, der es in Singhalesisch tat. Gegen zehn war die Konzerthalle voll. Als ich die Kosten für Lautsprecherwagen und Dolmetscher beim Goethe-Institut in München einreichte, wollten die sie nicht zahlen. Das sei vorher nicht vereinbart worden. Dutzende solcher Erfahrungen - Alptraum geworden.

Schostakowitsch in Leningrad

Schostakowitschs Siebente gehört. Seine »Leningrader«. Er hat sie als »verfrühtes Requiem« bezeichnet. Ein Totengesang voller Kontraste. Äußerste *pianissimi* und *fortissimi* aufeinanderstürzend, als verschlängen sie sich. Der zweite Satz ist die wütendste Toccata der Musikgeschichte. Mit Grund wütend: Sie handelt von der Belagerung Leningrads durch die Deutschen.

Mit Erschrecken im Programmheft gelesen: Der Komponist - der größte Symphoniker nach Mahler - war 1943 Feuerwehrmann in Leningrad. Selbst bei den schlimmsten deutschen Angriffen - ja gerade bei ihnen - durfte er nicht in die Schutzräume. Er mußte die von den deutschen Geschossen angerichteten Brände löschen. Er gehörte zu den am meisten gefährdeten Menschen in der Stadt.

Ich erschrecke, weil ich einer von denen war, die monatelang nach Leningrad hineingeschossen haben. Ich gehörte zum Bedienungspersonal der berüchtigten deutschen 8,8-Kanonen, die besonders schlimme Verheerungen angerichtet, besonders furchtbare Brände ausgelöst haben. Wir schossen fast täglich in die Stadt. Alles zieht sich in mir zusammen, wenn ich mir vorstelle: Ich hätte Schostakowitsch erschießen können!

Aber dann verstehe ich: Schostakowitsch war nur einer von anderthalb Millionen Leningradern. Weil ich seine Musik so liebe, wird mir, das Programmheft zu seiner Siebenten lesend, diese hörend, meine Mitschuld bewußt. Nur bewußt wird sie mir, denn sie besteht ohnehin - unabhängig davon, ob nun Schostakowitsch in Leningrad war oder nicht. Auch die vielen guten Leningrader Jazz-Musiker, mit denen ich später zusammengearbeitet habe, waren damals - Kinder noch - in der schönen Stadt Peters des Großen. Ich habe mich nie getraut, ihnen zu erzählen, daß ich in ihre Stadt hineingeschossen habe, aber ich war immer besonders herzlich und liebevoll zu ihnen. Weil ich ein schlechtes Gewissen hatte.

VI.

lieben

Zwei sind nötig,
damit einer sich kennenlernt.

Gregory Bateson

Es ist Unsinn
sagt die Vernunft
Es ist was es ist
sagt die Liebe ...

Es ist nichts als Schmerz
sagt die Angst
Es ist aussichtslos
sagt die Einsicht
Es ist was es ist
sagt die Liebe

Es ist lächerlich
sagt der Stolz ...
Es ist unmöglich
sagt die Erfahrung
Es ist was es ist
sagt die Liebe

Erich Fried

Mein Sohn Christian

Totensonntag 1982. Ich höre Johann Sebastian Bachs Kantate zum Tage, »O Ewigkeit, Du Donnerwort«, spüre die verzehrende Todessehnsucht dieses lebenstrotzenden Komponisten, als sei sie der Kehrreim, auf den sich all seine Kraft, sein Leben, sein Glaube und seine Freude bezöge, höre das Duett »Selig sind die Toten«, und sofort sind meine Gedanken bei einem Toten, von dem ich weiß, daß er »selig« ist: mein Sohn Christian. Geboren am Nikolaustag des Jahres 1949, gestorben am 14. Januar 1978, 28jährig. Er war der mildeste und rücksichtsvollste Mensch, den ich gekannt habe. Vielleicht der einzige Mensch, von dem ich ohne Einschränkung sagen darf: Er **war** Liebe. Liebe ohne Bedingungen.

Als Inge, meine erste Frau, ihn geboren hatte, entdeckte die Schwester, daß seine Füßchen verwachsen waren. Der Orthopäde wurde gerufen und brach die Knochen, solange sie noch weich waren, damit sie »richtig« zusammenwachsen konnten. Das geschah an seinem ersten Lebenstag. Dies also war sein erster Eindruck von der Welt: das Auseinanderbrechen von Knochen. Entsetzliche Schmerzen.

Später zeigte sich: Es waren nicht nur die Füßchen. Er war behindert in vielerlei Hinsicht. Am stärksten gefährdet war seine Lunge - durch ein Lungenemphysem, das wuchs und wuchs. Je größer es wurde, desto weniger Luft bekam er. An ihm starb er. Er erstickte. Als gäbe es keine Luft für ihn auf der Erde. Jetzt, wo ich 76 bin, habe ich das Emphysem.

Er hatte die Wärme und Herzlichkeit vieler Behinderter. Er glaubte, was man ihm sagte. Und er sagte nichts, was ihm nicht geglaubt werden konnte. Er sprach von einfachen Dingen. Aber ich habe ihn nie Unsinn reden hören.

Es hatte lange gedauert, bis er zu sprechen begann - viel länger als bei anderen Kindern. Alles ging langsam bei ihm. Er konnte nur eine Hilfsschule besuchen. Ein- oder zweimal saß ich in der hintersten Bank und hörte zu. Es war genau die richtige Schule für ihn. Er erfuhr Freude, Zuwendung, Kommunikation und lernte spielerisch.

Er liebte es, wenn ich Späße mit ihm machte. Dann konnte er sich nicht lassen vor Lachen und bat mich, denselben Spaß oder Witz immer wieder zu erzählen. Auch nach dem zehnten Mal lachte er so laut und so lange, als habe er ihn gerade zum ersten Mal gehört.

Ich liebte es, mit ihm spazierenzugehen. Er konnte keine langen Wanderungen machen, war schnell ermüdet. Ich erinnere mich an einen Osterspaziergang. Er war vier oder fünf. Um ihn zum Gehen zu bewegen, lockte ich ihn mit der Aussicht auf Osterhasen, denen wir möglicherweise im Wald begegnen würden. Am Nachmittag, als wir längst wieder zu Haus waren, ging er still in sein Zimmer. Weil wir eine Weile nichts von ihm hörten, schauten wir nach ihm. Da saß er in einer Ecke und weinte bitterlich. Es dauerte lange, bis er den Grund preisgab: Wir hätten keinen Osterhasen getroffen.

Daß Inge und ich auseinandergingen - er war acht -, muß furchtbar für ihn gewesen sein. Aber er mied es, darüber zu sprechen. Dennoch - das Thema war da. Man konnte es spüren, als könne man es greifen, aber es wurde nicht angeschnitten. Als stecke ihm ein Kloß in der Kehle - ein Kloß aus Trauer und Schmerz. Zusätzlich zu dem Emphysem in der Lunge. Wahrhaftig, das Atmen wurde ihm schwergemacht.

Als er neun war, fuhr ich mit ihm zum Skilaufen nach Silvaplana. Er hatte am Tag vorher seine ersten Skistunden bekommen, da wagte er sich schon an eine Abfahrt, die er mich hatte fahren sehen. Er wollte sie mit mir machen. Er stürzte, schlug sich den eigenen Ski in den Hinterkopf. Das Loch mußte genäht werden. Inge hat mir nie einen Vorwurf gemacht, aber ich fühlte mich schuldig.

Das kommt hoch, wenn ich an ihn denke: Trauer - Freude - Lächeln - Schuld. Jede folgende anknüpfend an die vorhergehende, mich rückverbindend zu der allerersten: Als Inge mir sagte, sie sei schwanger, hatte ich mich nicht gefreut, sondern gedacht: Das hätte ruhig noch ein paar Jahre warten können.

Er konnte keine höhere Schule besuchen. Als er vierzehn war, gab

Inge ihn zu einem Tischler in die Lehre. Er liebte es, mit Holz zu arbeiten. Wenn er mit ihm umging, sah es aus, als streichle er es. Er konnte keine Bretter und Bohlen tragen. Aber der Meister wollte ihn halten. Auch in der Tischlerwerkstatt wurde er geliebt. Er verließ sie erst, als die Sägespäne seine Lunge noch stärker zu zersetzen begannen, als sie ohnehin schon zersetzt war.

Er rief mich oft an. Öfter als ich ihn. Er mochte die Musik, die er gehört hatte, als wir drei - er, Inge und ich - noch beisammen waren. Er nannte sie »Papas Musik«. Am liebsten waren ihm das Modern Jazz Quartet und Erroll Garner. Wenn er mich besuchte, wollte er sie hören. Er bat oft um Platten. Ich wünschte, ich hätte ihm viel mehr gegeben.

Ja, ich wünschte, ich hätte ihm mehr gegeben.

Es genügte ihm, in meiner Nähe zu sein. Aber ich empfand oft: Was soll ich reden mit ihm? Christian brauchte einfache Gespräche, und darin bin ich kein Meister. Besser wurde es, als Vera in mein Leben trat, aber da war er schon achtzehn. Die beiden konnten stundenlang miteinander reden, lachen, spielen, rumbalgen. Wenn sie zusammen einkaufen gingen, dachte ich, sie sieht aus, als wäre sie nicht meine Frau, sondern seine Freundin. Er hatte nie eine Freundin.

Vera schwelgte im Packen von Weihnachtspäckchen. Überall lagen Weihnachtspapier, bunte Bänder, Tannengrün und Anhänger herum. Auch darin waren die beiden verwandte Seelen. Christian rief sie jedes Jahr rechtzeitig vor Weihnachten an: Darf ich dir beim Weihnachtspaketemachen helfen? Dann lagen sie auf dem Boden und schnürten und packten und überlegten, wie sie es noch schöner machen könnten. In jedes Schleifchen, in jede Papierfalte knoteten, bogen, knüpften sie Liebe. Es war wie ein Ritual. Ein paarmal dachte ich - nur so als Gedankenspiel: Wie schön wäre es für ihn, wenn sie seine Freundin wäre. Altersmäßig war sie ihm näher als mir.

Es ist nun bald zwei Jahrzehnte her, daß er aus dem Leben schied, aber er ist mir heute näher als zu seinen Lebzeiten. Immer noch spüre ich seine Kraft zu lieben. Dieses Kind - dieser Junge - dieser junge Mann war ein Weiser. Nicht aus dem Kopf. Aus dem Herzen. Er

»wußte«. Aus einem tiefen Verbunden-Sein. Was er auch sagte - auch dann, wenn es ein Spaß war -, es war immer genau das Richtige.

Er muß gewußt haben - »gewußt« auf seine Weise -, daß ich es gewesen bin, der die Ehe, in der er gezeugt worden war, zerstört hatte. Natürlich muß er seine Mutter mehr geliebt haben als mich. Schließlich lebte er bei ihr. Wurde er »Mann« ihres Lebens: wurde eben das, worin ich versagt hatte. Doch zu spüren war: Er liebt mich genauso.

Er sprach nie über seine Krankheit. Aber ich wußte, wie sehr er litt. Er lächelte. Atmete Liebe. Strömte Zufriedenheit aus, wo immer er war. Jeder konnte das fühlen. Wunderte sich: Wie macht er das?

Er trug sein Behindertsein wie ein edles Gewand: Als verschaffe es ihm Zugang - und das tat es - zu einer Welt, die anderen Menschen verschlossen ist. David Steindl-Rast hat einmal gesagt: »Behindert - was ist das? Es gibt nur **ein** Behindertsein: Behindert im Lieben. Und das gerade ist nicht das Behindertsein der meisten Behinderten, sondern unseres.«

Wie sehr das stimmt: Er machte es sichtbar.

In seinen letzten Lebensjahren wurden Husten und Atemnot immer bedrängender. Kurz vor Weihnachten 1977 fuhr seine Mutter mit ihm nach England. Vielleicht war es das feuchte englische Winterklima, das ihn noch zusätzlich krank machte. Inge mußte zurückfliegen mit ihm. Vom Flughafen Frankfurt kam er ins nächstgelegene Krankenhaus - nach Darmstadt. Er mußte gleich auf die Intensivstation, wurde an Schläuche, Leitungen und Apparate angeschlossen, über ihm eine Tafel mit Zeigern, Meßgeräten, an- und ausgehenden Blinkzeichen, vor seinem Gesicht eine Atemmaske. Er konnte nur noch leben, solange er künstlich beatmet wurde. Wir dachten, es würde schnell wieder besser werden, aber nach ein paar Wochen bat sein Arzt um ein gemeinsames Gespräch. Er redete eine Weile »wie die Katze um den heißen Brei«, aber wir verstanden: Es gab keine Chance. Und es war klar: Wir wollten ihn nicht an Schläuchen und Apparaten leben lassen - was nur Vegetieren gewesen wäre.

Christian wußte, daß er sterben würde. Ich glaube, er hat es eher gewußt als wir. Er sagte, er möchte »geistig sterben«. Damit meinte er: klar und bewußt. Es war zu spüren, daß es ihm Freude bereitete, uns beide - Inge und mich - an seinem Bett zu sehen. Immer wieder schaute er - fast ungläubig - zwischen uns hin und her. Mußte lächeln dabei. Als wolle er sagen: Da staunt ihr, was ich noch alles fertigbringe.

Indessen wurden die Ausschläge, die seine Herzschläge anzeigten, immer schwächer, der Abstand zwischen den Lichtzeichen immer größer. Er sagte, er möchte noch einmal Eis essen. Die Schwester brachte das Eis. Christian lächelte. Er hat das Eis nicht mehr fertig essen können. Auf seinem Gesicht blieb das Lächeln. Es war schön zu wissen, daß er das Leben mit einem besseren Geschmack verließ, als er es begonnen hatte.

Inge hatte seit unserer Scheidung sehr zurückgezogen gelebt. Ich dachte, es würde eine kleine Beerdigung geben. Nur wenige Freunde würden erscheinen. Nie wurde so deutlich, wie sehr Christian geliebt wurde. Viele, viele Menschen kamen. Menschen darunter, die weder Inge noch ich kannten. Ein Riesenberg aus Kränzen, Sträußen, Gebinden, Gestecken ... Wir sangen Paul Gerhardts und Johann Sebastian Bachs »Wenn ich einmal soll scheiden, so scheide nicht von mir ... Wenn mir am allerbängsten wird um das Herze sein, reiß Du mich aus den Ängsten, kraft Deiner Angst und Pein.« Ich wünschte mir dieses Lied auch für meine Beerdigung, aber ich denke, ich werde es nötiger haben. Christian hatte nicht ausgesehen, als sei ihm »am allerbängsten«, als er starb.

Ich weiß, daß ich diesem Sohn, meinem einzigen Kind, nicht gerecht geworden bin. Es ist das größte Versagen meines Lebens. Worin - genau - bestand es?

Wenn ich versuche, das zu sagen, bringt sich als erstes der Wunsch, eine wirkliche Familie - drei, vier, fünf Kinder - gehabt zu haben, in Erinnerung. Und eine einzige Ehe, in der wir beide - meine Frau und ich - alt geworden wären. Das ist einfach: Darin habe ich versagt. Aber es ist nur die Schale des Versagens. Kaum mehr als eine Sentimentalität. Sogar Regenbogenschreiber wissen: Beides zusammen geht nicht - ein gutes Familienleben und all das viele, was in meinem Leben geschehen ist und was ich genossen habe - die langen Reisen, die Intensität des Arbeitens Nächte hindurch, die vielen Lieben, das Leben mit der Musik und den Musikern - ein selbstgeschaffener Raum aus einer nie aufhörenden, immer noch mehr sich steigernden Intensität. Das »Es-ist-nie-genug«, das mein Leben durchzieht!

Ich habe das Leben gewählt, das ich geführt habe. Es mir selber geschaffen und es genossen.

Ohne Sentimentalität weitergefragt: Worin besteht mein Versagen gegenüber Christian? Mehr als nur äußere Schale ist Mein-nie-genug-Zeit-gehabt-Haben für ihn. Nicht genug mit ihm geredet, gespielt, Spaß gehabt haben mit ihm. Noch einen Schritt über Schalen hinaus: Mein Nicht-Erkennen dessen, was er wirklich war: der Liebe, die er gelebt hat, ohne je ein Wort über sie verloren zu haben. Mein Nicht-Sehen(-Wollen) dessen, was ich heute seine - Engelhaftigkeit nenne.

Bevor ich dieses Wort verwendete, habe ich es andere Menschen über ihn sagen hören. Habe darüber gelacht. Es als Hedwig-Courts-Mahler-hafte Bonbonfarbe abgeblendet. Aber eben diese Farbe hatte es nicht.

Ich habe dieses kurze Christian-Kapitel 1982 zu schreiben begonnen; jetzt - 1995 - schreibe ich noch immer an ihm. Zehn Jahre nach seinem Tod sagte mir ein Medium, dessen Sicherheit ich als nachprüfbar erfahren habe: »Er war Ihre Zwillingsseele.« Ähnlich schon in den fünfziger Jahren Inge: »Er ist wie dein Zwilling.« »Schaut euch doch an - ihr seid wie Zwillinge.« Sie hatte auf Einzelheiten hingewiesen, in denen sie das bestätigt zu sehen meinte. Auch damals hatte ich gelacht. Quatsch. Er war 27 Jahre jünger als ich. Dabei kann ich es doch immer noch selber sehen. Ich habe einen großen Kasten mit Familienbildern. Manchmal liegen Bilder von ihm und aus meiner Kindheit unmittelbar neben- oder übereinander. Ich zögere immer einen Augenblick, bevor ich weiß: Das ist er - oder das bin ich.

Das Medium hatte gesagt: »Zwillingsseelen können selten zusammenleben. Einer muß gehen. Er ist gegangen - um Ihretwillen.«

Seltsam: Er ging, als er genauso alt war wie ich, als er geboren wurde - und in eben diesem Jahr begann mein Durchbruch zu »Nada Brahma«, wurde mein Rückzug aus dem Jazz deutlich, wandte ich mich immer entschiedener spiritueller Arbeit zu - damit auch einem spirituellen Leben. Gewiß - dies war ein Prozeß. Aber sein Todesjahr war das Schlüsseljahr.

Auch damit bin ich noch nicht im Kern meines Versagens ihm gegenüber. Was ist der Kern? Dies: Mein Ihn-nicht-willkommen-geheißen-Haben, als Inge ihn empfangen hatte. Meine Ausflüchte: Ich - wir sind nicht bereit für ein Kind. Wir haben noch keine gesicherte Existenz, müssen beide arbeiten. Ein Kind können wir uns noch nicht leisten. Und darin schlafend - nicht sehr tief schlafend - die böse Hoffnung: Vielleicht geht er wieder.

Es gibt einen noch tieferen Kern: Jahrhundertelang hat der Volksmund, der so oft recht hat, Frauen, die Abtreibungen betrieben - es war ja ein »regelrechter« Beruf - »Engelmacherinnen« genannt: Das kleine Wesen, gerade erst empfangen, wurde zum Engel gemacht.

Hat mein geheimer Wunsch in der dunklen, so schwer erhellbaren Zone zwischen Wahrheit und Wirklichkeit ihn zu einem irdischen Engel gemacht? Ein Engel, der gerade nur das geringe Irdische, was er zu leisten hatte, geleistet hat und dann wieder ging? Dann aber hat mein geheimer Wunsch auch mit seinem Behindert-Sein zu tun.

Ich spüre einen Zusammenhang zwischen dieser Erfahrung und dem, was ich heute in meinen Büchern schreibe: daß das Embryo schon wenige Tage nach der Empfängnis zu lauschen beginnt - nicht bloß mit physischen Ohren, aber eben deshalb seine Ohren schneller ausprägt als irgendein anderes Wahrnehmungsorgan, um immer noch besser lauschen zu können. Zu lauschen auf die kleinsten, subtilsten Regungen, die es empfangen kann. Nenne ich deshalb Eltern »Sender« und das kleine entstehende Wesen »Empfänger«?

Was habe ich ihm damals gesendet?

Warum sonst schrieb ich in Zeitschriften und Büchern über dieses Thema, arbeitete lange, um es zu verifizieren, kehrte immer wieder zu ihm zurück? Wo ich doch weiß, daß alles, was ich schrieb und schreibe, aus meinem eigenen Leben fließt, sei es auch noch so intellektuell. Irgendwann wurde es einmal erfahren.

Das Medium sagte: »Ich kann ihn noch immer sehen. Er ist bei Ihnen. Er ist eine Art Schutzengel für Sie. Er begleitet Sie. Er paßt auf Sie auf.«

Man mag darüber lächeln, ich sage es trotzdem: Ist es möglich, daß Christian mir etwas abgenommen hat? Was ich selber hätte tragen und leben müssen, wenn er es nicht genommen hätte? Von dieser Art war er.

Es liegt nicht nur medizinischer Sinn darin, daß er so früh sterben mußte. Ich meine, er war von Anfang an zum Sterben programmiert. Er gehörte in eine andere Welt, war wie ein Sendbote aus ihr. Als er getan hatte, was er tun mußte, ging er dorthin wieder zurück - nur ein paar Fußspuren hinterlassend. Nur ganz leichte, so behutsam ist sein Gehen durch dieses Leben gewesen.

Danke, Christian.

Stufen

Der Ohrwurm meines Herzens geht auf den Text: Wie kann einer so viele Beziehungen haben und trotzdem so einsam sein? Ich finde kaum Zeiten in meinem Leben, in denen ich allein war. Allenfalls mal ein paar Wochen oder Monate. Immer war eine Frau da. Ehefrau. Geliebte. Freundin. Viele Freundinnen. Dennoch: das dominierende Gefühl ist Einsamkeit. Ich wollte sie fortjagen. Durch Frauen. Durch Lust. Durch Ekstase. Durch Liebe. Sie blieb.

Ich erfahre Einsamkeit als eine Frau, die mich zur Untreue erzog. Sie war stets dabei als die Zweite. Oft war sie Erste ... bis ich begriff: So darf es nicht weitergehen. Aber das war erst in meiner dritten Ehe - mit Vera. Ich war bereits Mitte Vierzig.

Ich bin dankbar für meine Beziehungen. Auch für die »negativen«, die ich mich weigere »negativ« zu nennen. Oft haben sie mehr ans Licht gebracht als die mühelosen und glatten.

Liebe hat mein Leben reich gemacht - reicher noch als Musik, Reisen, Schreiben. Aber sie hat mich auch in Tiefen und Dunkelheit gestoßen. Mir Schmerzen bereitet, die die Schmerzen aller meiner Krankheiten übertreffen.

Von Hermann Hesse gibt es das schöne Gedicht »Stufen«:

»Es muß das Herz bei jedem Lebensrufe
Bereit zum Abschied sein und Neubeginne,
Um sich in Tapferkeit und ohne Trauern
In andre, neue Bindungen zu geben.
Und jedem Anfang wohnt ein Zauber inne,
Der uns beschützt und der uns hilft zu leben.
Wir sollen heiter Raum um Raum durchschreiten,
An keinem wie an einer Heimat hängen ...«

Dieses Gedicht hängt in mein Leben hinein wie ein Komet, der immer mal wieder sichtbar wird. Oft habe ich ihm entsprochen - wenn auch kaum je Hesses Mahnung, dies »ohne Trauern« zu tun. Ich fürchte, er hat sie gewählt, weil er einen Reim brauchte zu der hier nicht zitierten Forderung, die Stufen dürften »nicht ewig dauern«. Trauer gehörte zu seinem Leben.

In meinem Leben ging jede Ehe, jede Liebe, jede Beziehung mit Schmerz und mit Trauer zu Ende. Jedesmal »schliefen« darin - und erwachten - mein Urschmerz und meine Urtrauer: Die Mutter ist gegangen. Weil sie immer wieder erwachen wollten und mußten, traten eben die Ereignisse ein, die sie erwecken konnten. Dies ist ein »Regelkreis«: Nicht nur die Trennung schafft Schmerz und Trauer, diese letzteren schaffen auch Trennung. Letztlich ist alles gleichzeitig da. Gleichzeitig »schläft« aber auch in der Trauer - und will erwachen: ihre Überwindung und Wandlung ...

Die größte Trauer, den größten Schmerz in meinem erwachsenen Leben brachte Ende der siebziger Jahre die Trennung von Vera, meiner dritten Frau - eine schwarze Wolke des Leids, die jahrelang waberte. Ich war hilflos vor ihr, konnte sie nicht zum Weichen bringen, war versteinert vor Schmerz.

Ich glaube heute, wir wollten uns nicht voneinander trennen. Aber wir sollten und mußten. Da war eine Kraft, die uns trennte und stärker war als alle Verbundenheit - auch dann, als sie wieder zu mir zurückkam. Diesmal war ich es, der sagte: Geh bitte, es geht nicht. Ohne unsere Trennung hätte ich nie »Nada Brahma« schreiben können (was letztlich bedeutet: ich hätte nicht in einen neuen Schaffensabschnitt eintreten können). Und ich hätte nie Jadranka getroffen (oder vielleicht doch getroffen, aber wir wären - ich wage es nicht zu denken - aneinander vorbeigegangen).

Weil da die Urkraft der Trennung schwelt, ist die Frage nach Aktiv und Passiv zweitrangig - auch hier. Mal wählte die Trennung den einen, mal den anderen Weg: Frauen haben sich von mir getrennt, ich mich von ihnen. Als sich 1957 Inge von mir trennte, konnte ich es nicht fassen. Sie quartierte mich buchstäblich aus - in eine kleine Einzimmerwohnung oberhalb von Baden-Baden mit herrlichem Blick auf die Stadt. Abends wählte ich ihre Nummer, hörte ihre Stimme, das Schwingen des Raumes in unserer alten gemeinsamen Wohnung, vielleicht auch mal Christians Stimme, aber nie meldete ich mich, wartete, bis sie aufgelegt hatte - und wiederholte dasselbe Spiel zwei, drei Tage später. Ich bin sicher, sie wußte, wer sich da »verwählt« hatte. Dabei hatte sie recht gehabt, die Trennung zu wollen. Ich hatte sie betrogen - wahllos und würdelos. Ich war in den vierziger Jahren, als wir zueinander gefunden hatten, innerlich noch nicht bereit gewesen für eine Ehe, war sie viel zu früh eingegangen - nur um mich irgendwo »geborgen« zu fühlen ...

Ich könnte meine Ehen, vereinfacht gewiß, nennen: die »bürgerliche« mit Inge in den späten vierziger und fünfziger Jahren, die »gesellschaftliche« mit Gigi in den Sechzigern, die »symbiotische« (ihr eigener Ausdruck) mit Vera in den Siebzigern, die spirituelle (ohne Anführungszeichen) mit Jadranka jetzt.

Die bürgerliche war eng und solide; sie war gut als das, was sie war. Dennoch schaudert mich, wenn ich denke, ich könnte dabei geblieben sein, weil dann die wachsende Fülle, die sich erst in den folgenden Beziehungen erschloß, unerschlossen - ungelebt - geblieben wäre. Ich nehme an, daß ich auch deshalb so »rabiat« - mich schuldig machend dadurch - aus ihr ausgebrochen bin. Die gesellschaftliche war eine einzige Party in wildem Wechsel von Tiefs und Hochs, was sicher zu wenig ist. Die symbiotische bedeutete ein totales Miteinander, ein bedingungsloses Füreinandereinstehen im Kleinen wie im Großen - etwa in den nervenden Auseinandersetzungen um mein Berliner Festival oder um Veras Stellung an der Schule, an der sie Lehrerin war. Ich hätte vieles nicht geschafft ohne sie. Wie sehr wir verbunden waren, wurde deutlich, als ich - drei Jahre nach unserer Trennung - krank wurde. Vera tauchte aus der Versenkung auf, als wäre sie nie in einer verschwunden. An manchen Tagen besuchte sie mich zweimal - wusch mich, rieb mich mit Franzbranntwein ab - bürstete und massierte mich, damit der liegende Körper nicht zu sehr erschlaffte - schnitt

Haare, Bart, Fingernägel ... Nachts freilich ging sie zurück zu ihrem Freund. »Was sagt der denn dazu?« fragte ich sie. - Sie: »Wenn ihn das stören würde, verließe ich ihn.«

Was die vierte Ehe betrifft, so sagt Jadranka, dies lesend, mit Recht: »Unsere Ehe ist spirituell, aber sie ist auch noch etwas ganz anderes. Sie ist ein Ringen um die eigene Mitte. Das schafft die Verbindung zwischen uns. Bringt uns beide tiefer und höher.« Sie legt einen Zettel in die Seiten, den ich im Anschluß an dieses Kapitel unter dem Titel »Der Schatz des Schattens« wiedergebe.

Als ich 1988 bei Barbara Gluck, einer klugen Rückführungstherapeutin in New Mexico, meine *past life*-Arbeit machte, habe ich erfahren - und ich meine: **erfahren** über jeden Zweifel hinaus, in nachprüfbarer Plausibilität -, wie oft ich über Jahrhunderte hinweg mit Jadranka verbunden war: als Mutter und Sohn, als Zwillingsgeschwister (sie starb früh, ich lebte weiter und trauerte ihr ein Leben lang nach!), ja sogar - es ist zum Lachen - als Räuber: Wir waren beide derbe, rauhe Männer, die Bauernhöfe überfielen und ausraubten, bis ich dabei erstochen wurde und sie/er fortlief (womit mein Mich-von-ihr-im-Stich-gelassen-Fühlen ein für allemal programmiert war).

Es gibt Momente, in denen wir beide dieses »Echo von fern her« spüren. Bei mir ist es so: Wir reden miteinander, ich schau sie an, wie man sich eben anschaut beim Reden, und mit einem Mal merke ich: Ich seh noch etwas anderes, mein Blick wird glasig - Jadranka kennt das schon, sie lächelt darüber -, und ich habe dieses nicht in Worte zu fassende und dennoch genaue Gefühl: Ich erkenne da etwas, vielleicht ist es irgendeine Ähnlichkeit in diesem Gesicht mit einem anderen, das mir ebenso nah ist oder war. Was ist es nur, was ich da sehe? Was schwebt dahinter? Ich kann es nicht fassen, und dann ist es fort, und ich bin wieder »hier«.

Seltsam, wie schon der Moment und die Umstände des Kennenlernens die Ehen kennzeichnen: Inge war Sekretärin am Südwestfunk, ich lernte sie »arbeitend« kennen. Gigi imitierte im Baden-Badener

Jazzclub Ella Fitzgerald. Vera war Hilfsschwester und pflegte mich im Krankenhaus, als mir die Mandeln herausgenommen wurden. Jadranka besuchte einen Workshop von mir und hatte bei einer meiner Meditationen eine tiefe, durchbruchsartige Erfahrung.

Wenn ich für jede Ehe eine Musik zu wählen hätte, dann wäre es: für Inge eine deutsche Opern-Ouvertüre, für Gigi Ella Fitzgeralds *A Tisket - a Tasket,* für Vera eine Beethoven-Symphonie, für Jadranka die Kantate »Singet dem Herrn ein Neues Lied« von Johann Sebastian Bach, die wir viermal jährlich hören: am Neujahrsmorgen, zu ihrem Geburtstag im Februar (Wassermann!), zum Tag unserer Eheschließung bei Frühlingsanfang und zu meinem Geburtstag im Juli.

Ich habe früh gelernt, mit wechselnden weiblichen Bezugspersonen zu leben. Nachdem meine Mutter gegangen war, hatte mein Vater verschiedene Hausdamen und haushaltführende Tanten. Da lernt man die Anpassung. Lernt freilich auch früh Widerstand und Protest (auch auf **diese** Weise!).

Meine Mutter war 27, als sie ging. Lange blieb ich auf dieses Alter fixiert, bis ich mich langsam in andere, aber immer noch viel jüngere Alter »vorarbeitete«. Jadranka ist 28 Jahre jünger als ich. Der Altersunterschied zwischen uns ähnelt also immer noch dem zwischen mir und meiner Mutter, als sie fortging.

In all meinen Beziehungen habe ich Verletzungen und Wut erfahren. Sie warteten darauf, erfahren zu werden, denn sie sind »codiert«, sind - durch die fortgegangene Mutter und den riesigen Vater - so gut gelernt, daß ich sie nie wieder vergessen kann. Sie gehören »zum Programm«. Der Emotionalkörper legt Wert auf sie, denn er wird durch sie besonders tief, intensiv, schmerzhaft an die Mutter erinnert. Wenn er schon so wenig von der Mutter gehabt hat, dann will er wenigstens die Erinnerung. Das während des größeren Teils meines Lebens nur knapp unter der Oberfläche verborgene und dennoch nicht erkannte »Ziel« blieb immer das, was es damals gewesen ist: das Fortgehen ... In ihm gipfeln Erinnerung, Schmerz, Trauer, »Tiefe«, Intensität. Das Fortgehen der Mutter war die intensivste Erfahrung meines Lebens. Keine Liebeserfahrung, keine Liebesekstase in meinem späteren Leben - wie groß und wunderbar auch immer sie gewesen sind - haben vor ihm eine Chance. Es war deshalb gleichgültig, **wer** Wut, Verletzungen, Trennung ausgelöst hat, entscheidend war nur, **daß** sie geschahen. Ich habe es gut gelernt, sie zu projizieren, so daß es nicht nötig ist, daß ich »anfange«. Interessant ist die Umkehrung: Bei der Trennung von meiner Mutter kam das Fortgehen zuerst, dann - und dadurch - Verletzung, schließlich Wut. In den Ehen war es umgekehrt: Erst Verletzung, dann Wut, schließlich Trennung.

All dies habe ich (wie das meiste andere auch) erst in den späten sechziger Jahren meines Lebens erkannt - in einem wachsenden Prozeß, der immer noch weitergeht - und weitergehen muß, damit das Erkannte innerlich erfahren wird und ich nicht immer wieder in die gleiche Falle tappe. Daß ich's nicht früher erkannt habe, ist Teil meines Versagens.

Aber immer, was auch geschehen ist, war da - und ist da und bleibt die Erfahrung von Liebe. Immer wieder überwältigt sie mich - wie eine Landschaft, wie eine Musik - aber größer, unendlich viel größer als sie.

Zwischen meinen Ehen - bei den beiden ersten immer wieder auch in ihnen - brachen die Dämme. Schon das Wort »Jazz« war ein Passport; so jedenfalls erfuhr ich es. Ich war oft auf Tourneen - mit Count Basie, mit Duke Ellington, dem Modern Jazz Quartet, mit deutschen Bands ... Wir dachten damals: Wer allein schläft, ist selber schuld. Man tat es allenfalls, um sich ausschlafen zu können, endlich mal Ruhe zu haben. Es war wie später beim Rock: Die Frauen und Mädchen kamen nach den Konzerten - oft schon während der Pause - hinter die Bühne, baten um Autogramme, hatten Fragen, standen nur einfach herum, schauten, lächelten ... Jeder von uns konnte fühlen, ob man fragen durfte - vielleicht sollte: »Wollen Sie mitkommen?« Oft sah ich, was geschah, wie einen Film, dem ich kaum glauben konnte, und dennoch spielte ich mit, nahm leidenschaftlich teil an dem, was er zeigte, war der Akteur, der sich selber beobachtete.

Seltsam - das begriff ich damals: Frauen - weibliche Stimmen - sind lauter in Liebe und Lust. Männer sind lauter in Wut, Empörung, Aggression und in den Aktivitäten des Alltags. Noch deutlicher umgekehrt: Männer sind leiser in Lust und in Liebe, Frauen leiser in den alltäglichen Arbeiten und Äußerungen ... **Beide** sind laut und sind leise, aber mehr Männer sind laut in Wut, mehr Frauen laut in Lust.

Dazu ein Exkurs, der ebensosehr in das Kapitel »Jazz und ...« gehört: Viele der Frauen, denen ich damals begegnete - in den Clubs, in den Konzerten - wußten etwas, was Außenstehende nur schwer nachvollziehen können: daß nämlich das Sexualverhalten eines Musikers - zumal eines improvisierenden, der seine Musik **ist** - sehr viel zu tun hat mit seiner Musik. Sie wußten das, weil sie es erfuhren. Auf diese Erfahrung zu verzichten wäre ihnen dumm erschienen. Weil sich in ihr und durch sie eine Dimension nicht nur des betreffenden Musikers, sondern der Musik erschloß, die ihnen hörend verschlossen geblieben wäre. Gewiß, ich war kein Musiker, aber ich partizipierte daran. Ich steckte total in der Szene, und diese Seite gehörte zu ihr.

Bereits in den fünfziger Jahren hat der amerikanische Kritiker Nat Hentoff darüber geschrieben, daß es so viele Frauen und Mädchen gab, die einfach durch die Intimität, die sie zu vielen Musikern zu gewinnen verstanden, einen zusätzlichen Zugang zur Musik und eine Erfahrungsmöglichkeit des Wesens eines Musikers und damit dessen, was er spielte, gefunden hatten, über die die Spezialisten - Kritiker, Plattenproduzenten etc. - nicht verfügten. Er riet: »Rede mit ihnen. Sie wissen mehr als wir alle.«

Viele Frauen haben, bereits während sie eine Musik hören - im Club, im Konzert - eine körperliche Erfahrung, und natürlich empfinden sie: Wenn diese Erfahrung gut ist, wollen sie sie vertiefen. Da sie meist gut aussehen, lebendig und attraktiv, oft auch klug und wohlinformiert sind, holen sie sich das, was sie wollen. Jeder, der damals im Jazz war - oder heute im Rock ist -, kennt solche Frauen. Weiß, mit welcher Genauigkeit, Wohlinformiertheit, Liebe und Leidenschaft - freilich auch Verachtung - sie über einen Musiker und eine Musik reden können. Viele von ihnen wissen besser als alle Kritiker und Produzenten, wohin die Entwicklung geht, er-fühlen sich dies buchstäblich in den Betten der Musiker, die ja auch selbst die körperliche - und das heißt allemal: die sexuelle - Dimension ihrer Musik kennen. Viele großen Musiker haben darüber gesprochen - von Duke Ellington bis Archie Shepp: *My sax is a sex organ.*

Zu dem Leben, das ich geführt habe, gehört: **Ich** habe abgetrieben. Ich? Die Frauen, mit denen ich schlief. Dennoch fühle ich: Ich habe es getan. Mindestens: wir. Das erste Mal gleich nach dem Krieg, noch vor der Währungsreform. Wir hatten nichts zu essen. Hungerten. Lebten in einem mit ausrangierten, unmöglichen Sachen möblierten Zimmer, das - so sehr wir auch lüfteten - stank. Ohne Chance auf eine Wohnung - auf Jahre hinaus. Was immer als Wohnraum vorstellbar war - die Franzosen hatten es beschlagnahmt. Wohin mit dem Baby? Wie es ernähren? Und vor allem: Wollten wir überhaupt zusammenbleiben? Wir zögerten kaum, es zu tun, hielten es für das Selbstverständliche. Eine Kollegin gab uns eine eklig aussehende schwarze Masse: »Tut es ins Badewasser. Bade darin. So heiß und so lange wie möglich. Es treibt. Du wirst furchtbar schwitzen. Wenn es beim ersten Mal nicht wirkt, tut es mehrmals.«

Ich weiß nicht mehr, wie oft wir es tun mußten, bis es »wirkte«. Aber ich erinnere: einen Eimer voll Blut - einen blutigen Klumpen darin: der Fötus. Ich schaute gleich weg - wollte ihn nicht sehen - ihn nie gesehen haben -, aber ich seh ihn noch heute.

Ahnte - ahne noch immer - das Menschenähnliche an seiner Form. Wir wickelten ihn in eine Zeitung, banden einen Stein an das Bündel, versenkten ihn in einen Waldsee. Ein halbes Jahrhundert ist vergangen, aber noch immer, wenn ich an dem See vorbeifahre, kommt es hoch: Dort liegt etwas von mir.

Ich glaube, jede Frau, die es getan hat, weiß: Es war nicht gut. Sie mag es verdrängen, vergessen, aber um das tun zu können, muß etwas sein, was verdrängt werden konnte. Auch ich weiß: es war unrecht. War mehr als dies: Ich habe mich schuldig gemacht, habe - so drücke ich es heute aus - mein Karma belastet.

Es blieb nicht bei dem einen Mal. Nach der Trennung von Inge, Ende der fünfziger Jahre, rief eine Freundin an. Ich hatte mit ihr geschlafen, aber das war vor Monaten; das Baby, das sie empfangen hatte, war nicht von mir. Ob ich ihr helfen könne, fragte sie. Sie lebte bei ihren Eltern. Die durften nichts wissen. Sie kam, badete wieder in dem ekligen Sud - wieder schwamm in dem Blutschwall der Fleischklumpen, von dem man damals noch sagen konnte: Er hat nicht gelebt. (Konnte man? Wissenschaftler behaupteten es, aber man wußte, man fühlte: Das stimmt nicht. Die »Stimme« war da, die es sagte - die Stimme, die so etwas weiß. Genau weiß.)

Wir dachten damals - nein, ich denke auch heute: Es war jedesmal unvermeidlich. Es »geschah«. Es war zwingend. Die Gründe »sonnenklar«. »Auf der Hand liegend.« Wir sprachen von »Selbstbestimmung«. Jedes Menschen Recht auf freie Entscheidung. »Mein Bauch gehört mir.« Sahen überall in der Natur den natürlichen Vorrang des bereits geborenen Lebens vor dem zu erwartenden. Wollten dem kleinen Wesen ein Leben ersparen, das unmöglich gut werden könnte. Meinten, dies tun zu müssen. Wir hatten schließlich Verantwortung. All dies. Wir hatten das »drauf«.

Wenn ich heute mit Menschen spreche, die damals jung waren und in der Freiheit lebten, in die wir uns - jubelnd! - gestürzt hatten, wenn wir uns - ich weiß nicht, wodurch - diesem Thema nähern (könnte es zu uns kommen, ein so abgelegtes, verdrängtes Thema, wenn es nicht in uns rumorte?), dann kenne ich schon den Moment: das erstarrende Lächeln. Das plötzlich so ernst werdende Gesicht - bei den Frauen zumal. »Du auch?« »Und du auch.« »Und du auch.«

Es ist das Tabu einer Generation. Selten gebrochen, so daß es Tabu blieb. Monatelang habe ich überlegt: Soll ich darüber schreiben? Immer wieder abgewunken. Abgewürgt. Bis es sogar in den Nächten hochkam. In Träumen. Wie kann ich von Wahrheit reden, wenn ich dies verschweige? Wo es doch drängt, wo es doch will, daß ich's sage.

Heute fühle ich die Schuld noch deutlicher als damals. Telefoniere mit einer der Frauen, die es betraf und mit der ich noch in Verbindung bin, steure das Thema nach Umwegen an. Auch sie sagt: »Ich fühle es heute stärker als damals.« Fragt zurück: »Weißt du auch noch immer, wie es gewesen ist?«

Aber ich weiß auch: Wir konnten nicht anders. Wenn Leben schuldig werden bedeutet, ist hier einer der Punkte, an dem dies gilt. Wie diesen »Punkt« lösen? Ich weiß nicht. Die Art, wie die katholische Kirche damit umgeht, ist zynisch. Bei Christus finde ich Antworten, nicht bei der Kirche. Was sie sagt, hat Christus nicht gesagt. Es muß abgeleitet werden. Der Ableitungsweg kann auch anderswohin führen. Ich lege sie Gott zu Füßen - die Schuld.

Heutige junge - inzwischen natürlich auch schon »mittelalterliche« - Menschen können sich gar nicht mehr vorstellen, wie es gewesen ist: »Das Liebesleben verkorkst von Angst« (wie vor Jahren »Die Zeit« schrieb). Ich weiß noch, mit welchem Erlösungsgefühl wir die Antibabypille begrüßt haben. Sie war genau das, was diese Gesellschaft in diesem Moment brauchte. Die ersten brachte ich Anfang der sechziger Jahre aus den USA - noch mit dem viel zu hohen Östrogengehalt. In Deutschland gab es noch keine, dann brachte Schering die ersten als Mittel »gegen Menstruationsbeschwerden« auf den Markt; die empfängnisverhütende Wirkung war unter »Nebenwirkungen« angeführt, als sei sie unerwünscht. Ich war damals oft in New York. Ich wurde eine *connection*: der Mann, der die Pillen hat. Gab sie Freunden und Freundinnen. Kam mir vor wie ein Wohltäter, der Liebe leichter und besser machte - endlich ohne Angst lieben!

Jemand hat mal geschrieben, die Erfindung der Antibabypille sei der größte gesellschaftliche Einschnitt in diesem Jahrhundert (in diesem?) gewesen. Sie war der beste - in einem Jahrhundert, das viele schlimme Einschnitte kannte: Auschwitz. Hiroshima. Aids. Der Beginn genetischer Manipulationen - all dies. Jedesmal ein Schnitt in den lebendigen Körper der Menschheit, der aufschrie - jedesmal wieder - und danach ein anderer war. Kein Jahrhundert mit so vielen »Schnitten« - so vielen schlimmen und diesem - vielleicht - einzigen guten.

Wie zurückkommen zu »Stufen«? Ich spüre die Erleichterung: Endlich habe ich es ausgesprochen. Danke, Instanz, die zu drängen nicht aufgehört hat.

Ich weiß - nach all dem, was ich inzwischen gelernt habe: Mein Leben war Sucht. Liebe und Sexualität haben sie gestillt - und gleichzeitig genährt, sie immer unstillbarer gemacht. Sie waren ein Geschäft - manchmal ein gutes, manchmal ein schlechtes: Ich gebe dir - du gibst mir. Was da gegeben wurde, war »Liebe«, die in Gefahr war aufzuhören, wenn sie nicht immer wieder neu bestätigt wurde. Gewiß nicht die Liebe, die ich - die wir - **jetzt** wollen - bedingungslose.

Jadranka: »Du hast nicht geliebt. Du hast gebumst.« Ja.

Aber: Liebe ist wie ein Berg. Du ersteigst ihn. Du kannst ein Leben brauchen, bis du oben bist. Je höher du steigst, desto mehr denkst du: Das da unten war ja noch nichts. Aber in Wirklichkeit betratest du den »Berg Liebe genannt« bereits mit dem ersten Schritt, den du auf ihm tatest. Hattest sofort das Gefühl: Ich liebe! Wußtest genau, denn du fühltest es ja: Dieser eine Schritt macht den Unterschied. Das, was ich jetzt erfahre und lebe, ist ganz und gar anders als der Zustand, in dem ich vorher gelebt habe. Viele, die glauben, daß sie jetzt endlich wirklich lieben, geraten leicht in die Nähe des Hochmuts: Ihr anderen wißt ja nichts von der Liebe! Marguerite Duras sagt: »Jemanden aus diesem oder jenem Grund, aus praktischen oder Bequemlichkeitsgründen zu lieben, zeugt bereits von Liebe.« Das ist ja auch der Trick der Evolution, der Natur, der Schöpfung, uns zur Liebe zu führen: es uns angenehm, bequem, geborgen, praktisch, lustvoll, »schön« zu machen, wenn wir lieben. Jeder braucht diesen »Einstieg« in die Liebe, erfuhr ihn bereits als Baby. Es mag beschämend sein, aber so sind wir nun mal: Wir müssen zur Liebe geködert werden. Ohne Köder gäbe es noch weniger Liebe.

Zurück zu den Ehen: Jede war Stufe, jede jeweils folgende ein Schritt weiter (ich scheue mich »höher« zu sagen, und doch ist es dies, was ich empfinde). Aber ebenso gewiß gab es auch immer wieder Beziehungen, die mich nicht weiter und höher, im Gegenteil abwärts gebracht haben.

Ich bin dankbar, daß ich mit meinen Frauen in guter Verbindung bleiben konnte. Als ich sechzig wurde, kamen sie alle zum Fest. Ich schaute sie alle drei an - wie sie einander umarmten und mir mit einem zwinkernden Verständnis zulächelten, in dem die begründete Überzeugung lag: »Wir kennen dich besser als alle.« Ich dachte, was es doch für wunderbare Frauen sind! Konnte es kaum fassen, daß ich sie gefunden habe - oder sie mich fanden. War ihnen dankbarer, als ich in Worte fassen kann. Ich bat sie innerlich um Verzeihung für alles, was ich ihnen angetan habe.

Es widerspricht mir, einen Menschen, den ich geliebt und mit dem ich in Intimität gelebt habe, aus meinem Leben zu streichen wie aus einem Katalog. Ich glaube, daß eine intensiv gelebte Ehe zwei Menschen auch über die Zeit ihres Bestehens hinaus verbindet. Im Sommer 1993 - sechsundzwanzig Jahre nach unserer Trennung - spürte ich plötzlich: Ich muß Inge anrufen. Ich wußte nicht, warum, hatte schon lange keine Verbindung zu ihr, spürte nur: Du **mußt** sie anrufen - jetzt! Ich tat es - sie konnte kaum sprechen vor Tränen, sagte: So schlecht sei es ihr lange nicht gegangen, sie könne sich nicht bewegen vor Schmerzen, brauche Hilfe. Sofort fuhr ich zu ihr.

Die Idee der Einehe - der einen Ehe, die für ein Leben zu »reichen« hat - stammt aus einer Zeit, in der das Durchschnittsalter der Menschen bei 35 lag. Dafür ist sie biologisch und psychisch richtig. Die Kirchen und die Religionen haben sie perpetuiert, ohne sich darum zu kümmern, daß die Menschen immer älter wurden - aktiv und lebendig bis ins Alter. Aus ihrer Forderung haben sie ein gesellschaftliches Dogma gemacht. Falsch wie alle Dogmen.

Ich weiß, es ist wunderbar, wenn zwei Menschen ein Leben lang gemeinsam leben, bis zu ihrem Tode eng verbunden bleiben, gemeinsam wachsen, ihre Ehe immer reicher, immer tiefer, immer lebendiger, immer beglückender erfahren ... Ich weiß, das gibt es, aber ich weiß auch, wie selten es geschieht - so selten, daß es barbarisch, unmenschlich ist, es zur Forderung zu erheben - einer Forderung, die zu nichts anderem dient, als den Menschen schlechte Gewissen zu geben. Und denen, die auf ihr bestehen, Macht! Für die weitaus größere Zahl von Menschen bringt das jahrzehntelange Bezogensein auf einen einzigen Partner Lähmung, Erschlaffen, Versagen, geringer werdende Liebes-, Freude-, Ekstasefähigkeit ...

Meine Ehen haben jeweils etwa zehn Jahre gedauert. So lange müssen sie auch gedauert haben, als die Mehrzahl der Menschen bereits in der Mitte ihres vierten Lebensjahrzehnts starben. Vielleicht also ist diese Dauer die biologisch und psychisch angemessene. Ich bin jede Ehe eingegangen in der tiefen, festen Überzeugung und Absicht, sie zeitlebens zu führen. Und ich empfand das Zuendegehen jeder Ehe als Versagen. Was freilich wirklich geschieht, geschieht jenseits von ihm - und ganz gewiß jenseits der Frage, wer jeweils versagt hat. Es geschieht **mit** uns und **durch** uns. Wenn wir es annehmen, werden wir stärker und wachsen dadurch. Wenn das Gefühl des Versagens zur Selbsterkenntnis führt, ist es hilfreich. Wenn es zu einem Syndrom wird, schwächt es und lähmt es.

Ich bin in jede Ehe als ein »junger« Mensch hineingegangen - verliebt wie ein Jüngling. Immer noch - so empfand ich es - stärker und tiefer liebend als zu Beginn der jeweils vorangegangenen Ehe. Ich habe jede Ehe mit großer Kraft und Intensität - nicht nur, aber gewiß auch, was das Sexuelle betrifft - gelebt. Ich erfahre meine jetzige, als sei ich zwei oder drei Jahrzehnte jünger. Ich weiß, das ist eine Vereinfachung, aber es ist auch wahr: Meine Ehen und meine Beziehungen haben mich jung gehalten, mich, wie Hermann Hesse sagt, »neuen Räumen jung entgegengesandt«. Ja, wenn ich an meine erste Ehe denke, dann empfinde ich mich damals als viel, viel »älter«, als ich es heute bin. Freilich auch als sehr viel unreifer. Wenn beides zusammengeht.

Lesen wir weiter Hermann Hesses Gedicht:

»Der Weltgeist will nicht fesseln uns und engen,
Er will uns Stuf um Stufe heben, weiten.
Kaum sind wir heimisch einem Lebenskreise
Und traulich eingewohnt, so droht Erschlaffen,
Nur wer bereit zu Aufbruch ist und Reise,
Mag lähmender Gewöhnung sich entraffen ...«

Eine Ehe, wenn sie voll gelebt wird, braucht das ganze geistige, seelische und körperliche Potential des Menschen. Dieses Potential steht - in seiner Gänze - nicht zur Verfügung, wenn es - zugleich - zwischen mehreren Partnern geteilt wird. Sinnvoll und wahrhaftig scheint es mir allein, einem einzigen Partner seine Liebesmöglichkeiten zu schenken und, wenn dies nicht mehr möglich ist, sich - gewiß meist in Schmerzen und so behutsam wie möglich - zu trennen. Immer mehr Menschen gehen diesen Weg - nicht mehr den alten und altmodischen des gelegentlichen Ausbrechens (weil das gar zu lange Beisammensein sonst langweilig wird und die Langeweile nur noch durch Aggressionen aufgelockert werden kann), sondern den zeitgemäßeren der aufeinanderfolgenden Partnerschaften. Ich habe beides versucht - ersteres in meinen beiden ersten Ehen (und habe es als unaufrichtig und die Liebe untergrabend erfahren), letzteres in meinen beiden letzten Ehen, in denen das, was man »Untreue« nennt, nicht in Frage kam und kommt (und habe erfahren: nur so ist »Wachsen« möglich). Weil ich beide Alternativen gelebt habe, meine ich, sie heute auch gegeneinander abwägen zu können.

Den Umschwung brachte die Ehe mit Gigi Anfang der sechziger Jahre. Damals hatte ich - wie die meisten von uns - noch geglaubt, das gelegentliche Schlafen mit einer anderen Frau gehöre einfach dazu. Ich hatte auf dem Frankfurter Jazzfestival zu tun. Gigi sagte, sie hätte ihre Eltern so lange nicht gesehen, sie würde inzwischen zu ihnen gehen. Im Jazzkeller in Frankfurt lernte ich eine hübsche junge Frau kennen und nahm sie mit in meine Wohnung nach Baden-Baden. Mit einem Mal kam Gigi, die ich bei ihren Eltern wähnte. Ich sehe noch ihr Erstarren (fühle noch meins). Aber dann schritt sie formvollendet zum Getränkeschrank, goß Scotch ein, tat Eis und wenig Wasser dazu und reichte uns die Gläser auf einem silbernen Tablett. Als wir dankend danach griffen, schüttete sie erst das eine mir, dann das andere der Frankfurterin ins Gesicht. Die fragte nur noch: »Wann geht der nächste Zug?«

Gigi aber, eben noch souverän überlegen, brach auf Wochen zusammen.

Bald darauf hörte ich auf zu »betrügen«. Doch Gigi hatte gelernt. Nun »betrog« sie mich. Ich bin sicher: Ohne meine »Lektionen« hätte sie es nie getan. Aufschlußreich auch, daß ich den eben geschilderten Vorfall »vergessen« hatte. So etwas verdrängt man ja gern. Zwanzig Jahre später, als ich mich bei der Premiere von »Nada Brahma« in der Frankfurter Alten Oper mit Gigi verabredet hatte, erinnerte sie mich daran.

Ich meine, ich **bin** treu. Weil ich es nur von innen her sein kann und weil dorthin ein langer Weg ist, stellt Treue sich nicht von heut' auf morgen ein. Ich muß mich »durchleben« zu ihr. Dazu brauche ich Zeit. **Dann** - manchmal zu spät - wird sie selbstverständlich.

In den ersten Jahren meiner Ehe mit Vera wäre ich fast noch einmal rückfällig geworden. Ich hatte - 1970 - die *European Down Beat Poll Winners* zusammengestellt (eine Jazzgruppe, die ich aus den Musikern gebildet hatte, die die führenden Kritiker der Welt als Europas beste gewählt hatten) und ging mit ihnen auf Asientournee. Ich kannte das Ritual: Jedesmal, wenn ich nach Tokyo kam, verfiel ich dem Zauber der Japanerinnen. Eine, die obendrein noch gut singen konnte, nahm mich aus dem Club, in dem sie auftrat, mit in ihre Wohnung. Wir waren kaum eingetreten, hatten uns gerade umarmt, ich spürte ihren Körper, da erschrak ich - vor mir. Ließ alles stehen und liegen und verließ die Wohnung. Fand keinen Fahrstuhl, rannte sieben oder acht Stockwerke eines Hochhauses, immer zwei Stufen auf einmal nehmend, hinunter, fliehend nicht vor ihr - sie war nicht die Frau, einem Mann hinterherzulaufen -, aber vor mir. Vor einem jahrelang eingelernten Muster.

Es war spät in der Nacht. Ich wußte nicht, in welchen Stadtteil Tokyos wir gefahren waren. Kein Mensch auf der Straße. Kaum Beleuchtung. Nach einer Weile merkte ich: Ich hatte mein Jackett in ihrer Wohnung gelassen. Fröstelnd suchte ich eine U-Bahn-Station, fand keine, landete schließlich an einer abgelegenen Bus-Haltestelle, konnte den japanischen Fahrplan nicht lesen, wartete lange vergeblich, bis ich begriff: Da fährt kein Bus mehr. Irrte stundenlang herum, bis mich das erste Fahrzeug des dämmernden Morgens ins touristische

Akasaka brachte, wo mein Hotel lag - die gespenstischste Flucht meines Lebens (nein, das war die Flucht 1944, als die Russen den Ring um Leningrad durchbrochen hatten). Ein paar Tage später gab mir der Pianist des Clubs, in dem Michiko - so hieß sie - auftrat, maliziös lächelnd, mein Jackett.

Ich habe gesagt, ich weiß nicht, was meine Ehe mit Vera zu Ende gebracht hat. Ich glaube, sie weiß es auch nicht. Vielleicht war es das, was ich heute als die Weisheit und Voraussicht des Seins empfinde: Ich mußte Jadranka finden, sie Annalena bekommen. Vor ihr ist, was immer »wirklich« geschehen ist, allenfalls Anlaß.

Vera und ich hatten uns Kinder gewünscht, hatten keine bekommen. Hatten Spezialisten konsultiert, um herauszubekommen, woran es lag. Mit einem Mal - sie war schon bald vierzig, mußte sich also beeilen - begann etwas, was ich als »Sog« empfand und noch immer empfinde: als gebe es eine Kraft, die sie aus unserer Ehe heraussaugte. Eine nicht niederzuhaltende Kraft, die kein Mittel scheute, auch Wut und Aggression nicht. Ich hatte den Eindruck, sie wollte bei mir bleiben, wehrte sich, kämpfte, war voller Verzweiflung, aber der Sog war stärker. Er hielt auch dann an, als sie die Beziehung, auf die sie sich eingelassen hatte, beendet hatte - eben um unsere Ehe zu retten. Die Beziehung also war nicht der Grund, nur das »Vehikel« des Sogs.

Es muß qualvoll für sie gewesen sein, war auch qualvoll für mich, der ich unbedingt unsere Ehe bewahren wollte. Ich sagte ihr, sie könne den Mann, in den sie sich verliebt hatte, ruhig weiter treffen (aber ich weiß: ich hätte das nicht durchgehalten). Ich wollte alles akzeptieren, wenn ich nur diese Frau behalten konnte.

Am schlimmsten war es in Finnland - unser letzter gemeinsamer Urlaub. Ich sehe noch immer die Bucht - eine Idylle von Bucht. Da lag sie auf einer Insel zwischen dem Meer und zwei Bäumen, weinte, schrie, wimmerte, zuckte, schlug um sich. Ich stand, kniete, hockte, um sie zu halten. Zu helfen. Wußte nicht, wie. War hilfloser, als ich mich je gefühlt hatte. Sie rutschte in Schilf und mooriges Wasser, wehrte sich, als ich sie daran hindern wollte. Jede Bewegung, jeder Schrei: Fort von mir. Als sie ruhig geworden war, sagte sie: »Ich bleibe bei dir.« Aber zwei Tage später ging's weiter. Das einzige, was sie beruhigte, war: Beeren sammeln im Wald. Und Sauna. Ich heizte sie täglich, ihren Zorn zu kühlen. Kaum gekühlt, brannte er lichterloh wieder. Nie gab es »Gründe«. Der wahre Grund war: Befreiung aus einer Bindung, die fester nicht hätte sein können. Wir kämpften, aber ich achtete, ja bewunderte sie, weil sie es sich so schwer machte.

Als sie fortging, kümmerte sie sich um jedes Detail. Sie hatte das Jazzfoto-Archiv betreut, aus dessen Beständen ich jedes Jahr einen Jazzkalender herausgegeben hatte. Sie kümmerte sich noch einmal um jeden einzelnen Fotografen, kontaktierte viele, erklärte genau, was ich künftig zu tun hätte. Sie hatte einen Teil meiner Steuerangelegenheiten bearbeitet. Sie suchte und fand jemanden, der es künftig tun würde. Sie ordnete Küche und Haushalt, damit ich bloß alles fand. Kaufte Vorräte auf Monate, als käme ein Krieg (den sie doch gerade zu beenden im Begriff stand). Sie hatte meine Krankenkassenbelege gesammelt und eingereicht. Sie sagte: »Das mache ich weiter.« Und tat es noch jahrelang. Erinnerte mich jahrelang an Geburtstage, von denen sie sicher war, ich vergäße sie sonst.

Ich bin heute sicher: Es gab eine Instanz in ihr, die wußte: »Ich muß fort. Ich muß Annalena empfangen, bevor es zu spät ist.« Ich spüre noch heute meine Reaktion, als sie mir - Jahre später - sagte, sie sei schwanger. Ich dachte: Aha, das war der Grund. Ich registrierte es fast mit Erleichterung. Endlich eine sinn-machende Erklärung.

Ein wichtiger Einschnitt - Anfang der achtziger Jahre, auch er also nicht möglich ohne die Trennung von Vera - hat mich mehrere »Stufen« auf einmal nehmen lassen. Man mag ihn als »körperlich« abtun, er mag das gewesen sein, aber er hatte tiefere Wirkung. Die Trennung in Begriffe wie »körperlich«, »seelisch«, »geistig« ist ohnehin »Landkarte«. Solche Wörter haben die Funktion von Städtenamen auf Territorialkarten oder in Atlanten; in der Natur »stehen« sie nicht. Gregory Batesons Wort gilt auch hier: *The map is not the territory* - »Die Landkarte ist nicht das Territorium«, sie ist nicht die wirkliche Landschaft. In dieser sind Körper, Seele, Geist **eines,** auf der »Karte« - in Büchern - sind sie dreierlei.

Der Einschnitt, den ich meine, war Tantra. Bei dem Berliner Tantra-Lehrer Andro lernte ich Tantra, nahm an mehreren Tantra-Gruppen teil. Unter den vielen Seminaren und Workshops, die ich genommen habe - von *Re-birthing* bis Bio-Energetik und Psychosynthese und von Neurolinguistik bis zu den verschiedensten Formen von Körperarbeit und Selbsterfahrung -, waren es diejenigen, die mich am stärksten verändert haben. Denn Tantra ist mehr als die tantrischen Mantren und Techniken, die ich natürlich lernte: wie man Ejakulationen »kanalisiert« und Orgasmen wandelt, sie die Wirbelsäule heraufwandern läßt, damit sie nicht mehr »da unten«, sondern »da oben« geschehen, sich nicht mehr von ihrer - angeblichen - Zwangsläufigkeit beherrschen läßt; ich erfuhr die tiefe Veränderung von Bewußtsein und Lebensgefühl, die damit parallel gehen, und habe all dies so sehr verinnerlicht, daß ich gar nicht mehr anders kann, als tantrisch zu lieben ...

Ich schrieb damals »Das Dritte Ohr«. Ich war erwacht aus der Erstarrung - der Versteinerung -, in die mich die Trennung von Vera gestürzt hatte, wollte nie mehr eine einzige, feste Partnerin haben, liebte viel und in wechselnden Verbindungen und »kanalisierte«, wie ich das bei Andro gelernt hatte, jeden Höhepunkt, immer genau im entscheidenden Moment, in die Absicht »Ich will ein gutes Buch schreiben«. Heute lächle ich darüber, aber ich bin sicher: Die Kanalisierung hat gewirkt. Ich kanalisiere weiter - nicht mehr in Bücher (zum Beispiel in dieses), sondern in Liebe. Jadranka nennt es »Sich-Verbinden«. Tantra ist für mich geworden, was es jahrhundertelang in der indischen Hochkultur war: gleichermaßen eine Intensivierung und Steigerung der Ekstasefähigkeit wie eine Vergeistigung der sexuellen Erfahrung, deren Transzendierung in ein Anderes, das darüber hinausführt. Der Liebende ist nicht mehr vorrangig das Ich, sondern das *atman,* das Selbst. **Das** liebt. Tantriker sprechen von kosmischen Orgasmen - ein oft mißverstandener Ausdruck. Er macht den Liebenden zum Teil der unendlichen und unfaßbaren orgasmischen Qualität des Seins, des Universums, des Kosmos, der Evolution ...

Tantra ist etwas Heiliges. Wer glaubt, daß es nur dazu da sei, sein Kontakt- und Lustpotential zu erhöhen, wird nichts oder wenig erreichen. All dies »fällt mit ab«. Wo es direkt als alleiniges Ziel angesteuert wird - als komme es nur auf Mantren und Techniken an -, passiert nichts. Tantra weiht Liebe, Genuß, Ekstase dem Göttlichen. Es ist jedesmal wie ein Opfer. Der Körper ist der Tempel, der allmählich immer weiter und größer und schließlich unendlich wird. **Dann** ist er »kosmisch«.

Wir brauchen Bilder. Ein schönes haben die Inder: Im Bereich unserer unteren Chakren, zwischen dem Wurzel- und dem Sex-Chakra (das nicht umsonst auch Sakral-Chakra heißt), wohnt die Schlange der Energie, die *Kundalini* genannt wird. Dort unten schläft Shakti, die Gottheit der weiblichen Energie und Liebeskraft. Auf der *Kundalin*i reitet sie aufwärts durch die *sushumna,* den Kanal der Wirbelsäule, der oft als der nadi, der Fluß Gott Brahmas bezeichnet wird, um oben im Kronenchakra ihren göttlichen Geliebten Shiva zu treffen. Es ist ein schönes Bild: Wenn Shiva und Shakti sich im Kronenchakra vereinigen, dann strömen die Liebe, das Glück, die Lust und die Ekstase dieser Vereinigung über den Menschen, in dessen feinstofflichem Körper das geschieht. Aber es ist nicht nur ein Bild. Es **ist** die Erfahrung des Tantra: Lust nicht bloß im unteren Bereich, sondern bis hinauf in den Kopf und hinein in die Auren - Feiern der Liebe, die alle Höhepunkte und Vorstellungen, die man bisher kannte, übertreffen. Schluß mit dem männlichen Wahn des unbedingten Verschießen-Müssens von Energie, deren Wandel in eine höhere **noch** lustvoller ist.

Matthew Fox macht in seinem Buch »Revolution der Arbeit« (das praktische Vorschläge zur Lösung des Problems Arbeitslosigkeit enthält; jeder Politiker sollte es lesen) den Vorschlag, daß »alle jungen Männer in der Welt« Tantra lernen sollten. Es könnte Bestandteil der Ausbildung werden - wahrhaftig sinnvoller als zum Beispiel Wehrdienst. Fox fügt an, daß dies - endlich auch! - ein männlicher Beitrag zur Eindämmung der Bevölkerungsexplosion wäre. Nur: Die jungen Männer könnten es nicht allein lernen. Die Mädchen und jungen Frauen müßten mitmachen. Anders geht es ja nicht. Die jungen Leute würden dann von Anfang an die spirituelle (damit auch die ethische!) Dimension von Liebe erfahren - und schätzen, denn sie bringt ja noch größere Ekstase und Lust! Es könnte Bestandteil einer neuen Form der Einweihung werden - den Schulen der Einweihung im alten Griechenland, in Ägypten und in schamanischen Kulturen entsprechend und dabei dem Wassermann-Zeitalter adäquat.

Ich bin dankbar, daß es Tantra in meinem Leben gibt. Wir alle tragen einen Wust von Wünschen, Begierden, Hoffnungen und Träumen in uns. Womöglich halten wir sie geheim, schämen uns ihrer, denken: Das darf niemand wissen. Und tun darf man's schon gar nicht. Ich jedenfalls trug solche Wünsche in mir. Tantra hat mir geholfen, sie jahrelang zu leben. Gerade so lang, daß sie ihre Insistenz verloren. Und daß ich sie wandeln konnte. Und gerade noch rechtzeitig, bevor Aids kam.

Vor allem aber rechtzeitig, bevor Jadranka kam. Unsere Ehe ist wahrhaftig keine vorrangig sexuelle. Dennoch: Tantra hat mich bereitet für sie.

Wir verdrängen zu viel. Schauspielern unser Leben lang. Spielen das Spiel der Gesellschaft. Leben unter Kontrolle. Also: leben nur die Hälfte. Wir denken, wir würden nicht mehr geliebt, wenn wir die Maske ablegen. Das Gegenteil ist der Fall. Wir werden nicht geliebt - können nicht voll geliebt werden -, solange wir sie tragen.

Hermann Hesse schließt:

»Des Lebens Ruf an uns wird niemals enden ...
Wohlan denn, Herz, nimm Abschied und gesunde!«

Ich möchte um keinen Preis aufhören, »des Lebens Ruf« zu hören und ihm zu folgen. Aber »Lebensruf« ist für mich nicht mehr nur - wie im größeren Teil meines Lebens - der Ruf, der mich von Erfahrung zu Erfahrung, von Erlebnis zu Erlebnis, von Beziehung zu Beziehung führt. Es ist der Ruf dessen, was ich in diesem Buch das Sein nenne: des

Christus in mir, des *atma,* des Buddha in mir, des Höheren Selbst und der Inneren Stimme, des *tao* ... Immer wieder der Hinweis: Deshalb gibt es so viele Bezeichnungen dafür, weil Menschen aller Kulturen und Zeiten diese Stimme gehört und ihr dann aus ihrem kulturellen Kontext heraus den Namen gegeben haben, der ihnen angemessen erschien. Ich weiß: Ich sterbe, **bevor** ich sterbe, wenn ich diesem Ruf nicht folge.

Der **eigentliche** Abschied, der uns gesunden läßt, ist für mich - im jetzigen Stadium meines Lebens - nicht mehr ein Abschied von einem Menschen - von Jadranka schon gar nicht (nicht auszudenken!), sondern von den emotionalen Speicherungen und Prägungen, die uns länger begleitet haben als irgendein Mensch. Nur wenn wir uns endlich davon befreien, werden wir heil (was immer auch »ganz« heißt, griechisch *holos,* englisch *whole-*. **daher** kommt unser Wort »heil«). Wir brauchen Hesses »Tapferkeit« dazu. Gott möge sie mir schenken ...

Ich habe während der ersten Hälfte meines Lebens Sexualität um der Sexualität willen gewollt. Das hat mir Erfahrungen und Erlebnisse gebracht, die manchmal gar nicht so schlecht und ein paarmal wunderbar waren, aber am Ende standen jedesmal Schmerz, Leid, Trennung. Dann wurde mir die Sexualität Transportmittel für die Liebe; sie ist ein wunderbares »Fahrzeug«. Deshalb hat die Weisheit der Schöpfung sie uns geschenkt, sie für uns - **nur** für den *homo* - unabhängig gemacht von Empfängnis und Fortpflanzung: um uns aus der furchtbaren Aggressivität der menschlichen *species* heraus den Weg in die Liebe zu erleichtern und zu verkürzen. Jetzt aber erfahre ich immer häufiger: Die Liebe braucht nicht »transportiert« zu werden. Wo immer mein Weg mich hinführt, sie ist schon da und wartet. Sie fragt nach keinem Grund. Sie **ist** der Grund. Sie tauscht nicht Liebe gegen Lust. Sie tauscht nicht einmal Liebe gegen Liebe.

Ich weiß, ich habe in diesem Kapitel das »Positive« stärker gewichtet als das »Negative«. Wo bleiben die Verletzungen, die Enttäuschungen, die Wut, der Schmerz, die Verzweiflung? All dies klingt an. Aber ich schreibe **jetzt** und bemerke: Im Lauf der Jahre sind sie immer stärker zurückgetreten. Wie ein Gebirge, das in der Ferne verschwindet. Schließlich sieht man nur noch seine Umrisse. Ich könnte auch sagen: Die Landschaft - das, was den Zauber der Landschaft ausmacht - ist geblieben, nur das Wetter ist anders - mehr Wärme als Kälte. Weniger Stürme, Gewitter, Blitze als Sonne und Sterne. Weniger Nebel als Sicht. Ich kann dies alles nur so darstellen, wie ich es heute sehe.

Rose Ausländer:

»Du hast vieles gesagt
Und manches verschwiegen
Dein gesprächiges Leben
tanzt mit dem schweigenden Tod.«

Der Schatz des Schattens

Jadranka nach dem Lesen des vorstehenden Kapitels: »Was hätten wir mit unseren Schatten - mit diesem großen Schatz verdrängter und unaufgearbeiteter Gefühle, unerlöster, festgehaltener Energien der Enttäuschung, der Ablehnung, der Verletzungen unserer Kindheit - getan, wenn wir uns nicht begegnet wären? Sieh nur, wie exakt wir uns gerade in diesen unterdrückten Seiten spiegeln: ineinander die Seiten sehen, die jeweils der andere ablehnt und die doch seine eigenen sind. Nicht der andere ist die Ursache dieses »Negativen«, ich bin es selbst; der andere macht es nur sichtbar.

Wie dankbar bin ich, daß wir uns begegnet sind. Nur **wir** konnten uns gegenseitig aufzeigen, was aufzuräumen, zu ordnen, zu >erledigen< ist. Ist es nicht Gnade, daß wir mit unseren geheimsten und tief versteckten, zum Tode verurteilten Seiten zueinander finden durften? Und **mußten** wir uns nicht begegnen, so unwahrscheinlich es ist - Du, der Pfarrersohn aus Berlin, ich, die Tochter eines Müllers aus Buna bei Mostar? Nur dieses ›Muß‹ konnte die Unwahrscheinlichkeit überbrükken. Stell Dir doch nur mal vor: Wenn Du Dich mit 28 - Du warst schon das erste Mal verheiratet - über meine Wiege gebeugt und gesagt hättest: Dieses Baby wird einmal meine Frau werden, meine Mutter - und jeder! - hätte gesagt: Dieser Mann ist verrückt.

Ich empfinde es wie Homöopathie: Gift mit dem gleichen Gift zu heilen. Oft haben wir die höchstmögliche Dosis genommen. Fast wären wir beide daran verreckt.

Aber wir bewegen uns zu den hohen Potenzen gegenseitiger Heilung.

Es ist nicht mehr nötig, die Kali - die Zerstörerin - in uns zu haben und zwischen uns wüten zu lassen. Es ist gut zu wissen: Sie ist da. Sie gehört zu uns. Aber sie ist nicht die alleinige Herrscherin.

Sie verbirgt einen Schatz unterdrückter, nicht gelebter Energie. Es ist, als häuteten wir uns, um darunter diesen Schatz zu entdecken. Ihm

Licht zu geben. Nur wenn wir das nicht getan hätten und weiter nicht tun würden, ist der Schatten zerstörerisch.

Kannst Du Dich erinnern an unsere zweite Begegnung? Du hattest einen Workshop in Münster, zu dem Du mich eingeladen hattest. Aber wir waren uns nur in unseren Sehnsüchten nahe, menschlich kannten wir uns kaum. Trotzdem sagte ich auf der langen Rückfahrt: »Meine Arbeit - der ‚Erfahrbare Atem' (ich stand gerade vor der Abschlußprüfung) und Du - Ihr seid die Chancen meines Lebens. Wenn ich das nicht schaffe (**was** nicht schaffe?), werde ich mein Leben verpassen.« Wer - was - in mir wußte das? Wer sagte diesen Satz? Heute wissen wir beide, welche Kraft ihn formte.

Ja, ich bin der Göttlichen Führung dankbar, Dir begegnet zu sein, lernen zu dürfen, wie man diesen Sprengstoff in uns entschärfen und aufräumen kann, sich frei macht, um der Liebe, dem Verständnis, dem Annehmen Platz zu schaffen. Ist das nicht Liebe?«

Erinnerung an Ernest Borneman

Die »Stufen« des vorausgehenden Kapitels hat außer mir nur noch ein anderer einigermaßen verfolgt: Ernest Borneman, der »Sex-Forscher«. Vierzig Jahre lang war ich mit ihm befreundet, länger als mit irgendeinem anderen Menschen. Ich deute die ersten Stationen nur an: London Anfang der fünfziger Jahre - eine ärmliche Wohnung - Ernest schlug sich als Jazzkritiker durch (scherzend sagten wir später: Wir beide sind die beiden Jazzkritiker, die es vom Jazz her am weitesten fortgeführt hat - und meinten damit: Wir haben die Weite des Jazz beim Wort genommen) - dann Adenauers Freies Fernsehen in Mainz - *public relations*-Arbeit in Frankfurt - schließlich Ernests Institut für Sexualwissenschaft in Scharten in Österreich ... Ich habe ihn oft dort besucht. Unsere Gespräche haben mein Leben bereichert. Am liebsten hörte ich ihn über seine frühe Zeit reden. Er war der wahrscheinlich jüngste Emigrant aus Hitlers Deutschland. Als der 1933 an die Macht kam, war Ernest 17. In kurzen Hosen, damit es unverfänglich aussah, falls er erwischt werden sollte, ging er über die Grenze nach Holland und weiter nach England. Er mochte nicht leben in **diesem** Deutschland; und er war kein Jude.

Anfang der achtziger Jahre, als Aids begonnen hatte, sagte er - gerade zurück von einer der damals noch Maßstäbe setzenden Talkshows des »Club 2« im Österreichischen Fernsehen: »Aids stellt mein Leben in Frage - alles, wofür ich gekämpft habe. Aber das schlimmste ist: Du kannst es nicht sagen.«

Niemand mochte es sagen, doch jede und jeder - Ernest dringlicher als die meisten anderen! - spürte die Frage von Aids. Wie auch immer das Virus zu bewerten ist (mindestens ist es ja nicht die alleinige Ursache): Die Krankheit selbst stellt die Frage; stellt sie so dringlich, daß der einzelne sie erst gar nicht zu stellen braucht: Habe ich - haben so viele von uns - etwas falsch gemacht? Falsch gedacht? Falsch geliebt? Falsch gelebt? War das Gefühl der befreiten - dieses wunderbare Gefühl der endlich befreiten! - Sexualität dummes Gerede? Werden wir korrigiert? Zur Ordnung gerufen? Von wem? Und warum? All diese Fragen so unaussprechlich wie vierzig Jahre zuvor die nach dem Verlieren des Krieges. Todesstrafe stand damals darauf. Auch dieser war ja verloren - wie damals jener.

Ernest: »Wenn alles dies aufhört in meinem Leben, bring' ich mich um.« Sein letztes Buch - er war schon über achtzig - sollte heißen: »Das Ende der Libido«. Ich mochte den Titel nicht, bezweifelte, was er unterstellte, und fragte ihn: »Weißt du von Tantra?« Er, der bekannteste Sexualforscher seiner Zeit, wußte nichts davon. Ich schickte ihm Artikel und Bücher, um ihn verstehen zu machen, wie groß die Tantra-Bewegung in der westlichen Welt bereits sei. Ich sagte: »Du sprichst vom Ende der Libido, weil sie in den Kreisen, auf die du deine Untersuchungen gestützt hast, schwächer geworden sein mag. Vielleicht auch, weil sie für dich zu Ende geht? Hast du das womöglich immer getan - deine auf die deiner Ära projiziert?«

Ernest horchte hin - immer noch offen. Er sagte: »Ich muß es selber erfahren, sonst kann ich nicht darüber schreiben.« Aber er wußte, daß er zu alt war, um noch an einem Tantra-Kurs teilnehmen zu können. Ich schlug ihm vor, seine junge Geliebte zu einem Kurs zu ermutigen. Es hätte ihr gutgetan. Sie war Psychoanalytikerin ohne die Lust auf die Psyche, ohne die psychische Arbeit zur Qual wird. Sie litt darunter.

Ein paar Monate später trennte sie sich von ihm, und Ernest tat, was er so oft angekündigt hatte: Er tötete sich. Er war ein Heros der sexuellen Befreiung - voll Mut, Geist, Bildung, Eleganz, Menschlichkeit, Lebensfreude ... Aber **weil** er dies war, auch der Überschätzung des Sexuellen. Ein Heros dessen, worauf Sexualität seiner Meinung nach nur hinauslief. Als er - endlich! - begriff (mindestens ahnte!), daß sie »darauf« eben nicht nur hinausläuft, ging er. Wie wenige andere hat er gelebt, was er verkündet hat. Auch und gerade dort, wo er es nicht mehr leben konnte.

Vierzig Jahre lang haben wir geredet, diskutiert, gestritten - unsere Achtung voreinander zügelte unser Temperament. Nur einmal - 1990 - ist unser Diskurs öffentlich geworden: Als Karlheinz Deschner seine

Anthologie »Woran ich glaube« herausgab. Da schrieb Ernest: »Ich glaube an nichts. Mir ist der Glaube so verhaßt wie dem Gläubigen die Sünde.«

Ich schrieb, ein paar Seiten vorher, das, was ich für dieses Buch unter eben dem Titel »Woran ich glaube« revidiert habe. Ich glaube an die Liebe und die Sexualität als eine spirituelle Erfahrung. Ich glaube - und ich habe das während der größeren Hälfte meines Lebens ausprobiert, weiß es also genau -, daß Liebe und Sexualität ohne Spiritualität nur Schein ist - manchmal freilich ein schöner.

Buna bei Mostar

Seit ich Jadranka kenne, wollte ich Buna sehen - das Dorf bei Mostar in der Herzegowina, in dem sie geboren wurde. Im April 1988 fuhren wir hin. Kein Schimmer von Krieg. Kroaten, Serben, Moslems auf den Straßen in trautem Gespräch.

Buna heißt auch der Fluß. Wie Athene stark und gerüstet dem Haupte des Zeus entsprang, so kommt die Buna aus dem Berg oberhalb ihres Dorfes - keine Quelle, gleich Strom, so breit wie die Mosel und dennoch schnell wieder vorbei: unterhalb des Dorfes mündet sie in die Neretva. Auf ihrem kurzen Lauf bildet sie Strudel, Wirbel und Katarakte, Inseln und Inselchen - in Deutschland wäre sie längst betoniert und gezähmt, traurig wie all unsere Flüsse, traurig machend auch die, die an ihnen leben. Hier wird sie umrankt und durchwachsen von Pflanzen und Bäumen, verzweigt sich in Arme und Ärmchen, glücklicher Fluß voller Leben. Gerade erst entsprungen und die Forellen schon armdick. Jedesmal wenn ich dort bin, denke ich: der schönste Fluß, den ich kenne.

Die Mühle - eine einfache, ländliche Getreidemühle, die Jadrankas Vater, der Müller des Dorfes, betrieben hat - richtiger: der Fluß betrieb sie -, war in das Wasser hineingebaut. Schräg gegenüber, auf der anderen Seite, stand - und steht immer noch : das »Alte Haus«. Dort ist Jadranka geboren. Mehr steinerne Hütte - zwei kleine dunkle Räume, die Zimmer zu nennen eine Übertreibung wäre - kaum Fenster - kein Wasser - man wusch sich im Fluß, auch im Winter, trank, kochte mit Flußwasser. Ich konnte es nicht fassen: Hier schliefen Jahre hindurch sieben Menschen - Jadranka, ihre Eltern, zwei Schwestern, ein Bruder und ein Onkel, aus Amerika zurückgekommen. Wenn sie da lagen, war kein Platz, irgendwo zu stehen. Kein Wunder, daß Nähe nicht ihre Sache ist. Ein Wunder, daß sie geworden ist, die sie ist.

Schon als Kind muß sie erkannt haben: »Wandeln« in jeglichem Sinn ist not-wendig - unbedingt etwas anderes werden als das, was sie war.

»Ich will Titos Schauspielerin werden«, sagte sie, nachdem sie als kleines Mädchen zum ersten Mal eine Theatergruppe gesehen hatte. Mit fünfundzwanzig war sie zwar nicht Titos, aber eine deutsche Schauspielerin und spielte mit Erfolg all die schwierigen Frauenrollen Frischs und Dürrenmatts, Schillers und Sartres.

Mit fünfunddreißig sah sie im Fernsehen eine Sendung über Ilse Middendorfs »Erfahrbaren Atem«, fuhr sofort auf die Schule im Odenwald, wo man ihn lernen kann, studierte dort ein paar Jahre, wurde, als sie fertig war, zum Bleiben gebeten als Lehrerin für Ilses therapeutische Atem-Arbeit, war darin so gut, daß es fast einen Aufstand gab, als ich sie ein paar Jahre später von dort »fortheiratete«. Tenor: Das ist doch unmöglich, daß uns der Berendt unsere Jadranka nimmt.

Alles begann in Buna - zurück also dorthin. Auf der anderen Seite des Bergrückens, der sich zwischen dem Meer und Mostar von Norden nach Süden zieht, liegt Dubrovnik. Dort wollten wir hin. Jadranka ist eine sichere Fahrerin. Wir fuhren die *Jadranska Magistrala* entlang des Meeres, das sich - so empfinde ich es, obwohl es ja umgekehrt ist - nach Jadranka benannt hat: Die Adria ist auf kroatisch-serbisch die *Jadran*. Jadranka am Steuer, ich neben ihr. In einer Kurve - die Straße war feucht - geriet sie ins Schleudern, der Wagen drehte sich, kippte, fiel, torkelte, als würfe ihn jemand, über die Straße hinweg Richtung Meer. Wir stürzten ein paar Meter die Steilküste hinab ... Jadranka leise: »O Jochen!« Ich hielt sie, spürte, wie sofort ein Gebet einsetzte, schneller, als ich denken konnte - und dann blieben wir - plötzlich, ich weiß nicht, warum - in einem strauchigen Baum - Gewächs mehr als Baum - hängen - so schwach, daß ich zögern würde, einen Kinderwagen daran zu lehnen. Aber er hielt uns - den schweren Wagen. Dazu war er gewachsen - genau an der richtigen Stelle - der einzige dort. In diesem Moment setzte die Matthäuspassion ein. Die Kassette lag in unserem Recorder, der Aufschlag hatte ihn eingeschaltet. Es war kurz vor Ostern, der richtige Zeitpunkt - in jedwedem Sinn. Die Altstimme sang: »Büß und Reu«. Unglaublich: jetzt **diese** Musik!

Jadranka war auf mich gefallen, wir hielten uns aneinander, konnten es nicht fassen, daß wir nicht weiterstürzten, sie wimmerte leise. Ich dachte, sie sei verletzt. Nein, sagte sie, alles in Ordnung. Und Du? Ja, ich auch. Nur eine Hautabschürfung und eine Prellung am Knie, die ich erst hinterher bemerkte.

Wir lagen - wir hingen - lange. Die Wagentüren waren verklemmt. Wir konnten sie nicht aus eigener Kraft öffnen. Wagten nicht, uns zu bewegen - womöglich wäre der Wagen weiter gestürzt. Wir konnten nicht erkennen, warum wir hängen geblieben waren und wer oder was uns aufgefangen hatte. (Ja, wer hatte uns aufgefangen?!)

Wir wußten nicht, ob man uns von der *Magistrale* aus sehen konnte. Es war wenig Verkehr dort oben. Ich dachte: Gesetzt, jemand sieht uns, der denkt, das ist ein alter Unfall, da sind längst keine Menschen mehr drin. Aber unser Engel verfügt nicht nur über Sträucher. Nach einer Weile kletterte jemand herab und befreite uns - jemand, der unsren Wagen für leer gehalten hatte und ihn ausweiden - die Polizei sagte später: ausrauben - wollte.

Von oben - von der Straße aus - sah alles noch unwahrscheinlicher aus: Der Wagen hineingerollt in den Strauch, an seinen Ästen hängend, als klammerte er sich an sie ... Er hing wie ein zu groß geratener Weihnachtsbaumschmuck: ein kaputtes Auto fürs Bübchen ... Wäre dies eine Filmszene gewesen, man würde sagen: Unglaubwürdig. Ein schlechter Regisseur. Für uns war es der beste.

Den Rest deute ich nur noch an: Helfende Menschen - eine freundliche Polizei - der Wagen wurde herausgewunden - konnte nur noch abgewrackt werden - eine schäbige Unterkunft in der Nähe ... Und wir: Uns wundernd - nur immer uns wundernd! Stille geworden. Nur das Nötigste sagend. Ich habe es nicht mal gedacht - die naheliegende Litanei: Du sahst doch, die Straße war naß ... Warum bist Du nicht vorsichtig gefahren?

Nach dem Wundern: Dankbarkeit ... Unendlich viel Liebe ... Ich weiß nicht, ob wir geflüstert haben, aber genau dieses Gefühl hatte ich: Bloß nicht zu laut! Als könnten wir jemanden fortscheuchen. In der Nacht klammerten wir uns aneinander, als lägen wir immer noch in dem Wagen am Strauch.

Als wir das nächste Mal nach Buna kamen, war Krieg. Die Serben hatten das Dorf erstürmt, die Kroaten es zurückerobert, hatten die Häuser der Moslems zerstört. Auch viele kroatische Häuser waren beschädigt. Das Haus von Jadrankas Familie - nicht mehr das alte, sondern ein neues, das ihr Bruder gebaut hatte - wies Einschüsse auf, ein paar Fensterscheiben waren geplatzt. Man riet uns, das Obergeschoß nicht zu betreten, es läge in Sichtweite serbischer Heckenschützen. Die Moslems waren ein paar hundert Meter stromaufwärts geflohen - dorthin, wo der Fluß aus dem Berg sprang. Nachts zog Leuchtspurmunition über das Haus. Ich verfolgte sie, als wäre es die, die ich selber vor fünfzig Jahren aus meinen Geschützen verschossen hatte.

Wir waren gekommen, weil eine von Jadrankas Nichten heiratete. Da müssen wir hin, hatte ich gesagt, als wir davon hörten. Ich empfand Manuelas - so heißt sie - Hochzeit als einen Akt des Lebens gegen das Wüten von Tod und Zerstörung.

Kurz zuvor hatten wir die Tourneen mit unserem »Friedensoratorium für Bosnien-Herzegowina« abgeschlossen. Jadranka hatte sie angeregt, Michael Vetter und ich die Texte geschrieben. Michael mit seinem wunderbaren Obertongesang, Jadranka und ich als Sprecher waren ein paar Monate lang unterwegs gewesen: Friedensoratorien von Zürich bis Hamburg, von Berlin bis zum Münchner Kirchentag. Unsere Einnahmen gingen an Opfer des Krieges in und um Mostar. Sogar ein Wagen zur Kranken- und Verletztenversorgung war dabei rausgesprungen - gewiß nur ein kleiner Beitrag, aber doch das, was **wir** tun konnten - in einer Zeit, in der die Politiker immer hilfloser wurden.

Die Hochzeit wurde ein gewaltiges Fest. Hundertfünfzig Menschen. Die ganze Nacht schoß es von irgendwoher - *background*-Perkussion für das Tanzen der Gäste: so hektisch, als heize der Krieg es noch an (und das tat er). Plötzlich beim Tanzen blieb Jadranka stehen. Wand sich aus meinem Arm. Stand einfach still. Voller Abscheu. Ich verstand in dem Lärm nicht, warum - überall grölte es, schrie es ... Sie zog mich zu unserem Tisch zurück, sagte: »Dazu tanze ich nicht.« Das Lied, das die Band gespielt hatte, war eine Hymne auf einen Anführer der *Ustascha,* der mit den Nazis verbündeten, faschistoiden kroatischen

Organisation, die im Zweiten Weltkrieg so gewütet hatte wie jetzt die Serben. Eine Art »kroatisches Horst-Wessel-Lied«. Jeder kannte es. Sang es voller Begeisterung mit. Fühlte sich solidarisch.

In diesem Moment verstand ich: Dies ist ein Nachkrieg des Kalten Krieges. Hier war er - Jahre nachdem er uns allen gedroht hatte - doch noch heiß geworden. Immer noch die alte Konfrontation: der »kommunistisch-bolschewistische« Kern auf der serbischen, der »faschistoide« auf der kroatischen Seite - beide Worte in Anführungszeichen und dennoch exakt die Zelle bezeichnend, aus der dieser Krieg seine mörderische Energie bezog. Ich fühlte es physisch. Dachte: Ich bin hier unter lauter Nazis gefallen. Konnte es nicht ertragen. Es ist wie in Kusturicas Film »Underground«. Der Zweite Weltkrieg ging nie wirklich zu Ende, er ist nur zeitweilig in den Untergrund verlegt worden und 1991 wieder »nach oben« gekommen. Exakt wie im Film: Der Bruder verrät den Bruder, der Freund den Freund, die Frau den Mann, der Geliebte die Geliebte, jeder verrät jeden.

Wir verließen fluchtartig die Hochzeit, um derentwillen wir doch die weite Reise gemacht hatten. Am Ausgang saßen ein paar deutsche »Faschos« und grölten. Die einzigen, die auf die Hochzeit mit Waffen gekommen waren. Die wußten genau, warum sie auf der kroatischen und nicht auf der serbischen Seite mitschossen.

Am nächsten Morgen beim Frühstück versuchten wir, dem Brautpaar und den Verwandten zu erklären, warum wir gegangen waren. Sie sagten, sie verstünden uns. Aber ich konnte fühlen, was sie dachten: Auch die *Ustascha*-Mörder waren Kroaten - unsere Leute. Auch dies ist Energie für uns. Wir brauchen jede, die sich uns bietet. Ihr versteht das nicht. Ihr lebt weit weg.

Die Qualität deiner Gedanken

September 1988. Ich hatte in der - noch bestehenden - DDR Vorträge und Workshops gehalten - wie damals alljährlich im September -, »illegal« von Freunden organisiert und um so begeisterter aufgenommen. Von Rügen war ich mit der Fähre über Südschweden nach Travemünde gefahren und rief, kaum angekommen, noch ganz früh am Morgen, Jadranka an, die damals noch Lehrerin an Ilse Middendorfs Institut »Erfahrbarer Atem« in Beerfelden im Odenwald war.

Jadranka: Ganz viel habe sich verändert in der langen Zeit (kaum drei Wochen!), die ich fortgewesen sei. Ich könne mir gar nicht vorstellen, wieviel sich getan habe. Etwas Entscheidendes sei geschehen ...

Ich sofort alarmiert: Sie hat einen anderen Mann. In fünf oder sechs Stunden - es war Sonntag morgen gegen sechs, die Autobahn war leer - raste ich, ständig 180 fahrend, von Lübeck in den Odenwald. Meine Gedanken in Panik. Wer war der andere? In Gedanken sagte ich mir, daß man sich nicht auf sie verlassen könne: »Nur drei Wochen fort, und schon hast Du einen anderen.«

Als ich ankam, war alles anders: Jadranka freute sich, daß ich da war. Sie habe so lange gewartet. Kaum hatte ich ihre Wohnung betreten, schon liebten wir uns ...

Ich begriff: Nichts, was ich gedacht hatte, stimmte. Alles, was geschehen sein sollte, war nur in **mir** geschehen. Mein Problem war nicht Jadranka, sondern meine Gedanken. Meine Gefühle. Meine Unsicherheit. Mein Mangel an Vertrauen.

Ich bat Jadranka innerlich um Vergebung.

Auf ihrem Nachttisch lag Muktananda. Ich schlug auf, sah sofort den Satz: »Unsere Gedanken schaffen, was wir sind.«

In der Nacht - nach einem wunderschönen Tag mit Jadranka - träumte ich von einer Atombombe. Sie explodierte unmittelbar neben mir und ließ mich dennoch unverletzt. Genau das war es: Ich hatte in Gedanken mit der Explosion gespielt, die geschehen wäre, wenn Jadranka getan hätte, was ich angenommen hatte. Und dann hätte mich die »Bombe« gewiß nicht unverletzt gelassen.

Nochmals Muktananda: »Die Qualität deiner Gedanken ist ein Indiz für die Qualität deines Lebens.«

J. S. Bach und der Wal

1. Januar 1993. Wir sitzen beim Frühstück auf der Terrasse des Hauses in La Palma, das wir gemietet haben - hoch über dem Meer. Zwischen uns und der Steilküste ausgedehnte Bananenplantagen. Das Rauschen der Bananenbäume verwoben mit dem Rauschen des Meeres. Was rauscht mehr - die Palmenwedel der Bananen oder das Meer?

Wir hören Johann Sebastian Bach's Kantate »Singet dem Herrn ein Neues Lied«:

»Daß du mit diesem Neuen Jahr
uns neues Glück und neuen Segen schenkest ...«

Dann die Bitte, daß

»... auf's neu
sich Fried und Treu
in unseren Grenzen küssen mögen,
so leben wir dies ganze Jahr im Segen ...«

Lächeln über die Sprache, freuen uns über die Musik und spüren die Kraft des sechsmal wiederkehrenden Kehrreims:

»Herr Gott, dich loben wir ...
Herr Gott, wir danken dir!«

Wir singen ihn mit. Ein paar Sätze tanze ich mit. Stoße den Tee dabei um.

Dann geschieht etwas kaum Glaubliches: Wir hören, erfüllt von Lob, Dank, Freude - von all den sich überstürzenden Linien, Harmonien, Klängen, die einander nicht genug tun können -, und da: unmittelbar vor uns - ein Wal! Auch aus der Ferne noch mächtig. Mehrfach auftauchend. Fontänen emporwerfend. Weiß aufschäumend. In dem Weißen - sich in die Höhe werfend, als sänge oder tanze es mit - das riesige Wesen.

Wir wohnen hier nun schon eine Weile, sind oft an dieser Küste - nie zuvor ist ein Wal gekommen - auch in den folgenden Jahren nicht. Nur am 1. Januar 1993 zu Johann Sebastian Bachs Kantate »Singet dem Herrn ein Neues Lied«!

Mozart im Mai

Mai 1995. Jadranka hört jeden Morgen Mozart. Sie meint: »Das paßt. Der Mai ist der Mozart unter den Monaten, sagt Erich Kästner.«

Ich: »Das ist ein Spiel. Laß uns das spielen. Wer ist der Juli?«

Jadranka: »Richard Wagner. Schwül. Heiß. Blitze. Donner. Aber wer der November?«

Ich: »Der Totenmonat. Gustav Mahler. Sein Leben lang hat er den Tod umschlichen. Aber auch Auferstehung ...
Wohin gehört Beethoven?«

Jadranka: »August? Auch da gewittert's und donnert's, aber doch schon etwas Herbst.«

Ich: »Musik des Herbstes - Ernte, Spätjahr, Wehmut, klare Himmel -, das ist für mich Anton von Webern: September.«

Jadranka: »Noch herbstlicher sind Debussy und Ravel: Oktober! Bald kommt der Winter der Neuen Musik. Wo tun wir Bach hin?«

Ich: »Na klar, in den Januar. Alles fängt mit ihm an.«

Jadranka: »Und der Februar? Mein Geburtstag - Wassermann. Messiaens Monat. Franz von Assisi.«

Ich: »April, April, weiß nicht, wohin er will. Paßt gut zu Schönberg - vorwärts und rückwärts, zu Romantik und Zwölfton. Immerzu wechselnd.«

Jadranka: »Dann tun wir Tschaikowsky in den Dezember. Schön warm und schwül. Da friert man nicht so.«

Ich: »Stimmt es für Dich, wenn wir den Juni zu Dvořáks Monat machen? Böhmische Wälder und Berge im Frühsommer.«

Jadranka: »Ja, gut. Aber wir haben den März vergessen. Frühling des Jahres. Der Klassik. Licht in C-Dur: Haydn.«

Die Klavierlehrerin

Die Geschichte beginnt an einem Fenster. 1942 in Olmütz im »Reichsprotektorat Böhmen und Mähren«, tschechisch *Olomouc,* ein Name, der damals nicht benutzt werden durfte; dafür wird er heute ausschließlich benutzt. Ich war Rekrut, wurde an 8,8-cm-Flakkanonen in Fliegerabwehr und »Flugzeugerkennungsdienst« ausgebildet. In Rußland, wo ich die Geschütze zu bedienen hatte, schossen wir kaum auf Flugzeuge, sondern auf Panzer.

Das Fenster lag im obersten Stockwerk unserer Kaserne, einem alten Steinbau, der schon die Soldaten der österreichischen k. u. k.-Armee beherbergt hatte. Es bildete eine Nische. Zwei Stufen führten hinauf. Rechts und links standen kleine Bänke. Ich hatte das Zimmer, zu dem das Fenster gehörte, auf Streifzügen durch das dunkle Gebäude entdeckt. Niemand schien es zu benutzen, also usurpierte ich es. Stundenlang saß ich auf einer der Bänke und schaute auf das Gewirr der sich übereinanderfaltenden Dächer der alten mährischen Stadt: lauter kleine Nähkästchen mit verschiedenfarbigen Deckeln - als könnte man von oben in sie hineinsteigen. Zwanzig Jahre später, als ich nach Asien kam, auf chinesische und japanische Städte mit ihrem Dächergefächer schaute, dachte ich an Olmütz.

An diesem Fenster habe ich zum ersten Mal das gehabt, was ich später - auch dies in Asien - als »Einswerdungserfahrung« kennenlernen sollte, mindestens habe ich es erahnt. Ich sah die Dächer und die Menschen, die durch die Straßen hasteten, die wenigen Deutschen und die vielen Tschechen, die »Feinde«, die Kinder, die jungen und die alten Menschen, die Uniformierten und die Zivilisten, die Paare und die Einsamen - und all dies war auf eine Weise, die ich nicht beschreiben kann, mit mir verbunden. War nicht »da unten« in der Stadt, sondern »in mir«.

Ich saß an dem Fenster und machte Gedichte - oder das, was ich dafür hielt. Zum Beispiel:

Nach einer Musik

Die Klänge sind noch so im Raum
wie Tisch und Stift und Blatt.
Noch glaubst du ihr Vergehen kaum -
du, der sie in sich hat.

Du denkst, du könnt'st sie greifen nun,
weil sie wie Dinge sind,
du möchtest irgend etwas tun -
sie streicheln wie ein Kind,

wie Blumen sie in Vasen stelln,
sie wie in Liebe küssen,
wie Wasser sie, drin schwimmend, welln
und sie wie Weisheit wissen.

Du hebst die Hand - und schaust um dich
und - da bist du allein.
Dein lauschend Herz verwundert sich:
Dies Klingen war doch mein -?

Das Schreiben von Gedichten und Texten hat mich durch den Krieg getragen. Mich vor Schmutz und Gemeinheit und Zoten bewahrt. Ähnlich wie mein Geschick - nenne ich's ruhig: mein Schutzengel - mich in so unbegreiflicher Weise vor Granaten, Bomben, Schüssen, Stalinorgeln, Schrapnellen geschützt hat. Ich machte Gedichte nachts auf der Wache vorm Unterstand, in Flak- und Panzerstellungen, in Schützengräben, den Himmel nach Flugzeugen, den Horizont nach Panzern absuchend ... In der Heimat rezitierten BDM-Mädchen (der »Bund Deutscher Mädel« war das feminine Gegenstück zur maskulinen HJ, der Hitlerjugend) sie an Vortragsabenden: »Das dichterische Werk eines jungen Frontsoldaten.« So schlecht sie auch sein mochten, unter diesem Titel war der Erfolg gesichert.

Ich schleppte die Gedichte und alles, was ich so schrieb und geschrieben hatte - ein halbes Dutzend Kladden und Blocks, Hunderte von eng bekritzelten Zetteln -, in einer Tasche, die an meinen Tornister angebunden war, durch den ganzen Krieg. Durch Frankreich, Belgien, Polen, Rußland, die baltischen Länder und zuletzt, als Hitler nur dies noch hatte, durch das - so meinte man ja - »sterbende Deutschland«. Als eine flächendeckende Geschoßserie aus »Stalinorgeln« - der gefürchtetsten Waffe der Russen - unsere Stellung vernichtete, die halbe Kompanie tötete, unsere Geschütze und Unterkünfte zerstörte, war **ein** Verlust größer (denn an die anderen hatte »man« sich inzwischen gewöhnt) - für mich: meine Gedichte!

Ich bin meinen Gedichten dankbar. Sie haben mich in meiner eigenen Welt leben lassen - und das war nicht die Welt Hitlers und seines Kriegs. Mir schien, ich sei ein Dichter. Es »schien« mir, als schiene die Sonne.

Die junge Frau, die meine Gedichte tippte, in Bände binden ließ - in Kunstleder, der Einband goldbedruckt -, an Redaktionen von Front- und Heimatzeitungen schickte, war meine Klavierlehrerin. Die Ausbildung in Olmütz, die Schinderei durch schreiende Unteroffiziere und die Schikanen eines seine Erbärmlichkeit abreagierenden »Spießes« (wie der Hauptfeldwebel genannt wurde) konnten mich nicht abbringen: Zweimal die Woche nahm ich Klavierstunde. Ich hatte Unterricht bekommen, seit ich fünf war. Ich hatte gute Lehrerinnen gehabt, aber nie eine so begnadete wie Herta - so hieß sie - in *Olomouc.* Wir spielten Beethoven, Bach, Chopin ..., doch legte sie mir auch Debussys *Préludes,* die »Versunkene Kathedrale«, aufs Notenbrett - sogar Komponisten, die die Nazis nicht mochten: Hindemith und Strawinsky. Sie meinte, es sei wichtig, daß ich ihre Musik kennenlerne. »Du mußt dir dein eigenes Urteil bilden.«

Herta war 36, ich 20. Den ganzen Krieg schickte ich Manuskripte an sie. Oft hatte ich kein Papier. Ich schrieb auf die Rückseite von Tagesbefehlen, Wetterberichten und Dienstanweisungen, manchmal auf das Packpapier, in das die »Freßpakete« meiner Kameraden gewickelt waren.

Auf Heimaturlaub - ich kam aus dem Nordabschnitt der russischen Front - besuchte ich sie. Drei Tage Bahnfahrt bis Olmütz, drei wieder zurück, das war schon die Hälfte des Urlaubs. Sie richtete mir ein Bett auf der Couch, saß lange bei mir, streichelte meine Hände; im Hinüberdämmern spürte ich, sie küßte mich.

Am nächsten Tag im Zug nach Baden-Baden begriff ich, wie dumm ich gewesen war. Ich hatte noch nie mit einer Frau geschlafen - außer mit Helga, aber das war mißglückt ...

Einschub: Helga war das älteste von vier Mädchen, mit denen wir - meine Schwester und ich - im heimatlichen Park in Weißensee gespielt hatten. Sie war Schauspielerin geworden, las meine Gedichte bei Lesungen in Berlin, spielte ein paar Rollen in Filmen des damals vielgenannten Regisseurs Liebeneiner, von dem es hieß, daß sich die Schauspielerinnen über sein Bett auf die Leinwand schlafen mußten. Sie liebte den von den Nazis eingesetzten Großmetropoliten der »Russisch-Orthodoxen Kirche Berlin«, heiratete ihn später ... Beim vorausgehenden Urlaub hatte ich eine Nacht neben ihr in ihrer kleinen Wohnung hinter der orthodoxen Kirche am Hoffmann-von-Fallersleben-Platz in Berlin gelegen. Sie hatte von Liebeneiner und dem Großmetropoliten gesprochen. Ich begriff, was das bedeutete. Immer wenn ich in sie eindringen wollte, erschlaffte ich. Ich hatte romantische Ideen von Reinheit und Treue. Ich wollte nicht sein, wo Liebeneiner oder der Metropolit vielleicht die Nacht vorher gewesen waren, das heißt: Ich wollte schon, aber eine unterbewußte Instanz in mir wollte es nicht.

Gleich nach dem Krieg, als ich in Alfred Döblins Zeitschrift »Das Goldene Tor« Bücher besprach, schrieb Helga an die Redaktion, bat um meine Adresse. Da kamen wir endlich zusammen. Trafen uns ein paarmal im Bunker-Hotel im zerbombten Stuttgart und in der Wohnung ihrer Freundin in München. Am Ende - und das war es wirklich - erzählte sie mir, sie habe es nur getan, weil sie eigentlich meinen Vater geliebt habe. Mit ihm sei sie als junges Mädchen über die Rieselfelder im Norden Berlins gewandert - erschauernd, wenn sie ihn gerade nur gestreift hatte, jedesmal hoffend und jedesmal wieder vergeblich. Mich hatte sie nur gewollt, weil sie den Vater nicht hatte bekommen können. (Jetzt, wo ich dies schreibe, denke ich: Ach, wäre das toll gewesen, wenn mein Vater ein so schönes, junges, lebendiges, kluges Mädchen geliebt hätte!)

Dies war der Einschub. Ich kam von Herta. Im Zug nach Baden-Baden machte ich mir Vorwürfe. Natürlich sehnte ich mich nach einer Frau oder Freundin. Jetzt, diese letzte Nacht, hätte ich »es« endlich tun können. Warum hatte ich mich nicht getraut? War nicht alles ganz klar gewesen? Ich telegrafierte Herta ...

Auf dem Rückweg zum Ladogasee, wo wir Leningrad-Petersburg vom riesigen Rußland abgeschlossen hatten, erwartete sie mich im zerbombten Berlin. Die Wohnung meiner Mutter in Steglitz stand leer. Meine erste Liebe: in ihrer Wohnung!

In der dritten Nacht gab es einen der schwersten Bombenangriffe, die Berlin während des Krieges zu erleiden hatte. Jeder im Haus kannte mich. Ich traute mich nicht, mit Herta in den Luftschutzkeller zu gehen - unter so eindeutigen Umständen um zwei Uhr nachts unter den gaffenden, starrenden, sich fürchtenden Menschen zu sitzen. So lagen wir uns liebend im Bett meiner Mutter, während die Bomben rings um uns explodierten, die Vorderseite der Wohnung aufrissen, Splitter von Fenstern und Putz von Decken und Wänden auf uns stoben, nicht wissend, welche Explosion gerade »dran« war - unsere oder die Bomben. Durch das Loch, das eben noch Fenster war, sahen wir »Christbäume«: die feuerwerksartigen Lichtserien, mit denen die Engländer und die Amerikaner die Nacht in den Tag verwandelten. Wie Riesensonnen standen sie über uns. Als schrieben sie *menetekel* an den Himmel. Als hätten sie Arme, die nach uns griffen. Wir klammerten uns voller Furcht - und dennoch die Umstände der Furcht genießend - aneinander. Ich, lyrischer Dichter, als der ich mich fühlte, dachte, wenn wir jetzt sterben, sterbe ich im glücklichsten Moment meines Lebens: spielend - das ist der einer Klavierlehrerin angemessene Ausdruck - zum ersten Mal und gleich so wunderbar - spielend auf der Klaviatur eines weiblichen Körpers.

Herta danke ich, daß ich Sexualität von Anfang an so ganz und gar anders erfahren habe, als ich meine HJ- und Wehrmachtkameraden darüber sprechen hörte. Sie sprach von *Karezza* und *Tantra* - damals bereits! - und war in allem eine genauso gute und liebevolle Lehrerin wie am Klavier.

Herta hatte einen tschechischen Freund (daß er ihr Freund war, erfuhr ich erst später): Komponist und Bratschenspieler am Mährischen Symphonieorchester in Brunn. Kaum war ich wieder in Rußland, unterbreitete sie mir in ihrem ersten »Feldpostbrief« eine Idee, die sie von da an so zielstrebig verfolgte, daß ich mich wundere, warum ich nicht schon damals begriff, was sie in Wirklichkeit wollte: ihre beiden Männer auf irgendeine Weise zusammenbringen. Sie bewog mich, ein Opernlibretto zu schreiben, zu dem Gernot, ihr Brünner Bratscher, die Musik komponieren sollte. Sie wählte auch das Sujet: »Der Tod Paganinis«. Die Geschichte, zu der sie mir jede Menge Unterlagen schickte, gefiel mir nur mäßig, aber sie stieß mich nicht ab, also arbeitete ich monatelang zu nächtlicher Stunde in Bunkern und Unterständen vor Leningrad, in den Sümpfen des Wolchow und im Eis und Schnee des Rückzugswinters an diesem Libretto. Sozusagen meine erste Auftragsarbeit.

Der Komponist, den ich nie kennengelernt habe, skizzierte Ideen, die Herta an mich weiterleitete. Machte deutlich, wo er sich Duette und Terzette, große Ensembles und Chöre wünschte. Als wegen des Rückzugs - der Wehrmachtbericht nannte es »Frontbegradigung« - die Wege der Feldpost immer langwieriger wurden, signalisierte mir Herta diskret, wir könnten uns Zeit lassen, ein solches Werk könne selbstverständlich erst nach dem Kriege uraufgeführt werden. Ich begriff, was ich bis dahin übersehen hatte: Die Gemeinschaftsarbeit eines deutschen Unteroffiziers und eines tschechischen Musikers wäre als »unerwünscht« bezeichnet worden. Aber ich sprach ohnehin nicht über meine Arbeiten. Meine Kameraden am 8,8-cm-Geschütz hätten gelacht. Einige lachten sowieso, wenn ich nächtelang an Papieren saß.

Ich habe Herta nach der Bombennacht in Berlin nicht wiedergesehen - bis 1958. Da besuchte sie mich in Baden-Baden mit ihrer 14jährigen Tochter, die - wie ich jetzt erfuhr - auch die Tochter von Gernot war.

Das Mädchen - fragil wie eine Elfe - setzte sich an mein Klavier, auf dem inzwischen fast nur noch Jazz gespielt wurde, und spielte Chopins g-moll-Ballade: dieselbe, an der ich 16 Jahre zuvor unter Hertas Aufsicht gescheitert war. Ihre Tochter war außerordentlich. So gut, wie ein musikalisches Mädchen es wohl sein mußte, das seit seinem vierten Lebensjahr bei einer so vorzüglichen Lehrerin, die obendrein noch ihre Mutter war, Unterricht gehabt hatte.

Die Mutter lud mich ein, besuchte mich wieder mit ihrer Tochter, und als wir - die Tochter (deren Namen zu nennen ich meide) und ich - uns drei Jahre später zu lieben begannen, bemerkten wir erst nach einer Weile, daß wir das taten, weil die Mutter es so gewollt hatte. Ich befragte meine junge Klavierspielerin, suggerierte das Wort »manipuliert«. Sie war fast beleidigt: »Ich tue, was **ich** will.«

Ich empfinde Hertas »Komplotte« als faszinierend ähnlich: das mit der Oper, die der eine Liebhaber für den anderen schreiben sollte, weil dies eine Möglichkeit war, die beiden »ideell« zu vereinen, und das mit der Tochter, in der sie sich geliebt fühlte, als sie selber nicht mehr geliebt werden konnte: von dem ihrer beiden Liebhaber, der nicht der Vater der Tochter war und ihr deshalb auf die andere, dann nur noch mögliche Weise, in Liebe verbunden werden sollte.

Herta legte die »Noten« auf. Wir spielten, was sie ausgewählt hatte: Gernot und ich eine Oper, die Tochter und ich eine wilde, ungleiche, chaotische Liebe, in der sich die Raffinesse, mit der sie eingefädelt worden war, auf uns übertrug.

Ich habe mich mit meiner kleinen Klavierspielerin über Jahre hinweg getroffen. Wo immer wir zusammenkamen, stöberte ich einen Flügel auf. In morgendlichen leeren Hotelbars. In nicht benutzten Konferenzräumen. In Wohnungen von Freunden. Immer bat ich sie, die g-moll-Ballade zu spielen. Und immer war unsere Lehrerin Herta in unseren Gedanken dabei.

Trip mit Susanne

Ich habe sie auf dem Moers-Festival 1983 kennengelernt - gegen Ende meiner vierzig Jazz-Jahre. Sie - neben mir sitzend - reichte mir ihren *Joint.* Als sie sah, daß ich mir Notizen machte, fragte sie, ob ich beruflich mit Musik zu tun hätte. Sie heiße Susanne.

Ein paar Wochen später besuchte sie mich. Es war deutlich, daß sie entschlossen war, eine Weile zu bleiben: »Für eine Nacht besuche ich keinen Mann.« Sie brachte Hasch und Mehl mit: »Alles gute, natürliche Sachen.« Bemächtigte sich meiner Küche, kochte Hirse- und Buchweizengerichte. Wollte unbedingt eine Getreidemühle haben, damit sie uns das morgendliche Müsli aus frischgemahlenem Korn machen konnte: »Sonst ist es tot.« Lehnte es ab, meine Teflonpfanne zu benutzen: »Willst du dich langsam vergiften?« Bestand auf einer gußeisernen. Buk Hasch-Kekse.

Sie stand in ihrem langen pakistanischen *patch-work*-Rock am Herd meines Hauses. Formte mit ihren kleinen Fingern die Kekse und legte sie auf das Backblech. »Weißt du«, sagte sie, »in deiner Küche fehlt so viel, aber wenn du mit Liebe bäckst, wird es genauso gut, wie wenn du alle Zutaten der Welt hättest ...«

Wir legten zwei Luftmatratzen auf den Boden und breiteten ein wunderschönes Tuch darüber, das ich vor Jahren aus Bangalore mitgebracht hatte. Es lag tief unten im Kleiderschrank. Ich hatte vergessen, daß ich es besaß. Sie durchstöberte nichts, griff einfach an die Stelle, wo es seit dem Ende der sechziger Jahre gelegen hatte, und zog es heraus. Wir verteilten japanische Kissen darauf, zündeten Räucherstäbchen an, legten Don Cherrys »Codona« auf und begannen langsam und genußvoll, die ersten Kekse zu verspeisen.

Eine Stunde später fuhren wir ab. Es wurde ein langer Trip - von drei Uhr nachmittags bis in die Morgenstunden des nächsten Tages -, mein erkenntnisreichster. Sie fragte nach früheren.

Wer so lange im Jazz war wie ich, raucht *joints* wie andere Mensehen - zum Glück immer weniger - Zigaretten. Haschkekse hatte ich bisher nur einmal gegessen - Anfang der sechziger Jahre in San Francisco, als ich mein Buch »Jazz-Life«, den Versuch einer »Geographie des Jazz«, machte. Ich reiste mit Bill Claxton, einem bekannten amerikanischen Photographen, durch die USA. Dessen Freund buk die Kekse, mischte Hasch sogar in die Schlagsahne, die er löffelweise über sie kleckste. Nachdem wir sie vertilgt hatten, fuhren wir in seinem offenen Sportwagen auf den Mount Tamalpais, den Berg, der nördlich des *Golden Gate* über der Stadt und der Bay thront. Ich habe schon erwähnt: Oscar Pettiford, der bedeutende indianisch-schwarze Jazzbassist, hat der Tamalpais-Landschaft eine Komposition gewidmet: Das Tenorsaxophon ist der Berg, das Waldhorn der Wind, der vom Pazifik her den Berg umweht - und der nun auch uns in dem Sportwagen durch Kleider und Haare fuhr. Als wir uns auf der Serpentinenstraße höher schraubten, schraubte uns auch der Trip in die Höhe. Ich »sah« die Musik Oscars. Der Wind und das Horn waren blau. Der Berg und das Saxophon glänzten rot. Ein paarmal dachte ich, die Instrumente leben im Wald, als seien sie Tiere; ich meinte, sie zwischen den Stämmen hin und her huschen zu sehen. Ich hatte das Stück für den Südwestfunk produziert, ich kannte jede Note.

»O. P.«, wie wir ihn nannten, hatte mir erzählt: Tamalpais ist ein indianisches Mädchen. Sie läßt ihre langen Haare vom Gipfel des Berges herunter ins Meer. Der Wind spielt in ihnen, macht wunderbare Musik, »genau die, die ich komponiert habe«. Ich war so *high,* daß ich das Gefühl hatte, wir führen in dem schnellen Wagen die Brüste der kalifornischen Loreley hinauf - durch das Tal ihres Leibes - im Wald ihrer wehenden Haare. Weil mir die deutsche Legende so gegenwärtig ist, sah ich blonde, aber sie war ja indianisch.

All das erzählte ich Susanne. »Wenn deine Trips so gut sind, warum fährst du nicht öfter ab?« fragte sie. Es läge an meinem letzten Trip - noch mit Vera, sagte ich. Ein Horrortrip. Jemand hatte uns schlechtes LSD gegeben. Wir kamen so in Panik, daß wir nie wieder so etwas erleben wollten. Ich erzählte ihr Einzelheiten: Wie wir am Anfang gelacht, uns vor Lachen gebogen hätten, weil die Kerzen in der Kastanie vor unserem Fenster aussahen wie die Zahnbürsten in ihrem Gestell im Bad, nur daß sie auch noch Gesichter hatten. Wir sahen das beide, so zusammen waren wir damals. Auch in dem Horror seien wir zusammen gewesen - wir hätten exakt das gleiche erlebt. Einen Strudel, der nie aufhörte. Er sog uns in sich hinein - immer schneller und tiefer. Wir meinten, da kämen wir nie wieder raus.

In diesem Moment geschah etwas Seltsames - ein synchronistisches Ereignis: Genau an dieser Stelle rief - Vera an. »Susanne ist hier«, sagte ich, »sie hat tolle Haschkekse gebacken, wir sind auf dem Trip.« - Sie: »Du bist wahnsinnig. Denk an dein Alter. Du bist sechzig. Erst gehst du auf Kur, um das Gift aus dem Körper zu schwemmen, dann tust du neues hinein.« - Ich: »Du weißt doch, daß es gutes Gift ist. Alkohol, Nikotin und all das sind viel schlimmer, auch die Antibiotika, die du gerade nimmst.«

Es war libanesisches *»peace«*. Im Libanon töteten die christlichen Milizen Tausende von Palästinensern. Hätten sie das Hasch, das ihnen die Waffen finanziert, selber genommen, Christen und Moslems zusammen hätten eine Party gehabt. Und *peace*.

Um den Trip noch zu steigern - und die Lust auch -, liebten wir uns. Hinterher fragte sie mich, wie es gewesen sei: »Sag alles genau, auch die Einzelheiten.« Sofort war das Bild da: Die Brecher, die ich auf Hawaii erlebt hatte - acht, neun Meter hoch im Januar an der Oahu-Küste -, oben drauf der Surfer, der die riesige Welle reitet, als wäre sie ein »aufschäumendes Pferd« (ich stahl das Bild von Homer - so klar war mein Trip). Was wir auch redeten, wir fanden es lustig, wanden uns vor Lachen. Nur mühsam schaffte ich es weiterzusprechen: Die Woge bricht, der Surfer ist an der richtigen Stelle - dort, wo der Schaum beginnt - haushoch über dem Meer - genau auf dem Punkt, wo das Blaugrau des Pazifiks in das Weiße der Gischt übergeht ... Aber Surfer? **Ich!** Ich reite die Woge. Als stünde ich auf einem Gipfel und schaute ins Tal. In der Ferne das Land. Eine Ewigkeit, bis die Welle stürzt - ich immer noch auf ihr -, aus schwindelnder Höhe hineinrollend in einen quirligen Hurrikan aus schäumendem Leben, in dem der Mann und das Meer eins sind ... Aber hier war Susanne. Kein Oahu.

Sie legte Platten auf: Orgeon. Ali Akhbar Khan. Colin Walcott ... Alla Rakka schlug eine siebzehnschlägige *tala*. Ich wußte bei jedem *beat* genau, wo die Musik war. Da ich keine Sekunde lang aufhörte, alles wach und genau zu reflektieren, wunderte ich mich darüber. Wußte: Das kannst du doch sonst nicht bei so schwierigen Rhythmen. Ich **hörte** die *tala* als Einheit. Ahnte Sekundenbruchteile eher, was Alla jeweils tun würde. Ich hatte sie immer zerlegen müssen - zum Beispiel in drei mal drei und vier mal zwei Untereinheiten. So wird es ja westlichen Hörern erklärt. Immer hatte ich gewußt: Indischen Hörern braucht nichts erklärt zu werden, die hören die »Siebzehnschlägigkeit«, als sei es ein dreischlägiger Walzer. So hörte ich es jetzt. Erfuhr (denn alles konnte ich gleichzeitig reflektieren), was schon Charlie Parker und die Beboper - ach, vorher schon Debussy! - so oft gesagt haben: Du hörst auf dem Trip genauer, differenzierter. Die Zeit ist gedehnter, du kannst in sie hineinhören. Auch in ihre kleinsten Unterteilungen.

Ab und zu legte Susanne nach: schob uns Kekse in den Mund. Sie kannte die Dosis. Wollte noch nicht, daß der Trip nachließ.

Ohne daß ich es merkte, hatte sie irgendwann im Lauf des Abends den Aufnahmeknopf des Kassettenrecorders gedrückt, der am oberen Ende unseres Lagers in einem Regal stand. Als wir - Monate später - telefonierten, sagte sie: »Hör dir das Band mal an.« Ich schreibe einiges ab, was darauf war. Ich empfinde es als den *sound* - viel mehr *sound* als Wörter - zweier »Außer-sich-Seiender«, die dennoch bei sich sind und Dinge sagen, die sie in »nüchternem« Zustand nie gesagt hätten:

J.: Ich habe Angst.
S.: Warum Angst?
J.: Vielleicht, weil ich an den *horror trip* mit Vera denke.
S.: Ich bin nicht Vera ... *(lacht)*
J.: Ich friere ... Kannst du mir den Pullover rüberreichen? Ich kann nicht aufstehen - ich glaube, ich würde wieder hinfallen ...
S.: Der?
J.: Ich glaube. Ich kann ihn nicht erkennen - er ist so fern, als läg er am Pol.

(Dabei stand der Stuhl, auf dem der Pullover lag, neben uns.)

S.: Okay, hier kommt dein Pulli vom Südpol.

J.: *(nach einer Weile, in der wir der Musik zuhören):* Weißt du, warum wir immerzu lachen müssen?

S.: Ich lache immer auf Trips.

J.: Aber es ist doch wahr, was wir sagen. Warum lachen wir dann?

S.: Du lernst dich kennen auf Trips. Lernst kennen, was dir wirklich gehört. Vielleicht lachst du darüber.

J.: Weißt du, ich glaube, mir gehört nichts - nicht mal ich mir selber.

S.: Das ist schlimm. Wem gehörst du?

J.: Ja - wem? Dem Jazz? - Das möcht' ich nicht so gern - dem Jazz gehören ... *(Susanne lacht.)* Es klingt so, als ob man ihm mit Leib und Seele gehört ...

S.: Hm - hm ... Man sagt das vom Teufel.

J. *(nach einer Weile):* Ich bin ganz erschrocken ... *(zögernd)* Aber das war der Gedanke, der kam, als du fragtest, wem ich gehöre ... Warum ? Hab' ich das immer gedacht - irgendwo ... tief?

(Im Hintergrund läuft Coltrane-Musik, die S. aufgelegt hatte.)

S.: Da kommt ganz schön viel hoch im Moment.

J.: Du, ist das gut, was sich hier abspielt? ... Hör doch, wie schön der Trane (= *Coltrane*) spielt ... Ob ich das fürchte, was ich eben gesagt habe? Ich hab' das noch nie einem Menschen gesagt.

S.: Auch dir selbst nicht?

(Lange Pause, in der die Coltrane-Musik zu Ende geht. Susanne legt »Ben Webster meets Don Byas« auf, eine von mir produzierte Platte.)

S.: Deine Musik.

J.: Bens und Dons ... Aber ich hör's, als sei's meine. Ein wenig ist sie das auch. Nie kam jemand auf den Gedanken, die beiden zusammenzubringen, und doch ist es logisch ... Kannst du verstehen, daß ich weinen muß, wenn ich Ben Webster höre?

S.: Jetzt ja. Jetzt zum ersten Mal. *(Langes Schweigen und Zuhören.)*

J.: ... Manchmal komm' ich mir vor wie ein Sonntagsprediger. Ich steh' an der Ecke Broadway und 52nd Street und predige. Leute stehen drumrum und sagen *yeah man.*

S.: Genau das hab ich gedacht, als ich zum ersten Mal eine Sendung von dir gehört habe: Du predigst ... *(lachen)*

J.: Mein Vater predigt in mir. Er predigte wie Ben Webster. Er wußte nur nichts von ihm. Ich wünschte, ich wäre so gut ...

S.: Ich hätte ihn gern gehört.

J.: Rede ich Scheiße? ... Wie schaffe ich das, ein ehrliches Buch zu schreiben?

S.: Was für ein Buch?

J.: Über mein Leben, aber nicht die übliche Biographie. Bloß nicht. Es müßte sein wie der Baum, auf dem wir liegen. *(Auf dem Tuch aus Bagalore ist ein exotischer Lebensbaum in starken bunten Farben mit Früchten und exotischen Vögeln.)*

S.: Ich glaub, du solltest öfter auf Trips gehen. Dann wird dein Buch wahrer *(beide lachen)* ... Weißt du, daß du dreimal so alt bist wie ich, aber du kommst mir vor wie ein Junge ...

J.: *(lachend)* Und du bist die schwarze Mammi.

S.: *(lachend)* Das hättest du gern: eine Mammi, die 21 ist.

J.: Das hatte ich ...

S.: *(nach einer Weile)* Dieser Trip ist gut für dich.

J.: Ich denke, es redet. Nicht ich. *(lachend)* Deine Kekse reden. *(nach langer Pause)* Der Therapeut, den die Vera hat, ist ein Arschloch. Er ist kalt. Ich glaube, er ist ein Faschist... Das Ergebnis ist ja auch danach ... Aber neulich hat sie mir erzählt, bei ihrer Gruppentherapie habe ein Mann seine Krankengeschichte erzählt: wie seine Eltern ihn versaut hätten - von der Babyzeit an. Und da hat der Therapeut geweint. Seitdem denke ich, ich habe ihm unrecht getan.

S.: Ist das deine Idee von Faschismus?

J.: Ja, einer, der kleine Gefühle hat, aber die hätschelt er, als seien es große. Wie Schoßhunde. Eben noch streichelt man ihn, dann gibt man ihm einen Tritt - wirft den Knochen weit fort, und er, statt ihn zu fressen, bringt ihn zurück. Das Verhältnis, das der Herr zu seinem Hund hat, das ist das Verhältnis des Nazis zu seinen Gefühlen ...

S.: Dann kenne ich aber viele Nazis.
J.: Ich auch ... Weißt du, was ich am meisten an dir liebe?
S.: Was?
J.: Dein Lachen. In Moers lachtest du, weil die Musik so gut war ... Bei mir bordet kein Lachen über. Eher das Gegenteil. In den drei Jahren, in denen die Trennung von Vera passierte - daß sie fortging und wiederkam und ich sie bat fortzugehen und sie wiederkam und wieder ging und so weiter -, hab ich geschrien im Schlaf. Ich wachte zitternd auf und fror, und gleichzeitig schwitzte ich und schrie weiter ...
S.: Was hast du denn da geträumt?
J.: Ach, ich hab alles aufgeschrieben ... Einmal träumte ich von einer Dampf presse, die mich erdrückt hat. Dann merkte ich, die Dampfpresse ist Vera ... Dann waren Kanäle da. Voller Schlangen und Schlamm. Lange Rohre ... Ich mußte hindurch. Ich blieb stecken, kam weder vor noch zurück. Und die Schlangen kamen, eklige Wesen, und am anderen Ende war Vera und rief. Ich rief zurück, aber sie hörte mich nicht - ich schrie und schrie und schrie und wachte von meinem eigenen Schreien auf.
S.: Du bist draußen.
J.: Wo draußen?
S.: Aus dem Trip. Ich auch.

Und dann erzählte sie, daß ein Freund sie abholen würde. Er schlafe in seinem Transporter auf dem Zeltplatz. Sie würde mit ihm nach Südfrankreich fahren ...

Ein paar Monate später rief sie an: Sie bekomme ein Baby. Ach, dachte ich, jetzt hat sie Pech gehabt, aber bevor ich das aussprechen konnte, sagte sie, wie sehr sie sich freue. Als ich sie nach ihrem Freund fragte, sagte sie, sie wisse nicht, ob sie bei ihm bleiben wolle. Das Wichtige sei nicht der Vater, sondern das Baby.

Nachgedanken: Dies ist kein Plädoyer für das, was die Gesellschaft - in irreführender Verallgemeinerung - »Rauschgift« nennt. Bereits das Wort »Rauschgift« belastet die Diskussion. Sein erster Bestandteil - »Rausch« - ist deshalb verwirrend, weil er im allgemeinen Sprachgebrauch vor allem auf Alkoholräusche bezogen wird. Dennoch wird - höchst unlogisch - gerade Alkohol ausgeklammert, wenn von »Rauschgift« die Rede ist; auch übrigens Nikotin.
Das Wort »Rausch« impliziert einen Mangel an Bewußtheit und Klarheit. Viele der sogenannten »Rauschgifte« schaffen aber eine Klarheit und Bewußtheit, die die meisten Menschen in ihrem Alltagsleben nur schwer erreichen können.
Der zweite Bestandteil - »Gift« - ist ungeeignet, weil er die wirklichen Gifte - Heroin, Kokain und deren Derivate - über einen Kamm schert mit Stoffen, die auch nach den Vorstellungen der Schulmedizin nicht als »Gifte« bezeichnet werden können. Hanf und Marijuana sind uralte Kulturpflanzen, die aus der Tradition etwa der Indianer und der arabischen Welt nicht fortzudenken sind. Sie haben sich als kulturschöpferisch bewährt. Das tiefe Wissen der Sufis - der Mystiker des Islam -, die Einblicke, die indianische Menschen seit Jahrhunderten in das Wesen der Schöpfung gefunden haben, sind nicht zu denken ohne sie. Überdurchschnittlich viele Menschen dieser Kulturen sind auch im hohen Alter gesund und kräftig, obwohl sie ein Leben lang ihre Wasser- und Friedenspfeifen geraucht hatten.
Schließlich impliziert der Ausdruck »Rauschgift« Abhängigkeit. Hasch und Marijuana machen nicht abhängig. Man nimmt sie oder nimmt sie nicht - wie man will. Im Gegensatz zu Alkohol und Nikotin, die aber die westliche Gesellschaft nicht meint, wenn sie von »Rauschgift« spricht. Warum meint sie sie nicht? Jeder achte Deutsche ist alkoholabhängig. Also: Sie verdrängt. Schlechte Voraussetzung, um mit Abhängigkeit fertig zu werden.
Das Wort »Rauschgift« bezeichnet weniger die Sache als die Abwehrhaltung einer Gesellschaft, für deren Durchsetzungs- und Erfolgsideologie schon ein Joint eine Bedrohung darstellt.
In Alkoholräuschen werden ganze Lokaleinrichtungen zerstört, Menschen in tödlicher Weise angegriffen. Unter Hasch und Marijuana wird man mild und versöhnlich, empfindet die Welt und die Menschen als freundlich und angenehm. Alkohol trennt, Marijuana verbindet. Kennzeichnet es die westliche Gesellschaft, daß sie einen Stoff, der aggressiv macht, akzeptiert, aber Stoffe, die mild machen, ablehnt?

Noch verwirrender ist es, daß die harmlosen dopes mit den gefährlichen und zerstörerischen Giften (hier in der Tat ist dies Wort angebracht) in einen Topf geworfen werden. Diese Vermengung hat die Bekämpfung der Gifte erschwert, ja - wie heute deutlich ist - weitgehend unmöglich gemacht. Dreißig Jahre lang war die Energie der Bekämpfer so sehr auf Hasch, Marijuana, LSD und ähnliches gerichtet, daß die damals noch wenig verbreiteten wirklichen Gifte - vor allem das Heroin - viel zu wenig beachtet wurden.

Die Bekämpfung und Diskriminierung von Hasch und Marijuana wurde der Schutzschild, hinter dem sich der internationale Rauschgifthandel etablieren konnte.

Und nun die Frage, die mir eigentlich am Herzen liegt: Warum habe ich - und warum haben so viele von uns - in den fünfziger und sechziger Jahren Stoffe wie Hasch, Marijuana. LSD etc. genommen? Und warum möchten wir diese Erfahrung nicht missen?

Antwort: Weil wir auf diese Weise erfahren - über jeden Zweifel hinaus selber erfahren - haben, daß die Alltagsrealität durchschnittlicher Wahrnehmung überschritten werden kann ... Ich habe dadurch Transzendenz erfahren in einem Abschnitt meines Lebens, in dem ich von ihr nur aus Büchern gewußt habe und der Satz »Transzendenz ist Spinnerei« durchaus für mich Sinn gemacht hätte. Ich habe mit einer Konkretheit und Deutlichkeit, die damals jenseits meines Erfahrungshorizontes lagen, erlebt, daß sie eben nicht »Spinnerei« ist.

Diese Periode in unserem Leben hat uns - ich sage bewußt »uns«, denn ich weiß, daß dies eine ganze Generation betrifft - in den Stand gesetzt, Spiritualität zu entdecken und zu leben. Wir wollten etwas, das wir als real erfahren hatten, nicht mehr ausklammern, als gäbe es das nicht. Wir wollten nicht mehr mit Scheuklappen leben - wie die »rationale«, »aufgeklärte«, verdrängende Welt.

Erst später - aber eben auf diesem Wege - haben wir entdeckt, daß es auch andere Möglichkeiten gibt, Spiritualität zu erfahren und zu leben. Und daß diese Möglichkeiten nicht abhängig sind von pflanzlichen und chemischen Stoffen. Ich meine heute, der beste und direkteste dieser Wege ist die Meditation. Aber ich weiß, es gibt viele Wege.

Ich bin der Jazzwelt dankbar, daß sie mir diese Stoffe erschlossen hat. Denn unter den Musikern kreiste damals der *joint* so selbstverständlich wie die Zigarette in der Gesellschaft. Ich kann immer noch nicht verstehen, daß etwas so Harmloses wie ein Hasch-*joint* und etwas für die Gesundheit so Abträgliches wie das Nikotin so ungleich, widersprüchlich und unlogisch gewichtet werden.

Das *joint*-Ritual (und ein Ritual ist es gewesen!) ließ mich eindringen in die Denk- und Fühlweise der Musiker. Damit auch in ihre Musik. Es bescherte mir Einblicke, ohne die ich meine Bücher damals nicht hätte schreiben können.

Verschieden

Du und ich sind verschieden.
Wie verschieden?
Gestern ist in der Nachbarschaft jemand verschieden.
Herzliches Beileid.
Der ist jetzt sehr verschieden von uns.
Dadurch du und ich nicht mehr so sehr.
Verschiedene Verschiedene lehren dich das.
Ich jedenfalls nenne dich nicht mehr verschieden.
Oder erst dann.
Aber dann werde ich merken,
wie du mir gleich warst -
Unverschieden.

VII.

Finale

Welches Recht habe ich,
mich in den Wäldern aufzuhalten,
wenn diese Wälder nicht in mir sind?

Henry David Thoreau

Wir wissen:

Schönheit wird als Schönheit nur erkannt,
wenn Nichtschönheit bewußt wird.
Das Gute wird als Gutes nur erkannt,
wenn Nichtgutes bewußt wird.
Schweres kann nur sein,
wo auch Leichtes ist.
Großes nur, wo Kleines ist.
Hohes dort, wo Tiefes ist.

Wesen und Gestalt sind nur begrifflich gespalten,
geheimnisvoll bleibt ihrer Einheit Grund.

Lao Tse

Mache dich auf!
Werde Licht!

Jesaja

Musikalische Orte

Wir hören Musik nicht nur mit unseren Ohren. Wir nehmen sie auf mit allen Poren und Zellen - im übertragenen wie im wörtlichen, biologischen Sinn. Musik hat Orte - zum Beispiel die folgenden:

Klaviermusik von Chopin: Auf einer Wiese zu hören, im Schatten eines alten Obstbaumes. Ringsherum Blumen, viele in violett. Weiße Sessel. Frauen in kostbaren Kleidern und Männer, die wissen, daß ihre Frauen schön und die Kleider teuer sind. Befrackte Kellner, die Tee, Gebäck und Liköre servieren. Die Musik kommt aus den geöffneten Fenstern eines hinter den Hörern liegenden Salons - vielleicht einer Villa, eines Landsitzes, eines weißen Schlosses. Die Jahreszeit: Herbst. Die Tageszeit: Später Nachmittag. Die Sonne wirft Schatten, die mit jedem Takt länger werden - ihre Art, auf die Musik zu reagieren.

Franz Schubert: Du stehst auf dem Balkon eines erhöht gelegenen, einsamen Hauses. Die Musik tönt aus den Tälern und Wäldern, deren Panorama sich bietet. Tief unten ein Fluß - sich schlängelnd durch Wiesen und Haine. Am Ufer ein Haus. Spielende Kinder unter einem Lindenbaum. Wenn die Musik leis ist, hört man ihre Rufe, ihr Lachen. Irgendwo weint jemand - ein Mensch, der - dem Fluß folgend - in der Ferne verschwindet. Ein Wanderer. Im Fenster des Hauses erscheint eine junge Frau, die ihm nachblickt. Als er stehenbleibt und sich umschaut, zieht sie den Kopf schnell zurück.

Gustav Mahler: Ein Friedhof in Wien. Zypressen. Beerdigung einer hochgestellten Persönlichkeit. Schwarz- und wohlgekleidete Menschen. Einige Frauen weinen - die eine ist eine bekannte Schauspielerin, die andere die Besitzerin eines eleganten Modesalons. Auf dem Sarge und um die ausgehobene Grube Berge von Blumen. Der Pfarrer würdigt das Leben des Verstorbenen, spricht von Verdiensten, Krankheiten, Abschieden, Trennungen ... Er betet: »Schenk uns die Freuden des Himmels. Schenk uns Deine Gnadengaben.« Mehrfach fällt das Wort »Auferstehung«. Die Trauergemeinde singt einen Choral, der kaum als solcher erkennbar ist ... Langsam verlassen die Menschen die Grabstelle. Eine einzige Weinende bleibt zurück.

Indessen tönt - wie ein Echo - von einer benachbarten Grabstelle der gleiche Choral herüber - noch schwerer erkennbar. Dort spricht ein anderer Pfarrer, aber er sagt die gleichen Worte. Die Sonne sinkt - singt. Als der Choral verklungen ist, bleibt fernes »Saitenspiel«.

Orgelmusik alter Meister: In einem gotischen Dom. Steine, Spitzbögen, Strebungen, Säulen - Raum im Dialog, im Dreier- und Mehrfachgespräch mit Tausenden Orgelpfeifen - als riefen sie sich Botschaften zu durch den riesigen Raum.

Nur wenige Menschen hören zu - hier einer und dort einer - auf harten Bänken. Nicht alles verstehend, doch ahnend ... »Denn derselbe Geist, der in den Fugen / und Toccaten atmet, hat einst die besessen, / die des Münsters Maße ausgemessen ... / Wer sie hört, spürt ein Geheimnis walten, / sieht es fliehen, wünscht es festzuhalten ...« (Hermann Hesse)

In der höchsten Wölbung des Chores singt ein Vogel, der sich verflogen hat. Ein anderer antwortet ihm, sitzend auf einer selten benutzten Orgelpfeife. Die Musik fragt, der kleine Vogel weiß die Antwort.

Moderne Kammermusik: Mittendrin sitzend, als spielte ich mit. Jeden der Musiker wach beobachtend, jede Bewegung wahrnehmend, sogar die Fußarbeit an Pedalen und Perkussionsinstrumenten. Die Musik nicht nur hörend, sie fühlend in Haut, Sehnen, Muskeln, Knochen. Grundfarbe des Raumes: weiß, frisch gestrichen. Sonnenstrahlen durch die wenigen Fenster - spielend auf Instrumenten, Gesichtern, Fingern, als spielten sie mit, die Zuhörer blendend, aber nicht die Musiker.

Scherzo über späte Quartettmusik von Beethoven: Ein gläsernes Haus. Eine gläserne Bühne. Vier nackte Spieler. Die erste Geige und das Cello weiblich, zweite Geige und Bratsche männlich. Auch die Stühle, auf denen sie sitzen, und die Pulte vor ihnen, die Instrumente - alles aus Glas. Die Spieler spielen auswendig, dennoch stehen Pulte da - wie gläserne Spinnen. Anzustreben: alles aus Glas, nur die vier unbekleideten Menschen aus Fleisch und Blut.

Mitten im »Allegretto vivace e sempre scherzando« stehen die Spieler auf und spielen stehend weiter, sich tänzerisch zur Musik bewegend. Etwas Gläsernes fällt auf den Boden und zerspringt. In diesem Moment sind die Spieler wieder bekleidet, setzen sich hin und spielen sitzend zu Ende. Hinterher sammeln zwei Konzertbesucherinnen die Glassplitter ein und nehmen sie als Andenken mit nach Haus.

Milhauds »Création du Monde«: Auf dem *Cours Mirabeau in Aix-en-Provence.* Einkaufende Frauen, ins Geschäft eilende Männer, elegant gekleidete Damen, Touristen in Jeans. Zwischen ihnen: Tiere. Löwen, Tiger, Nashörner, Giraffen, Zebras ... Die Menschen bemerken die Tiere nicht, die Tiere nehmen keine Notiz von den Menschen. Kauft der Löwe ein? Rennt der Tiger ins Geschäft? Besichtigt das Nashorn Aix? Möchte die Giraffe angemacht werden, das Zebra sein neues Kleid zeigen? Vor dem *Hotel d'Isoard de Vauvenargues:* eine Amerikanerin und ein Elefant - sie die Architektur betrachtend, er den Rüssel hebend.

Terry Rileys »Rainbow in Curved Air«: In der mythischen Stadt Macombo im Urwald von Gabriel Marquez' »Hundert Jahre Einsamkeit«. Ursula ist immer noch Mutter - bereits in der dritten oder vierten Generation. Oberst Aureliano Buendia, zurück aus dem nicht gewinnbaren Krieg, ist wieder Kind geworden, spielt mit goldenen Fischchen in einem Zimmer, das immer mehr zuwächst. Erdfarbene Begonien füllen schon fast den ganzen Raum, der - als sei er eßbar - verschlungen wird von Ameisen, Termiten, Eidechsen, Spinnen, leuchtenden Insekten. Nur wenig Platz noch für das spielende Greis-Kind.

Der dicke Melchiades mit Bart und Spatzenfingern kommt mit seinem Zigeuner-Clan direkt aus Indien in den Dschungel am Amazonas.

Ihr Planwagen, vollgeladen mit Kesseln, Becken, Cymbals, Glockenspielen, Gongs und Weisheiten aus drei Millionen Jahren, fährt durch die überwucherte Stadt. Kinder rennen hinterher - soeben von Rebecca und Amarantha geboren und sofort laufend; schreiende, laute, strampelnde Beweise, daß Zeit sich im Kreis dreht.

Vom anderen Ende Macombos: das Pfeifen des Zuges, dessen Gleise zugewachsen sind von Lianen und Käsebaumwurzeln. Dennoch hört er nie auf zu fahren. Terry Riley fragt Marquez, ob sein Haus noch stehe. Der antwortet: »Ich weiß nicht.« In diesem Moment setzt ein:

John Coltranes »Ascension«: Die kleine Bühne im Jazzlokal »Birdland« (das nicht mehr bestand, als »Ascension« entstand), *Broadway* Ecke *52nd Street,* von Musikern überfüllt. Über den Tischen Käfige voller exotischer Singvögel, die die Besucher an den Mann erinnern sollen, nach dem das Lokal seinen Namen hat - an den »Bind« Charlie Parker. In einer Ecke über dem Tisch, an dem Charlie Parker saß, ein vergilbtes Foto, mit Reißzwecken an die Wand gepinnt, darauf zu sehen: die Urwaldstadt Macombo.

Der Hörende - Reisende - steigt auf einen der Vögel, fliegt ab und bemerkt auf dem Rückflug nach Macombo schon aus der Luft: Die Stadt ist verschwunden, wohl überwachsen vom Urwald. Der Vogel wandelt sich in eine Boeing, deren Kurs ungewiß ist. Ich höre, die Kopfhörer übergestülpt, »Ascension«, frage meine Nachbarin: »Was hören Sie?« Sie antwortet: »Rainbow in Curved Air« und fragt mich: »Was heißt >Ascension<?« Ich: »Himmelfahrt.« Sie: »Gute Reise!« Für die anderen Passagiere aus den Bordlautsprechern: »Wien, Wien, nur du allein.«

Dvořáks Concerto für Cello und Orchester: Ein großer, wunderschöner Bär in einem herrlichen Wald - Mischwald: Laub- und Nadelbäume. Tief in Böhmen, dennoch von den Höhen weiter Blick bis nach Deutschland und hinüber nach Österreich.

Der Wald hat einen Förster. Der ist oft traurig. Er liebt sein Land, dem es schlechtgeht. Die Wege im Wald wachsen zu. Menschen verirren sich, kommen nie wieder heraus, doch wird berichtet, sie bauten sich Hütten aus gestürzten Stämmen, fänden Nahrung, könnten leben und lieben. Schon werden die ersten Babys im Walde geboren. Wer weiß, ob je eines den Weg nach draußen findet.

Aber dem Bär geht es prächtig. Er hat dichtes, rötliches Fell und ist einer der stärksten, die es je gab. Er scheint überall gleichzeitig zu sein in dem riesigen Wald, erklettert die höchsten Bäume, dringt ein in die tiefsten Höhlen. Am Ende bahnt er sich mutig einen Weg aus dem Dikkicht. Früh am Morgen trottet er in die nahegelegene Stadt, um den dort wohnenden Förster zu trösten. Der fragt den Bären: »Hast du auch einen Namen?« Darauf der Bär: »Einen russischen. Rostropovitsch.« Der Förster lacht.

Jazzbilder

Jazz ist zum Hören und dennoch verbunden für mich mit Bildern. Hunderten von Bildern, von denen ich das eine oder andere immer wieder mal vor mir sehe. Als stiegen Seifenblasen aus den *horns,* den Instrumenten der Spieler, und in den Blasen schillernde, bunte Bilder. Ich wähle einige, die sich mir tief eingeprägt haben.

I

Das älteste stammt von 1946 oder '47: James Moody nackt in der Badewanne in einem Hotel in Zürich. Er war damals noch jung, noch nicht der weltberühmte Tenorsaxophonist, der er später geworden ist. Es war eine der ersten Europatourneen mit der neuen Musik, die man damals »Bebop« zu nennen begann. Moody (niemand nannte ihn James) hatte am Abend zuvor in Zürich, zwei Tage zuvor in Paris gespielt und mußte am nächsten Tag in Mailand auftreten. Um Deutschland schlug er einen Bogen, denn es war noch vor der Währungsreform, und die alte deutsche Reichsmark war nicht geeignet, amerikanische Jazzmusiker zu bezahlen.

Ich wollte ihn interviewen. Es war mein erstes Interview, ich wußte noch wenig darüber, wie man das macht. Ich hatte ihn von der Hotelrezeption angerufen, aber bevor ich erklären konnte, was ich wollte, sagte er schon: »*Come up.*« Ich fuhr mit dem Fahrstuhl hinauf, mußte eine Weile suchen, bis ich das richtige Zimmer gefunden hatte, klopfte, war überrascht, daß eine weibliche Stimme auf deutsch »herein« rief. Die Inhaberin der Stimme, eine gutaussehende junge Frau, Schwyzerdütsch sprechend, bat mich, einen Augenblick zu warten, fragte, was ich wolle, spielte die sorgende Frau, obwohl doch zu spüren war, daß sie ihn erst am Abend vorher kennengelernt hatte (was ich mit Erstaunen registrierte, als sei es etwas, das ich mir für später gut merken müsse: So läuft das also!), aber da rief Moody schon aus dem Bad: »*Come here!*«

Ich traute meinen Augen nicht, wie ich ihn da liegen sah - der schwarze Körper leicht gebogen, damit er in die Wanne paßte - strahlend, lachend - so ganz das Gegenteil seines Namens (*moody* = launisch, griesgrämig), in jeder Zelle und Sehne erfüllt von der Spannung und Elastizität von Bebop und all seinem Spaß, seiner Kraft, dem Genuß, als flössen sie ihm mit der Musik in die Glieder.

Wir sprachen lange - er in der Wanne, ich auf dem Klodeckel sitzend ... Am Schluß ging er ins Zimmer, immer noch nackt, suchte in seinem Gepäck, holte ein Foto von sich heraus, schrieb etwas darauf, zeichnete auf die Rückseite mit wenigen Strichen ein Gesicht mit großen Augen, eine Brille davor, ein angedeutetes Tenorsaxophon, als quelle es ihm aus dem Mund. Schrieb darunter: *Have big eyes for Bebop.* Aus dem Saxophontrichter sprudelten Noten und das Wort Bebop, viele Male wiederholt, als puste Moody es in alle Welt.

2

Noch ein Bild: Taxi-Streik in New York. Zwei Tage lang kein Taxi zu sehen. Ich kam mit Thelonious Monk aus dem Haus von Nica, der Baroness de Koenigswarter, die für so viele Jazzmusiker Mäzenin und Freundin gewesen ist. Charlie Parker war in ihrem Apartment - manche meinen: in ihren Armen - gestorben. Ich hatte sie kennenlernen wollen; Monk hatte mich mitgenommen. Nun standen wir vor ihrem Haus in der *Fifth Avenue* und brauchten dringend eines jener Taxis, die zu New York gehören wie die Ameisen zum Wald, aber an diesem Tage vertilgt zu sein schienen. Monk: groß, aufrecht. In Afrika wäre er König gewesen. Oder Zauberer. War es noch immer. Machte eine kreisende Bewegung über dem Kopf, Sekunden später hielt das Taxi. Es war das einzige, was ich an diesem Tage in New York gesehen habe. Ich kann es nicht erklären, aber genau so ist's gewesen: Monk machte das Zeichen, und das Taxi kam. Als habe er es materialisiert.

3

Bild drei: Ein Auto, vollgepfercht mit Jazzfans und Musikern. Wir fahren zum Newport Jazzfest - Anfang der sechziger Jahre. Am Steuer Ira Gitler, der Kritiker. Charles Mingus sitzt hinten. Wir befinden uns auf einer dreispurigen Ausfallstraße, die nach Long Island führt - wollen von dort mit der Fähre übersetzen. Wir überholen ein offenes, elegantes Sport-Kabriolet. Am Steuer ein Schwarzer, lässig mit der linken Hand steuernd, die rechte um ein blondes, weißes Mädchen geschlungen, das sich in seine Halsbeuge kuschelt. Mingus, dies sehend, *flippte* (nur dieser Ausdruck ist angemessen!) ... *flippte* buchstäblich aus. Er drehte das Fenster herunter, reckte sich hinaus, als sei sein Gesicht ein saugendes Gebläse, lachte, winkte den beiden zu und schrie: *»Do it! Do it! Save the world!«*

Hinterher zu uns im Wagen: *»They're right. Everybody should fuck the problems out.«*

4

Auch mein viertes Bild hängt mit Mingus zusammen, wenn auch nur indirekt (das fünfte auch). Toshiko Akiyoshi, die Pianistin und Komponistin, später die erste weibliche Leiterin einer der führenden Big Bands des Jazz, spielte in der Mingus-Gruppe im New Yorker Jazzlokal Five Spot. Mingus hatte sie angeschrien, sie beleidigt, verletzt. Das Bild, das ich nicht vergessen kann, ist dies: Toshiko weinend vorm *Five Spot.* Ich kannte sie von Japan her, ging zu ihr, versuchte sie zu trösten, sagte ihr, wie wunderbar sie gespielt habe. Sie: »Er macht das jeden Abend mit mir. Ich kann das nicht mehr ertragen. *He hates women.«* Ich: »Warum spielst du dann bei ihm?« Sie: *»Because the music is so beautiful.«* In ein paar Jahren seien alle Beleidigungen vergessen, was aber bleiben würde, sei: *»I was part of it.«* (Man verzeihe den Wechsel zwischen Englisch und Deutsch, aber es gibt Sätze, die müssen wörtlich so dastehen, wie sie gesagt worden sind.) Sie fragte mich, ob ich schon gegessen habe. Als ich verneinte, schlug sie vor: »*Come with me. I'll cook dinner for you.*«

Ich hatte noch eine Verabredung und - dumm, wie ich war - schlug ich aus. Die Verabredung habe ich längst vergessen, aber ein dinner mit Toshiko Akiyoshi, das sie gekocht hätte - das hätte ich nie vergessen.

5

Auf meinem fünften Bild sehe ich Eric Dolphy - in vielen Situationen. Und auch wieder Mingus, den zornigsten je.

Ich liebte Dolphy. Wenn er Baßklarinette spielte, klang es für mich, als spreche er. Was er sagte, klang wie Walt Whitmans *Gesang von mir selbst.* Wie *Salut au monde.* Dolphy hat die tiefe Klarinette für den Jazz erschlossen. Tat das, als erfinde er sie neu. Nie zuvor hatte eine Baßklarinette so geklungen. Heute klingen sie alle so. In Berlin auf der Funkausstellung 1960 hatte ich das erste Konzert veranstaltet, das er überhaupt unter eigenem Namen gegeben hat. In den USA spielte er damals - wie auch später oft - mit Charles Mingus. Nun - 1964 - war er mit ihm auf Europa-Tournee: Mingus wie ein Vulkan. Ein Wutausbruch pro Tag mindestens, meistens zwei oder drei. In Bremen schnupperte er ins Publikum und meinte, es röche noch nach KZ-Asche. In Berlin warf er ein Telefon ins Hotelfenster, schrie: »*Everybody is Nazi here.*« In Zürich drohte er zurückzufliegen, obwohl seine Konzerte in Biel, Bern, Lausanne und Montreux längst ausverkauft waren. Der Veranstalter rief mich an - voller Verzweiflung: Ich kenne doch Mingus so gut, ob ich ihn nicht besänftigen könne? Ich raste los (warum eigentlich? Was hatte ich damit zu tun?), erwischte Mingus tatsächlich auf dem Klotener Flughafen, beredete ihn, als bespräche ich eine Wunde - ja, **seine** Wunde! -, schaffte es, ihn in meinen Wagen zu lotsen, und fuhr ihn in die Uhrmacherstadt Biel-Bienne, wo das nächste Konzert stattfinden sollte. Mingus wollte nicht spielen, ließ das Publikum warten - eine halbe Stunde, eine Dreiviertelstunde, eine

Stunde. Dann ging Dolphy auf die Bühne, spielte Solo - erst Altsaxophon, dann Baßklarinette -, fing schließlich, fast stotternd, zu reden an: »*I'm just a musician.* Ich hab nichts zu tun mit dem, was hier geschieht. *Forgive me.*« Daß er um Vergebung bat für etwas, was er nicht verschuldet hatte, ist ganz und gar Dolphy. Ich vergesse nie dieses Bild: Er da oben auf der leeren Bühne, bittend, sich fast ums Mikrophon windend, geradezu flehend: Verzeiht uns! In genau diesem Moment kam Mingus heraus, schlug ihm fröhlich auf die Schulter, als sei nichts geschehen, und das Konzert begann. Viertel vor zehn.

Ein paar Monate später starb Dolphy. Ausgerechnet in Berlin, der Stadt, in der er ein paar Jahre vorher sein erstes eigenes Konzert gegeben hatte. Mingus zeterte, die Berliner hätten ihn krepieren lassen. Aber das stimmt nicht. Man kümmerte sich rührend um ihn. Er hatte eine Art Zuckerkrankheit, die nur bei Schwarzen auftritt - um deren Diagnose und Therapie sich das »weiße« medizinische Establishment deshalb nicht kümmert. Insofern war er ein Opfer der Rassendiskriminierung. Ich sorgte dafür, daß die Urne mit seiner Asche an seine Mutter nach Los Angeles geschickt wurde. Sie schrieb mir einen herzlichen Dankesbrief. Ich machte eine Kopie und schickte ihn Mingus. Schrieb drüber: »*You're wrong. We loved Eric and cared for him.*« Als ich Mingus das nächste Mal traf - ein Jahr später - umarmte er mich lange. Er erwähnte Dolphy mit keinem Wort, aber wir wußten beide: **Deshalb** umarmte er mich.

6

Bild sechs: Max Roach - für viele (für mich auch) der größte Schlagzeuger in der Geschichte des Jazz: betend in einer kleinen Methodistenkirche *upstate* New York, 150 Kilometer nördlich der großen Stadt.

Ich war - 1990 - auf einer *publicity*-Reise für mein CD-Album »Stimmen, Stimmen - Der Riesige Ruf« (ein Titel nach Rainer Maria Rilkes Duineser Elegien) mit spirituellen Chorgesängen aus vielen Kulturen, mußten Interviews in Radio, Fernsehen und Presse geben - toll organisiert, wie die Amerikaner so etwas tun: Morgens um zehn mit dem Kritiker der *New York Times,* um 12.00 *lunch* mit jemandem von der *Washington Post,* um 14.00 Aufnahme bei einer Radiostation, um 16.00 Interview irgendwo im Fernsehen ... usw. - eine Woche lang. Es war eine Strapaze. Max hörte mich im Radio. Rief an, als ich noch auf Sendung war. Lud mich ein, am Sonntag mit ihm zu kommen, um eine seiner Töchter mit ihrem Streichquartett - dem aus schwarzen Musikerinnen bestehenden *Uptown String Quartet* - zu hören. Sie spielten, sagte er, jeden Sonntag in einer Kirche.

Der Gottesdienst begann um zehn. Pünktlich um acht - unglaublich früh für einen Jazzmusiker - stand Max mit seinem großen, schweren Wagen vor meinem Hotel. Wir verbrachten den ganzen Tag zusammen, aber der Höhepunkt war der Gottesdienst: Max' Teilnahme daran, sein Zuhören auf die Predigt, auf die Gebete, sein Mitsingen in der Liturgie, seine Freude am Spiel seiner Tochter und ihrer Kolleginnen. Mr. Roach im dunklen Anzug - ganz und gar Grandseigneur, distinguiert bis zur Zehenspitze, die Achtung genießend - aber auch fordernd -, die ihm jeder zollte. Jedem Zoll an ihm zollte.

Dabei hatte ich mich ein paar Jahre vorher über ihn geärgert. Ich hatte den Komponisten Peter Philips gebeten, ein *concerto* für Max Roach und das Kronos Streichquartett zu schreiben, das auf den Donaueschinger Musiktagen uraufgeführt werden sollte (und auch wurde). Max hatte auf einem Erster-Klasse-Flugticket bestanden, aber das war dem Südwestfunk zu teuer. Ich feilschte mit ihm; es gehörte zu meinem job, das zu tun. Natürlich setzte er sich durch. Mit Recht, wie ich meine - nach dieser Begegnung um so mehr.

7

Mein siebtes Bild - das letzte, das ich hier mitteilen möchte - ist das absurdeste dieser Bilder: Gitarrist Attila Zoller, seine damalige Freundin Joey und ich singen - den Messias von Händel! Es war ein paar Tage vor Weihnachten 1994. Wie immer seit dreißig Jahren, wenn ich in New York ankomme, hatte Attila mich am Flughafen abgeholt. Ich hatte einen Workshop über meine Hörarbeit zu geben, aber nachts, wenn ich fertig war, zogen wir durch New Yorks Jazzlokale. Es ist ein Ritual für uns beide geworden: Wann immer ich in New York bin, tun wir das; nur hatte ich diesmal tagsüber hart mit den Teilnehmern meines Seminars zu arbeiten und war abends und nachts müde. Nach ein paar Tagen spürte ich, etwas Klassisches würde mir guttun. Händels Messias bot sich an. Alljährlich vor Weihnachten gibt es ihn im *Lincoln Center,* New Yorks wunderbarem Konzertsaal, in dem ich ein paar Jahre vorher mein Konzert »Jazz and World Music« präsentiert hatte. Den Chor bildet das Publikum - zweitausend singende Menschen. Ich hatte geplant, allein dorthin zu gehen, aber Attila und Joey bestanden darauf: Wir kommen mit.

Am Eingang gab es die Noten. Einer der fünf Dirigenten des riesigen Chores stellte die Solisten vor - lauter Stars, die entsprechend begrüßt wurden -, bat die Konzertbesucher, sich über ihre Stimmlage klar zu werden. Erst mußten die Sopranistinnen aufstehen, dann die Altistinnen, dann die Tenöre, schließlich Bassisten, er empfahl uns, uns an unsere Parts - und nur an sie - zu halten.

Joey sang, als kenne sie jede Note. Attila war zögernd, aber die Zweitausend waren wie ein einziges, riesiges »Singe-Wesen« mit zweitausend Mündern und Kehlen - Attila und wir alle gehörten dazu. Es war ein Fest. Ein Feiern. Mr. *Händel's Christmas Party*. Als stülpe sich eine Glocke aus Messiasgesang über uns. Bei dem berühmten Hallelujah überschlugen sich die Zweitausend. Als wolle jeder und jede noch mehr »hallelujieren« als alle die anderen.

Und einer unter ihnen: dieser wunderbare Gitarrist Attila Zoller, der sensibelste, »singendste«, den ich kenne - trotz all den anderen, die bekanntere Namen tragen. Eben deshalb bekanntere, weil er der sensibelste ist. Als hole er jedesmal einen Teil der Musik, die er spielt, in sich selber zurück. Er war damals schon krank. Ein paar Jahre später starb er an eben der Krankheit, die damals begann.

Was willst Du sein? Ein Gespräch mit Jadranka

Dialog mit Jadranka, nachdem wir die *Gyoto*-Mönche mit ihrem Ritual nach dem Tibetischen Totenbuch gehört haben (das ich auf meinen CDs »Hinübergehen« und bei Konzerten in Stuttgart 1996/97 mit Mozarts »Requiem« verbunden habe - auch dies auf CDs: »Rituale der Wandlung«, Zweitausendeins).

Ich: Hast du schon mal darüber nachgedacht, was du gern sein würdest, wenn du nach deinem Tode wiederkommst?

Jadranka: Ja, das weiß ich. Ich möchte eine schwarze Soul- und Gospelsängerin werden. Was möchtest **du** sein?

Ich: Eine Frau. Eine schöne - eine viel und leidenschaftlich geliebte.

Jadranka: Aber, was möchtest du tun?

Ich: Bestimmt wieder etwas, was mit Musik zusammenhängt.

Jadranka: Welche? Jazz?

Ich: Das hatte ich. Nicht das, was ich schon hatte: Bach ... Auch meditative Musik nicht.

Jadranka: Willst du Musik studieren? Bei deiner Verachtung von Lehre und Wissenschaft?

Ich: Ich will spielen ... Pianist... Ach ja, ich bin ja dann Frau. Pianistin ... Nein, ich hab's: Organistin. Eine riesige Orgel in einer Kathedrale. *Cum organo pleno.*

Jadranka: Das ist aber nicht so attraktiv. Die Leute sehen dich nicht.

Ich: Ich könnte ja eine attraktive Organistin sein.

Jadranka: Sehen tun sie dich trotzdem nicht - oben auf der Empore.

Ich: Das war' mir egal.

Jadranka: Ich möchte frei singen. Improvisieren. Scat. Alles tun, was man mit der Stimme machen kann.

Ich: Und ich alles, was man auf der Orgel machen kann. Auch frei, aber auch nach Noten ... Ich will auch komponieren - moderne Musik, die bewegt und hohen Ansprüchen genügt.

Jadranka: Aber dann wären wir ja beide Frauen.

Ich: Ach ja - magst du nicht doch lieber zur Abwechslung mal Mann werden?

Jadranka: Bloß nicht. Bleib du doch Mann.

Ich: Aber ich wünsch' mir doch schon so lange, mal eine Frau zu sein. Die Liebe als Frau erfahren. Wir könnten uns dann ja lesbisch lieben.

Jadranka: Quark. Wir haben ein geistiges Liebesverhältnis. Sexualität brauchen wir nicht. Wir können ja zusammen spielen. Wir lieben uns so überirdisch, daß wir kosmische Orgasmen haben.

Ich: Wir treffen uns und geben Konzerte. Wir sind erste Klasse.

Jadranka: Ja, das ist wichtig für dich: Erste Klasse sein.

Ich: Klar. Wenn schon, denn schon.

Jadranka: Ich will für Gott singen. Alles, was ich singe, soll für Gott sein.

Ich: Das hatte ich schon mal in einem früheren Leben. Ich war Mönch im Mittelalter, sang täglich viele Stunden lang gregorianische Gesänge. Ich war total glücklich. Es war das einzige frühere Leben, an das ich bei meinen Rückführungen herangekommen bin, das glücklich war. Ich will das wieder haben. Lob. Preis. Dank. Moderne Musik, die Gott lobt.

Jadranka: Aber trotzdem willst du auf Weiblichkeit nicht verzichten.

Ich: Wieso trotzdem? Eben deshalb. Schau dir doch heute die Frauen an. Es gibt viel mehr spirituell hochentwickelte Frauen als Männer. Die Frauen heute sind den Männern weit voraus.

Jadranka: Da haben wir aber beide noch ganz schön was aufzuarbeiten, wenn wir das schaffen wollen.

Ich: Da fällt mir etwas noch viel Besseres ein, was ich gern sein möchte: ein lächelnder Buddha. Wenn ich das schaffen könnte, das wäre wunderbar.

Jadranka: Ein lächelnder Buddha, der Musik zum Lobe Gottes macht ... Ach, dann wärst du ja doch Mann.

Ich: Das wäre mir dann egal. Es wäre toll.

Vögel und Wellen

Monate auf See. Meer erfahren und schreiben - nur dies. Mehr erfahren. Von allein stellt sich ein: So schreibst du. Noch nie habe ich das so deutlich erkannt. Ich weiß jetzt, es stimmt, wenn Zen und die Weisen des Ostens sagen: Deine Gedanken gehören dir nicht.

Ich denke **sie**. Man schaue sich diesen Satz an. Das Denken steht zwischen mir und meinen Gedanken, es trennt sie und mich voneinander. Ich bin das Subjekt, die Gedanken das Objekt. Wenn ich das Subjekt bin, kann ich nicht außerdem noch das Objekt sein.

Also: Ich bin nicht meine Gedanken. Ich kann sie nicht sein, sonst könnte ich sie nicht denken. Ich bin nicht mal meine Erinnerung. So wenig wie ich mein Schmerz bin. Ich sprach schon davon: Selbst wenn ich »von oben bis unten ganz und gar Schmerz« zu sein meine, ich bin's nicht.

Wir sagen ja auch: Ich **habe** Gedanken. Auch davon war schon die Rede: Haben kann ich nur etwas, was ich nicht bin. Etwas, was noch eben woanders war und von dort zu mir gekommen ist. Ich bin's nicht. Ich hatte es nicht. Deshalb kommt es.

Wer diesen Prozeß sorgfältig beobachtet - tagelang, wochenlang -, bemerkt: Gedanken fliegen herum wie Vögel. So haben es auch die Zen-Weisen beschrieben, in der westlichen Welt wunderbar klar Daskalos, der verstorbene Weise aus Zypern.

Ich fange sie ein. Sauge sie an. Sie kommen, und ich muß sie schnell notieren, bevor sie wieder fortfliegen. Sonst, so fürchte ich, könnten sie gleich wieder verschwunden sein.

Der Notizblock ist mein »Netz«. »Gedanken-Vögel« darin. Ich halte das Netz mit dem, was ich mir eingefangen habe, eine Weile geschlossen, damit ich bloß nichts wieder verliere, arbeite mit seinem Inhalt. Dann hebe ich es hoch, lasse die Vögel weiterfliegen. Wer weiß, wo ihr nächster Aufsetzplatz sein wird?

Man kennt den volkstümlichen Ausdruck: Du hast einen Vogel.

Wenn der »Vogel« von der Beschaffenheit ist, um derentwillen der Ausdruck verwendet wird, laß ihn schnell wieder fliegen.

Einwand: Warum kommen bestimmte Gedanken gerade zu mir?

Antwort: Weil ich in Resonanz bin. Mich »auf Resonanz geschaltet« habe. Zur Zeit bin ich in Resonanz mit diesem Buch. Da kommen die Gedanken, die ich dafür brauche, Tag und Nacht. Im Wachen und im Träumen. Jahrelang kamen sie nicht. **Jetzt** kommen sie. Pasteur: »Der Zufall liebt den vorbereiteten Geist.«

Zum erstenmal wird mir deutlich: So war es auch früher, als ich »Nada Brahma«, »Das Dritte Ohr«, »Ich höre, also bin ich«, »Hinübergehen«, früher meine Jazzbücher schrieb: genau die Gedanken, die ich brauchte, kamen. Davor, dazwischen, danach war Sende- und Empfangspause. Ich hatte abgeschaltet. War womöglich in Resonanz mit etwas anderem.

Jahrelang war ich bemüht, mit »nichts« in Resonanz zu sein. Mit Stille und Schweigen. Mit *nada*. Mit *mu* (= Nichts). Mit meinem Inneren Wege. Wollte gerade nicht, daß mich die Gedanken wie Vögel besuchten. Wenn sie dennoch kamen, empfand ich sie weniger als Besuch denn als Heimsuchung. Manchmal begriffen sie es. Flogen fort. Woandershin. Manchmal umsummten sie mich wie lästige Fliegen.

Jetzt ist es anders. Ich habe »auf Buch-Resonanz« geschaltet, und genau die Gedanken kommen, die willkommen sind. Wellen von Vögeln. Ganze Schwärme von ihnen. Ich brauche Wille und Kraft, trotzdem täglich ein-, zweimal in Stille zu gehen. Selbst dann versuchen die Vögel zu landen.

Ich kann mir meine Resonanz auch als die eines empfindlichen Radioapparates vorstellen: Je feiner man ihn einstellt, desto besser und klarer ist der Empfang - sogar für Wellen, die von weit her kommen, nie bisher durchgedrungen sind.

So laufe ich herum zur Zeit: wie ein *Tuner.* Ich stelle oft nach. Immer noch genauer und feiner, je nachdem, was gerade das Thema ist. Aber natürlich kommen auch andere Themen. »Ich schwinge mich auf sie ein.« Wie Transistoren. Wie früher die Röhren.

Wer ist der Sender? Ich meine, nur eine Antwort ist schlüssig: das »Sein«. Sie mag schwierig klingen. Aber gibt es eine überzeugendere?

Die Sender des »Seins«, des *Tao*, senden zu bestimmten Zeiten, Ären, Perioden, Geschichtsabschnitten bestimmte Programme. Nicht wir wählen sie, sondern das Sein. Wir können nur zwischen den Programmen wählen, die gerade verfügbar sind. Das Sein hat heute andere Sendungen »drauf« als vor tausend oder hundert oder auch nur vor fünfzig Jahren. Und wir haben andere Resonanzen »drauf«.

Zu Programmen, die gerade nicht gesendet werden, ist Resonanz nicht - nicht mehr oder noch nicht - herstellbar. Nur Gestörtes kommt herein, kaum noch verständlich. Als empfinge man Reste von früher. Ganz verloren geht nichts. Das Sein speichert. Benutzt verschiedene Arten von Speichern. Gehirne. Gene. Elektronen. Den Alles-Speicher Photon ... Wir sind gerade erst dabei, ein wenig zu erkennen, über welche Arten von Speichern es verfügt. Als wäre das Universum ein einziger gigantischer Speicher. Wir erkennen das jetzt, weil das Sein es jetzt sendet.

Ich beobachte und fühle: Es gibt zweierlei Resonanzen - die, die ich einstelle, und solche, die das Sein wählt - offenbar weil es sie jetzt für wichtig hält. Die letzteren überlagern die ersteren. Ich kann nicht vermeiden, sie zu empfangen. Der geistige Äther ist voll von ihnen. Etwa so, wie er fürs Radio von heute voll immer ähnlicher Musik ist. Ab und zu hat man Glück: stößt auf kaum noch gesendete Programme. Oder auf solche, die sich erst im Versuchsstadium befinden und erst morgen oder übermorgen regelmäßig ausgestrahlt werden sollen.

Was auch immer meine persönliche Resonanz ist - zum Beispiel die für dieses Buch -, das Sein färbt sie ein. Unterlegt sie mit **seinem** Grundton. Ob ich will oder nicht. Deshalb ist es besser zu wollen. Selbst meine Höhle und mein Kastanienbaum bekommen diesen Grundton. Es ist ein anderer als damals, als ich in ihr herumkroch und auf ihn kletterte. Das Sein wählt Grundfarbe und Grundton.

Deshalb berichten so viele Erfinder und Forscher: Der entscheidende Gedanke, der Durchbruch kam nicht etwa zu ihnen, als sie logisch und angestrengt über das Problem nachdachten. Er kam nachts, im Traum, beim Aufwachen, beim Spazierengehen, beim Gespräch mit der Frau oder Fremden ... Richard Feynman erzählt, die Idee, die ihn zu seinem Physik-Nobelpreis geführt hat, kam ihm, als er in einem Restaurant einem Kellner zuschaute, der einen Teller auffing. In dem Moment fing Feynman **seinen** »Teller« auf.

Denker, Forscher, Erfinder sind »auf Empfang« gestellt. Sie sind »in Resonanz«. Deshalb kommen die Wellen an. Die »Vögel« können sich niederlassen. Anstrengung, Spannung, eigener Wille, Logik machen ihnen das Landen schwer. Deshalb auch immer wieder die Erfahrung, daß die gleichen Gedanken, Erfindungen, Erkenntnisse nahezu gleichzeitig gemacht werden. Hier und in Australien. In den USA und in Rußland. Ein besonders schönes Beispiel bieten die Erkenntnisse zur Elektrizität im 19. Jahrhundert. Für fast jede Erfindung gibt es in verschiedenen Ländern einen anderen Erfinder. Oder die vielen Beispiele aus der Chemie: Wenn eine Kristallisation, jahrzehntelang vergeblich versucht, ein einziges Mal irgendwo gelungen ist, sofort gelingt sie in anderen Ländern ein zweites und drittes Mal.

Sheldrakes morphogenetische Felder sagen genau dies. Es sind Felder des Seins. Aber wir können die Felder durch das, was wir denken, fühlen, tun, intensivieren. Das **will** das Sein. Wenn wir ihm nicht gehorchen, kommt Unsinn heraus.

Umgekehrt gilt: **Ich** bin der *Tuner.* Was **ich** empfange, gewinnt **meinen** Klang. Ein anderer mag das gleiche Programm empfangen, und dennoch hat es bei ihm und durch ihn einen anderen Charakter. Die Saite, die in Resonanz gerät, bin ich. Eine Geigensaite hat einen anderen Klang als eine Bratschensaite, und auch die verschiedenen Geigensaiten klingen verschieden. Aber der »Dirigent« der Musik, die auf all diesen Saiten gespielt wird, ist derselbe - das Sein.

Es ist wichtig, die Resonanz ab und zu »umzustellen«. Manchmal tue ich das. Verstelle bewußt den *Tuner,* der ich bin. Lausche, was dann kommt. Stille vielleicht. Oder etwas Neues. Eben dies tue ich jetzt, wo dieses Buch abgeschlossen ist. Zu viele Vögel, gar Schwärme von ihnen, können den Himmel verdunkeln. Fliegt anderswohin, Vögel! Macht meinen »Himmel« frei.

Coda

Ich schaue zurück - auf dieses seltsame Leben, das der, der es lebte, sich selber erhört hat - ein Leben, in dem einer immer nur das getan hat, was ihm Freude gemacht hat - Radio, Jazz, Reisen, Weltmusik, lieben, sich spirituell öffnen, Bücher schreiben und ganz, ganz viel hören: Musik und alles, was hörbar ist - und dennoch immer wieder Leid und Verletzungen empfangen und zugefügt hat. All dies aufschreibend, ist mir, als hätte ich es ein zweites Mal durchlebt und durchlauscht. Als wäre ich auf einen Baum gestiegen - vielleicht auf die Kastanie meiner Kindheit -, und hätte es dort oben noch einmal erfahren - die acht Jahrzehnte überschauend, als seien sie eine weite, weite Landschaft - auch eine *soundscape* - mit Bergen und Tälern, breiten Strömen, sich windenden Flüssen und zu Tale springenden Bächen - was sie ja sind, samt all dem Erklingenden, was in meinem Leben dazu gehörte.

I

Ich schau von da oben und sehe: Höhe und Höhle - die Gegensätze meiner Kindheit, die mich damals (und auch noch später) fast zerrissen haben - sind im Lauf dieses Lebens immer enger zusammengerückt. Es ist, als wäre die Höhle hinauf gewandert; als hätte ich sie mir nach oben geholt. Sie ist nicht mehr dunkel, schimmlig, sandig, feucht, und bietet doch weiter Geborgenheit, **aber** vom Licht der Höhe durchstrahlt. Und die Höhe ist nicht mehr gefährlich und windig. Keine Angst mehr, abzustürzen!

»Höhlen und Höhen«: So sollte dieses Buch ursprünglich heißen. Die Alliteration der beiden Worte ist ja nicht zufällig. Deshalb macht ihr Zusammenklang Sinn, weil (siehe auch das Kapitel »Die Höhle und die Kastanie«) die beiden so gegensätzlich wirkenden Worte auf die gleiche Wurzel zurückgehen; für den frühen Menschen also (den »archaischen«

im Sinne Gebsers) muß diese »Wortnuß« **beides** bezeichnet haben: Höhe und Höhle - und all das andere noch dazu: Helle und Hölle, hohl und voll ... quer durch die Sprachen, wie uns Richard Fester, der geniale Begründer der Paläolinguistik, verstehen ließ.

Wenn das aber so ist, dann habe ich im Lauf meines Lebens nur wiederentdeckt - nur wieder zusammengebracht -, was ohnehin ursprünglich zusammengehört hat. Schon das Kind muß das geahnt haben, als es sich die hohe Kastanie neben seiner dunklen Höhle suchte und nie lange in letzterer herumkriechen konnte, ohne auf die erstere klettern zu müssen.

Es ist aber ein Unterschied zwischen dem kindlichen Erahnen und meinen Erfahrungen. Die Erfahrung ist deutlicher: Du brauchst dir keine dunklen Höhlen mehr zu bauen, nicht mehr auf schwankende Bäume zu klettern - gewiß, du **kannst** dies tun, es macht Freude, aber du brauchst nicht mehr diesen ganzen Aufwand, der immer die Entscheidung für eines **oder** das andere erzwingt, als wären sie unvereinbar. Du wohnst in dir. Dort sind Höhe und Höhle **eines.**

Dennoch: Ich mag keine Höhlen mehr. Aber Kastanienbäume sind mehr noch ein Wunder für mich als damals. Am meisten im Mai: **Der** Kandelaber! Der größte und lebendigste des Globus! Tausende leuchtender Kerzen! Dichter bekerzt als ein Weihnachtsbaum. Man sehe ihn in der Dämmerung, wenn das Grün kaum mehr als Grün zu erkennen ist, schwarz zu werden beginnt, dann strahlen die Kerzen in die dunkel werdende Nacht. Und einzudringen in ihn! Wie in eine Geliebte. In das Gewebe aus Kerzen und Blättern, aus Zweigen, Ästen und Stämmen - frei und genau (wie geht das zusammen?). Spazierengehen in ihm, sei es inzwischen auch nur mit den Augen: mehr sich schlängelnde Pfade in der gewaltigen Spanne von Ästen und Krone als in dem von Wegen durchfurchten Wald, den er schmückt. Nervenbahnen, Neuronen eines Gehirns, das denkt, was und wie ich gern denken möchte: Licht, Leuchten, Schönheit, Kreativität, Wachsen, Pfade finden. Schmücken, Herzfarbe grün, Verbundensein, Einssein, Liebe, Frucht tragen ...

Und all dieses belebt und bewohnt. Vögeln ist es ihr Haus. Wie Menschen, die in einem schwierig zusammengefügten Gebäude aus Fenstern und Erkern, von Balustraden und Innenhofgängen, Balkons, Terrassen, Rängen und Logen einander zurufen und miteinander kommunizieren. Oft über viele Stockwerke hinweg. Sie tun das singend: ihr Baum als ihr Opernhaus. Des Baumes Daueroper. (Deshalb die Ränge und Logen!) Keine Oper der Erde bietet Vergleichbares: jeder Sänger ein Komponist. Jeder ist Weltklasse. Nur Uraufführungen. Ständig Premiere unter Kerzen.

2

Ich habe erwähnt, daß ich den größeren Teil dieses Buches auf dem Meer geschrieben habe - auf einem Containerschiff die Erde umkreisend. Die Wellen waren oft hoch. Als nähmen sie Anlauf von einem Kontinent her, der fünftausend Kilometer entfernt ist. Türme von Wogen. Auf uns stürzend, als explodierten Bomben, das Schiff sich aufbäumend wie ein scheuendes Pferd, zitternd, als zerspränge es **jetzt** unter dem anstürmenden Wasser, das halbmetertiefe Dellen in die Container der unteren Deckreihe hämmerte. Nächtelang kein Schlaf, weil man, hätte man nur eine Minute aufgehört sich festzuhalten, aus dem Bett geschleudert worden wäre; einem von uns brachen zwei Rippen.

Und doch: da unten - nur zwanzig, dreißig Meter unter uns - ist Ruhe. Sind dreitausend Meter Stille unter dreißig Metern Bewegung und Unruhe. Wie sehr täuschen wir uns, wenn uns die dreißig Meter so total beanspruchen, daß uns die dreitausend Meter darunter kaum bewußt werden!

Jadranka hatte das bei einem Sturm auf La Palma erfahren: »Für das Meer sind die Wellen, was für uns unsere Emotionen sind. Geh nur ein wenig in die Tiefe, dann herrscht Stille. Oben ist alles wild-dramatisch. Wellen der Wut. Aufbrechender Zorn. Als bebe die Welt. Gleich darunter ist Frieden.«

Die Tiefe, diese gewaltige Schicht, die in das Zentrum der Ruhe und des Friedens führt, ist um ein Vielfaches mächtiger als die Wellen da oben. Als Ärger und Streit. Kummer und Verletzungen. Auch als Freude und Lust. Das alles ist nur eine ganz, ganz dünne Hülle - diese schäumende Oberschicht unserer Emotionen.

»Geh in das Zentrum, in die Tiefe, dann herrschen Stille und Frieden ...«

Das ist die Erfahrung dieser Reise: dieses Schreibens. Und: dieses Lebens. Unsere Gefühle da oben sind nur ein Kräuseln. Auf das, was darunter ist, kommt es an. Das Meer bleibt auch Meer, wenn keine Welle sich regt. Aber keine Welle kann sich regen ohne das Meer.

Das Sein bleibt auch Sein, wenn nie ein Sturm tobt. Aber kein Sturm kann toben ohne das Sein.

Ich sah die tobenden Wellen bei untergehender Sonne - jede ein funkensprühender, leuchtender Streifen, als schrien sie: Sieh mich! Das schreien auch unsere Emotionen: Sieh mich! Beachte mich! Zolle mir immer noch mehr Aufmerksamkeit - und sind doch nur ein Kräuseln.

Das habe ich versucht: Nicht nur vom Kräuseln zu schreiben, sondern von dem, was darunter ist.

3

Was ich bereue: Von meiner Kastanie abgesehen, hab' ich keine Bäume erwähnt. Ich könnte ein Buch schreiben über die Bäume meines Lebens. Ich muß das noch machen. Hunderte von Bäumen. Der letzte - vielleicht? - wäre der skelettige Stumpf am Karst über Buna. Jadrankas Buna bei Mostar. Wie eine erkaltete Zigarre steckt er dem Felsenfirst im Gesicht. Schreit. Schreibt seinen Schrei in den Himmel. War mal ein Tier. Man meint noch das Grunzen zu hören, das dem erstarrenden Wesen im Hals steckenblieb, als es vor Zeiten verschied. Jetzt wartet es einfach. Hat Zeit. Unendlich viel Zeit. Erwartet den Blitz. Zwar zöge niemand mehr an dem Stumpen, aber paffen würde er trotzdem. Vielleicht sprängen die Funken ins Tal. Dann gibts einen Waldbrand. Gezündet da oben von diesem Dinosaurierknochen von Baum.

4

Sugata, der Chefredakteur von »Connection«, fragte: »Warum bist du so jung? Wie machst du das?« Ich sagte: »Ich weiß nicht.« Aber ich kenne die Frage und versprach, darüber nachzudenken. Als ich, ein paar Wochen später, mit ihm telefonierte, fragte er: »Weißt du es jetzt?«

Ich hatte drei Punkte gefunden. Drei Konstanten:

1. Regelmäßig - täglich - meditieren.
2. Lieben.
3. Denken - aber nicht auf den Bahnen, auf denen die andern denken. Gegen sie denken. Denken als Abenteuer.

Ich gebe das nicht als Rezept. Für mein Leben stimmt es. Es muß nicht für andere stimmen.

Aber - ich habe das schon erwähnt: es war - es ist - auch das Kind in mir, das mich jung hält. Damit es die Spanne zwischen sich und dem alten Mann, der ich jetzt bin, leichter überbrücken kann. Das schafft es noch immer. Leicht.

5

»Jazz - gehört und gesehen« hieß meine über drei Jahrzehnte gehende Fernsehreihe. Letztlich sind alles, was ich tue und worüber ich schreibe, Kleider, die sich der Wunsch, gehört und gesehen zu werden, anzieht. Es waren viele Kleider, die sie - denn dieser Wunsch ist weiblich - wählte und trug und wieder fortwarf. Manche waren sehr schön: Jazz - Radio - Fernsehen - Spiritualität - Liebe - Sexualität - Hören - Urtöne - Musik: so schön, daß der Wunsch oft erfüllt wurde.

Und dennoch »schläft« in ihm Unerfüllbarkeit. Deshalb habe ich so viele Kleider verworfen und immer wieder neue gewählt. Es mag sentimental klingen, aber es ist immer noch der Wunsch des Kindes, das im ersten Stock des Elternhauses in seinem Bettchen stundenlang schrie und wimmerte und tobte, unglücklich, verzweifelt, wütend, rasend, weil niemand es hörte, die Wand mit seinen Exkrementen beschmierend (daß man die Spuren davon noch erkennen konnte, als das Kind schon ein junger Mann war), während in dem darunter liegenden Wohnzimmer die Mutter Klavier spielte und Schubert sang und der Vater theologische Schriften las. Aber es ist auch der Wunsch des Kindes, das lauschte: Warum hört ihr mich nicht? - und das lauschte und lauschte und hoffte, sein Lauschen würde gehört. Denn das wußte es damals schon: Wir lauschen, damit wir erhört werden. Lauschen kann - laut sein.

Das Lauschen ist Lauschen geblieben. Aber das Schreien ist Schreiben geworden (sich einverleibend das B seines Namens?).

Das Schreiben schreibt auf, was er hört und er-lauscht, und legt Kleid nach Kleid ab. Bis es nackt dasteht - oder fast nackt, wie manchmal in diesem Buch. Bis es nicht mehr von Kleidern handelt, sondern von dem, was nie ganz in Worte gekleidet werden kann.

Wer lauscht da wirklich - hinter dem Kind, jenseits von ihm? Wer schrieb? Tobte, war ohnmächtig wütend? Kannte und konnte dies alles, bevor es das Kind tat, weil die Eltern es nicht hörten, kannte es lange, lange zuvor?

Wer schreibt? **Die** ewige Frage: Wer bin ich?

Dieser Frage lausche und schreibe ich nach - im *crescendo*. Bis alle Kleider abgefallen sind - die des Mannes und die des Kindes, des Schriftstellers, des Liebenden, des Ehemannes, des Reisenden und Heimkehrenden, des Redenden und Produzierenden. Bis nur das Sein bleibt. Das »Ich bin«. Der Schatz Rabbi Eisiks. Deshalb habe ich die schöne chassidische Geschichte an den Anfang dieses Buches gestellt.

6

Von jedem der vier wichtigen Menschen meines Lebens kam eine Mahnung.

Von meiner Mutter, indem sie fortging: Such nicht woanders, finde die Liebe in dir.
Von meinem Vater: Christus. Immer wieder aufleuchtend aus all dem Dunkeln: Christus!
Von meinem Sohn Christian: Sei Liebe. (Er war es, nicht ich.)
Von Jadranka: Sieh und erfahre auch deinen Schatten! Wandle ihn in das Licht, das du bist.

Im Grunde handelt dieses ganze Buch - und dieses ganze Leben - von diesen vier Mahnungen.

Und nun, Vögel, fliegt!

Herr, es ist Zeit

Variation über Rilke zum Ausklang

Das folgende steht nicht (wie auch die »Musikalischen Orte« und »Die Jazzbilder«) in der gebundenen Ausgabe dieses Buches. Als ich im Mai 1998 noch einmal die Korrekturen für die Taschenbuchausgabe las, spürte ich, wie wichtig es mir ist, dieses Kapitel abschließend hinzuzufügen.

Rainer Maria Rilke hat zwei wunderschöne Herbstgedichte geschrieben: *Herr, es ist Zeit. Der Sommer war sehr groß ... Befiehl den letzten Früchten voll zu sein ... Und: Die Blätter fallen, fallen wie von weit... Wir alle fallen ...*

Als ich 1997 noch mal alle Rilke-Gedichte und fast alle Rilke-Briefe las, um meine Musik- und Dichtung-Platte »Seelenlandschaften« machen zu können, spürte ich sofort: Diese Gedichte betreffen mich. Jedes Wort trifft.

Noch stärker berührten sie mich, als ich sie sprach - jeden Abend auf der Tournee 1998, die uns - den wunderbaren Pianisten Vladislav »Adzik« Sendecki und mich - mit den Texten der Platte durch das ganze deutsche Sprachgebiet führte - von Hamburg bis Wien. »Spiel >Autumn Leaves< dazu«, hatte ich Adzik gebeten: **die** Herbstmelodie schlechthin, mit Miles Davis verbunden - für mich jedenfalls. Er spielte es auf einer Platte, die ich mit ihm produzieren durfte. Aber Adzik tat noch mehr. Er ließ die Töne fallen, als seien sie Herbstblätter und als sähe - als höre - er ihr Fallen mit Wehmut ...

Eines Nachts - wir waren gerade in Zürich aufgetreten - erkannte ich, warum mich diese Rilke-Verse so treffen. Ich versuchte - noch in der gleichen Nacht -, es in einem Text zu sagen, der den großen Dichter variiert - ihn, dem ich mich nur mit Scheu zu nähern wage, weiterspinnt. Was von ihm stammt (nicht nur aus seinen Herbstgedichten, auch zum Beispiel aus »Imaginärer Lebenslauf« und aus den »Duineser

Elegien«), drucke ich kursiv. Vor allem aber stammen von Rilke der Rhythmus, der Ton, das Fallen der Worte, das *fallen* meint - *und nichts als dies.*

Herr, es ist Zeit. Dies Leben war sehr voll,
und Fülle ist nicht Ernte nur, sei sie auch reich - vielleicht?,
meint nicht nur Liebe, Glück, ein Werk, Erfolge, Beifall -,
geliebt, gefürchtet, Retter, Ringer, Sieger
und Überwinder, Schlag auf Schlag.
Sie meint auch Last.
Meint *Schrecken, Schranke, Frohne*
und Absturz in Versuchung und Verlust.
Meint Feinde, Kriege, Bitternis, Verletzung, Stolz:
Erinnerung! Die hängt an mir wie Schreie:
Zurück! Zurück! Und nicht voran!

Die Fülle meint auch Träume: Saft, der klebt -
mal süß, mal bitter, öfter beides -,
die sich von Altem nähren,
in mich drücken Altes, Altes, Altes -
Nacht für Nacht den Stoff, nach dem wer? süchtig ist.

Das alles hängt an mir. Wie Früchte - reife, volle.
Laß fallen sie, sonst faulen sie.
Gib ihnen - Herr,
den letzten, die es (weiß ich das?) verdienen -
in deiner Gnade noch zwei südlichere Tage,
dränge sie zur Vollendung hin und jage
die letzte Süße in den schweren Wein.
Dann laß sie fallen - alle, alle, alle.

Laß auch die Blätter fallen - grüne, gelbe, rote -,
sie fallen mit verneinender Gebärde,
wehn sanft von einer Seite auf die andre
und fort und her der Erde zu
wie eine Hand, die fallend sanft verneint -
verneint die Pracht, die eben ihre war.
Verneine Pracht!

Das sagen sie - in jedem Herbst.
Versteh's!
Mein Herbst ist jetzt.
Zwar schreibe ich - und rede -
steh' auf Podien - immer weiter,
doch das täuscht - auch (gerade!) mich.
Mein Herbst ist jetzt.

Vernein' den Sack voll Leben, den ich trage.
Nicht Leben selbst - o nein! -, doch diesen Sack.
Dies riesige Gewicht, dies Alles, was mich hält.
Ein Leben aus Gewichten, aus haftendem Erinnerten,
statt, wie der Dichter sagt, *aus Stille:*
Denn dann nur sind die Stimmen gut,
wenn Schweigsamkeiten sie begleiten.

Gewichte:
Ein Satz oft nur - vielleicht ein gut gelungner.
Oder schlimmer, böser ...
Ein Geh'n ... Ein Abschied ... Ein Verlieren ...
Auch ein Kommen ... Ein Da-Sein, Sehen und Erkennen ...
Das Fallen eines Kleids ...
Und eines Lobs ... Auch eines Tadels,
Verletzung, Jahre später noch gefühlt ...
Das Fallen süßer Töne »meiner« Platten:
Don Byas und Ben Webster. Archie Shepp.
Chet Bakers »Ev'ry time we say Goodbye, we die a little.«
Wie hab' ich es erfahren!
Der Junge, der das singt - der ew'ge Junge,
den Chet mir zuwirft: »Es ist deiner.«
Und Dolphy. Dizzy. Bird.
Und Baden Powell ...
Ach, Billie Holiday, die ganze bittre Süße,
in der ich meine singen höre!
Das alles hängt an mir - wie Früchte, die nicht fallen wollen.
Herr, laß sie fallen. Daß ich gehen kann.
Jetzt ist es Zeit.

Und gib mir Kraft, daß ich sie fallen lasse.

Laß auch die Krone, Zweige, Äste fallen.
Aufsteigt ein Baum.
O hoher Baum, ach, *reine Übersteigung,*
gezeichnet in den klaren Himmel,
der ihn, den Baum, durchdringt,
ach, löste er ihn auf - ganz auf:
der reine Raum.
Nur er. *Das Nirgends ohne Nicht: das Reine,*
Unüberwachte, das man atmet und
unendlich weiß und nicht begehrt.
(Doch wie ich es begehre!)
Kein Unterschied mehr zwischen
ihm und diesen dünnen Strichen eines Baums,
der ich mal war - noch bin? -,
der Federzeichnung eines fernen Meisters
aus jenem Land, in dem der Baum, je mehr er er wird,
Zeichen ähnelt, die man lesen kann.
Als schriebe er auf einem Blatt, das Raum ist.
So wie ich - in meinem Herbst.
Der dürre Stamm, der eben noch da stand
in diesem Reinen, Leeren,
jetzt wird er -
dieses hoff ich, wünsch' ich, bet' ich,
ich arbeite daran - jetzt wird er sein.
Wird dieses Raumes - ganz und gar ...
und Krone, Zweige, Äste fallen.

Laß fallen auch, was »Werk« sie nennen,
den »Geist« - die heil'ge Kuh im Abendland.
Zwei Kühe: Geld und Geist -
gleich Fetischen in Ländern,
die der weiße Hochmut dunkel nennt,
nur dunkler noch und gnadenlos.
Geist: Wort der Fülle und des Ruhms, und doch -
das weiß die Sprache besser als der Okzident -
ein Geist wie eine weiße Frau

in einem Schloß um Mitternacht:
dem Schloß, das du bewohnt hast,
ach, das selber Geist ist:
Spuk, den das Ego braucht
wie einen Trank, der es - der dich? - berauscht -
und andre mit.

Laß fallen all die Geistes-, Geister-! -Früchte,
und laß den Jungen fallen, den verletzten,
und dann den Mann, den süchtigen nach lieben und Erfolg.
Herr, es ist Zeit.
Laß fallen mich.

Denn Du bist jener, *welcher dieses Fallen*
unendlich sanft in seinen Händen hält.

Dank

Vier Menschen haben dieses Buch begleitet und mitgelesen: meine Schwester Waldtraut Kaiser in Winterthur in der Schweiz - Hans-Peter Hempel von der Technischen Universität in Berlin - Hartwig Schulze-Brockhausen, ebenfalls in Berlin - und meine Frau Jadranka Marijan. Ich danke ihnen für Korrekturen, Ratschläge, Hinweise und vor allem für die Liebe, mit der sie mir geholfen und Kraft gegeben haben, wenn ich manchmal kaum weiterwußte. Meiner Frau danke ich für viele helfende und klärende Gespräche, Dr. Wolfram Knauer vom Darmstädter Jazz-Institut für das kritische Gegenlesen des Jazz-Kapitels. Manfred Stegemann bin ich dankbar, daß er meinen PC, wenn er über die Stränge - oder auch nur über mein Verständnis - zu schlagen schien, gezähmt hat wie ein guter Dompteur.

Karlheinz Deschner danke ich für die Frage »Woran ich glaube«, die zu einem Beitrag in seiner Anthologie diesen Titels (Gütersloher Verlagshaus Gerd Mohn) geführt hat, mich aber nicht ruhen ließ, bis ich mein Bekenntnis in der hier veröffentlichten Form umgeschrieben hatte. Und Gert Westphal danke ich für den herzlichen Brief, der in diesem Buch abgedruckt ist.

Ich danke denen, die mich in dem psychischen Erkenntnis- und Selbsterkenntnisprozeß begleitet haben, ohne den dieses Buch nie hätte entstehen können und der es erst möglich gemacht hat: Frank und Kaiina Duval auf La Palma, Jasminka Buchgraber in Müllheim, Barbara Gluck in Santa Fe, New Mexiko, Daskalos, dem verstorbenen Weisen auf Zypern, und Eva Pierrakos für ihr auf so wunderbare Weise übermitteltes »*Pathwork*«.

Vor allem aber danke ich den Menschen, die meinen Lebensweg gekreuzt und sich Zeit für mich genommen, sich Mühe mit mir gegeben haben - oft in Liebe, manchmal in Verzweiflung, in Wut und in Streit. Denen, die mich gelehrt haben, und denen, die ich lehren durfte. Denen, die mir vertraut, aber auch denen, die dieses Vertrauen hinterfragt haben. Den Musikern, deren Musik mich inspiriert hat, mit denen ich arbeiten, die ich aufnehmen, präsentieren, über die ich schreiben und sprechen durfte. Den vielen klugen Menschen, mit denen ich reden und diskutieren durfte. Den Freunden, die auch dann, wenn wenig Grund dafür war, an mich geglaubt haben. Meinen Lesern, die mich nun schon durch so viele Bücher und Arbeiten begleitet haben und mir auf eine Weise treu sind, die ich als wunderbar empfinde. Noch mehr denen, zu deren Füßen ich sitzen und lauschen durfte. Und denen, die mich geliebt haben und die ich lieben durfte.

Sie alle haben mein Leben über alles zu Erwartende und Wahrscheinliche hinaus reich gemacht.

Am meisten danke ich der Göttlichen Kraft, dem Ewigen Sein, das mich auf so unbegreifliche und unverdiente Weise geschützt und geführt hat.

Baden-Baden, im Frühjahr 1996
J. E. B.

Bücher und CDs von Joachim-Ernst Berendt

Bücher

Ich höre, also bin ich. Hör-Übungen. Hör-Inspirationen. (Traumzeit-Verlag)

Das Dritte Ohr. Vom Hören der Welt (Traumzeit-Verlag)

Nada Brahma. Die Welt ist Klang (rororo)

Hinübergehen. Das Wunder des Spätwerks. Wandlung, Liebe, Schmerz, Angst, Tod, Lobgesang in der Musik (Zweitausendeins mit drei CDs)

Laß den Fluß strömen. Gedichte (Lüchow Verlag, Freiburg)

Geschichten wie Edelsteine - Legenden, Parabeln und Erfahrungen aus vielen Kulturen und Zeiten (Traumzeit-Verlag)

Ein Fenster aus Jazz (S. Fischer)

Das Jazzbuch (neu überarbeitet mit Günther Huesmann - 1992 - S. Fischer)

Platten, CDs, Kassetten

Die Welt ist Klang (Vier CDs mit Beiheft bei Zweitausendeins)

Vom Hören der Welt (Vier CDs mit Beiheft bei Zweitausendeins)

Muscheln in meinem Ohr (Fünf CDs mit Beiheft bei Zweitausendeins)

Urtöne I - Die Töne von Erde, Sonne, Mond und der Zusammenklang von Sonne und Mond - zur Meditation (Bauertonprogramm, Freiburg)

Urtöne II - Die Töne von Jupiter, Mars, Venus und der Zusammenklang von Mars und Venus-zur Meditation (Bauertonprogramm, Freiburg)

Urtöne III - Die Töne von Saturn, Neptun, Pluto und der Zusammenklang sämtlicher Himmelskörper unseres Sonnensystems - zur Meditation (Bauertonprogramm, Freiburg)

Herzreise - Hör auf Dein Herz. Eine meditative Übung - live aufgenommen in einem Workshop (Bauertonprogramm, Freiburg)

Stimmen, Stimmen - Der Riesige Ruf. Chöre der Welt (Drei CDs Jaro Records, Bremen)

Ich höre - also bin ich. Vom Ziel allen Hörens. Originalmitschnitt eines Vortrags (Bauertonprogramm, Freiburg)

Karuna Supreme. John Handy -Ali Akhbar Khan. Two Originals (Zwei CDs - Polygram / Motor Music)

Joachim-Ernst Berendts Klangräume. Ein WDR-Fernseh-Konzert live in der Balwer Höhle (CD mit Begleitheft bei Zweitausendeins)

Rituale der Wandlung - Das Yamantaka Requiem. Zwei Rituale des Todes und Lebens: Mozarts Requiem und ein Ritual nach dem Tibetischen Totenbuch »ineinander verschränkt«. Live in der Reihe der Stuttgarter ofkonzerte (Zwei CDs mit ausführlichem Begleitheft bei Zweitausendeins)

Personenregister

6 CDs mit je zwei Planetentönen sowie einer Komposition
für zwei energetisch interaktive Planetentöne
zur Anwendung in
Klangmassage & Klangerfahrung
Meditation, Trance, Entspannung
Klangtherapie

Nachwort zur Neuauflage im Traumzeit-Verlag

1999 veröffentlichte ich mein erstes Buch zum Thema Klang im hierfür eigens gegründeten Traumzeit-Verlag: ein Werk über das australische Didgeridoo und seinen Weg in den Westen.

Dieses erste Klangbuch war durch und durch inspiriert vom Hör-Werk Joachim-Ernst Berendts. Durch seine Bücher und CDs war er mir einer meiner geistigen Väter. Die Art, wie ich Bücher mache, ist ganz entscheidend geprägt von den Ideen und Idealen Berendts, die auch meine sind.

In den Jahren nach Joachim-Ernst Berendts Übergang in eine andere Welt wuchs Traumzeit zu einem kleinen Verlag mit einigen feinen Büchern und CDs zum Thema der Neuen Klangkultur heran. Der Verlag wie auch der angeschlossene Klangseminarbetrieb wurde zu einem echten "Brückenbauer" und bringt Wissen und Erfahrung in die Öffentlichkeit, die so noch nicht zugänglich waren.

Wie der Lauf der Dinge es wollte, traf ich im Sommer 2006 bei einer Weiterbildung erstmals Jadranka, Joachims Ehefrau. Im Gespräch stellte sich bald heraus, daß einige Bücher Joachim-Ernst Berendts von den großen Verlagen nicht mehr aufgelegt werden. Und uns wurde klar: Traumzeit ist genau der richtige Verlag, um das inspirierende Werk Joachims der Welt zu erhalten - denn die Idee hinter Traumzeit ist die Inspiration, die Liebe, das Querdenken und die Lebenslust - ganz ähnlich wie bei Joachim-Ernst Berendt.

Also präsentiere ich Ihnen mit Stolz, Demut, Respekt und großer Freude in diesen Tagen die zum Teil inhaltlich überarbeiteten und optisch deutlich aufgewerteten Bücher „Ich höre, also bin ich", „Das Dritte Ohr - vom Hören der Welt", „Geschichten wie Edelsteine" und die Ihnen hier vorliegende Autobiographie Berendts.

David Lindner, Ihr Traumzeit-Verleger

www.traumzeit-verlag.de